C# 12

Desarrolle aplicaciones Windows con Visual Studio 2022

Descarga

código fuente
de los ejemplos

Jérôme Hugon

ISBN: 978-2-409-04997-2
Edición original: 978-2-409-04440-3

Ediciones ENI
P° Ferrocarriles Catalanes, 97-117, 2a pl. of. 18
08940 - Cornellà de Llobregat (Barcelona)

Tel: 934 246 401
Fax: 934 231 576

e-mail: info@ediciones-eni.com
http://www.ediciones-eni.com

Autor: Jérôme HUGON
Colección **Expert IT** dirigida por Émilie VILLETORTE

Para poder acceder durante un año
a la versión online de este libro,
envíenos su justificante de compra a

librodigital@ediciones-eni.com

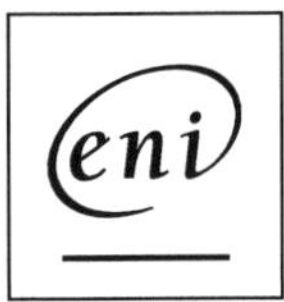

Prólogo

Este libro está dirigido a aquellos desarrolladores principiantes, e incluso a los más experimentados, que no estén familiarizados con las herramientas de desarrollo de Microsoft y que deseen utilizar, de forma óptima, todas las capacidades que ofrece el Framework .NET, usando para ello el lenguaje C#.

El lenguaje C#, asociado al Framework .NET, permite desarrollar muchos tipos de aplicaciones. Pueden ser aplicaciones Windows, como veremos a lo largo de este libro, aplicaciones web, servicios de Windows, aplicaciones WPF, Silverlight o Microsoft Surface o aplicaciones móviles.

Visual Studio es la herramienta que suministra Microsoft y que resulta indispensable para trabajar de manera óptima y eficaz con el Framework .NET y el lenguaje C#. La primera parte del libro le ayudará a familiarizarse con el entorno de desarrollo y las numerosas posibilidades que ofrece Visual Studio 2022, para cubrir todas las etapas de creación de una aplicación.

A lo largo del libro, se le invitará a construir una aplicación completa y se abordará cada una de las grandes etapas del ciclo de desarrollo, comenzando con la definición de las clases de negocio. Se tratarán los detalles del lenguaje C#, desde sus conceptos más básicos hasta las técnicas más avanzadas. El diseño de aplicaciones Windows se basa, en gran parte, en la interfaz de usuario. Gracias a esta interfaz, el usuario puede interactuar con la aplicación y viceversa.

Para describir las herramientas de Visual Studio, se utilizan ejemplos concretos. Estos ejemplos le permitirán comprender el diseño de formularios y los controles de usuario. También se abordan aspectos tales como los procesos de validación de los datos y la usabilidad.

No existen aplicaciones sin errores, sino aplicaciones en las que todavía no se han identificado dichos errores. No es siempre la aplicación la que provoca el error; también puede ser el sistema sobre el que se ha desarrollado y que, por ejemplo, no existía cuando se desarrolló la aplicación. Por este motivo, el libro le permitirá descubrir las potentes herramientas de Visual Studio. Estas herramientas permiten probar, trazar y analizar una aplicación durante la fase de diseño y, más adelante, durante su desarrollo.

Se presentarán las diferentes formas en que se pueden guardar los datos, poniendo el acento en las bases de datos y en el Entity Framework, capa extendida de acceso a los registros. Aprenderá a crear una base de datos a partir de la definición de clases C# y a la inversa, es decir, crear la definición de clases a partir de un esquema de base de datos. Utilizará el lenguaje de consultas LINQ para acceder a los datos, añadirlos, actualizarlos o eliminarlos. Guardar los datos en el sistema de archivos también es una técnica extendida para las aplicaciones Windows, motivo por el que se describen en este libro las posibilidades de interacción con el sistema, así como la puesta en práctica de la serialización, concepto que suministra el Framework .NET y que permite hacer copias de seguridad y restaurar con facilidad los objetos, en forma de archivos binarios o XML.

La globalización y localización de una aplicación son conceptos prioritarios que se describen a través de ejemplos concretos. Estos ejemplos le ayudarán a comprender de la mejor manera posible, la creación de una aplicación internacional. También se podrá familiarizar con las técnicas más avanzadas como, por ejemplo, las expresiones regulares, el desarrollo multitarea e incluso la implementación de la seguridad en sus aplicaciones. Para terminar, se hará una introducción a los conceptos Reflection, Remoting y diseño con GDI+.

Como en el caso de la creación de una aplicación, este libro terminará mostrando cómo se despliegan las aplicaciones. Aprenderá a crear ensamblados y los programas de instalación, describiendo todas las etapas y posibilidades de configuración de estos.

Contenido

Puede solicitar los archivos complementarios
de este libro escribiendo a **comercial@ediciones-eni.com**

Capítulo 2
La arquitectura .NET

Capítulo 3
Introducción al lenguaje C#

Capítulo 4
La creación de tipos

Capítulo 5
La herencia

Capítulo 6
Tipos genéricos

Capítulo 7
Delegados, eventos y expresiones lambda

Capítulo 8
Creación de formularios

Capítulo 9
Implementación del administrador de eventos

Capítulo 10
Validar los datos introducidos

Capítulo 11
Creación de controles de usuario

Capítulo 12
Creación de aplicaciones UWP

Capítulo 13
Depuración

Capítulo 14
Gestión de excepciones

Capítulo 15
Monitorización

Capítulo 16
Pruebas unitarias

Capítulo 17
Creación del modelo de datos

Capítulo 18
Presentación de Entity Framework

Capítulo 19
Presentación de LINQ

Capítulo 20
LINQ to Entities

Capítulo 21
LINQ to SQL

Capítulo 22
LINQ to XML

Capítulo 23
El sistema de archivos

Capítulo 24
Serialización

Capítulo 25
Expresiones regulares

Capítulo 26
Multi-threading

Capítulo 27
Globalización y localización

Capítulo 28
Seguridad

Capítulo 29
Para llegar más lejos

Capítulo 30
Ensamblados y configuraciones

Capítulo 31
Despliegue

Capítulo 1
Trabajar con Visual Studio 2022

1. Introducción

Visual Studio es la interfaz de desarrollo de Microsoft. Se compone de un conjunto de herramientas que permiten a los desarrolladores crear aplicaciones para las plataformas .NET. Visual Studio 2022 se distribuye en varias ediciones:

- *Community*: Microsoft proporciona gratuitamente esta edición de Visual Studio 2022. Su objetivo es servir en la formación de los estudiantes, desarrolladores open source (código abierto) y desarrolladores particulares. Reúne todas las funcionalidades básicas para la creación de proyectos. Esta edición contiene todas las herramientas de desarrollo multiplataforma para las aplicaciones móviles Windows, iOS y Android. La galería Visual Studio permite acceder a numerosas herramientas, modelos y controles para acelerar el desarrollo.
- *Professional*: edición dirigida a desarrolladores profesionales individuales o equipos pequeños de trabajo. Las funcionalidades son las mismas que para la edición Community, pero destinada a las empresas.
- *Enterprise*: para los equipos profesionales que trabajan en proyectos que necesitan más interacción entre sus miembros. Entre las funcionalidades destacables se encuentran las herramientas adicionales para Xamarin, la cobertura de código por medio de pruebas unitarias, IntelliTest y las herramientas de arquitectura y modelización de aplicaciones.

En este libro se utilizará la edición Community para la presentación de los ejemplos.

Observación

La edición Community de Visual Studio 2022 se puede descargar en la siguiente dirección: http://www.visualstudio.com

2. La interfaz de desarrollo

La página de inicio se ha rediseñado para mejorar la experiencia del usuario y ayudar a los desarrolladores que no están familiarizados con Visual Studio a iniciar rápidamente un nuevo proyecto o clonar un repositorio remoto:

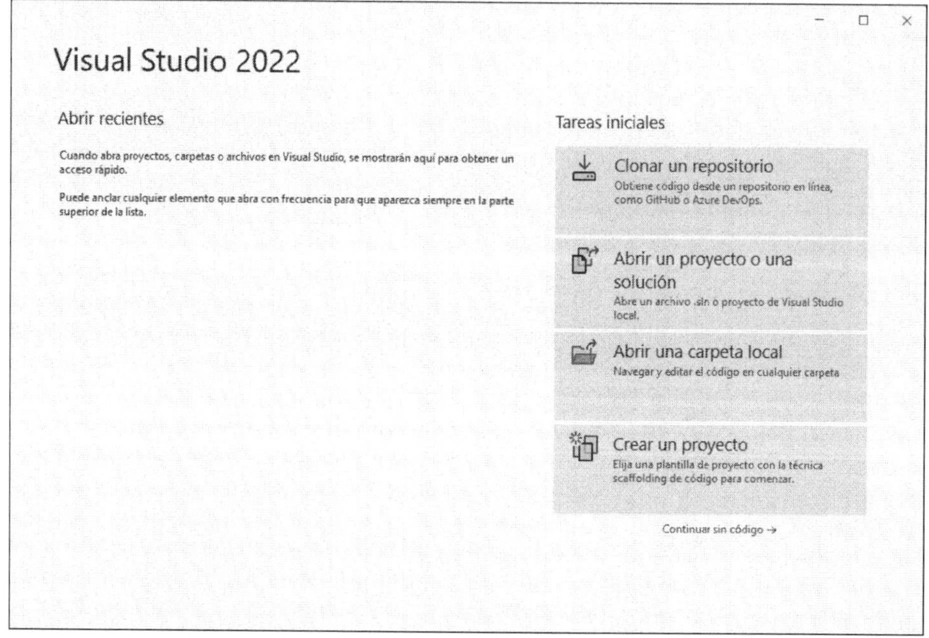

Se ha optimizado el entorno de desarrollo para disminuir el tiempo de carga de las soluciones. Desde versiones anteriores, Visual Studio controla el rendimiento de las extensiones y envía alertas para advertir al usuario del impacto negativo en el rendimiento en caso de necesidad. Desde el menú **Ayuda** y **Administrador de rendimiento de Visual Studio**, puede seguir el impacto de las extensiones en el arranque de Visual Studio, la carga de la solución y la escritura en la herramienta:

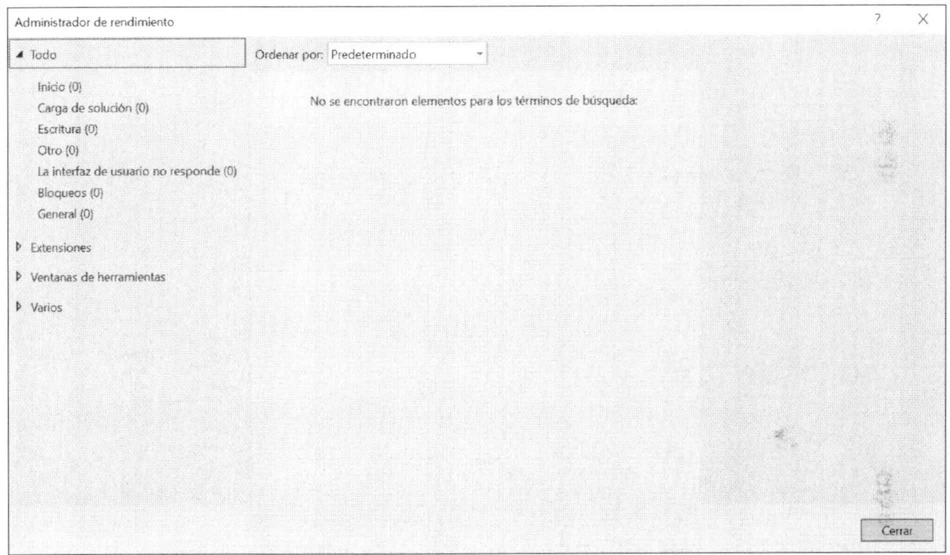

Podrá desactivar las extensiones que ralentizan demasiado la carga de Visual Studio. A nivel de las ventanas de herramientas, podrá elegir no mostrarlas al arrancar la aplicación u ocultarlas para retardar su carga en su primer uso, como un programa Windows que no es visible, pero que se está ejecutando, y sobre el que basta con hacer clic en la barra de tareas de Windows.

Las aplicaciones pueden especificar las versiones del Framework .NET que se deben usar. En función de las opciones de instalación elegidas, Visual Studio 2022 propone las versiones del Framework .NET instaladas en su máquina y ofrece la instalación de nuevas versiones del Framework, si es necesario.

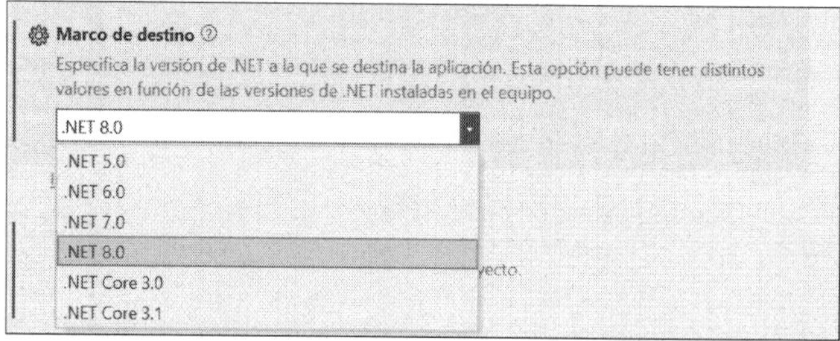

La interfaz de Visual Studio tiene varias herramientas imprescindibles para el desarrollo de aplicaciones.

2.1 El editor de texto

El editor de texto de Visual Studio es una potente herramienta que permite introducir el código de la aplicación. Las palabras clave y los tipos de datos se colorean. Esto permite facilitar la lectura y la comprensión del código. A medida que se escribe el código, el editor evalúa los errores de sintaxis, las variables declaradas que no se usan en el código y muestra IntelliSense.

La interfaz de usuario se ha pensado para dejar más espacio para el editor de código.

La calidad del documento que se está viendo se anuncia utilizando el icono en la parte inferior del documento para indicar si contiene sugerencias, advertencias o errores. Puede navegar a través de las correcciones propuestas gracias al menú contextual, un doble clic para cambiar de una a la otra y un [Mayús] clic para volver a la anterior.

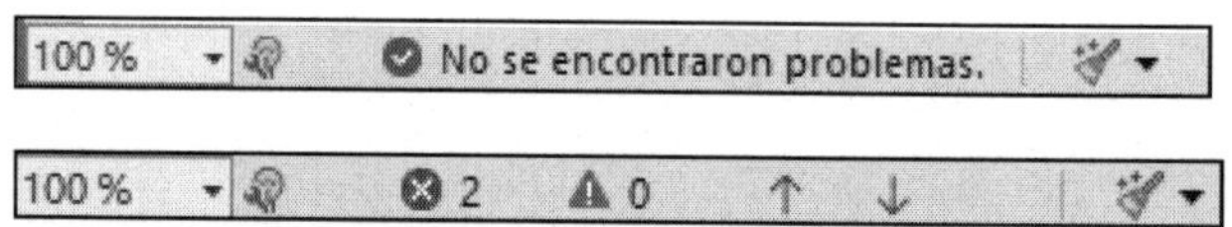

IntelliSense es una funcionalidad que permite mostrar las clases y sus miembros en relación con el código introducido, así como los argumentos y las posibles sobrecargas para los métodos:

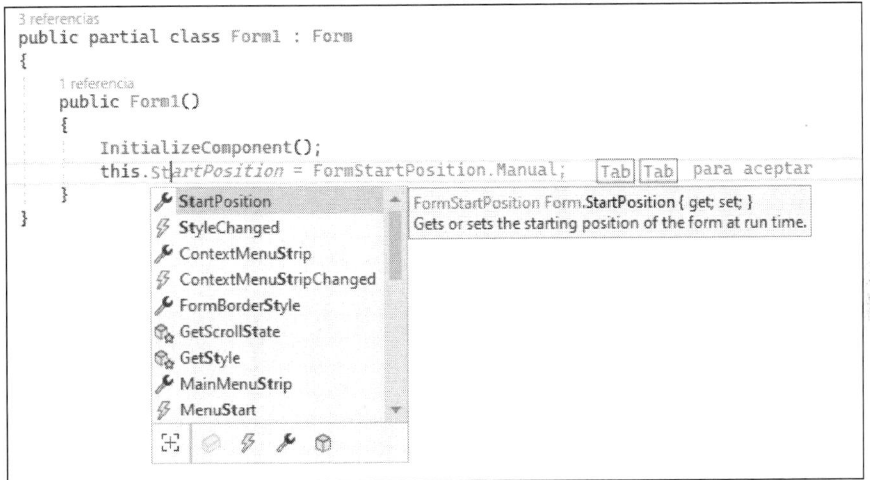

Los iconos situados a la izquierda de los nombres de los miembros permiten definir visualmente si el miembro es un método, una propiedad, una variable, un evento u otro tipo de miembro. Cuando un miembro se destaca, aparece un tooltip (descripción emergente) explicativo que muestra una presentación del método, los argumentos que se esperan e incluso los tipos de excepciones que se pueden producir.

Las bombillas aparecen en el margen del editor y permiten acceder a todas las acciones rápidas, la corrección de problemas de código habituales y la refactorización del código. Cuando Visual Studio considera que es necesario, aparece una bombilla en el margen y puede mostrar las acciones y sugerencias con el ratón o con [Ctrl][.], que es un atajo de teclado.

Visual Studio tiene en cuenta las pantallas táctiles para algunos gestos:

- Desplazamiento tocando y desplazándose.
- Zoom pinzando.
- Selección de una línea tocando el margen.
- Selección de una palabra tocándola dos veces.
- Visualización del menú contextual manteniendo el contacto.

La función de búsqueda global (accesible mediante el atajo [Ctrl] **T** o vía el menú **Edición** e **Ir a** y después **Ir a todo**), que permite buscar tipos, métodos u otros elementos en los archivos tiene en cuenta las correspondencias en caso de error ortográfico al introducir los términos de búsqueda:

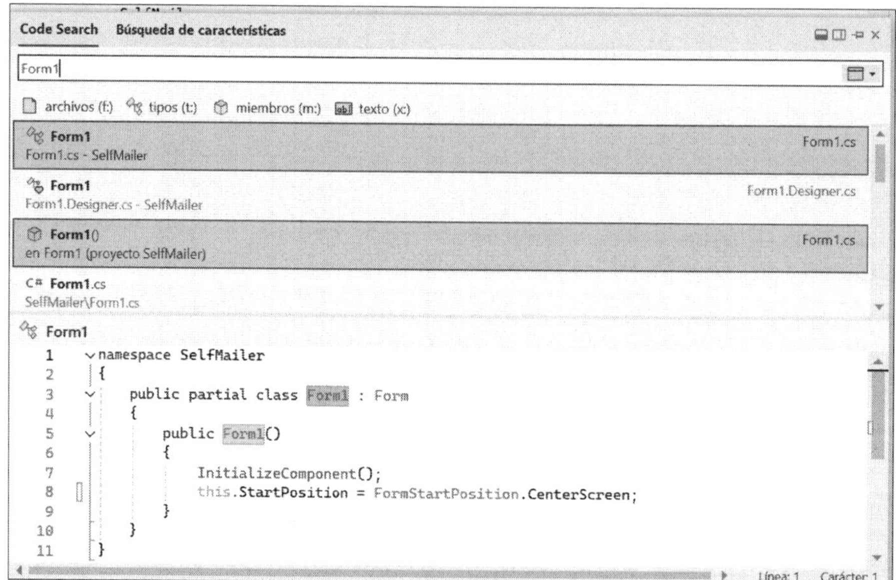

Las líneas verticales, que sirven de punto de referencia de la estructura del código, aparecen en el editor para permitir contextualizar las líneas en los grandes bloques de código. Situando el cursor del ratón en una de estas líneas, aparece la información en un tooltip. Contiene el contexto del bloque de código:

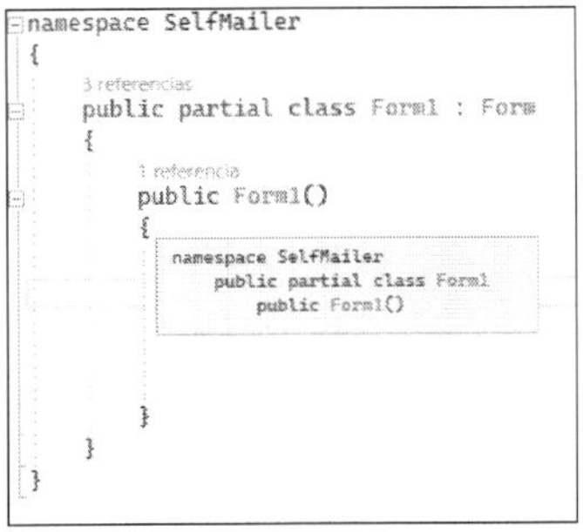

```
namespace SelfMailer
{
    3 referencias
    public partial class Form1 : Form
    {
        1 referencia
        public Form1()
        {
            namespace SelfMailer
                public partial class Form1
                    public Form1()
        }
    }
}
```

El editor de texto gestiona el EditorConfig (http://editorconfig.org/). Esta herramienta permite definir las convenciones del código entre diferentes entornos de desarrollo. Puede también definir sus propios parámetros de estilo de código desde el menú **Herramientas** y **Opciones**. En la ventana que aparece, elija sucesivamente: **Editor de texto**, **C#**, **Estilo de código**. Puede definir sus preferencias e indicar qué tipo de mensaje se debe enviar al usuario: **Ninguna**, **Sugerencia**, **Advertencia** o **Error**.

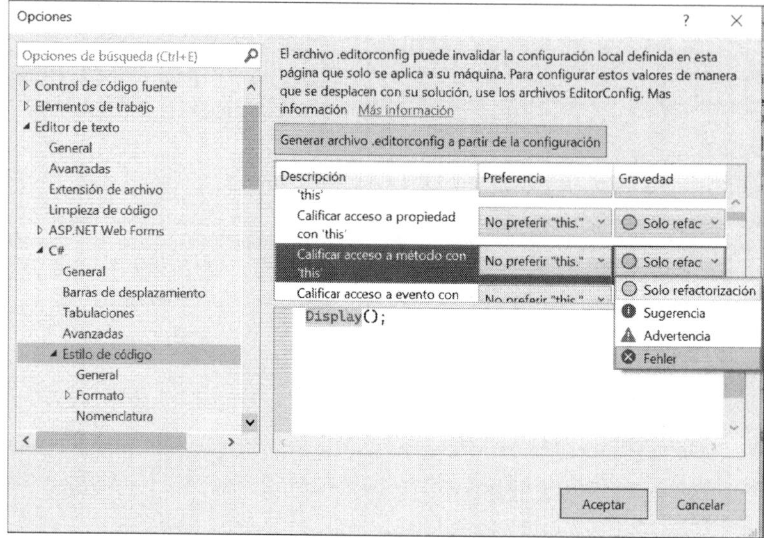

La limpieza de código se puede configurar desde el menú **Analizar**, luego **Limpieza de código** y **Configurar limpieza de código**. Permite que la aplicación de reglas de formato de código sea configurable.

Configurar limpieza de código

Perfiles:

- Perfil 1 (predeterminado)
- Perfil 2

Reparadores incluidos:

- Quitar importaciones o usos innecesarios
- Aplicar preferencias de encabezado de archivo
- Ordenar importaciones o usos
- Dar formato al documento

Reparadores disponibles:

- Aplicar preferencias de creación de objetos
- Quitar variables no utilizadas
- Aplicar preferencias IsNot
- Dar formato al documento (C++)
- Optimizar gráfico de inclusión de archivos (C++)
- Ordenar directivas #include (C++)
- Aplicar preferencias de expresión condicional

Aceptar Cancelar

2.2 El diseñador de vistas

El diseñador de vistas permite ubicar gráficamente los elementos en los formularios, arrastrándolos desde la caja de herramientas:

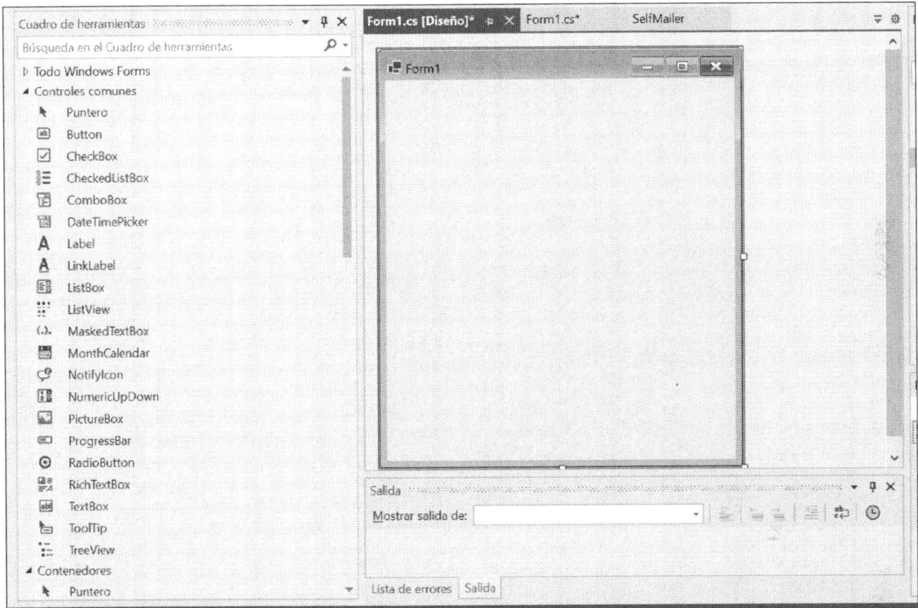

Visual Studio genera automáticamente el código necesario para instanciar los controles y ubicarlos. El diseñador de vistas es, en cierto modo, una herramienta que interpreta el código para darle una representación visual.

2.3 El depurador integrado

El depurador integrado de Visual Studio permite probar y trazar la ejecución de la aplicación, tener puntos de interrupción y seguir paso a paso la ejecución del código, monitorizar y modificar manualmente las variables del código en ejecución.

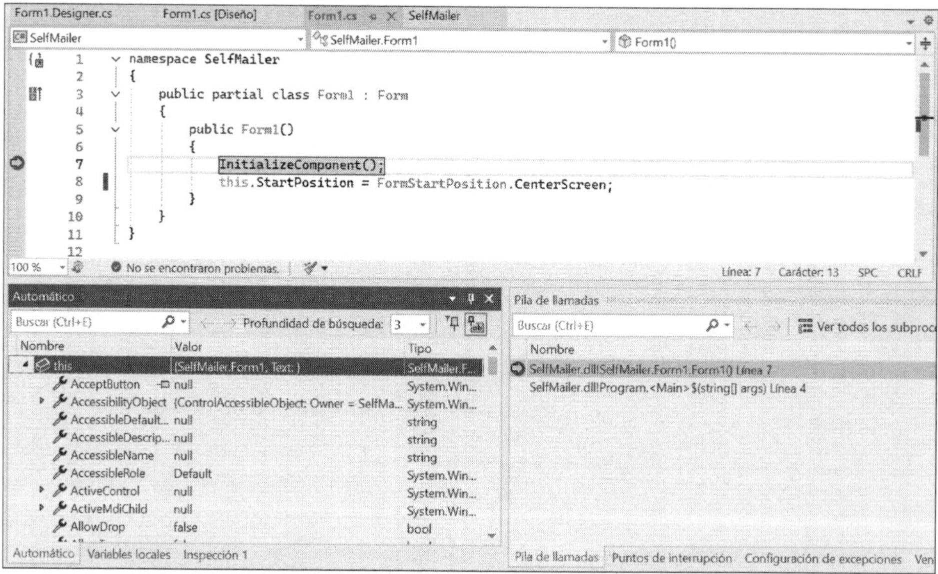

Cuando la aplicación se ejecuta desde Visual Studio con la tecla [F5] (**Iniciar depuración**), Visual Studio añade su depurador a los procesos de la aplicación y permite controlarlos.

Observación

El depurador y sus funcionalidades se detallan en el capítulo Depuración.

2.4 El administrador de extensiones

El administrador de extensiones permite añadir funcionalidades a Visual Studio desde una galería online. Se puede acceder al administrador de extensiones desde el menú **Extensiones** seleccionando, a continuación, **Administrar extensiones**:

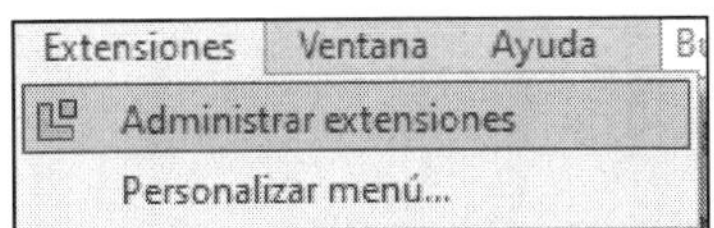

La pestaña **Examinación** ofrece multitud de extensiones. Ya sean controles, modelos o herramientas, basta con recorrer la galería y pulsar en el botón **Instalar**.

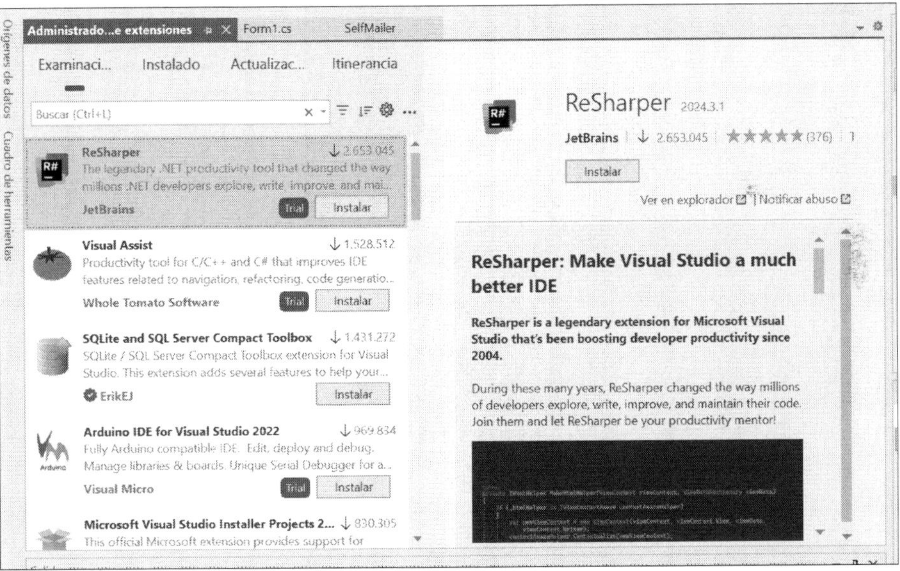

La pestaña **Instalado** permite eliminar la instalación o deshabilitar las extensiones descargadas.

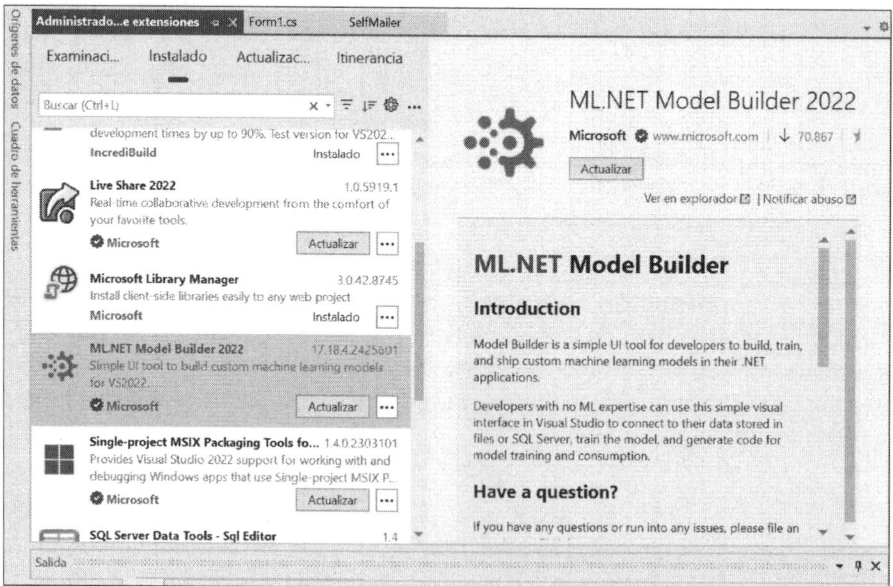

2.5 NuGet

Visual Studio integra NuGet, que se basa en el principio del administrador de extensiones, cuyos módulos actuarán a nivel del proyecto, y no de Visual Studio. Se puede acceder al administrador de módulos NuGet desde el menú **Proyecto** y después **Administrar paquetes NuGet...**:

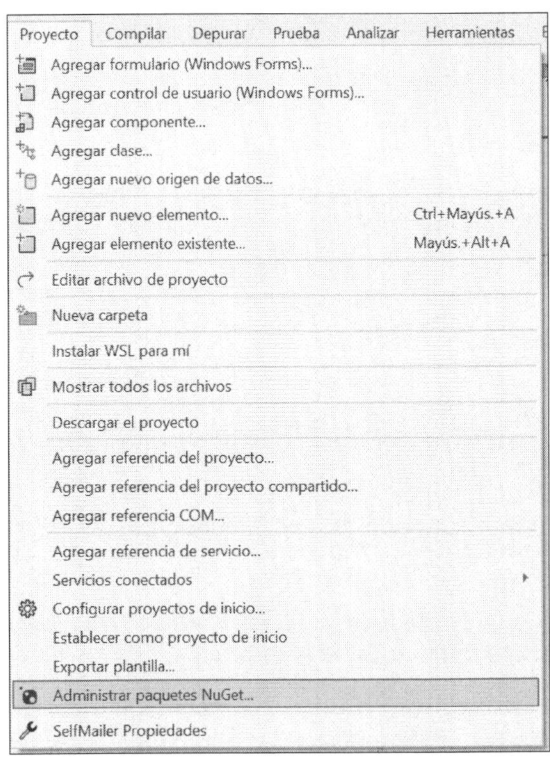

De esta manera, tendrá acceso a un gran número de módulos, tan fáciles de instalar como las extensiones:

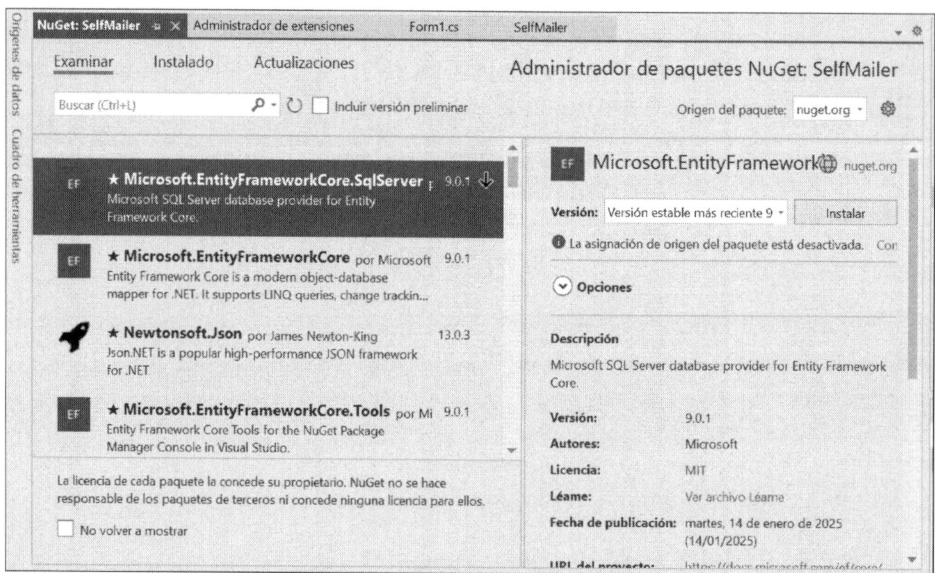

La ventaja de añadir un componente a su proyecto usando el administrador de módulos NuGet es que podrá obtener la última versión en línea de estos. Además, el administrador gestiona las dependencias entre módulos. Si el módulo que desea utilizar necesita otro módulo, este último también se añadirá a su solución. Las dependencias entre módulos se muestran en la parte inferior de la columna de la derecha, que describe el módulo.

La presencia de la pestaña **Actualización** arriba de la ventana permite comprobar si hay versiones más recientes de los módulos ya instalados. Si existen, la actualización es tan sencilla como la instalación, ya que solo es necesario pulsar un botón para comenzar la actualización.

2.6 Ventanas personalizadas

Se puede crear una distribución personalizada para las ventanas del editor y guardarla mediante la opción de menú **Ventana** - **Guardar diseño de ventana**. Puede asociar un nombre a su diseño y aplicarlo en cualquier momento mediante la opción de menú **Ventana** - **Aplicar diseño de ventana** o mediante el atajo de teclado [Ctrl][Alt] + *número del diseño* (es válido para los nueve primeros diseños).

3. La creación de soluciones

Trabajando con Visual Studio es raro comenzar a partir de una solución vacía. Visual Studio ofrece plantillas de proyecto. Estas plantillas contienen los elementos predeterminados, las referencias y configuraciones para el tipo deseado.

La selección del tipo de proyecto se hace durante su creación. El siguiente cuadro de diálogo permite realizar la selección:

Archivo - **Nuevo** - **Proyecto...**

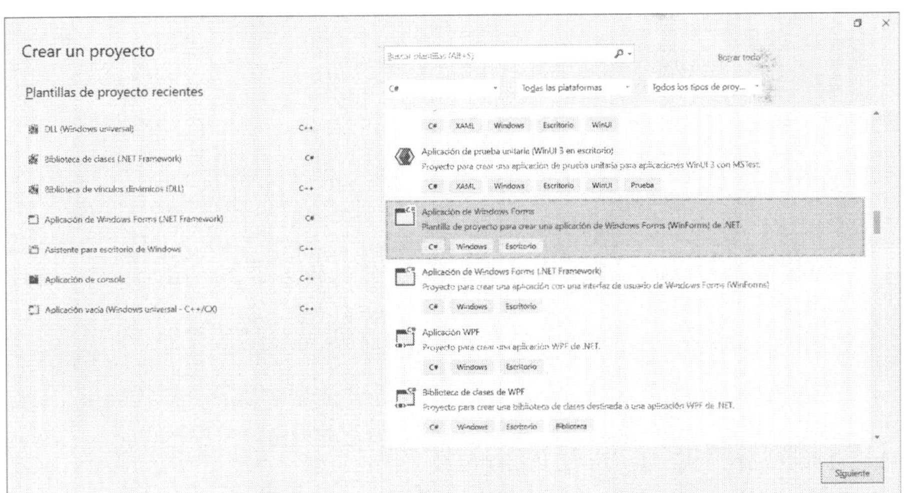

Para la aplicación que se desarrollará a lo largo de este libro, vamos a crear un tipo de proyecto **Aplicación de Windows Forms**, llamado **SelfMailer**.

Tan pronto como se produce la validación de la elección, Visual Studio abre la solución con los archivos básicos, un formulario **Form1.cs**, así como un archivo que es el punto de entrada principal de la aplicación, llamado **Program.cs**.

De momento este proyecto no tiene ninguna funcionalidad. Cuando se ejecuta con [F5], aparece el formulario **Form1** vacío. Visual Studio ya ha hecho la integración básica durante la creación del proyecto, insertando el siguiente código en el archivo **Program.cs**:

```
namespace SelfMailer
{
    internal static class Program
    {
        /// <summary>
        /// Punto de entrada principal de la aplicación.
        /// </summary>
        [STAThread]
        public static void Main()
        {
            ApplicationConfiguration.Initialize();
            Application.Run(new Form1());
        }
    }
}
```

3.1 Definir el punto de entrada

Cada aplicación ejecutable, a diferencia de lo que sucede con las bibliotecas de clases, deben tener un punto de entrada. Este punto de entrada es el método `Main` presentado en el ejemplo de la sección anterior, que permite administrar el formulario. El punto de entrada se puede parametrizar con las propiedades del proyecto, definiendo la propiedad **Objeto de inicio**.

Este método, llamado `Main`, debe ser público y estático. Para ello debe usar las palabras clave `public` y `static`, que especifican respectivamente al compilador que el método es accesible desde la aplicación y desde fuera; que el método es global y que no es necesario instanciar su clase para invocarlo.

Observe que si el método no tiene el identificador de acceso, lo heredará de su clase, que es pública de manera predeterminada.

Desde la versión 9 de C#, es posible omitir el espacio de nombres, el nombre de la clase y el método `Main` que incluye su firma (tipo de retorno y argumentos).

Este es un ejemplo de la notación clásica:

```
using System;
using System.Windows.Forms;

namespace SelfMailer
{
    internal static class Program
    {
        /// <summary>
        ///  Punto de entrada principal de la aplicación.
        /// </summary>
        [STAThread]
        public static void Main()
        {
            ApplicationConfiguration.Initialize();
            Application.Run(new Form1());
        }
    }
}
```

Y esta es una reescritura con esta funcionalidad:

```
using SelfMailer;

ApplicationConfiguration.Initialize();
Application.Run(new Form1());
```

3.2 La diferencia entre proyectos y soluciones

Un proyecto es un conjunto de archivos que se compilarán en un único ensamblado. Una solución es un conjunto de uno o varios proyectos. De la misma manera que un proyecto tiene un punto de entrada, una solución tiene un proyecto de inicio. Este proyecto se identifica en el explorador de soluciones porque su nombre está en negrita.

Para modificar esta propiedad, haga clic con el botón derecho del ratón sobre el proyecto. Esto le permitirá seleccionar la opción **Establecer como proyecto de inicio** en el menú contextual.

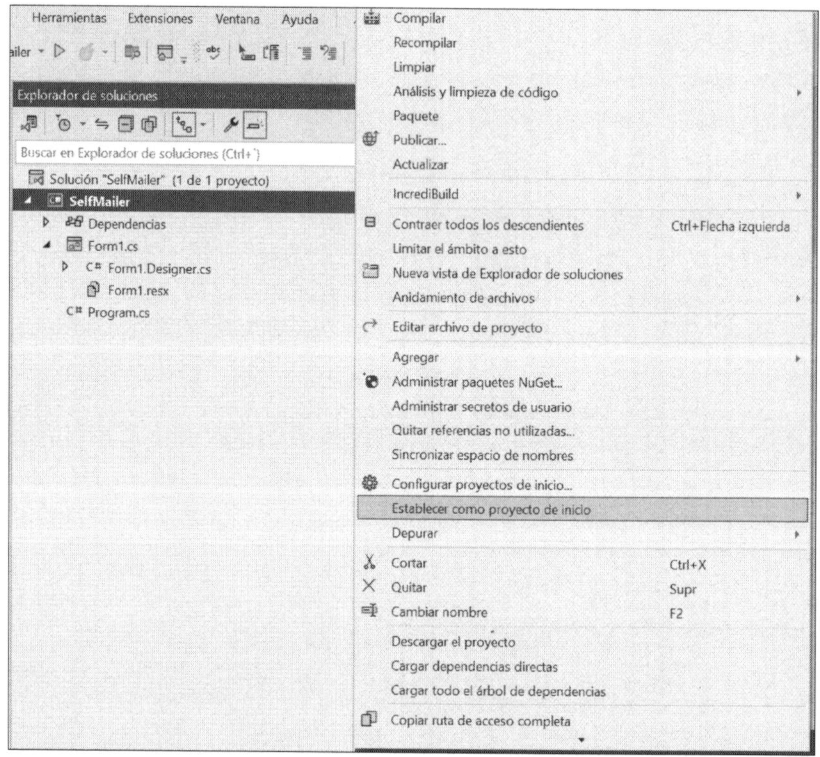

3.3 Configurar el proyecto

Para configurar el proyecto, haga clic con el botón derecho del ratón sobre el proyecto en el explorador de soluciones y después seleccione la opción **Propiedades** del menú contextual.

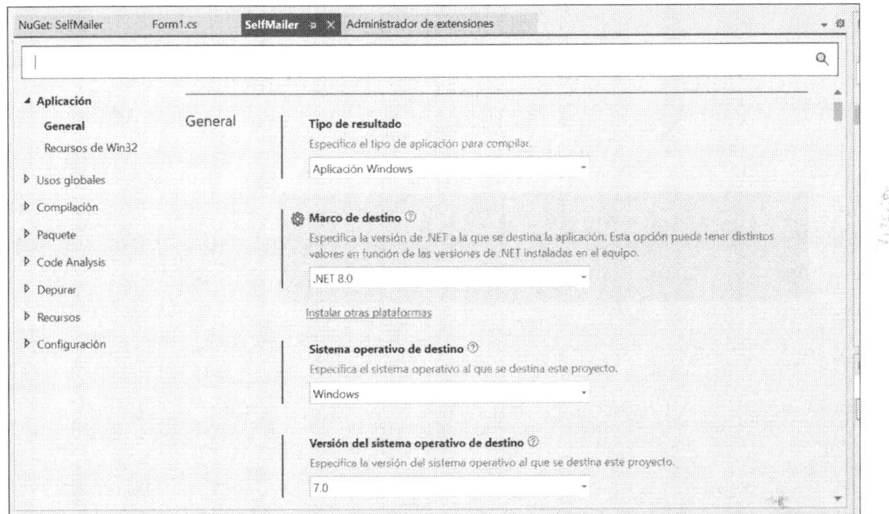

Esta ventana contiene las pestañas que permiten configurar las diferentes partes del proyecto.

La pestaña **Aplicación** aplica a las propiedades generales de la aplicación:

- **Nombre de ensamblado**: puede especificar el nombre del ensamblado que se generará y se añadirá la extensión **.exe** o **.dll**, dependiendo del tipo de proyecto.
- **Espacio de nombres predeterminado**: define el espacio de nombres que se usará cuando se cree una nueva clase en el proyecto:

```
namespace SelfMailer
{
    ...
}
```

- **Plataforma de destino**: permite especificar qué versión del Framework .NET se usará para administrar la solución.
- **Tipo de salida**: este tipo se elige en función del tipo de aplicación que se va a generar. Si bien esta propiedad se puede modificar después de la creación del proyecto, es preciso aportar los cambios correspondientes al punto de entrada de la aplicación y al método `Main()`, así como a las referencias del proyecto.
- **Objeto de inicio**: en caso de que haya varios métodos `Main()` en el proyecto, esta propiedad permite especificar cuál será el punto de entrada.

La pestaña **Compilación** especifica las opciones de generación del proyecto. De manera predeterminada, el perfil de generación es **Debug**. Se usa en fase de diseño y permite administrar los símbolos de depuración. De esta manera podrá utilizar el depurador integrado de Visual Studio. Cuando se termina el proyecto, una buena práctica es compilarlo con un perfil **Release**, que no contendrá estos símbolos y, por tanto, será más ligero. Por el contrario, no se podrá usar en el depurador de Visual Studio:

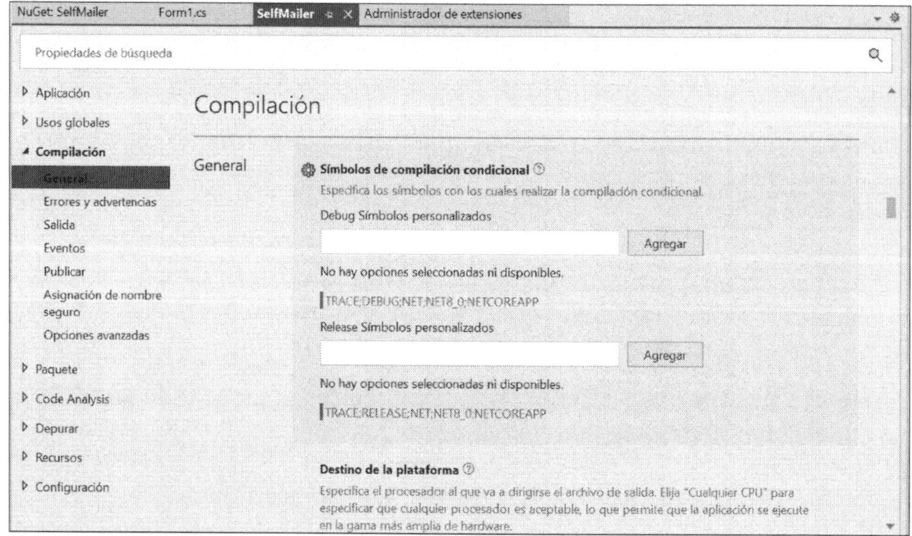

3.4 Los proyectos compartidos

Los proyectos compartidos aparecieron con Visual Studio 2013 Update 2 y están disponibles por defecto desde Visual Studio 2019. Los proyectos compartidos permiten centralizar un código que representa una lógica común para varias aplicaciones. Este tipo de proyecto está disponible desde la creación de un nuevo proyecto.

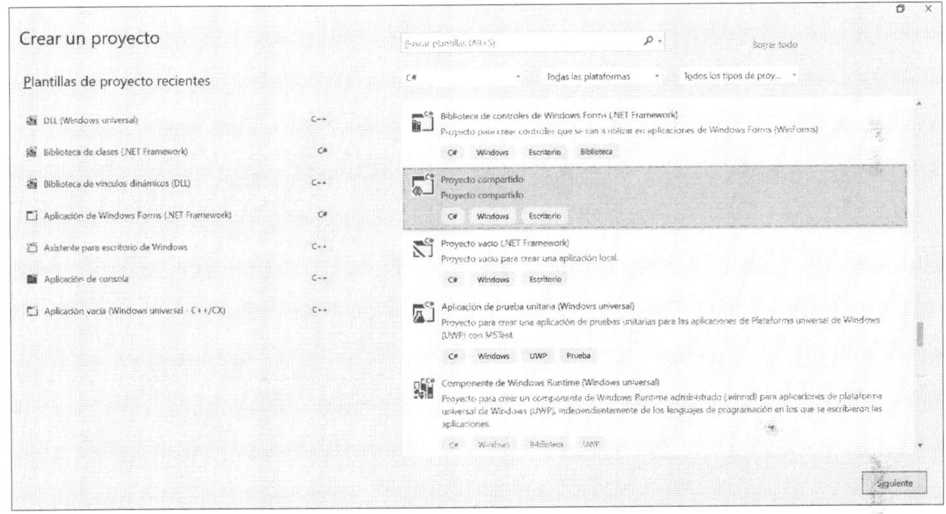

Tras la creación del proyecto, puede agregar la lógica de negocio correspondiente. Cuando crea un nuevo proyecto (por ejemplo, una aplicación Windows o una aplicación web), puede agregar la referencia al proyecto compartido. Esto es similar al rol de un proyecto de tipo biblioteca de clases. La diferencia es que una biblioteca de clases se compila y a continuación se comparte. En el caso de los proyectos compartidos, el código se compila en la aplicación que lo referencia y no en una biblioteca aparte. Además, en las bibliotecas de clases, debe escribir código C#, mientras que en un proyecto compartido puede tener código JavaScript, XAML o de cualquier otro tipo además de código C#.

3.5 Las herramientas de refactorización

La refactorización permite modificar la estructura del código sin modificar su comportamiento. Las opciones de refactorización están disponibles en el menú contextual en el editor de texto y en la opción de menú **Editar - Refactorizar**.

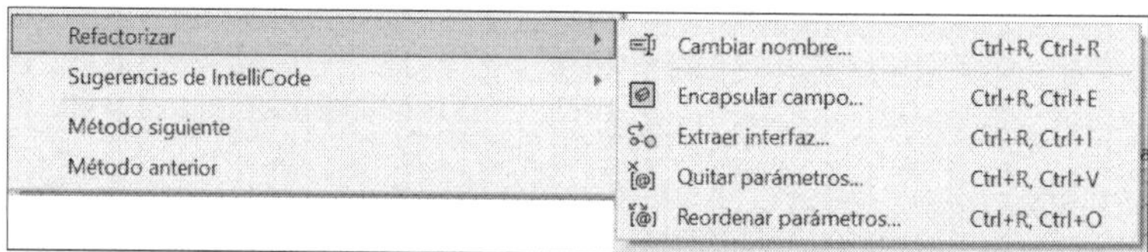

Hay disponibles varios métodos para refactorizar el código:

– **Cambiar nombre** (Ctrl+ **R**, Ctrl+ **R**): permite renombrar las variables, métodos, clases o espacios de nombres. Visual Studio se encarga de encontrar las referencias en el proyecto y sustituirlas. Visual Studio destaca todos los elementos que cambiarán de nombre, y permite escribir el nombre directamente en el editor. Antes de aplicar las modificaciones, Visual Studio ofrece la posibilidad de comprobar los cambios que se aplicarán.

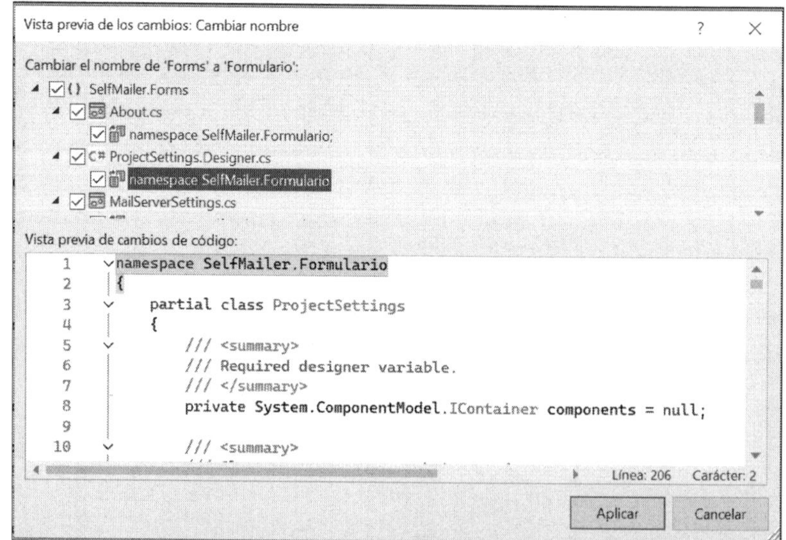

- **Extraer método** ([Ctrl] **R**, **M**): permite crear un nuevo método a partir de una selección de código en el interior de un bloque. El nuevo método contiene el código seleccionado que será sustituido por una llamada a este nuevo método.
- **Encapsular campo** ([Ctrl] **R**, [Ctrl] **E**): permite crear una propiedad a partir de una variable.
- **Extraer interfaz** ([Ctrl] **R**, [Ctrl] **I**): genera un nuevo archivo de interfaz que reagrupa los miembros comunes que se utilizan en varias clases, estructuras o interfaces.
- **Introducir una variable local** ([Ctrl] **.**): genera una variable local con la sección de código seleccionada y reemplaza el código por el nombre de la nueva variable creada.
- **Variable temporal en línea** ([Ctrl] **.**): permite agrupar una variable temporal con la línea de código que la utiliza para limitar la creación de variables temporales. Es la acción inversa de introducir una variable local.
- **Quitar parámetros** ([Ctrl] **R**, [Ctrl] **V**): muestra un cuadro de diálogo que permite eliminar los argumentos de un método. Si el argumento se usa en el método, no se eliminará y Visual Studio mostrará un error. Por el contrario, los argumentos eliminados se eliminarán de las llamadas al método.
- **Reordenar parámetros** ([Ctrl] **R**, [Ctrl] **O**): muestra un cuadro de diálogo que permite modificar el orden de los argumentos de un método. Las llamadas al método se modificarán para que los argumentos tengan en cuenta el orden nuevo:

```
public int add(int i, int j)
{
    return i + j;
}
// Llamada del método:
add(1, 2);
```

Después de la inversión de los argumentos i y j en la definición del método, Visual Studio modificará la llamada de la siguiente manera:

```
add(2, 1);
```

Capítulo 2
La arquitectura .NET

1. Introducción

El Framework .NET es el elemento central de las aplicaciones. Gestiona la ejecución, la asignación de memoria, los permisos. La arquitectura .NET está compuesta principalmente por dos componentes: por un lado, el CLR (*Common Language Runtime*) y por otro, las bibliotecas de clases.

Desde ahora el .NET Core está disponible. Se trata de un subconjunto del Framework .NET que aporta las siguientes ventajas:

- Portabilidad: el código puede portarse en diferentes plataformas para así maximizar la reutilización de código.
- Modularidad: las soluciones pueden integrar únicamente las librerías útiles para no sobrecargar las aplicaciones desarrolladas.
- Open source: los códigos fuentes están disponibles en GitHub (https://github.com/dotnet/) y permiten a todo el mundo contribuir a su desarrollo.

En lo que se refiere específicamente a las aplicaciones Windows, el despliegue no ha evolucionado. Esto quiere decir que una aplicación se apoya en la instalación del Framework .NET en la máquina destino. Si el Framework .NET no está instalado, se pedirá al usuario que lo instale. En el caso de que la aplicación use una librería .NET Core no incluida en el Framework .NET, esta se incrustará en el paquete de la aplicación.

2. CLR

El CLR es el entorno de ejecución de las aplicaciones. Es multilenguaje gracias al CLS (*Common Language Specification*), que es un conjunto de reglas que todo compilador que cree aplicaciones que se van a ejecutar con CLR, tiene que respetar. La potencia del CLR consiste en combinar varios ensamblados, independientemente del lenguaje en el que se han escrito. De esta manera, una aplicación escrita en C# podrá referenciar y utilizar una librería escrita en VB.

Para llegar a este nivel de compatibilidad, el compilador convierte el código a lenguaje intermedio, (IL) que permite ser interpretado de la misma manera independientemente del lenguaje en el que se ha escrito el código. La compatibilidad de los tipos entre los diferentes lenguajes está garantizada por el CTS (*Common Types System*). Cada tipo básico de un lenguaje, tiene un equivalente en el Framework .NET y, por tanto, en lenguaje intermedio. Así, un `integer` en VB y un `int` en C# serán del mismo tipo `System.Int32`.

Una vez compilada, una aplicación se resume en, al menos, un archivo ejecutable. Éste está en lenguaje intermedio. Cuando la ejecución se lanza, el CLR examina el manifiesto para determinar si se respetan las condiciones de seguridad. Si es así, el CLR crea un proceso para alojar la aplicación y el compilador JIT (*Just In Time*) transforma el código compilado en lenguaje intermedio a código binario. A continuación, este código generado se almacena en memoria para que no se pueda recompilar durante la ejecución y se optimice el rendimiento.

3. Las bibliotecas de clases

El Framework .NET está compuesto de varias bibliotecas de clases, clasificadas en espacios de nombres, los cuales están organizados de manera jerárquica a partir del espacio de nombres raíz `System`. Por tanto, las funcionalidades relacionadas se clasifican dentro de un mismo espacio de nombres. `System.IO`, por ejemplo, reagrupa los tipos que tienen como objetivo interactuar con el sistema de archivos.

A continuación, se muestran algunos espacios de nombres que se utilizan habitualmente:

Espacio de nombres	Descripción
`System`	Espacio de nombres raíz. Contiene los tipos básicos del Framework .NET.
`System.Collections`	Contiene los tipos que permiten crear y gestionar las listas y las tablas.
`System.Data`	Contiene los tipos necesarios para la manipulación y la comunicación con las bases de datos.
`System.Drawing`	Contiene el conjunto de tipos que permiten gestionar el renderizado gráfico y el tratamiento de elementos visuales.
`System.IO`	Contiene el conjunto de clases que permiten interactuar con el sistema de archivos.
`System.Windows.Forms`	Contiene todos los tipos que permiten la creación de aplicaciones Windows, ya sean formularios o controles.

Estas bibliotecas de clases se pueden consultar a través del explorador de objetos, desde el menú **Ver** - **Examinador de objetos** ([Ctrl][Alt] **J**):

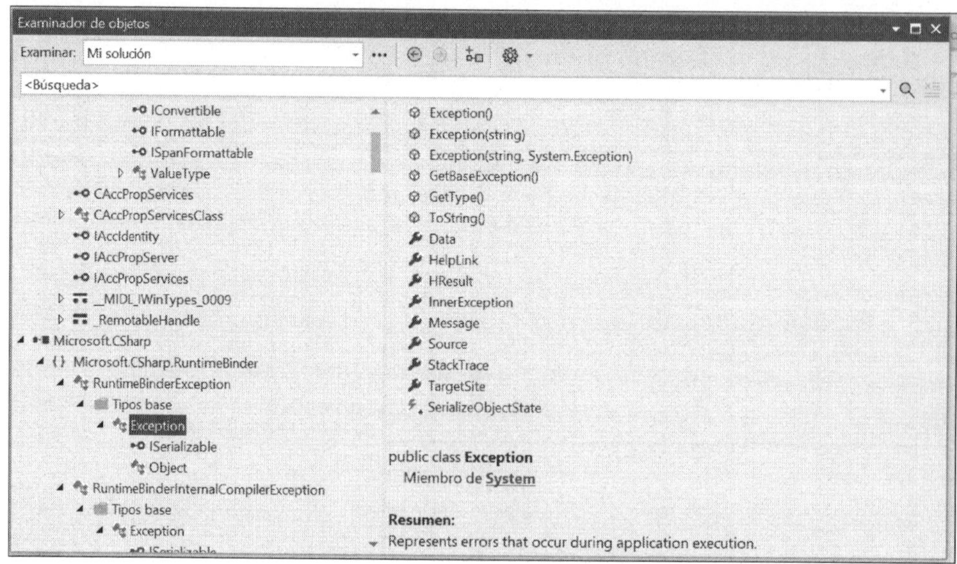

No es raro necesitar bibliotecas de clases diferentes a las que suministra el Framework .NET, para poder utilizarlas en un proyecto. Es suficiente con añadir una referencia a la librería de clases.

En el explorador de soluciones, un clic con el botón derecho del ratón en el nodo **Dependencias** del proyecto permite abrir un menú contextual. Los menús **Agregar referencia del proyecto...**, **Agregar referencia del proyecto compartido...** y **Agregar referencia COM...** abren la ventana de selección posicionada en la pestaña requerida.

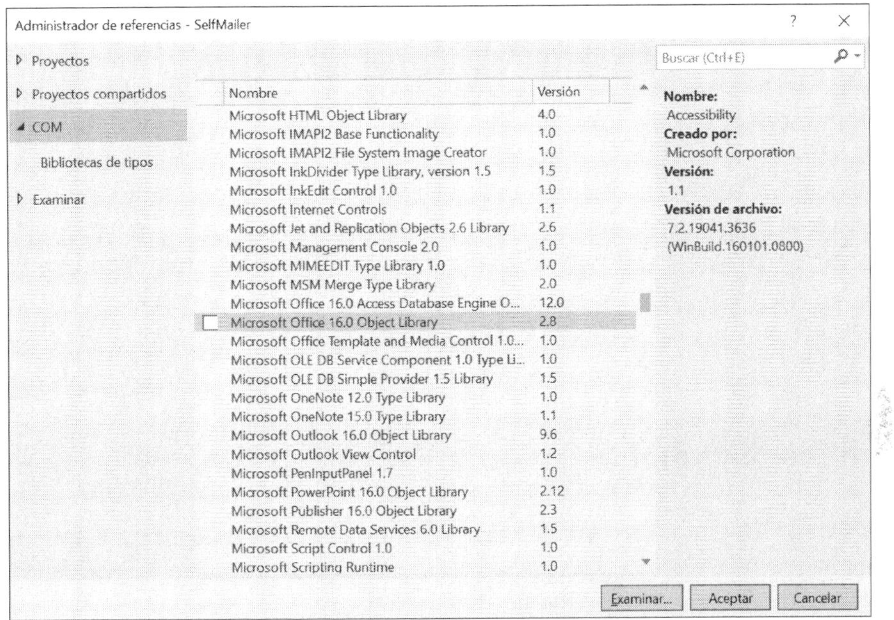

Es posible elegir una referencia hacia las librerías COM, a otro proyecto de la solución o a cualquier otra librería de clases.

4. Los tipos

El Framework .NET está compuesto de dos conjuntos de tipos: los tipos por valor y los tipos por referencia. Para almacenar los datos, el CLR tiene dos zonas de memoria: la pila y la cola.

La pila funciona del siguiente modo: el último en entrar es el primero en salir. Esta zona va a alojar en memoria las variables del programa. De esta manera, cuando se llama a una función, sus parámetros se almacenan en la pila y si esta función llama a otras, las variables se ubican por encima de las anteriores. Al terminar la ejecución de la función, las variables quedan inaccesibles y se eliminan de la pila, liberando la memoria ocupada.

La cola es una librería reservada para el almacenamiento de los objetos reutilizables. El CLR gestiona las entradas y salidas de este espacio memoria de manera automática, gracias a la recuperación de la memoria. Este proceso siempre está activo. Es inútil destruir explícitamente los objetos dentro de la aplicación. El colector se ejecuta en un proceso de baja prioridad. Esta prioridad puede aumentar si la memoria necesita vaciarse más rápidamente. El inconveniente principal es que no es posible conocer con exactitud el momento en el que será destruido un objeto. Como consecuencia, no se puede manejar el momento de ejecución del código asociado a esta destrucción. Las clases que necesitan muchos recursos pueden implementar un método `Dispose()` para liberarlos.

4.1 Los tipos por valor

El espacio de memoria, que utiliza un dato de tipo por valor, está asignado a la pila mientras esté viva. Después, cuando la variable queda fuera de ámbito, el espacio de memoria se libera.

Los tipos por valor normalmente son los tipos básicos, como los booleanos (`bool`), los enteros (`int`) e incluso los caracteres (`char`), entre otros. Las estructuras (`struct`) y los tipos enumerados (`enum`) también son de este tipo.

Un tipo por valor contiene realmente el dato al que representa en memoria, por tanto, no puede estar vacío (`null`).

La siguiente instrucción declara una variable de tipo entero (`int`) y le asigna un valor. El compilador devuelve una excepción si se utiliza un tipo por valor, si éste no ha sido asignado:

```
int i = 1;
```

La declaración de esta variable reserva un espacio en memoria de 32 bits y le asigna el valor 1. Veamos el ejemplo siguiente:

```
bool b1 = true;
bool b2 = b1;
b1 = false;
```

Se crea una primera variable (b1) de tipo booleano con el valor true. Después se crea una segunda variable (b2), de tipo booleano, con el valor de b1. Para terminar, se modifica la variable b1. ¿Cuál es el valor de la variable b2? La respuesta no es sorprendente: la variable b2 tiene el valor true. b1 y b2 son dos variables distintas; la modificación de una no afecta a la otra. La segunda línea que asigna el valor de b1 a la variable b2, implica, a nivel de memoria, la copia del valor sin ningún otro enlace.

4.2 Los tipos por referencia

Los tipos por referencia tienen un funcionamiento diferente a nivel de memoria. Los datos reales del tipo se almacenan en la pila y se almacena un puntero hacia esos datos en la pila. Cuando se utiliza una variable de tipo por referencia, ésta no es el valor que se ha pasado, sino el puntero al valor. Cuando la variable queda fuera de ámbito, como sucede con un tipo por valor, el espacio en memoria de la pila se libera, pero no el objeto en sí mismo, que se encuentra en la pila. Cuando la pila ya no contiene ningún puntero hacia este objeto, se puede recuperar con el mecanismo de recuperación automática de la memoria.

Las clases, las interfaces y los tipos delegados representan los tipos por referencia. La manipulación de los objetos creados a partir de esos tipos se hace indirectamente a través de una referencia hacia su espacio memoria asignado.

Un tipo por referencia, a diferencia de lo que sucede con un tipo por valor, se debe instanciar utilizando la palabra clave new. Esta palabra clave llama al constructor del tipo. Se trata de un método particular que inicializa el objeto, asignándole los valores a los miembros. Para algunas clases, es posible pasar parámetros al constructor siguiendo las sobrecargas disponibles. De esta manera, es posible de declarar un ArrayList (del espacio de nombres System.Collections) de estas dos maneras:

```
ArrayList tab1 = new ArrayList();
ArrayList tab2 = new ArrayList(1);
```

La primera instanciación crea un objeto de tipo ArrayList, con los valores de manera predeterminada. La segunda instanciación crea un mismo objeto con una capacidad máxima de 1.

Desde la versión 9 de C#, se permite omitir el tipo después de la palabra clave new para las instanciaciones sin argumentos. El compilador lo deducirá según el contexto:

```
ArrayList tabl = new();
```

Un tipo por referencia puede tener un valor vacío (null) y ser declarado, pero no instanciado.

Para ilustrar el funcionamiento en memoria de un tipo por referencia, tomemos la siguiente clase:

```
class Class
{
    public bool b;
}
```

Hagamos las siguientes operaciones con esta clase:

```
Class C1 = new Class();
C1.b = true;
Class C2 = C1;
C1.b = false;
```

Se instancia un primer objeto. A continuación, se asigna el valor true a su propiedad b. Después el objeto C1 se asigna a un segundo objeto del mismo tipo y se modifica la propiedad b del objeto C1. ¿Cuál es el valor de la propiedad b del objeto C2? La respuesta no es tan evidente como para un tipo por valor. En efecto, durante la asignación del objeto C1 al objeto C2, se ha copiado la referencia que está en la pila del primer objeto, hacia el segundo. Esto significa que los dos objetos apuntan hacia la misma dirección memoria en la pila. Por tanto, la modificación de un valor en uno de los objetos aplica a los dos.

Capítulo 3
Introducción al lenguaje C#

1. La sintaxis

1.1 Los identificadores

Los identificadores son los nombres que se asignan a las clases y a sus miembros. Un identificador debe estar compuesto por una única palabra. Ésta debe empezar por una letra o un carácter underscore (_). Los identificadores pueden tener letras mayúsculas o minúsculas, pero como el lenguaje C# es sensible a mayúsculas/minúsculas, éstas se deben respetar para que la referencia al identificador sea correcta: `miIdentificador` es diferente a `MiIdentificador`.

1.2 Las palabras clave

Las palabras clave son los nombres que reserva el lenguaje C#. Se interpretan por el compilador y, por tanto, no se pueden usar como identificadores. Estas palabras clave se diferencian en el editor de texto de Visual Studio utilizando el color azul (con los argumentos de apariencia predeterminados).

Si necesita utilizar una palabra clave como un identificador para un miembro, es necesario utilizar un prefijo con el nombre del identificador: el carácter `@`. La siguiente sintaxis es errónea y el compilador no la podrá ejecutar:

```
private bool lock;
```

Si utilizamos el prefijo `@` con el miembro `lock`, el compilador considera que es un identificador y no una palabra clave:

```
private bool @lock;
```

El carácter `@` también puede servir como prefijo de los identificadores que no tienen ningún conflicto con las palabras claves, de esta manera `@miIdentificador` se interpretará de la misma manera que `miIdentificador`.

A continuación, se muestra una lista de las palabras clave del lenguaje C#. Se explicarán, en parte, a lo largo del libro:

abstract	add	as	ascending	async
await	base	bool	break	by
byte	case	catch	char	checked
class	const	continue	decimal	default
delegate	descending	do	double	dynamic
else	equals	enum	event	explicit
extern	false	file	finally	fixed
float	for	foreach	from	get
global	goto	group	if	implicit
in	int	interface	internal	into
is	join	let	lock	long
nameof	namespace	new	null	object
on	operator	orderby	out	override
params	partial	private	protected	public
readonly	ref	remove	required	return
sbyte	sealed	select	set	short

sizeof	stackalloc	statics	string	struct
switch	this	throw	true	try
typeof	uint	ulong	unchecked	unsafe
ushort	using	value	var	virtual
volatile	void	where	while	yield

1.3 Las reglas de puntuación

El objetivo de las reglas de puntuación es separar las instrucciones del programa de manera lógica, comprensible por el ser humano e interpretable por el compilador.

Cualquier instrucción debe terminar con un punto y coma `;`. Si se olvida al final de la instrucción, el compilador devuelve un error de sintaxis. Sin embargo, la ventaja es poder escribir una instrucción en varias líneas:

```
int i = 5
        + 2;
```

El punto `.` después de un identificador permite acceder a los miembros de un objeto. A través de IntelliSense, Visual Studio muestra la lista de miembros disponibles, tan pronto como se añade el punto a un objeto:

```
miObjeto.miPropiedad
```

Las llaves `{` y `}` se usan para agrupar varias instrucciones dentro de un bloque de control o de un método. Indican dónde comienzan las instrucciones y dónde terminan:

```
class Program
{
}
```

Los paréntesis `(` y `)` se usan para declarar o para llamar a métodos. Pueden contener argumentos después de la declaración del método. Los argumentos de un método se separan con una coma `,`:

```
miObjeto.miMetodo(Parametro1, Parametro2);
```

Los paréntesis también se utilizan para agrupar las instrucciones de la misma manera que para una operación matemática.

Los corchetes `[` y `]` permiten acceder a los elementos de un array o, si la clase contiene una propiedad para indexar, a los elementos de una clase. Por ejemplo, si la clase `miObjeto` es un array de valores de tipo `string`, para acceder a su primer elemento, la sintaxis sería la siguiente:

```
string s = miObjeto[0];
```

Los elementos de los arrays se indexan comenzando por 0.

1.4 Los operadores

1.4.1 Los operadores de cálculo

Los operadores de cálculo permiten, como en matemáticas, realizar operaciones.

La adición se realiza con el operador `+`:

```
i = 5 + 2;          // i = 7
```

La sustracción se realiza con el operador `-`:

```
i = 5 - 2;          // i = 3
```

La multiplicación se realiza con el operador `*`:

```
i = 5 * 2;          // i = 10
```

La división se realiza con el operador `/`:

```
i = 6 / 2;          // i = 3
```

El modulo se realiza con el operador `%`:

```
i = 5 % 2;          // i = 1
```

1.4.2 Los operadores de asignación

Los operadores de asignación permiten asignar un valor a una variable. El operador más utilizado es el carácter =:

```
i = x;
```

También es posible realizar una asignación y un cálculo al mismo tiempo, combinando dos operadores:

```
i += 1;
```

usando el operador +=, hay una asignación a la variable de su propio valor, sumando el valor de la derecha del operador. Esta instrucción es equivalente a la siguiente:

```
i = i + 1;
```

La combinación de operadores de cálculo y de asignación es posible para todos los operadores:

```
int i = 5;
i += 2;          // i = 7
i -= 2;          // i = 5
i *= 2;          // i = 10
i /= 2;          // i = 5
i %= 2;          // i = 1
```

1.4.3 Los operadores de comparación

Los operadores de comparación se utilizan fundamentalmente para tomar decisiones dentro de instrucciones de control.

El operador == determina si dos variables son iguales:

```
x == y           // devuelve true si x igual a y
```

El operador != determina si dos variables son diferentes:

```
x != y           // devuelve true si x es diferente de y
```

El operador > determina si la variable de la izquierda es estrictamente superior a la variable de la derecha:

```
x > y            // devuelve true si x es superior a y
```

El operador >= determina si la variable de la izquierda es superior o igual a la variable de la derecha:

```
x >= y          // devuelve true si x es superior o igual a y
```

El operador < determina si la variable de la izquierda es estrictamente inferior a la variable de la derecha:

```
x < y           // devuelve true si x es inferior a y
```

El operador <= determina si la variable de la izquierda es inferior o igual a la variable de la derecha:

```
x <= y          // devuelve true si x es inferior o igual a y
```

El operador (y palabra clave) `is` permite determinar el tipo de un objeto:

```
x is int        // devuelve true si x es del tipo int
```

El filtrado por motivo permite verificar si un valor corresponde a un motivo. Se trata de utilizar el operador `is` para definir el motivo que puede reemplazarse en instrucciones condicionales:

```
o is DateTime d // devuelve true si o es de tipo DateTime
```

La variable `o` es automáticamente convertida en el tipo testeado y almacenada en la nueva variable `d`, que se puede utilizar de manera clásica.

También es posible combinar los operadores de comparación con los operadores lógicos. El operador `&&` permite especificar un AND lógico, mientras que el operador `||` especifica un OR lógico. Las diferentes expresiones se pueden combinar con ayuda de los paréntesis para modificar el orden de interpretación:

```
(x >= 0 || x > 10) && (x <= 1 || x < 25)
```

1.5 La declaración de variables

La declaración de variables se realiza especificando su tipo y posteriormente indicando su identificador. La siguiente instrucción declara una variable llamada `s` de tipo `string`:

```
string s;
```

La instrucción de declaración termina como cualquier instrucción, es decir, con un punto y coma.

Una variable se puede declarar e inicializar con la misma instrucción:

```
string s = "El valor de mi variable";
```

También es posible declarar e inicializar varias variables en una única instrucción, con la condición de que sean del mismo tipo. Las variables se separan con una coma:

```
bool b1 = true, b2 = false;
```

Una variable también se puede marcar con la palabra clave `const`, que especifica que el valor de la variable no se puede modificar durante la ejecución. Es una variable en modo de solo lectura:

```
const int i = 0;
```

Añadiendo la palabra clave `required` a una propiedad o a un campo, indica que los elementos que llaman al constructor tienen la obligación de inicializar estos valores.

```
required int i;
```

El ámbito de una variable declarada en el cuerpo de un método se limita a ese método, es decir, se elimina cuando finaliza la ejecución del método. Queda fuera de ámbito.

Las variables declaradas dentro de un bloque condicional o iterativo solo son accesibles dentro de este bloque. Para los bloques iterativos, la variable se elimina al final del bucle y se inicializa de nuevo en la siguiente iteración del bucle.

1.6 Las instrucciones de control

1.6.1 Las instrucciones condicionales

Las instrucciones condicionales permiten ejecutar una porción de código en función de comprobaciones realizadas sobre las variables de la aplicación. Existen dos tipos de estructuras condicionales: los bloques `if` y los bloques `switch`.

if, else y else if

Sintaxis general:

```
if (expresión)
{
        instrucciones
}
[else if (expresión)
{
        instrucciones
}]
[else
{
        instrucciones
}]
```

La instrucción `if` evalúa una expresión booleana y ejecuta el código si esta expresión es verdad (`true`). Su sintaxis es la siguiente:

```
if (x > 10)
{
   // Instrucciones que se ejecutan si x es superior a 10
}
```

La expresión a evaluar se inserta entre paréntesis después de la palabra clave `if` y debe tener un resultado de tipo booleano.

La instrucción `else` permite integrar el código que se ejecutará si la expresión que se evalúa en la instrucción `if` es falsa (`false`):

```
if (x > 10)
{
   // Instrucciones que se ejecutan si x es superior a 10
}
else
{
   // Instrucciones que se ejecutan si x es inferior o igual a 10
}
```

La instrucción `else if` permite evaluar una nueva expresión cuando el resultado de la instrucción `if` es falsa. Puede haber varias instrucciones `else if` pero un bloque de decisión `if` siempre debe empezar por una instrucción `if`, seguida de una o varias instrucciones `else if` y terminar de manera no obligatoria por una instrucción `else`:

```
if (x > 10)
{
   // Instrucciones que se ejecutan si x es superior a 10
}
else if (x = 10)
{
   // Instrucciones que se ejecutan si x es igual a 10
}
else
{
   // Instrucciones que se ejecutan si x es inferior a 10
}
```

Las instrucciones dentro de la estructura de decisión se encierran entre llaves. Esto indica el inicio y el fin del bloque. En el caso en el que el bloque solo tenga una línea, se permite omitir las llaves (también válido para las demás instrucciones de control):

```
if (x > 10)
   x -= 10;
else if (x = 10)
   x -= 1;
else
   x += 10;
```

El operador de condición `null ?.` permite comprobar el valor `null` cuando se accede a los miembros de una clase. Esto limita el número de instrucciones condicionales y el código resulta más legible. Por ejemplo, para acceder a una propiedad encapsulada en un objeto y asegurarse de que ningún padre es `null` y, por tanto, que no se producirá ninguna excepción durante su acceso, deberíamos escribir una instrucción de este tipo:

```
string MajorVersion;
if(soft!=null && soft.Version!=null)
{
    MajorVersion = soft.Version.Major;
}
```

Con el nuevo operador, la sintaxis es más sencilla:

```
string MajorVersion = soft?.Version?.Major;
```

Si la variable `soft` es `null`, `soft?.Version` devolverá `null`. Del mismo modo, si la variable `soft?.Version` es `null`, `soft?.Version?.Major` devolverá `null`. En aquellos casos en que las variables no sean `null`, se devolverá el valor de `Major` y se asignará a la variable `MajorVersion`.

Expresión ternaria

Sintaxis general

```
expresión ? [variable si cierto] : [variable si falso]
```

La expresión booleana se evalúa. Si es verdadera, se devuelve el valor de la variable (o el resultado de una expresión o de una función) de la parte izquierda. En caso contrario, se devuelve la variable de la parte derecha. Su sintaxis es la siguiente:

```
int i = 20 ;
bool b = i >= 20 ? true : false ;
// b = true
```

La conversión de tipo entre la variable de retorno y el tipo al que se asigna el valor, se realiza de manera automática cuando es posible (en el marco de una herencia de clase, por ejemplo).

switch

Sintaxis general:

```
switch (expresión)
{
        case expresión o constante:
                instrucciones
                [instrucciones de salto]
        [default:
                instrucciones]
}
```

Una instrucción `switch` se puede considerar como una sucesión de instrucciones `if`, `else if` y `else`.

La instrucción `switch` evalúa el valor de una variable que se pasa como argumento y ejecuta las instrucciones en función de los posibles valores:

```
switch (i)
{
    case 0:
        i++;
        break;
    case 1:
        i--;
        break;
    default:
        i = 0;
        break;
}
```

La palabra clave `default` se debe situar en último lugar en la cadena de evaluación y el código se ejecutará si no se cumple ninguna de las condiciones anteriores. Añadir la instrucción `default` es opcional.

Cada bloque de instrucciones dentro de una evaluación debe contener la palabra clave `break` para salir del bloque `switch`. Si no está, eventualmente se evaluarán las demás condiciones y potencialmente se ejecutarán. Las demás instrucciones de salto también son válidas dentro de una estructura `switch`.

Es posible combinar varias evaluaciones si se deben ejecutar las mismas instrucciones:

```
switch (i)
{
    case 0:
    case 1:
    case 2:
        i++;
        break;
    case 3:
        i--;
        break;
}
```

En el contexto de una instrucción `switch`, se puede usar el filtrado por motivo. Se puede añadir condiciones con la palabra clave `when`:

```
switch (o)
{
    case int i when i < 0:
        break;
    case int i when i > 0:
        break;
}
```

El programa entra en el bucle de decisión si `i` es de tipo `int` y corresponde a la condición. La variable `i` tiene un ámbito en el bloque correspondiente únicamente.

La decisión también se puede realizar sobre el tipo del objeto únicamente.

La instrucción `switch` también puede contener un modelo compuesto de expresiones más o menos complejas o simplemente un tipo (`Control` en el siguiente ejemplo):

```
Control c = new Label() { Size = new Size(10, 10) };
int resultado = c switch
{
    Control c1 when c1.Size.Height == 0 && c1.Size.Height == 0 => 0,
    Control c2 => c2.Size.Height + c2.Size.Height,
      => -1
};
// resultado = 20
```

La palabra clave `default` se sustituye en este caso por el signo _ (underscore; guion bajo).

1.6.2 Las instrucciones iterativas

Las instrucciones iterativas permiten ejecutar bucles sobre una serie de instrucciones en función de la evaluación de una expresión. Las instrucciones iterativas son los bucles `for`, `while`, `do while` y `foreach`.

for

Sintaxis general:

```
for (inicialización; expresión; paso)
{
        instrucciones
}
```

Un bucle `for` contiene una serie de instrucciones que se ejecuta varias veces según los argumentos de inicialización, la expresión y de paso de incremento. La inicialización consiste en la declaración y la asignación de una variable de tipo numérico. En cada vuelta del bucle, la variable incrementa el valor del paso y la expresión se evalúa para determinar si las instrucciones se deben ejecutar o no.

```
int total = 0;
for (int i = 0; i < 4; i++)
{
    total += i;
}
// total = 6
```

El código anterior declara una variable `total` y le asigna el valor 0. Un bucle `for` declara una variable `i`, asignándole el valor 0. La expresión se evalúa posteriormente y, si es verdadera, se ejecutan las instrucciones. Cuando se han ejecutado todas las instrucciones, la variable `i` se incrementa. En este caso se suma 1 a la variable `i`. La expresión se evalúa de nuevo y el bucle continúa hasta que la expresión sea falsa.

La variable declarada en la instrucción `for` se puede modificar en el cuerpo del bucle:

```
for (int i = 0; i < 4; i++)
{
    i++;
}
// El cuerpo del bucle for se ejecuta dos veces
```

También es posible definir un paso negativo:

```
for (int i = 10; i > 0; i--)
{}
```

while

Sintaxis general:

```
while (expresión)
{
        instrucciones
}
```

Un bucle while permite ejecutar una serie de instrucciones mientras que la expresión evaluada sea cierta:

```
int i = 0;
while (i < 4)
{
    i++;
}
// i = 3
```

do while

Sintaxis general:

```
do
{
        instrucciones
}
while (expresión);
```

El bucle do while es parecido al bucle while, en el sentido en que las instrucciones del bucle se ejecutan si la evaluación de la expresión es verdadera. La diferencia reside en que el bucle do while hace la comprobación de la expresión después de la ejecución de las instrucciones. El bucle do while garantiza que las instrucciones se ejecutan al menos una vez:

```
int i = 0;
do
{
    i--;
}
while (i >= 0);
// i = -1
```

foreach

Sintaxis general:

```
foreach (tipo nombre in object)
{
        instrucciones
}
```

Los bucles `foreach` se usan para recorrer los arrays, las colecciones y todos los tipos enumerados. La instrucción declara un tipo y recorre el objeto que se pasa como argumento para el tipo dado. El bucle se ejecuta mientras haya elementos en el objeto:

```
string s1 = "foreach";
string s2 = "";
foreach (char c in s1)
{
    s2 += c;
}
// s2 = "foreach"
```

La variable `s1` de tipo `string` se compone de una colección de tipo `char`. El bucle `foreach` las toma una por una y las asigna a la variable `c` de tipo `char`. A continuación, la variable `c` se puede usar en el cuerpo del bucle.

1.6.3 Las instrucciones de salto

Las instrucciones de salto permiten modificar el flujo de ejecución del programa. Las instrucciones de salto son `break`, `continue`, `goto`, `return` y `throw`.

break

La instrucción `break` permite salir de un bucle o de una instrucción `switch` sin esperar al fin de la ejecución de todas las instrucciones:

```
for (int i = 0; i < 10; i++)
{
    if (i == 5)
    {
        break;
    }
```

```
}
// i = 5, el cuerpo del bucle se ha ejecutado 5 veces
```

continue

La instrucción `continue` permite parar la ejecución del cuerpo de un bucle y pasar a la siguiente evaluación:

```
for (int i = 0; i < 10; i++)
{
    if (i > 5)
    {
        continue;
    }
}
// i = 5, el cuerpo del bucle se ha ejecutado 10 veces
```

goto

La instrucción `goto` permite transferir la ejecución a un bloque de instrucciones. Esta instrucción se hereda de los antiguos lenguajes procedimentales, como el basic.

Una instrucción `goto` está seguida del nombre de una etiqueta y la ejecución del código se transfiere a esta etiqueta. La etiqueta se define en el código utilizando un nombre, seguido del carácter dos puntos `:`:

```
    int i = 0;
anexa:
    i++;

    if (i < 5)
    {
        goto anexa;
    }
// i = 5
```

La instrucción `goto` también se utiliza dentro de las instrucciones `switch` para pasar de un caso a otro. `goto` puede hacer referencia a otro caso o al caso por defecto:

```
int i = 0;
switch (i)
{
    case 0:
        i++;
        goto 1;
    case 1:
        i--;
        goto default;
    default:
        i = 0;
        break;
}
```

return

La instrucción `return` se usa dentro de una función y permite definir su valor de retorno:

```
int Addition(int i, int j)
{
    return i + j;
}
```

throw

La instrucción `throw` permite generar excepciones. La ejecución se interrumpe inmediatamente y se pasa la naturaleza del error a la instrucción que llama, dentro de la pila de llamadas, hasta ser interceptada y tratada:

```
throw new Exception();
```

Observación

La gestión de las excepciones se estudiará con más en detalle en el capítulo Gestión de excepciones.

1.7 Los comentarios

El código puede contener comentarios para facilitar su comprensión por parte de otro desarrollador o para su mantenimiento.

Los comentarios comienzan con una doble barra //. Pueden estar en una única línea o al final de una instrucción, como en los ejemplos anteriores. Este tipo de comentario es para una solo línea. Un salto de línea implica una nueva instrucción.

Para añadir comentarios en varias líneas, éstos deben comenzar con los caracteres /* y terminar con los caracteres */:

```
/* Mi comentario
en varias
líneas */
```

El editor de texto de Visual Studio colorea los comentarios en verde (parámetro predeterminado).

Además de para hacer anotaciones, los comentarios también pueden servir para proporcionar una documentación en formato XML. IntelliSense podrá interpretar esta documentación XML para proporcionar la descripción de los miembros, de los argumentos e incluso de las excepciones. Hay herramientas de terceros que permiten interpretar esa documentación XML para producir archivos de ayuda en diferentes formatos, como páginas HTML o archivos CHM.

Un comentario de documentación se sitúa directamente antes del miembro que describe, y empieza con los caracteres ///. Escribiendo esta sucesión de caracteres en Visual Studio, el editor de texto implementa la base del comentario. Termine con /// antes del constructor del formulario Form. Visual Studio añade los elementos XML básicos:

```
/// <summary>
///
/// </summary>
public Form1()
{
    InitializeComponent();
}
```

Poniendo un contenido entre las etiquetas `summary` como se muestra:

```
/// <summary>
/// Mi comentario
/// </summary>
```

Será interpretado por IntelliSense de Visual Studio:

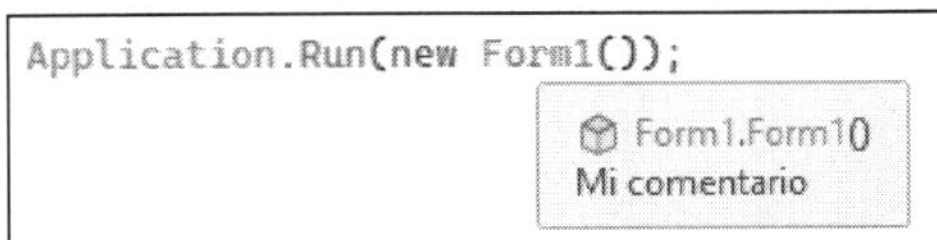

A continuación, se muestra la lista de etiquetas más utilizadas en la documentación XML:

Etiqueta	Sintaxis	Descripción

`summary`	`<summary>`
	`...`
	`</summary>`
		Indica qué tooltip de IntelliSense se debe mostrar.

`remarks`	`<remarks>`
	`...`
	`</remarks>`
		Texto adicional a la descripción del tipo o del miembro.

`param`	`<param name="`*NombreParámetro*`">`
	`...`
	`</param>`
		Texto explicativo del argumento esperado. Esta etiqueta se usa en la descripción de métodos o funciones con argumentos en su definición.

`returns`	`<returns>`
	`...`
	`</returns>`
		Texto explicativo del valor de retorno. Esta etiqueta se usa en el ámbito de las funciones.

Etiqueta	Sintaxis	Descripción

`exception`	`<exception [cref="tipo"]>`
	`...`
	`</exception>`
		Texto que describe las excepciones y su tipo que puede devolver el método o función. El atributo opcional `cref` hace referencia al tipo del excepción.

`permission`	`<permission [cref="tipo"]>`
	`...`
	`</ permission>`
		Texto que describe los permisos necesarios para ejecutar el código del método. El atributo opcional `cref` hace referencia al tipo del permiso.

`example`	`<example>`
	`...`
	`</example>`
		Texto que presenta un ejemplo de uso del método o función.

La generación del archivo de documentación XML en el momento de la compilación, se define en la ventana de las propiedades del proyecto, en la pestaña **Compilación**, dentro de la sección **Salida**.

Hay que marcar la opción **Archivo de documentación** y luego especificar la ruta y el nombre del archivo generado:

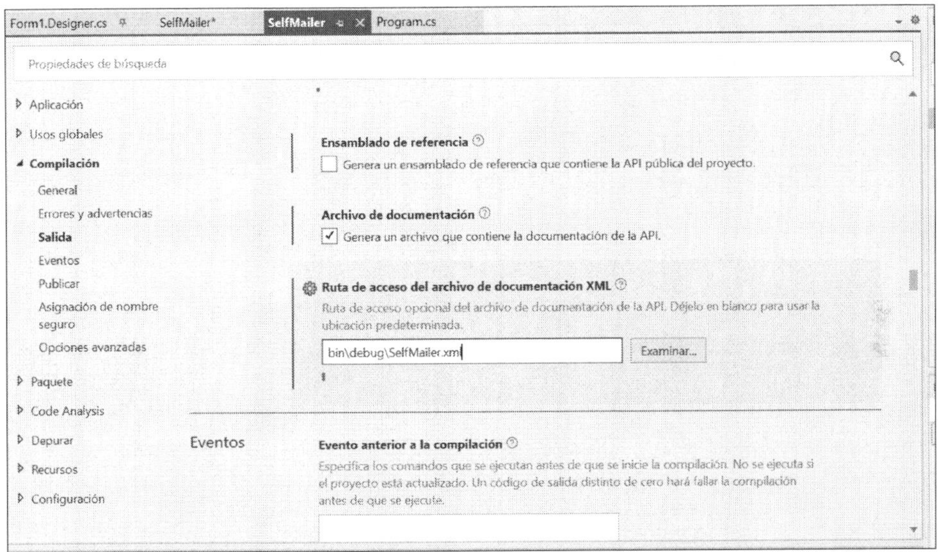

Definiendo esta propiedad del proyecto, cualquier miembro que no tenga documentación, añadirá una advertencia durante la compilación. Una advertencia no impide la compilación del proyecto, pero indica que hay un error no fatal en el proyecto.

2. Los espacios de nombres

Los espacios de nombres permiten organizar y jerarquizar los tipos. Un espacio de nombres puede estar formado por varias clases escritas en diferentes archivos y compilados en diferentes librerías. Es el caso del Framework .NET, que reagrupa una multitud de tipos organizados en los espacios de nombres.

2.1 Declarar un espacio de nombres

Para añadir una clase a un espacio de nombres, enciérrela usando la palabra clave `namespace` seguida del nombre del espacio de nombres deseado:

```
namespace MiEspacio
{
    class MiClaseA { }
    class MiClaseB { }
}
```

También es posible declarar el espacio de nombres para todos los tipos de un archivo especificándolo con el alcance del archivo como sigue:

```
namespace MiEspacio;

    class MiClaseA { }
    class MiClaseB { }
```

Ambas notaciones producirán el mismo resultado en el momento de compilar.

2.2 La palabra clave using

Para acceder a un tipo, es suficiente con indicar su nombre en la jerarquía de espacios de nombres. De esta manera, para instanciar un objeto `Form`, será necesario escribir:

```
System.Windows.Forms.Form F = new System.Windows.Forms.Form();
```

Esta notación puede resultar algo incómoda, motivo por el que la palabra clave `using` permite especificar los espacios de nombres que se usan y, de esta manera, reducir el código y aumentar su legibilidad. Situada en la parte superior del archivo de clase y especificando un espacio de nombres, esta notación permite utilizar el nombre del tipo:

```
using System.Windows.Forms;
```

La instanciación se hará de la siguiente manera:

```
Form F = new Form();
```

2.3 La palabra clave alias

En caso de conflicto, si el nombre de un tipo se define en dos espacios de nombres, declarados ambos con la palabra clave `using`, es necesario crear un alias. Tomemos, por ejemplo, dos clases con el mismo nombre ubicadas en espacios de nombres diferentes:

```
namespace Namespace1
{
    class Class
    {
        ...
    }
}
```

y

```
namespace Namespace2
{
    class Class
    {
        ...
    }
}
```

Declarando los dos espacios de nombres en el encabezado del archivo de clase que los instancia, el compilador indica un error de referencia ambigua. Por ello, hay que especificar un alias para al menos uno de los dos espacios de nombres y usarlo para hacer referencia al tipo:

```
using MiAlias = Namespace1;
using Namespace2;
...
MiAlias.Class C1 = new MiAlias.Class();
Class C2 = new Class();
```

Esta declaración de alias es válida para todos los tipos excepto los tipos por referencia nulos:

```
using MiAlias = string; //autorizado
using MiAlias = string?; //no autorizado
```

2.4 Las clases estáticas

Desde la versión 6 de C#, es posible referenciar una clase estática con la palabra clave `using`. Los miembros de esta clase estarán, entonces, accesibles directamente desde el código sin tener que escribir el nombre de la clase:

```
using System.Console;
...
WriteLine("Hola"); // en lugar de Console.WriteLine("Hola");
```

2.5 Las directivas globales using

Desde la versión 10 de C#, puede añadir la palabra clave `global` antes de la palabra clave `using`. Los miembros de este espacio de nombres serán entonces accesibles en todos los archivos del proyecto sin tener que escribir nuevamente la referencia:

```
global using System.Console;
```

3. Los tipos básicos

Los tipos de datos permiten almacenar valores en la aplicación. Los lenguajes .NET son fuertemente tipados, por lo que no siempre es posible convertir un tipo de datos en un otro. Las conversiones, implícitas o explícitas, permiten convertir los tipos de datos. Esto es posible porque todos los tipos del Framework .NET provienen del tipo `Object`, que es el tipo básico del resto de tipos.

3.1 Los tipos numéricos

Los tipos numéricos se dividen en dos grupos: los enteros y los decimales. Cada uno tiene un conjunto de tipos para representar los datos de la mejor manera, en función de las necesidades.

3.1.1 Los enteros

La siguiente tabla resume los tipos enteros disponibles en el Framework .NET:

Tipo .NET	Nombre C#	Descripción	Rango de valores
`System.Byte`	`byte`	Entero sin signo de 8 bits	De 0 a 255
`System.Int16`	`short`	Entero con signo de 16 bits	De -32 768 a 32 767
`System.Int32`	`int`	Entero con signo de 32 bits	De -2 147 483 648 a 2 147 483 647
`System.Int64`	`long`	Entero con signo de 64 bits	De -9 223 372 036 854 775 808 a 9 223 372 036 854 775 807
`System.SByte`	`sbyte`	Entero con signo de 8 bits	De -128 a 127
`System.UInt16`	`ushort`	Entero sin signo de 16 bits	De 0 a 65 535
`System.UInt32`	`uint`	Entero sin signo de 32 bits	De 0 a 4 294 967 295
`System.UInt64`	`ulong`	Entero sin signo de 64 bits	De 0 a 18 446 744 073 709 551 615

Un valor se puede asignar a un entero con una notación decimal:

```
int i = 2;          // Notación decimal
```

Se puede usar también la notación hexadecimal y se debe preceder del prefijo `0x`:

```
int i = 0x4B;          // Notación hexadecimal equivalente: i = 75;
```

También está a disposición la notación binaria y debe estar precedida del prefijo `0b`:

```
int i = 0b1101;              // Notación binaria equivalente: i = 13;
```

Para facilitar la lectura del código, el carácter _ se puede usar como separador:

```
int i = 100_000_000;          // Notación decimal equivalente:
i = 100000000;
```

3.1.2 Los decimales

La siguiente tabla resume los tipos decimales disponibles en el Framework .NET:

Tipo .NET	Nombre C#	Descripción	Precisión
`System.Single`	`float`	Número con coma flotante de 32 bits	7 cifras significativas
`System.Double`	`double`	Número con coma flotante de 64 bits	15 cifras significativas
`System.Decimal`	`decimal`	Número con coma flotante de 128 bits	28 cifras significativas

3.2 Los booleanos

Un booleano es un tipo que permite representar un valor que es `true` o `false`. El tipo .NET correspondiente es `System.Boolean` y su nombre C# es `bool`.

Es posible asignar a un booleano el resultado de una comparación:

```
byte x = 1;
bool b = x < 2;        // b tiene el valor true
```

3.3 Las cadenas de caracteres

El tipo `System.String (string)` es un tipo por referencia que representa una serie de tipos `System.Char (char)`.

Una variable de tipo `char` se asigna con un carácter entre comillas simples:

```
char c = 'a';
```

El tipo `char` representa una instancia de un carácter Unicode de 16 bits. Por lo tanto, es posible asignar un valor a un tipo `char` usando el valor numérico del carácter Unicode, que consiste en proporcionar un carácter en formato hexadecimal de 4 cifras:

```
char c = '\u0061';      // Equivale a: c = 'a';
```

Si se añade el sufijo `u8` después del valor de la cadena de caracteres, esto especifica su encoding en UTF-8 en su representación binaria. En este caso, el tipo devuelto será `ReadOnlySpan<byte>`:

```
var s = "Mi cadena"u8;
```

Se asigna una variable de tipo `string` con una cadena de caracteres entre comillas dobles:

```
string s = "Mi cadena";
```

Si desea que su variable de tipo `string` contenga retornos de carro, tiene varias posibilidades:

- Usar caracteres de escape `\r\n` para especificar un retorno de carro:

```
string s = "Mi cadena\r\con una segunda línea"
```

- Usar la concatenación:

```
string s = "Mi cadena " +
"con una segunda línea"
```

- Usar cadenas de caracteres sin formato. Al comenzar con al menos tres comillas dobles " (puede haber más de tres si desea usarlas en la cadena sin formato), seguidas de una nueva línea para iniciar la cadena, puede escribir texto sin formato que cerrará con el mismo número de comillas dobles ":

```
string s = """
     Mi cadena
     con una segunda línea
     """;
```

Aunque el tipo `string` es un tipo por referencia, tiene métodos que permiten manipular cadenas. La siguiente tabla presenta los métodos más utilizados:

Método	Descripción
`Format`	Reemplaza las expresiones de tipo `{0}`, `{1}`, `{2}`, etc. presentes en la cadena por los valores que se pasan como parámetro en la llamada a la función.
`Replace`	Reemplaza todas las ocurrencias de un carácter en la cadena por otro.
`Split`	Separa la cadena en varias, en función de un carácter delimitador.
`Substring`	Devuelve una parte de la cadena.
`ToCharArray`	Devuelve un array de tipo `char` a partir de la cadena.
`ToLower`	Convierte todos los caracteres de la cadena a minúsculas.
`ToUpper`	Convierte todos los caracteres de la cadena a mayúsculas.
`Trim`	Elimina los espacios al inicio y fin de la cadena.

La interpolación de cadenas para componer una cadena de caracteres, además de la concatenación clásica mediante el operador + y con el método `Format` de la clase `String`, podrá utiliza la interpolación escribiendo los nombres de las variables directamente en la cadena. En este caso, la cadena debe estar precedida por el carácter `$`, y los nombres de las variables, delimitados por la secuencia `{}`.

El valor se reemplazará automáticamente en tiempo de ejecución por el valor de la variable:

```
string name = "Lola";
  Console.Write("¡Bienvenida \{name}!");    // ¡Bienvenida Lola!
```

Esta interpolación se puede realizar en varias líneas para mejorar la legibilidad del código:

```
string name = "Lola";
Console.Write($"Bienvenida {name
  }");
// Bienvenida Lola
```

La interpolación también está disponible para las constantes, a condición de que todos los valores utilizados también sean constantes:

```
const string nombre = "Lola";
const string planeta = "Tierra";
const string mensaje = $"¡Bienvenida a la {planeta}, {nombre}!");
// ¡Bienvenida a la Tierra, Lola!
```

Puede escribir su propio gestor de cadenas interpoladas si necesita una funcionalidad específica. Este gestor le permitirá personalizar el manejo de los espacios reservados (encerrados entre la secuencia { }) en la cadena interpolada.

La creación de tal gestor comienza con la creación de una estructura decorada con el atributo `InterpolatedStringHandler` del espacio de nombres `System.Runtime.CompilerServices`:

```
[InterpolatedStringHandler]
public ref struct MiGestor
{
   StringBuilder cadena;

   public MiGestor(int longitud, int numero)
   {
     cadena = new StringBuilder(longitud);
     cadena.AppendLine($"Número de variables interpoladas: {numero}");
   }

   public void AppendLiteral(string s)
   {
     cadena.Append(s);
   }

   public void AppendFormatted<T>(T t)
   {
     cadena.Append(t?.ToString());
   }

   internal string Resultado() => cadena.ToString();
}
```

Este gestor debe tener también los siguientes elementos:

- Un constructor con al menos dos parámetros de tipo `int` (en este ejemplo, `longitud` y `numero`).
- Un método `AppendLiteral` que acepte un parámetro de tipo `string`.

– Un método genérico AppendFormatted.

El resultado de la interpolación se almacena (para este ejemplo) en la variable local cadena de tipo StringBuilder que se puede obtener por el método Resultado.

El gestor puede invocarse entonces en un método de la siguiente manera:

```
    public void EscribeMensaje(MiGestor gestionario)
    {
        Console.WriteLine(gestionario.Resultado());
    }
```

Será posible entonces utilizar esta interpolación de la siguiente forma:

```
string nombre = "Lola";
PruebaGestor.EscribeMensaje($"¡Bienvenida, {nombre}!");
// Número de variables interpoladas: 1
// ¡Bienvenida, Antonio!
```

3.4 Los tipos null

Los tipos por referencia pueden representar valores no existentes (null), a diferencia de lo que sucede con los tipos por valor:

```
string s = null;        // Operación autorizada.
int i = null;           // Error de compilación.
```

Para representar un valor null en un tipo por valor, es preciso utilizar una construcción específica llamada tipo null. Un tipo que admite valores null se marca con el carácter ?:

```
int? i = null;          // Operación autorizada.
```

De esta manera es posible comprobar si la variable contiene un valor de manera clásica o con su propiedad HasValue:

```
if (i != null)
{ }
```

Equivale a:

```
if (i.HasValue)
{ }
```

La conversión de un tipo clásico hacia un tipo `null` es implícita. El valor se asigna directamente a la propiedad `Value` del tipo `null`:

```
int? i = 1;
```

La conversión de un tipo que admite valores nulos en un tipo clásico debe ser explícita. Equivale a asignar la propiedad `Value`, de tipo `null`, al tipo clásico. Si la propiedad `HasValue` es `false`, y por tanto la variable es `null`, se genera una excepción:

```
int j = (int)i;          // Equivale a: int j = i.Value;
```

Desde la versión C# 8, es posible hacer que los tipos de referencia no puedan ser nulos por defecto, al igual que un tipo de valor. Para habilitar esta función, debe agregar la siguiente línea en el archivo de código:

```
#nullable enable
```

El objetivo es evitar los errores de tipo `NullReferenceException`. En el siguiente caso, con la opción no activada, se generará un error durante la ejecución:

```
Stream s = null;
s.Flush();
```

Con la activación de la opción, aparecerá una advertencia que indicará: *Conversión de literal que tiene un valor nulo o de un posible valor nulo en tipo no nulo.*

Necesitará agregar el carácter `?` para descartar esta advertencia:

```
#nullable enable
Stream? s = null;
s.Flush();
```

Ya solo tendrá la advertencia para el uso del objeto que podría ser `null`: *Posible eliminación de referencia de una referencia nula.*

Luego tendrá que probar si el objeto se instancia antes de poder usarlo:

```
#nullable enable
Stream? s = null;
if (s != null)
    s.Flush();
```

Al agregar la siguiente línea al archivo csproj, todas las advertencias se tratarán como errores (sin excepciones):

```
<TreatWarningsAsErrors>true</TreatWarningsAsErrors>
```

Esto introduciría un gran cambio en su proyecto, ya que todos estos errores de compilación deberían ser manejados.

3.5 La conversión de tipos

La conversión de tipos se puede realizar de dos maneras diferentes: la conversión implícita, que significa que se hace de manera automática cuando no hay peligro de pérdida de datos, y la conversión explícita, que significa que la conversión y los tipos se deben especificar.

3.5.1 La conversión implícita

Si un tipo se puede convertir implícitamente en otro, es posible utilizar el primer tipo, sustituyendo el segundo sin sintaxis específica:

```
int i = 1;
long l = i;
```

Si un método se debe invocar con un argumento de tipo long, será posible invocarlo, pasándole un argumento de tipo int sin generar errores.

La siguiente tabla presenta las conversiones implícitas que C# tiene en cuenta:

Del tipo	Al tipo
byte	short, ushort, int, uint, long, ulong, float, double, decimal
short	int, long, float, double, decimal
int	long, float, double, decimal
long	float, double, decimal
float	double
sbyte	short, int, long, float, double, decimal
ushort	int, uint, long, ulong, float, double, decimal

Del tipo	Al tipo
`uint`	long, ulong, float, double, decimal
`ulong`	float, double, decimal
`char`	int, uint, long, ulong, float, double, decimal

3.5.2 La conversión explícita

Cuando una conversión afecta a tipos que no se pueden convertir implícitamente, hay que convertirlos explícitamente. Esta conversión se hace utilizando una sintaxis especial:

```
long l = 1;
int i = (int)l;
```

Se hace la conversión, dando por hecho que los dos tipos `int` y `long` pueden contener el valor 1. Si el tipo de destino de la conversión no puede contener el valor origen, el valor que se usa en la conversión no reflejará la realidad:

```
short s = 300;
byte b = (byte)s;                    // b = 44
```

El código se compila y ejecuta sin generar errores, por lo que es necesario estar muy atento a las conversiones explícitas, que pueden ser una fuente de errores.

4. Las constantes y las enumeraciones

Las constantes son variables que no se pueden modificar durante la ejecución. Permiten, por una parte, asociar nombres amigables a los valores que se usan frecuentemente en el código y, por otra parte, centralizar un valor de manera que solo se pueda modificar una única vez para toda la aplicación. Las enumeraciones son un conjunto de constantes que facilitan la legibilidad y el mantenimiento del código.

4.1 Las constantes

La palabra clave `const` permite definir una constante dentro de una clase:

```
class MiClase
{
    const int HorasDelDia = 24;
}
```

Las constantes pueden ser de cualquier tipo, por valor o `string`, que representan valores fijos que no se pueden modificar durante la ejecución del programa.

Una constante se puede usar en el código, haciendo referencia a su nombre:

```
int i = HorasDelDia;                    // i = 24
```

Según su nivel de acceso, una constante también se puede usar fuera de la clase en la que se define y ser llamada como miembro estático:

```
int i = MiClase.HorasDelDia;                 // i = 24
```

4.2 Las enumeraciones

Las enumeraciones permiten agrupar constantes semánticamente relacionadas:

```
enum DiaSemana
{
    Lunes,
    Martes,
    Miércoles,
    Jueves,
    Viernes,
    Sábado,
    Domingo
}
```

De manera predeterminada, los miembros de una enumeración se enumeran de forma secuencial, empezando por 0. De esta manera, las dos instrucciones siguientes son idénticas:

```
DiaSemana Today = DiaSemana.Lunes;
DiaSemana Today = 0;
```

El valor de los miembros se puede sobrecargar definiendo el valor durante la declaración, de la siguiente manera:

```
enum DiaSemana
{
    Lunes = 1,
    Martes = 2,
    Miércoles = 3,
    Jueves = 4,
    Viernes = 5,
    Sábado = 6,
    Domingo = 7
}
```

El tipo de datos por defecto de las enumeraciones es `int`. Para definir una enumeración con un tipo de datos diferente, hay que especificarlo durante la declaración, con la siguiente sintaxis:

```
enum DiaSemana: byte
{ ... }
```

Los tipos permitidos son: `byte`, `sbyte`, `short`, `ushort`, `int`, `uint`, `long` o `ulong`.

Las enumeraciones necesitan conversiones explícitas para ser asignadas a los tipos básicos:

```
int i = (int)DiaSemana.Lunes;
```

Una particularidad de las enumeraciones es poder combinar varios miembros:

```
DiaSemana FinDeSemana = DiaSemana.Sabado | DiaSemana.Domingo;
```

La combinación de miembros implica ciertos requisitos previos para una enumeración:

- Por convención, se debe marcar con el atributo `Flags`. Sigue siendo posible combinar miembros para una enumeración no marcada, pero la llamada del método `ToString` devolverá un número en lugar de una serie de números. De esta manera, el ejemplo anterior devolverá el valor 7 si el atributo `Flags` no está presente y `Sábado, Domingo` en caso contrario.
- Para prevenir cualquier ambigüedad entre los miembros de una enumeración combinable, hay que asignar explícitamente los valores a los miembros.

Como regla general, son una sucesión de parejas:

```
[Flags]
enum DiaSemana
{
    Lunes = 1,
    Martes = 2,
    Miércoles = 4,
    Jueves = 8,
    Viernes = 16,
    Sábado = 32,
    Domingo = 64
}
```

También es posible especificar combinaciones de miembros durante la declaración:

```
[Flags]
public enum DiaSemana
{
    Lunes = 1,
    Martes = 2,
    Miércoles = 4,
    Jueves = 8,
    Viernes = 16,
    Sábado = 32,
    Domingo = 64,
    Trabajo = Lunes | Martes | Miércoles | Jueves | Viernes,
    FinDeSemana = Sábado | Domingo,
    Semana = Trabajo | FinDeSemana
}
```

Los operadores lógicos, como `&` y |, permiten realizar las operaciones de asignación:

```
// Combinación del miembro Domingo
Dias |= DiaSemana.Domingo;
// Eliminación del miembro Domingo
Dias ^= DiaSemana.Domingo;
// Comprobación de la presencia del miembro Sábado
if ((Dias & DiaSemana.Sábado) != 0)
{
     // La variable Dias contiene el miembro Sábado
}
```

5. Los arrays

Los arrays (matrices) permiten agrupar series de variables y acceder a ellos usando un índice, empezando en 0. Los arrays pueden tener una o varias dimensiones.

La declaración de un array se hace añadiendo `[]` al tipo de datos que se almacenará y su inicialización se hace indicando el número máximo de elementos que puede contener:

```
int[] Array;
Array = new int[10];
```

La declaración e inicialización se pueden hacer en una única instrucción:

```
int[] Array = new int[10];
```

El array declarado en el código anterior podrá contener 10 elementos de tipo `int` y tendrá un índice comprendido entre 0 y 9.

Es posible inicializar un array sin especificar el límite máximo, sino especificando una serie de valores. Se indican entre llaves y separados por comas:

```
int[] Array = new int[] { 1, 2, 5, 9, 12 };
```

El Framework .NET también tiene en cuenta los arrays multidimensionales. Los arrays rectangulares son arrays en los que cada registro tiene el mismo número de columnas:

```
int[,] Array = new int[2, 2];
int[,,] Array = new int[5, 3, 2];
```

Los arrays escalares son otro tipo de arrays multidimensionales. A diferencia de lo que sucede con los arrays rectangulares, los arrays escalares tienen registros que pueden tener un número de columnas diferente. Se trata de tener un array de arrays:

```
int[][] Array = new int[2][];
Array[0] = new int[] { 2, 5 };
Array[1] = new int[] { 2, 5, 12, 21 };
```

Los valores de los arrays son accesibles gracias al indexador, que permite acceder directamente a la variable en modo lectura y escritura:

```
int[] Array = new int[10];
Array[0] = 1;
for (int i = 1; i < Array.Length; i++)
{
    Array[i] = Array[i - 1] * 2;
}
```

Puede crear una nueva tabla mediante el atributo [System.Runtime.CompilerServices.InlineArray], especificando el tamaño de esta como argumento y añadiendo una propiedad de tipo valor en la clase decorada por el atributo. De forma pretedertmina, cada posición de la tabla se inicializará con el valor por defecto del tipo valor:

```
[System.Runtime.CompilerServices.InlineArray(3)]
struct MiTabla
{
    private int _element;
}
var tabla = new MiTabla();
tabla [1] = 2;
foreach (var t in tabla)
    Console.WriteLine(t);
// 0
// 2
// 0
```

6. Las colecciones

Una colección es un tipo especializado que organiza y expone grupos de objetos. Como sucede con los arrays, se accede a los miembros mediante un índice. La diferencia es que las colecciones son redimensionables y es posible añadir y eliminar miembros durante la ejecución.

Las colecciones se encuentran en el espacio de nombres System.Collections. Lo más común de las colecciones es el tipo ArrayList, que permite añadir y eliminar de manera dinámica elementos al final, o en un índice predeterminado:

```
ArrayList miColeccion = new ArrayList();
miColeccion.Add(new object());
miColeccion.Insert(0, "ABCD");
```

La colección de tipo `ArrayList` contiene objetos de tipo `object`. Es posible añadir varios tipos de objeto diferentes. Esto implica que durante la recuperación el objeto se debe convertir explícitamente:

```
string s = (string)miColeccion[0];
```

El principal interés de las colecciones es poder realizar un bucle sobre todos los miembros, gracias a la instrucción `foreach`:

```
foreach (object o in miColeccion)
{}
```

Cuando se utiliza esta sintaxis, es preciso asegurar que todos los miembros tienen el mismo tipo que la variable de iteración. Si no es así, el cuerpo del bucle debe tener un proceso para comprobar el tipo del objeto:

```
foreach (object o in miColeccion)
{
    if (o.GetType() == typeof(string))
    {

    }
}
```

Cuando los objetos se captan con una variable de iteración de un bucle `foreach`, están en modo de solo lectura. Para crear un bucle sobre una colección que permita modificar los miembros, hay que utilizar un bucle `for`.

El espacio de nombres `System.Collections.Generic` expone tipos de colecciones fuertemente tipadas. Cuando se declara una variable de este tipo, hay que especificar el tipo de los miembros que se podrán almacenar. Esto asegura que todos los objetos de una colección son del mismo tipo y, durante el acceso a uno de sus miembros, el valor devuelto es del tipo de la colección:

```
List<string> miColeccion = new List<string>();
miColeccion.Add("ABCD");
string s = miColeccion[0];
foreach (string s in miColeccion)
{
}
```

El tipo `List` es el más común. Permite almacenar objetos de la misma manera que un array unidimensional. Para las colecciones genéricas, el tipo de los miembros se especifica entre corchetes después del tipo de la colección.

Puede comparar el contenido de las listas usando un modelo de lista y la palabra clave `is`, que devuelve un booleano para especificar si las listas contienen los mismos valores, como en el siguiente ejemplo:

```
int[] cifras = { 1, 2, 3 };
Console.WriteLine(cifras is [1, 2, 3]);    // true
Console.WriteLine(cifras is [1, 2, 4]);    // false
Console.WriteLine(cifras is [1, 2, 3, 4]); // false
```

El uso de expresiones para la comparación también es posible. La comparación devuelve `true` si y solo si todas las comparaciones son verificadas:

```
int[] cifras = { 1, 2, 3 };
Console.WriteLine(cifras is [0 or 1; <= 2, >=3]); // true
Console.WriteLine(cifras is [0, <= 2, >=3]);      // false
```

Para ir más lejos, puede deconstruir la lista y utilizar sus diferentes partes de la siguiente manera:

```
int[] cifras = { 1, 2, 3, 4 };
if(cifras is [var primero, _, .. var ultimos])
{
    Console.WriteLine(primero);
    // 1
    Console.WriteLine(string.Join(", ", ultimos));
    //3, 4
}
```

Al declarar una variable en una posición de la lista, toma el valor correspondiente. El carácter _ le permite no especificar una variable y el valor correspondiente será ignorado. El uso del carácter `..` devuelve una nueva tabla con los elementos restantes.

El tipo `Dictionary` permite almacenar objetos fuertemente tipados igual que el tipo `List` pero permite, además, tener una clave de índice tipada como, por ejemplo, un array que encapsule objetos de tipo `String` con un indexador de tipo `String` en lugar del indexador numérico de tipo `List`:

```
Dictionary<string, string> Valores = new Dictionary<string, string>()
  {
    ["Clave1"] = "Valor1",
    ["Clave2"] = "Valor2",
  };
```

7. Las directivas preprocesador

Las directivas preprocesador dan al compilador información adicional relacionada con las secciones del código. Las directivas más comunes son las directivas condicionales, que permiten incluir o no algunas secciones durante la compilación.

Las directivas se definen en las propiedades del proyecto (menú **Proyecto - Propiedades de SelfMailer...**) en la pestaña **Compilación**, en la sección **General**:

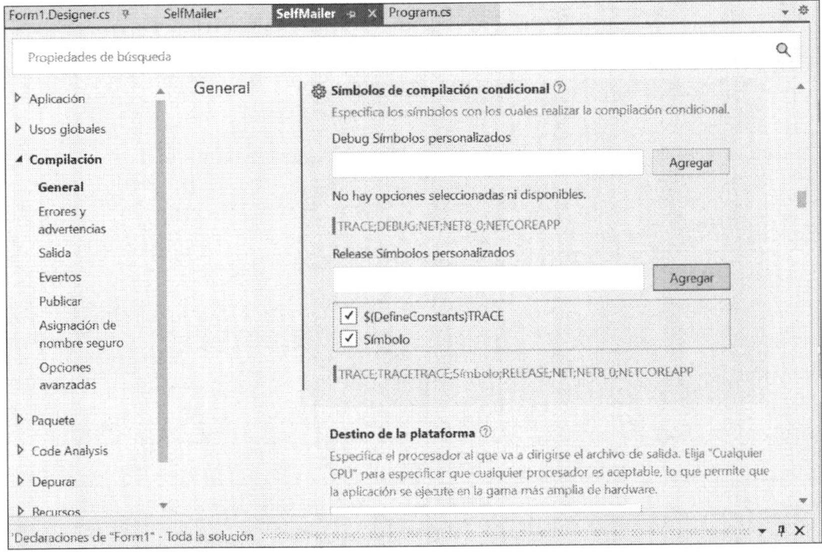

De manera predeterminada, Visual Studio genera dos símbolos DEBUG y TRACE en modo de compilación Debug, y solo TRACE en modo Release. Es posible no administrar esos símbolos si no se especifican o añadir personalizados en el campo **Símbolos de compilación condicional**.

El ejemplo siguiente comprueba si está definida la constante DEBUG para poder ejecutar el código:

```
class MiClase
{
    int i;
    public void MiMetodo()
    {
#if DEBUG
        MessageBox.Show("i = " + i.ToString());
#endif
    }
}
```

Si se define la constante DEBUG en el momento de la compilación, se compilará el código que permite mostrar un cuadro de diálogo con el valor de la variable `i`.

La tabla siguiente resume las directivas de preprocesador:

Directiva preprocesador	Descripción
`#define símbolo`	Define un nuevo símbolo.
`#undef símbolo`	Elimina un símbolo.
`#if símbolo [operador símbolo2]`	Comprueba la existencia de uno o varios símbolos.
`#else`	Relacionada con una directiva `#if`, el código se compila si la directiva `#if` es falsa.
`#elif símbolo [operador símbolo2]`	Relacionada con una directiva `#if`, el código se compila si la directiva `#if` es falsa y la verificación del símbolo o de los símbolos es verdadera.
`#endif`	Marca el fin de una directiva `#if`.
`#warning texto`	Especifica el texto de la advertencia que aparece en la salida del compilador.

Directiva preprocesador	Descripción
`#error texto`	Especifica el texto de error que aparece en la salida del compilador.
`#region nombre`	Marca el inicio de una sección del código.
`#endregion`	Marca el fin de una sección del código.

Las directivas de verificación como `#if` y `#elif` permiten comprobar la existencia o no de símbolos. Es posible utilizar los operadores de comparación `&&`, `||` y `!` para hacer comprobaciones lógicas AND, OR y NOT.

El ejemplo siguiente indica al compilador la inclusión del código, si el símbolo DEBUG no está definido y el símbolo TRACE sí lo está:

```
#if !DEBUG && TRACE
    MessageBox.Show("i = " + i.ToString());
#endif
```

Durante la compilación, el editor de texto colorea en gris las instrucciones si éstas no están incluidas con la configuración actual. Si las instrucciones están incluidas durante la compilación, las instrucciones se colorean de manera clásica.

Es necesario ser consciente de que las directivas `#if` y `#elif` no son expresiones C# clásicos. Por lo tanto, no es posible hacer comprobaciones sobre las variables.

Otra manera de hacer que la compilación sea condicional es utilizar el atributo `Conditional` del espacio de nombres `System.Diagnostics`. Este atributo permite definir los métodos condicionales. De esta manera, si el símbolo no se ha definido, todas las llamadas a los métodos marcados se omiten:

```
class MiClase
{
    int i;
    [Conditional("DEBUG")]
    public void MiMetodo()
    {
        MessageBox.Show("i = " + i.ToString());
    }
}
```

El atributo `Conditional` puede aplicarse con algunas restricciones:

- En un método, clase o estructura o en otro método, pero no en un método de una interfaz.
- El método no debe tener valor de retorno, por lo que no debe tratarse de una función.
- El método no se debe marcar con la palabra clave `override`, puede tener la palabra clave `virtual` pero la sobrecarga será implícitamente condicional.
- El método puede estar marcado con la palabra clave `static`.

Capítulo 4
La creación de tipos

1. Introducción

Las clases representan la mayoría de los tipos por referencia. La definición más sencilla de una clase es:

```
class MiClase
{
}
```

A medida que se construye una clase, se van añadiendo elementos:

– Los miembros (métodos, propiedades, indexadores, eventos...) se encierran entre llaves.
– Los atributos y modificadores de clase, como el nivel de acceso, se sitúan antes de la palabra clave `class`.
– La herencia e implementaciones de interfaces se sitúan después del nombre de la clase.

2. Los niveles de acceso

Los niveles de acceso permiten definir cómo se podrá hacer la instanciación de los tipos y la llamada de los métodos. El nivel de acceso se define mediante las palabras clave situadas antes de la declaración de la clase o del miembro. La tabla siguiente presenta los modificadores de acceso disponibles:

Modificador de acceso	Descripción
`public`	Autoriza el acceso para todos los tipos del ensamblado y fuera del ensamblado.
`private`	Autoriza el acceso solo para los otros miembros del tipo.
`internal`	Autoriza el acceso para todos los tipos del ensamblado únicamente.
`protected`	Autoriza el acceso únicamente para los otros miembros del tipo o para los tipos heredados de éste, incluso fuera del ensamblado.
`protected internal`	Autoriza el acceso únicamente para los otros miembros del tipo o solo para los tipos que heredan de éste, en el ensamblado.
`file`	Autoriza el acceso para todos los tipos definidos en el mismo archivo únicamente.

Si no se indica ningún modificador de acceso para un miembro, se considera como `private`. Una clase o una estructura sin modificador de acceso se considera como `public`.

Los miembros nunca podrán exceder su nivel de acceso más allá del tipo que contienen. Esto significa que incluso si un miembro se marca con el modificador de acceso `public`, y la clase en la que se encuentra está marcada como `internal`, el miembro solo será accesible para los tipos del ensamblado:

```
internal class MiClase
{
    // El miembro es accesible desde el ensamblado únicamente
    public int i;
}
```

Incluso si los miembros se marcan como `internal`, es posible exponerlos a otros ensamblados. Es suficiente con añadir un atributo del tipo `System.Runtime.Compiler-Services.InternalsVisibleTo` especificando el nombre del ensamblado en el archivo **AssemblyInfo.cs**, como sigue:

```
[assembly: InternalsVisibleTo("Ensamblado")]
```

Si el ensamblado que se desea autorizar está declarado con un nombre fuerte, puede especificar su nombre completo:

```
[assembly: InternalsVisibleTo("Ensamblado, Version=1.0.0.0,
                Culture=fr, PublicKeyToken=26381116d3a4ad13")]
```

3. Las estructuras

Las estructuras son muy parecidas a las clases. La principal diferencia es que una estructura es un tipo por valor, mientras que una clase es un tipo por referencia. Las estructuras se usan en lugar de las clases cuando la semántica exige un tipo por valor. Una estructura no soporta la herencia. Pueden tener todos los miembros de una clase, excepto un constructor sin parámetros, un destructor y miembros virtuales.

A continuación, se muestra un ejemplo de definición de una estructura:

```
struct PuntoGeografico
{
    double Longitud;
    double Latitud;
}
```

La declaración y la instanciación de una ocurrencia de la estructura se hacen como para una clase. Un constructor sin parámetro existe implícitamente:

```
PuntoGeografico g = new PuntoGeografico();
```

Es posible sobrecargar este constructor para inicializar los miembros de la estructura, pero debe tenerse en cuenta que, al usar la palabra clave `default`, la inicialización asignará los valores predefinidos para los tipos de los miembros (en el siguiente ejemplo, 0 para los tipos `double`):

```
public PuntoGeografico()
{
    this.Longitud = 1;
    this.Latitud = 2;
}
  var g1 = new PuntoGeografico();
  // g1.Longitud = 1
  // g1.Latitud = 2

  var g2 = default(PuntoGeografico);
  // g2.Longitud = 0
  // g2.Latitud = 0
```

Es posible añadir su propio constructor:

```
PuntoGeografico(double longitud, double latitud)
{
    this.Longitud = longitud;
    this.Latitud = latitud;
}
```

Si se omite la inicialización de un miembro en el constructor, entonces este miembro tomará el valor por defecto de su tipo:

```
public PuntoGeografico(double longitud)
{
    this.Longitud = longitud;
}
 var g1 = new PuntoGeografico(5);
 // g1.Longitud = 5
 // g1.Latitud = 0
```

Los campos pueden inicializar durante su declaración en la estructura:

```
struct PuntoGeografico
{
    double Longitud = 1;      // Operación autorizada
    double Latitud;
}
```

4. Las clases

4.1 Los campos

Un campo es una variable que es un miembro de la clase. Se puede tratar de un tipo por valor o de un tipo por referencia.

▶En la raíz del proyecto, cree una carpeta llamada **Library** y cree una nueva clase llamada `Project`. Añada los siguientes campos:

```
public class Project
{
    protected string filename = "sin titulo.smpx", path;
    protected DataTable data = new DataTable();
    protected bool hasChanged;
}
```

Los campos se pueden inicializar en el momento de la declaración. Un campo que se inicializa explícitamente recibirá los valores de manera predeterminada, según su tipo. La inicialización de los campos se hace antes de la ejecución del constructor de la clase.

También es posible declarar e inicializar varios campos en una única instrucción, si no tienen el mismo nivel de acceso y el mismo tipo:

```
private string filename = "sin titulo.smpx", path;
```

La palabra clave `readonly` permite especificar que un campo será accesible en modo de solo lectura. Solo se podrá asignar durante la declaración o durante la instanciación, dentro del constructor:

```
public readonly int i = 1;
```

4.2 Las propiedades

Las propiedades se parecen a los campos, ya que podemos acceder a ellas del mismo modo, pero su lógica interna las aproxima más a los métodos.

Una propiedad se declara del mismo modo que un campo, añadiendo los bloques `get` y `set`. Estos dos bloques se llaman descriptores de acceso, el descriptor de acceso `get` se ejecuta cuando se lee la propiedad y debe devolver un valor del tipo de la propiedad. El descriptor de acceso `set` se ejecuta cuando la propiedad se asigna. Se suministra un parámetro implícito, accesible con la palabra clave `value` del mismo tipo que la propiedad.

- Use las herramientas de refactorización de Visual Studio ([Ctrl] **R**, **E** con el cursor encima del nombre de un campo) para administrar las propiedades de los campos creados anteriormente en la clase `Project`. El código que se genera es el siguiente:

```
public string Filename
{
    get { return filename; }
    set { filename = value; }
}
public string Path
{
    get { return path; }
    set { path = value; }
}
public DataTable Data
{
    get { return data; }
    set { data = value; }
}
public bool HasChanged
{
    get { return hasChanged; }
    set { hasChanged = value; }
}
```

Es posible crear propiedades automáticas, en lugar de crear un campo, porque una propiedad con descriptores de acceso tiene como único objetivo leer y escribir en un campo privado:

```
public int i { get; set; }
```

Este tipo de declaración indica al compilador que debe administrar automáticamente un campo privado de la propiedad, que le servirá para almacenar los valores.

Desde la versión 6 de C#, es posible especificar únicamente un descriptor de acceso `get` en la declaración de la propiedad. El compilador crea, a continuación, un campo privado de solo lectura. Es posible, también, inicializar la propiedad directamente sin tener que recurrir a un constructor:

```
public int i { get; } = 10;
```

Los descriptores de acceso se pueden marcar con diferentes niveles de acceso. De esta manera, el descriptor de acceso `set` se podrá marcar con la palabra clave `private` para exponer la propiedad en modo de solo lectura:

```
public int i { get; private set; }
```

Un descriptor de acceso tiene, de manera predeterminada, el mismo nivel de acceso que el que marca la propiedad.

Es posible crear una propiedad inmutable (cuyo valor se fija durante la instanciación del objeto) sustituyendo la palabra clave `set` por `init`. El efecto de este cambio será evitar la escritura de un constructor con la siguiente sintaxis:

```
MyObject o = new() { i = 10 } ;
```

Puede utilizar un modelo de propiedad para determinar su valor en función del de los miembros anidados:

```
static bool ValorNoCero(PuntoGeografico g) => g is not { X: 0, Y: 0 };
```

Y también dependiendo de las propiedades de los miembros anidados:

```
public struct Posicion
{
   public PuntoGeografico Longitud;
   public PuntoGeografico Latitud;
}
static bool ValorNoCero(Posicion p) => p is not
  { Longitud.X: 0, Longitud.Y: 0 }
    and
  { Latitud.X: 0, Latitud.Y: 0 };
```

La clase `Project` contiene una propiedad `HasChanged` de tipo booleano. Debe reflejar el hecho de que el objeto ha sido modificado o no desde la última copia. Para hacer esto, añada el código que permite actualizar el campo `HasChanged` cuando las propiedades `Filename`, `Path` y `Data` se modifican. A continuación, se muestra el ejemplo con la propiedad `Filename`:

```
public string Filename
{
    get { return filename; }
    protected set
    {
        if (this.filename != value)
        {
            this.filename = value;
            this.HasChanged = true;
        }
    }
}
```

El descriptor de acceso `set` se define de manera que pueda comprobar si el valor del campo `filename` se modifica con el nuevo valor. Si la respuesta es afirmativa, el nuevo valor se asigna al campo `filename` y la propiedad `HasChanged` se modifica. La propiedad `HasChanged` se actualiza, y no directamente el campo `hasChanged`, de manera que pueda hacer un tratamiento adicional durante su asignación, como por ejemplo generar un evento.

4.3 Los métodos

Los métodos permiten ejecutar conjuntos de instrucciones. Pueden recibir datos como parámetros y devolver un valor. Un método que especifica la palabra clave `void`, en lugar de un tipo de retorno, indica que no se devuelve ningún dato a la llamada.

La declaración de un método se compone de su nombre y del tipo de sus parámetros. El nombre de los parámetros no se tiene en cuenta en la definición de la declaración de un método. Esta declaración debe ser única dentro de un tipo.

▶ Añada el método `Save` a la clase `Project`, este método toma dos parámetros booleanos:

```
/// <summary>
/// Hace una copia de seguridad del proyecto.
/// </summary>
/// <param name="Ask">Especifica si el usuario debe confirmar la
/// copia de seguridad.</param>
/// <param name="ShowDialog">Especifica si el usuario tiene la
/// posibilidad de elegir el archivo.</param>
public void Save(bool Ask, bool ShowDialog)
{
    /* Si el usuario debe confirmar la copia de seguridad y el
    * proyecto se ha modificado, el usuario debe pulsar en el
    * botón Sí del cuadro de diálogo */
    if (!Ask
      || (this.HasChanged
         && MessageBox.Show(
             "¿Desea hacer una copia de seguridad de las modificaciones?",
              "Guardar", MessageBoxButtons.YesNo,
              MessageBoxIcon.Information,
              MessageBoxDefaultButton.Button1)
         == DialogResult.Yes))
    {
       /* Si el usuario no puede elegir un
        * archivo y el nombre del archivo así como su ruta de acceso
        * están definidos, el proyecto se guarda y la propiedad
        * HasChanged se reinicializa */
        if (!ShowDialog
          && !string.IsNullOrEmpty(this.Filename)
          && !string.IsNullOrEmpty(this.Path))
        {
            // Hace copia de seguridad de los datos no implementados
            this.HasChanged = false;
        }
        /* En caso contrario, el usuario debe elegir una
          * ruta de acceso y un nombre de archivo para el proyecto,
          * que se guardará */
        else
        {
            /* Instanciación e inicialización del cuadro de
             * diálogo de copia de seguridad de archivos */
            SaveFileDialog sfdProject = new SaveFileDialog();
            sfdProject.Filter = " Self Mailer (*.smpx)|*.smpx";
            sfdProject.RestoreDirectory = true;
            sfdProject.SupportMultiDottedExtensions = true;
            sfdProject.Title = "Guardar el proyecto";
            /* Muestra el cuadro de diálogo y verifica el
```

```
             * valor de retorno */
            if (sfdProject.ShowDialog() == DialogResult.OK)
            {
                /* Asignación de los valores a las variables y
                 * copia de seguridad del proyecto */
                this.Filename =
          System.IO.Path.GetFileName(sfdProject.FileName);
                this.Path =
          System.IO.Path.GetDirectoryName(sfdProject.FileName);
                // Hace copia de seguridad de los datos no implementados
                this.HasChanged = false;
            }
        }
    }
}
```

4.3.1 La sobrecarga

Un método tiene la posibilidad de ser sobrecargado. Esto significa que pueden existir varios métodos con el mismo nombre, mientras que sus declaraciones son diferentes.

Por ejemplo, puede crear las siguientes sobrecargas para el método `Save` de la clase `Project`:

```
public void Save()
{
    this.Save(false, false);
}
public void Save(bool Ask)
{
    this.Save(Ask, false);
}
```

En el ejemplo anterior, las sobrecargas contienen los parámetros, al menos en su declaración y en el cuerpo del método únicamente se invoca al método original con los parámetros de manera predeterminada. En este caso es preferible el uso de los parámetros opcionales, que se estudian en la sección Los párametros de este capítulo.

4.3.2 Los parámetros

Los métodos pueden tener una secuencia de parámetros que definen los argumentos que se deben proporcionar al llamar al método. Es posible controlar la manera en que estos parámetros se pasan al método.

Paso por valor

El paso por valor es la forma de pasar parámetros de manera predeterminada. Esto significa que se crea una copia del valor durante el paso al método. La modificación del valor del parámetro en el cuerpo del método no implicará la modificación del original.

Para los tipos por referencia, es la referencia del objeto la que se copia y no el objeto en sí mismo. Esto significa que dos variables hacen referencia al mismo objeto en memoria y, por tanto, cualquier modificación afectará al objeto original:

```
static class Program
{
    [STAThread]
    static void Main()
    {
        StringBuilder SB = new StringBuilder();    // Estado 1
        prueba(SB);                                // Estado 2
    }
    static void prueba(StringBuilder sb)
    {
        sb.Append("test");                         // Estado 3
        sb = null;                                 // Estado 4
    }
}
```

En el ejemplo anterior hemos creado un objeto, llamado `SB`, de tipo `StringBuilder`, que es un tipo por referencia, y este objeto se pasa al método `test`. El método modifica el objeto y después se asigna la referencia al objeto con el valor `null`. Cuando termina la ejecución del método `test`, el objeto `SB` que se pasa como parámetro a la función también se ha modificado con el nuevo valor. Por el contrario, su referencia no es `null`. La razón es que la modificación de un objeto modifica su valor en memoria, pero la asignación de `null` se hace a nivel del puntero del parámetro `sb`:

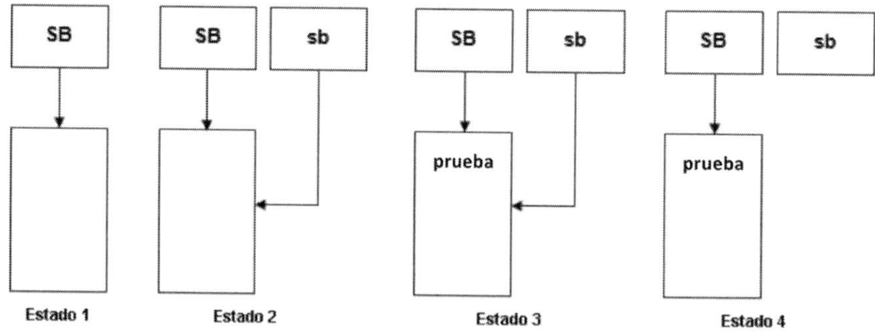

Paso por referencia con ref

La palabra clave `ref` antes del tipo del parámetro, permite especificar que el parámetro se pasa por referencia. Esto significa que no se pasa a la función ninguna copia del tipo por valor o por referencia, sino que es la variable original. Esto significa que cualquier modificación del valor de la variable se aplica directamente:

```
static class Program
{
     [STAThread]
     static void Main()
     {
        int I = 0;
        prueba(ref I);
        // I = 1
     }
     static void prueba(ref int i)
     {
        i++;
     }
}
```

Observe en el ejemplo anterior que es necesaria la palabra clave `ref`, no solamente en la declaración del método, sino también en la llamada del método. Si se olvida la palabra clave durante la llamada al método, Visual Studio devolverá un error en tiempo de compilación. Esto permite mostrar claramente lo que sucede en la variable.

Desde la versión 7 de C#, los métodos pueden devolver un valor por referencia usando la palabra clave `ref`. Esta variable de retorno puede estar almacenada en una variable y su modificación conlleva la modificación de la referencia:

```
public static ref int Get(int index, int[] nums)
{
    return ref nums[index];
}

int[] I = { 10, 20, 30, 40, 50 };

ref int valor = ref Get(2, I);
Console.WriteLine(I[2]);          // Valor mostrado: 20
valor = 5;
Console.WriteLine(I[2]);          // Valor mostrado: 5
```

Paso por referencia con out

La palabra clave `out` es como `ref`. Permite pasar un parámetro por referencia, con la excepción de que el parámetro no se debe asignar antes de enviarlo al método, por un lado, y que el parámetro se debe asignar antes de salir del método, por el otro:

```
static class Program
{
    [STAThread]
    static void Main()
    {
        prueba(out string S1, out string S2);
        // S1 = " prueba1"
        // S2 = " prueba2"
    }
    static void prueba(out string s1, out string s2)
    {
        s1 = " prueba1";
        s2 = " prueba2";
    }
}
```

Antes de la versión 7 de C#, las variables debían declararse fuera de la llamada del método. Los dos métodos de llamada son ahora válidos:

```
string S1, S2;
prueba(out string S1, out string S2);
```

La palabra clave params

Un parámetro marcado con la palabra clave `params` siempre debe ser el último parámetro de la declaración de un método y especifica si acepta cualquier número de parámetros de un tipo particular. El parámetro también se debe declarar como array:

```
static class Program
{
    [STAThread]
    static void Main()
    {
        prueba(1);                                  // Devuelve 1
        prueba(1, 2);                               // Devuelve 3
        prueba(new int[] { 1, 2, 4, 8, 16 });       // Devuelve 31
    }
    static int prueba(params int[] I)
    {
        int result = 0;
        for (int i = 0; i < I.Length; i++)
        {
            result += I[i];
        }
        return result;
    }
}
```

Como en el ejemplo anterior, es posible pasar un array inicializado del tipo solicitado, en lugar de una serie de valores al método:

```
prueba(new int[] { 1, 2, 4, 8, 16 });
```

Parámetros opcionales

Los parámetros opcionales son una novedad de la versión 4 de C#. Los métodos, constructores e indexadores pueden declarar parámetros opcionales.

Un parámetro se convierte en opcional si en su declaración se especifica un valor de manera predeterminada, en la declaración del método.

▶ Modifique la declaración del método `Save` de la clase `Project` como se indica en el ejemplo (y elimine los métodos de sobrecarga):

```
public void Save(bool Ask = false, bool ShowDialog = false)
```

Los parámetros `Ask` y `ShowDialog` se convierten en opcionales y su valor por defecto es `false`. Esto significa que el método `Save` se puede invocar en las siguientes instrucciones:

```
Project P = new Project();
P.Save();                  // Equivalente a P.Save(false, false);
P.Save(true);              // Equivalente a P.Save(true, false);
P.Save(false, true);
```

Puede observar que es imposible especificar solo el segundo parámetro en la llamada del método. Al ser los dos parámetros del mismo tipo, si solo se especifica uno, el compilador entenderá que se da el primer parámetro y usará el parámetro predeterminado para el segundo. Por tanto, estamos obligados a especificar los dos parámetros.

El uso de parámetros opcionales implica cumplir ciertas restricciones:

- No se pueden marcar con las palabras clave `ref` u `out`.
- Los parámetros obligatorios se deben situar antes de los parámetros opcionales en la declaración del método, con la excepción de un parámetro que esté marcado con la palabra clave `params` y que siempre debe ser el último en la declaración del método.

Parámetros nombrados

Se introdujeron en la versión 4.0 de C#. Los parámetros nombrados permiten identificar los argumentos no por su posición, sino por su nombre. De esta manera es posible llamar al método `Save` de las siguientes maneras, todas ellas equivalentes:

```
P.Save(Ask: true, ShowDialog: true);
P.Save(ShowDialog: true, Ask: true);
```

No es necesario aportar modificaciones a la declaración del método para utilizar los parámetros nombrados.

Es posible mezclar los parámetros nombrados y las posiciones:

```
P.Save(true, ShowDialog: true);
```

Por el contrario, está prohibido situar los parámetros nombrados antes de los parámetros de posición:

```
P.Save(ShowDialog: true, true);
```

Los parámetros nombrados son particularmente útiles en los métodos que tienen varios parámetros opcionales del mismo tipo, como para el ejemplo del método `Save` de la clase `Project`. De esta manera, podremos sustituir la llamada de método siguiente:

```
P.Save(false, true);
```

por esta, que permite aprovechar la funcionalidad del parámetro opcional y su valor predeterminado:

```
P.Save(ShowDialog: true);
```

Palabra clave nameof

La versión 6 de C# introduce la palabra clave `nameof`. Para comprender bien la utilidad de esta palabra clave, es preciso saber que en ciertos casos es necesario pasar el nombre de un parámetro (o de un método) a un gestor de eventos o cuando se produce una excepción.

Con las versiones anteriores de C#, era preciso describir el nombre en una cadena, como se muestra a continuación:

```
public class Software
    {
        public string Version { get; set; }
        public void SetVersion(string version)
        {
            if (version == null)
            {
                throw new ArgumentNullException("version");
            }
            Version = version;
        }
    }
```

Para indicar el parámetro que ha producido la excepción, es preciso escribir su nombre. Esto puede generar problemas debido a una escritura incorrecta o a errores en el caso de que el nombre del parámetro cambie; de modo que es preciso cambiar, también, el nombre en la cadena de caracteres para ser consistente. Con la palabra clave `nameof`, ya no existe el riesgo de equivocarse en el nombre y, cuando cambie el parámetro, utilizando las herramientas de refactorización, el cambio lo realizará Visual Studio y el código seguirá siendo consistente:

```
public class Software
    {
        public string Version { get; set; }
        public void SetVersion(string version)
        {
            if (version == null)
            {
                throw new ArgumentNullException(nameof(version));
            }
            Version = version;
        }
    }
```

4.3.3 Las tuplas

Para que un método pueda devolver más de un valor, puede usar las variables de salida por referencia o un objeto creado a medida. El uso de tuplas permite devolver varios valores en una sola llamada:

```
public static (string nombre1, string nombre2) SeparaNombre(string nombre)
 {
     return (nombre.Split('-')[0], nombre.Split('-')[1]);
 }

var nombres = SeparaNombre("Juan-Carlos");

// Visualización de una tupla
Console.WriteLine(nombres.nombre1);
Console.WriteLine(nombres.nombre2);
```

Para utilizar esta sintaxis, debe añadir a su solución el paquete Nuget **System.ValueTuple** desarrollado por Microsoft.

4.3.4 Los métodos parciales

Desde la versión 8 de C#, marcando un método con la palabra clave `partial`, es posible escribir el método y su firma en un archivo y después escribir su implementación en otro archivo. Esto solo es válido para los métodos sin tipo de retorno (`void`) y que no usen el argumento `out`. Además, no es obligatorio proporcionar una implementación. Con la versión 9 de C#, es posible tener un tipo de retorno en un método parcial, pero este deberá tener obligatoriamente una implementación.

```
partial void MiMetodo8(string prop) ; // versión 8 de C#
partial bool MiMetodo9(string prop) ; // versión 9 de C#
```

4.4 Los constructores

Los constructores son métodos específicos para las clases y las estructuras. Permiten suministrar el código de inicialización del objeto.

La declaración de un constructor es prácticamente idéntica a la de un método, excepto que no tiene tipo de retorno y su nombre ser debe idéntico a su clase.

▶ Cree un constructor para la clase `Project` como sigue:

```
public Project()
{
}
```

Como sucede con los métodos clásicos, es posible sobrecargar un constructor. Para evitar la duplicación del código, un constructor puede llamar a otro usando la palabra clave `this`:

```
public Project()
    : this("sin título.smpx")
{
}
public Project(string filename)
{
}
```

Cuando un constructor llama a otro, la ejecución empieza por el constructor llamado y después termina par el constructor que llama.

Los constructores pueden también declararse en forma de expresión:

```
public Project(string filename) => Filename = filename;
```

Para las clases, el compilador C# genera automáticamente un constructor sin parámetros si no hay ningún otro constructor definido. Si la clase tiene al menos un constructor, el constructor sin parámetros ya no se genera automáticamente.

Para las estructuras, no es posible definir un constructor sin parámetros, ya que la función de un método como este es implícitamente inicializar cada campo con su valor predeterminado.

Durante la instanciación de un objeto, antes de que el constructor se ejecute, se inicializan los campos en su orden de declaración.

Para simplificar la inicialización de los objetos, los campos y propiedades accesibles se pueden inicializar en una única instrucción:

```
Project P = new Project() { HasChanged = true };
```

Gracias a la palabra clave `var`, no es obligatorio especificar el tipo de variable durante su declaración si la instanciación se realiza en la misma instrucción:

```
var P = new Project() { HasChanged = true };
```

Puede utilizar un constructor principal para cualquier clase o estructura. Agregar un constructor principal se realiza añadiendo parámetros a la definición de la clase o la estructura:

```
public struct Vector(int X, int Y)
```

Esta construcción de la estructura equivale a la construcción clásica:

```
public struct Vector
{
    protected int X, Y;

    public Vector(int x, int y)
    {
        this.X = x;
        this.Y = y;
    }
}
```

Cabe señalar que, al agregar un constructor principal, el compilador ya no declarará un constructor sin parámetros y las propiedades no serán públicas.

4.5 Los destructores

Los destructores son métodos que se ejecutan automáticamente en el proceso de recuperación de memoria para un objeto que ya no se referencia más. Estos métodos solo se permiten en las clases.

La sintaxis de un destructor incluye el nombre de la clase, precedida del carácter ~:

```
~Project()
{
}
```

Un buen ejemplo de uso de los destructores es suministrar un método de seguridad, en los casos en los que un objeto no se pueda destruir con el método `Dispose`. Es preferible tener un objeto que se destruya más tarde, mejor que nunca.

Los destructores pueden también declararse en forma de expresión:

```
~Project() => Filename = null;
```

Los destructores son útiles, pero hay que enumerar algunas advertencias:

- Ralentizan la asignación y recuperación de la memoria.
- Los objetos tienen una duración de vida más larga, ya que deben esperar a que los procesos de recuperación de memoria los elimine.
- Es imposible determinar en qué momento y en qué orden se ejecutarán los destructores de los objetos. El tratamiento por el proceso de recuperación de memoria no se hace ni sobre el modelo de pila, ni sobre el modelo de la pila.

4.6 Las clases y miembros estáticos

Un miembro clásico de una clase es específico a una instancia de objeto, así como cualquier clase se debe instanciar. La palabra clave `static` permite compartir miembros entre varias instancias y crear clases que no necesiten ser instanciadas:

```
public class Statica
{
    public static int i;
    public static void prueba()
    {
    }
}
```

Un miembro que se marca con la palabra clave `static` existe una única vez, independientemente del número de instancias de la clase. El miembro compartido se accede mediante el tipo y no a partir de la instancia del objeto:

```
Statica.i = 1;
Statica.prueba();
```

4.7 Las clases parciales

La palabra clave `partial` autoriza a una clase, estructura, método o interfaz a definirse en varios archivos. Como regla general, una clase se define en un único archivo. En algunos casos, como sucede con los formularios, Visual Studio gestiona una parte del código que se genera automáticamente en un archivo por el diseñador de vistas y deja al desarrollador la posibilidad de añadir la lógica en otro archivo. Los dos archivos juntos, componen la clase entera. Observe el archivo **Form1.cs**:

```
public partial class Form1: Form
    {
       public Form1()
       {
           InitializeComponent();
       }
    }
```

Y el archivo **Form1.Designer.cs**:

```
partial class Form1
{
    private System.ComponentModel.IContainer components = null;

    protected override void Dispose(bool disposing)
    {
        ...
    }

    #region Código que genera el diseñador Windows Form

    private void InitializeComponent()
    {
        ...
    }

    #endregion
}
```

El compilador se encarga de fusionar los dos archivos y es posible llamar a los miembros de uno u otro, como el método `InitializeComponent` en el ejemplo anterior, de la misma manera que un miembro de una clase normal.

4.8 La palabra clave this

La palabra clave `this` permite hacer referencia a la instancia actual. Esta palabra clave permite, por ejemplo, evitar las ambigüedades entre una variable local y un parámetro de método. El editor de texto de Visual Studio ofrece IntelliSense para la palabra clave `this`, con la misma funcionalidad como si se tratara de un objeto.

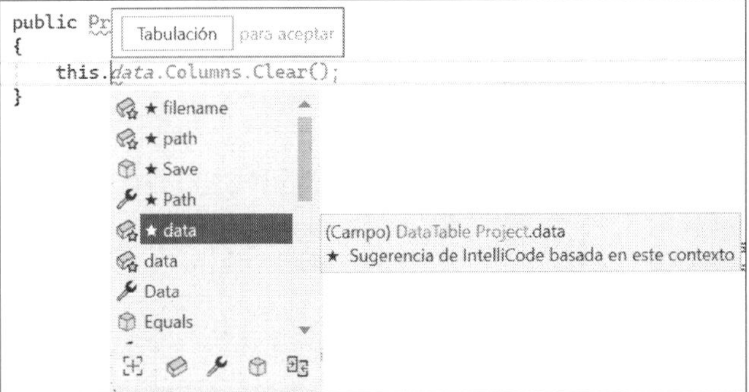

Está prohibido utilizar esta palabra clave para los miembros estáticos, ya que `this` hace referencia a una instancia del objeto.

La palabra clave `this` también es útil para crear extensiones de los métodos. En caso de que desee extender una clase, pero no haya posibilidad de acceder a ella, bien porque no tenga el código fuente o porque no sea posible heredarlo, los métodos extendidos van a permitir crear métodos estáticos que aparecerán como miembros de la clase, sin que realmente formen parte de ella.

El ejemplo siguiente crea un método extendido al tipo `string`:

```
public static class Extension
{
    public static string prueba(this string s)
    {
        return s.ToLower();
    }
}
```

La clase debe ser estática, como el método, que tiene un primer parámetro del tipo que debe ser extendido (aquí `string`). Este parámetro se precede de la palabra clave `this`. Esto es lo que hace que el compilador considere este método como parte del tipo `string`.

De esta manera, en cualquier lugar del código se puede llamar a este método, como si se tratara de un miembro del tipo `string`. El primer parámetro no aparece en la declaración del método:

```
string s1 = "ABCD";
string s2 = s1.prueba();
```

Al contrario de lo que sucede con otros métodos estáticos, el método se llama a partir de la instancia del objeto, y no a partir de su tipo.

Si la clase contiene un método con el mismo nombre, el método extendido se oculta porque no importa qué método de instancia de la clase tiene la prioridad sobre los métodos extendidos.

4.9 Los indexadores

Los indexadores proporcionan una forma intuitiva de acceder a los elementos de un objeto que encapsula un array o una colección. Los indexadores son muy parecidos a las propiedades, pero el acceso se hace con un argumento entre corchetes, en lugar de por un nombre. El tipo `string` contiene un indexador para acceder a los caracteres:

```
string s = "Hola";
char c = s[2];                    // c = l
```

Para definir un indexador, hay que declarar una propiedad llamada `this`, especificando uno o varios argumentos entre corchetes:

```
class Frase
{
    string[] Palabras = new string[] { "Hola", "mundo" };
    public string this[int posicion]
    {
        get { return Palabras[posicion]; }
        set { Palabras[posicion] = value; }
    }
}
```

Ahora puede utilizar el indexador de esta manera:

```
Frase p = new Frase();
string s = p[0];                        // s = "Hola"
```

Si un tipo declara varios indexadores, debe haber una declaración diferente:

```
public string this[int posicion]
{
    get { ... }
    set { ... }
}
public string this[string primeraLetra]
{
    get { ... }
    set { ... }
}
```

Un indexador puede declarar varios parámetros, de la siguiente manera:

```
public string this[int posicion, primeraLetra]
{
    get { ... }
    set { ... }
}
```

4.10 Los atributos

Un atributo es un elemento de código que permite agregar información declarativa usando instrucciones. Este elemento puede agregarse a una clase, método o propiedad siempre que la definición del atributo lo permita.

La creación de un atributo se realiza de la siguiente forma:

```
[AttributeUsage(AttributeTargets.Class)]
public class VersionAttribute : Attribute
{
  public double numero;

  public VersionAttribute(double numero)
   {
     this.numero = numero;
   }
}
```

El nuevo tipo debe heredar de la clase `System.Attribute`. Es posible o no pasar parámetros al constructor durante el uso del atributo. También observará que el atributo `AttributeUsage` enmarca la clase `VersionAttribute` y permite especificar que solo puede utilizarse en una clase.

Su uso se hace enmarcando la clase o el miembro con el atributo entre corchetes `[]`:

```
[Version(1.0)]
public class MiClase { }
```

Observación

El uso de los atributos de forma concreta se mostrará en el capítulo Serialización.

4.11 La sobrecarga de operadores

Observación

El código fuente de los ejemplos de esta sección está disponible en el proyecto OperatorOverloading.

El objetivo de la sobrecarga de operadores es poder utilizar con los objetos, los operadores de adición, sustracción, multiplicación y otros, sin tener que crear métodos específicos. Tomemos como ejemplo una estructura (el comportamiento es idéntico para las clases), que representa un vector matemático:

```
public struct Vector
{
    public int X, Y;

    public Vector(int x, int y)
    {
        this.X = x;
        this.Y = y;
    }

    public override string ToString()
    {
        return string.Format("X={0} Y={1}", this.X, this.Y);
    }
}
```

4.11.1 Los operadores aritméticos

- Para realizar una adición entre dos vectores, puede crear un método `Suma`, que tome como parámetros los componentes `X` e `Y` del vector, para realizar la operación:

```
public Vector Suma(Vector v)
{
    return new Vector()
    {
        X = this.X + v.X,
        Y = this.Y + v.Y
    };
}
```

- De esta manera, para sumar dos vectores utilice una instrucción de este tipo:

```
Vector A = new Vector(1, 2);
Vector B = new Vector(2, 4);
Vector C = A.Suma(B);
```

La sobrecarga de operadores va a permitir que la utilización del objeto sea más intuitiva, con una notación del tipo:

```
Vector C = A + B;
```

La sintaxis de la declaración de sobrecarga de un operador es la siguiente:

```
public static tipo operator signo (Arg1[,Arg2])
```

En esta declaración, el tipo representa el tipo sobre el que actuará el operador y el tipo del objeto devuelto. El signo representa el operador que será sobrecargado. Respecto a los argumentos, solo habrá uno en caso de una operación unaria y será del mismo tipo que el tipo gestionado por la sobrecarga. En caso de sobrecarga de un operador binario, habrá dos argumentos y uno de ellos, al menos, deberá ser idéntico al tipo gestionado por la sobrecarga. Obligatoriamente, el operador sobrecargado debe ser público y estático.

La sobrecarga del operador de adición para la estructura `Vector` dará:

```
public static Vector operator +(Vector v1, Vector v2)
{
    return new Vector()
    {
        X = v1.X + v2.X,
        Y = v1.Y + v2.Y
    };
}
```

El cuerpo del método no es diferente del cuerpo del método `Suma`, definido anteriormente. Por el contrario, su uso sí es completamente diferente:

```
Vector D = A + B + C;
```

Puede crear varias sobrecargas para un mismo operador, a partir del momento en que sus declaraciones son diferentes:

```
public static Vector operator +(Vector v1, int i)
{
    return new Vector()
    {
        X = v1.X + i,
        Y = v1.Y + i
    };
}
```

De esta manera puede realizar una operación de adición entre un objeto `Vector` y un entero:

```
Vector E = A + 10;
```

La sobrecarga de un operador aritmético también incluye la de su operador de asignación. Por tanto, puede utilizar la siguiente notación:

```
A += 10;
```

La sobrecarga de operadores funciona del mismo modo para todos los operadores aritméticos (+, -, *, /, %).

4.11.2 Los operadores de comparación

Hay seis operadores de comparación: ==, !=, <, >, <=, >=. Puede sobrecargarlos de la misma manera que los operadores aritméticos, con algunos aspectos específicos:

- La sobrecarga de los operadores de comparación se debe hacer por parejas. Si sobrecarga el operador ==, también tiene que sobrecargar !=. En caso contrario, se produce un error durante la compilación. Las parejas son las siguientes:
  - == y !=
  - < y >
  - <= y >=

- Los operadores de comparación tienen que devolver obligatoriamente un tipo `bool`. No tendría sentido de otro modo.
- Si sobrecarga los operadores == y !=, también debe suministrar las sobrecargas para los métodos `Equals` y `GetHashCode`, heredados del tipo `Object`. En caso contrario se producirán advertencias durante la compilación. La razón principal es que el método `Equals` debe utilizar la misma implementación lógica que el operador ==.

A continuación se muestra el ejemplo de la sobrecarga de los operadores == y != para la estructura `Vector`:

```
public static bool operator ==(Vector v1, Vector v2)
{
    return v1.X == v2.X && v1.Y == v2.Y;
}

public static bool operator !=(Vector v1, Vector v2)
{
    return !(v1 == v2);
}

public override bool Equals(object obj)
{
    if (obj is Vector)
    {
        return this == (Vector)obj;
    }
    else
    {
        return false;
    }
}

public override int GetHashCode()
{
    return base.GetHashCode();
}
```

La sobrecarga del operador == hace una comparación de las variables `X` e `Y` entre ellas para determinar si los dos objetos son idénticos. La sobrecarga del operador != devuelve el valor inverso del resultado de la sobrecarga del operador == entre los dos argumentos `v1` y `v2`.

La sobrecarga del método `Equals` utiliza la sobrecarga del operador == para determinar el resultado devuelto. Observe la prueba sobre el tipo del argumento, que es de tipo `object`, para determinar si es de tipo `Vector`. Si `obj` no es de tipo `Vector`, no puede ser igual a la instancia del objeto `Vector` sobre la que se llama el método `Equals`.

La sobrecarga del método `GetHashCode` solo reenvía el resultado del método `GetHashCode` de la clase de base.

A continuación, se muestra un ejemplo de uso de esas sobrecargas:

```
Vector A = new Vector(11, 12);
Vector B = new Vector(11, 12);
```

```
Console.WriteLine("A == B: {0}", A == B);
Console.WriteLine("A != B: {0}", A != B);
Console.WriteLine("A.Equals(B): {0}", A.Equals(B));
Console.WriteLine("A.Equals(new object()): {0}",
                                    A.Equals(new object()));
```

La consola muestra el siguiente resultado:

```
A == B: True
A != B: False
A.Equals(B): True
A.Equals(new object()): False
```

5. Los records

Un record (registro) representa un objeto inmutable. Es suficiente con definir la clase con la palabra clave `record` y los argumentos:

```
public record Persona(string Nombre, string Apellido);
```

Durante la compilación, esta línea se traduce en una clase con dos propiedades inmutables, un constructor con dos parámetros, un constructor por copia y un destructor.

La creación de instancias de un registro se realiza de la misma manera que una clase. Simplemente use el constructor provisto:

```
Persona p = new Persona("Ángel", "Sánchez");
```

También es posible utilizar el constructor mediante copia con la palabra clave `with`:

```
Persona e = p with { Nombre = "Juan" };
```

Si no se especifica el tipo de registro (`class` o `struct`), el compilador creará por defecto un record de tipo referencia, es decir, una clase. Para crear un record de tipo valor, esto es, una estructura, la palabra clave `record` debe combinarse con la palabra clave `struct`:

```
public record struct Vector(int X, int y);
```

Para mayor claridad, se puede especificar explícitamente la palabra clave `class`:

```
public record class Persona(string Nombre, string Apellido) ;
```

Capítulo 5
La herencia

1. La herencia de clases

Como se ha visto anteriormente, todas las clases del Framework .NET provienen de la clase `System.Object`. La herencia se puede poner en práctica de dos maneras, la herencia de clases y la herencia de interfaces.

La herencia implica que un tipo derive de un tipo base, haciendo accesibles todos sus miembros. La herencia es útil cuando tenga que añadir funcionalidades a un tipo existente, o cuando varios tipos comparten las mismas funcionalidades.

1.1 Implementar la herencia

La declaración de la herencia utiliza una sintaxis sencilla. Es suficiente con añadir el nombre del tipo base tras el nombre de la clase derivada y el carácter `:`. Una clase solo puede derivar de un único tipo base.

El mejor ejemplo es el formulario **Form1.cs**.

▶Abra el archivo en el editor de texto y observe la declaración de la clase:

```
public partial class Form1: Form
```

La clase `Form1` deriva de la clase base `Form`, por lo que `Form1` contiene todos los miembros accesibles de su clase base. IntelliSense permite encontrarlas con facilidad:

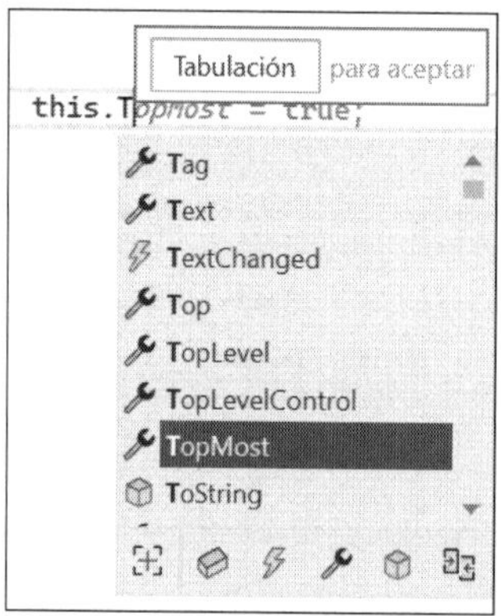

Si no se especifica ninguna clase base, el compilador considera que `System.Object` es la clase base. De esta manera, los dos ejemplos siguientes son idénticos:

```
public class Project: System.Object        // Herencia explícita
{
}
public class Project                       // Herencia implícita
{
}
```

Por simplicidad, la herencia de la clase `Object` nunca se marca explícitamente en la definición de una clase.

Los miembros que son accesibles desde la clase derivada son aquellos que tienen un nivel de acceso `public`, `protected` o `internal`. Los miembros privados (`private`) no serán visibles por la clase heredada.

1.2 Los miembros virtuales

Declarando un miembro de la clase base con la palabra clave `virtual` se autoriza al miembro a ser sobrecargado por las clases derivadas. Esto se aplica a los métodos y a las propiedades:

```
public class ClaseDeBase
{
    public virtual bool PropiedadDeBase { get; set; }
    public virtual void MetodoDeBase()
    {
    }
}
```

Cuando un método virtual se sobrecarga en una clase derivada, la llamada al método implica la ejecución del método sobrecargado, y el método base no se llamará. El método sobrecargado se debe declarar explícitamente, usando la palabra clave `override`:

```
public class ClaseHija: ClaseDeBase
{
    public override void MetodoDeBase()
    {
    }
}
```

La declaración del método derivado debe corresponder con la declaración del método base. En caso contrario el compilador devolverá un error, ya que verá un método con la palabra clave `override`, pero no encontrará ningún método correspondiente en la clase base.

1.3 Ocultar los miembros heredados

Si un método de la clase hija tiene la misma declaración que un método de la clase base y no se declaran ni con la palabra clave `virtual`, ni `override`, decimos que el método hijo oculta al método base:

```
public class ClaseDeBase
{
    public virtual bool PropiedadDeBase { get; set; }
    public void MetodoDeBase()
    {
    }
}
public class ClaseHija: ClaseDeBase
{
    public void MetodoDeBase()
    {
    }
}
```

Durante la compilación, se da una advertencia que indica al desarrollador que el método oculta el miembro de la clase base. Esta advertencia permite clarificar el hecho de que el método base no se llamará y que, si se ha hecho de manera intencionada, hay que añadir la palabra clave `new` al método hijo:

```
public new void MetodoDeBase()
```

La advertencia también se desencadena si el método base se marca como virtual, pero el compilador sugiere añadir la palabra clave `override` en lugar de `new`.

1.4 La palabra clave base

Cuando un miembro se sobrecarga, el miembro base ya no es accesible desde una instancia de la clase, pero sigue siendo accesible desde la clase heredada, gracias a la sintaxis `base.[MetodoDeBase]()`:

```
public override void MetodoDeBase()
{
    base.MetodoDeBase();
    bool b = base.PropiedadDeBase;
}
```

Puede utilizar esta sintaxis para llamar a cualquier miembro de la clase base en cualquier región de código de la clase hija.

1.5 Las clases y miembros abstractos

El lenguaje C# autoriza a las clases y miembros a ser marcados con la palabra clave `abstract`. Una clase abstracta no se puede instanciar y un método abstracto no contiene implementación, solo su declaración. Esto implica que una clase abstracta solo se puede usar en el marco de la herencia y que la clase derivada debe implementar las funcionalidades de los miembros:

```
public abstract class ClaseDeBase
{
    public abstract bool PropiedadAbstracta { get; set; }
    public abstract void MetodoAbstracto();
}
```

Una clase abstracta tiene como objetivo definir la forma de las clases hijas sin tener que definir el fondo. La implementación final es responsabilidad de la clase hija.

A partir del momento en el que una clase contiene un miembro abstracto, ésta también se convierte en abstracta y se debe marcar como tal, con la palabra clave `abstract`. Sin embargo, una clase abstracta puede contener miembros no abstractos que implementan su propia lógica. Estos miembros no abstractos también pueden marcarse como virtuales para poder sobrecargarlos a continuación.

```
public abstract class ClaseDeBase
{
    public virtual bool PropiedadDeBase { get; set; }
    public abstract bool PropiedadAbstracta { get; set; }
    public virtual void MetodoDeBase()
    {
    }
    public abstract void MetodoAbstracto();
}
```

La clase que hereda de una clase abstracta debe implementar todos los miembros abstractos con la palabra clave `override`:

```
public class ClaseHija: ClaseDeBase
{
    public override bool PropiedadAbstracta { get; set; }
    public override void MetodoAbstracto()
    {
    }
}
```

También es posible crear una clase hija abstracta que derive de una clase abstracta. En tal caso, no es necesario implementar todos los miembros de la clase padre:

```
public abstract class ClaseHija: ClaseDeBase
{
}
```

1.6 Las clases y los métodos cerrados

La palabra clave `sealed` en una declaración de clase permite prohibir que otra clase la herede. Por definición, una clase cerrada nunca podrá ser abstracta, ya que esos dos modificadores son naturalmente opuestos. De la misma manera, los miembros no pueden ser virtuales ni tener el modificador de acceso `protected`:

```
public sealed class ClaseDeBase
{
    public bool PropiedadDeBase { get; set; }
    public void MetodoDeBase()
    {
    }
}
```

Una clase no puede ser cerrada y contener miembros que lo sean. Estos miembros, por tanto, no podrán ser sobrecargados por las clases hijas. Para asignar el modificador `sealed` a un miembro, debe heredar de una clase base:

```
public class ClaseDeBase
{
    public virtual void MetodoDeBase()
    { }
}
public class ClaseHija: ClaseDeBase
{
    public sealed override void MetodoDeBase()
    { }
}
public class ClaseHija2: ClaseHija
{
    public override void MetodoDeBase() // No autorizado
    { }
}
```

Esto permite detener la herencia del miembro y prevenir cualquier sobrecarga a partir de las clases hijas, aunque siempre es posible realizar una sobrecarga con la palabra clave `new`:

```
public class ClaseHija2: ClaseHija
{
    public new void MetodoDeBase() // Autorizado
    { }
}
```

En el caso de los registros, el compilador genera automáticamente una clase `ToString()`:

```
   public record Animal
   {
      public string Nombre { get; set; }
   }

   var animal = new Animal() { Nombre = "Erizo" };
Console.WriteLine(animal.ToString());
// Animal { Nombre = Erizo }
```

Para agregar su método, que no será sobrecargado por el compilador, puede utilizar la palabra clave `sealed` en el método `ToString()`:

```
    public record Animal
    {
      public string Nombre { get; set; }
      public sealed override string ToString()
      {
        return $"El animal es un {Nombre}";
      }
    }

    var animal = new Animal() { Nombre = "Erizo" };
  Console.WriteLine(animal.ToString());
  // El animal es un Erizo
```

1.7 Los constructores derivados

Una clase hija debe implementar sus propios constructores. Los constructores de la clase base no están directamente accesibles fuera de la clase hija. Los constructores predeterminados (sin parámetro) siempre están presentes y el constructor hijo que implementa su propio constructor sin parámetros, no debe hacer explícitamente referencia al constructor padre para que los dos constructores se ejecuten empezando por el del tipo padre.

El siguiente ejemplo declara dos clases. La clase base contiene una implementación específica para el constructor sin parámetros y la clase hija no contiene ningún constructor:

```
public class ClaseDeBase
{
    public virtual int PropiedadDeBase { get; set; }
    public ClaseDeBase()
    {
        this.PropiedadDeBase = 10;
    }
    public ClaseDeBase(int i)
    {
        this.PropiedadDeBase = i;
    }
}
```

```
public class ClaseHija: ClaseDeBase
{
}
```

La instanciación de un nuevo objeto solo se podrá hacer con un constructor sin parámetros:

```
ClaseHija este = new ClaseHija(true);    // No autorizado
ClaseHija este = new ClaseHija();        // Autorizado
```

Como la clase hija no contiene implementación explícita para el constructor con parámetros, es el constructor sin parámetros del padre el que se ejecuta.

Si la clase hija implementa su propio constructor de manera predeterminada, la instanciación de un objeto hijo implicara implícitamente la ejecución del constructor padre y después el del constructor hijo:

```
public ClaseHija()
{
    this.PropiedadDeBase = 5;
}
```

Después de la instanciación, el miembro `PropiedadDeBase` tiene el valor 5:

```
ClaseHija este = new ClaseHija();
```

La palabra clave `base` permite especificar explícitamente qué constructor de la clase padre hay que ejecutar y, de esta manera, modificar este comportamiento:

```
public ClaseHija()
    : base(5)
{ }
```

La palabra clave `base` se puede usar en todos los constructores de la clase hija, tengan o no parámetros, para hacer referencia a cualquier constructor de la clase padre. Los parámetros pueden ser valores, como en el ejemplo anterior, o ser parámetros del constructor hijo, como en el siguiente ejemplo:

```
public ClaseHija(int i)
    : base(i)
{ }
```

Sea cual sea la notación elegida, el constructor de la clase padre siempre se llamará seleccionando de manera predeterminada el constructor sin parámetros, si no se especifica otro explícitamente. Además, los constructores dentro de una herencia siempre se ejecutarán del ancestro más lejano, hasta el objeto instanciado. Esto permite asegurar la correcta inicialización de los padres.

1.8 El polimorfismo

La herencia implica el polimorfismo de las clases. Esto significa que toda clase derivada puede, implícitamente convertirse en un objeto de su clase base. Tomemos como ejemplo estas dos clases:

```
public class ClaseDeBase
{
    public int PropiedadDeBase { get; set; }
}
public class ClaseHija: ClaseDeBase
{
    public int PropiedadHija { get; set; }
}
```

Es posible declarar e instanciar un objeto del tipo `ClaseHija` y después asignarlo a un objeto de tipo `ClaseDeBase`:

```
ClaseHija este = new ClaseHija();
ClaseDeBase cb = ce;
```

Los miembros específicos de la clase hija ya no están disponibles en el objeto del tipo padre:

```
int i = cb.PropiedadHija;        // No autorizado
```

El objeto no se altera por la conversión a un tipo padre. Los datos específicos del tipo hijo siempre están presentes en memoria, pero no se pueden explotar.

La conversión inversa, del tipo padre al tipo hijo, se debe hacer de manera explícita:

```
ce = (ClaseHija)cb;
```

Si la conversión explícita falla, cuando el objeto origen no se puede convertir al tipo de destino, durante la ejecución se produce una excepción del tipo `InvalidCastException`. Para evitar generar una excepción en la ejecución, la conversión se puede hacer mediante el operador `as`. El objeto destino tendrá entonces una referencia `null` en caso de error:

```
ce = cb as ClaseHija;
```

A continuación, hay que probar si el resultado de la conversión no es `null` para poder utilizar el objeto destino sin generar error:

```
if (ce != null)
{
   // La conversión se ha realizado con éxito
}
```

Sin esta prueba, la conversión sin el operador `as` es más ventajosa, ya que el error que se da es más descriptivo:

```
int i = ((ClaseHija)cb).PropiedadHija;
int i = (cb as ClaseHija).PropiedadHija;
```

En caso de error, la primera conversión devolverá un error del tipo `InvalidCastException`, que indica precisamente que es la conversión la que ha fallado y no que la variable `cb` es `null`. La segunda conversión, en caso de error, devolverá una excepción del tipo `NullReferenceException`. Esto puede querer decir, por una parte, que la variable `cb` no es del tipo `ClaseHija` y que la conversión ha dado un resultado `null`, por lo que la llamada al miembro `PropiedadHija` devuelve la excepción o, por otra parte, que la variable `cb` es `null`.

El operador `is` permite probar el tipo de un objeto y, en consecuencia, predecir el resultado de una conversión:

```
ClaseHija ce = new ClaseHija();
ClaseDeBase cb = ce;
if (cb is ClaseDeBase)                  // Verdadero
{ }
if (cb is ClaseHija)                    // Verdadero
{ }
```

Incluso si el objeto se convierte a su tipo padre, la prueba con el operador `is` refleja que el objeto está en el origen del tipo hijo. Esto no es cierto, si el objeto se declara como tipo padre:

```
ClaseDeBase cb2 = new ClaseDeBase();
if (cb2 is ClaseDeBase)                    // Verdadero
{ }
if (cb2 is ClaseHija)                      // Falso
{ }
```

2. Las interfaces

Las interfaces van a permitir definir los comportamientos para las clases que las implementan. Las clases que implementan la misma interfaz serán capaces de interactuar de manera polimórfica. De ello resulta que cualquier tipo que implemente una interfaz, proporciona obligatoriamente una implementación de los miembros definidos en esta interfaz.

La interfaz solo define los miembros que un tipo deberá implementar, de la misma manera que una clase abstracta (con la diferencia de que los tipos no derivan de esta clase abstracta y, por tanto, podrán ser totalmente independientes los unos de los otros). Por el contrario, como sucede con las clases abstractas, no se puede instanciar una interfaz.

2.1 La implementación de interfaces

La sintaxis de declaración de una interfaz es parecida a la declaración de una clase, usando la palabra clave `interface`.

▶ En el proyecto **SelfMailer**, cree un nuevo elemento en la carpeta **Library** ([Ctrl][Mayús] **A** cuando se seleccione la carpeta). En la ventana **Añadir un nuevo elemento**, seleccione **Interfaz** y llame al archivo **IReportChange.cs**. Por convención, los nombres de las interfaces comienzan tradicionalmente por la letra i mayúscula, de manera que se puedan identificar con más facilidad en el código. Pero nada impide definir un nombre que no empiece por este carácter.

Esta interfaz se implementará en las clases del proyecto con el objetivo de que las clases implementen un sistema de informe de cambios. La interfaz se presenta de la siguiente manera:

```
interface IReportChange
{
}
```

▶Defina los miembros de la interfaz:

```
interface IReportChange
{
    bool HasChanged
    {
        get;
        set;
    }
    event EventHandler Changed;
}
```

Los miembros de la interfaz no deben declarar los modificadores de acceso, ya que los miembros de una interfaz son implícitamente públicos. También está prohibido especificar que los miembros son virtuales o estáticos. Estas implementaciones se hacen a nivel de la clase que derivará de la interfaz.

La implementación de los miembros en una clase debe tener la declaración exacta de los miembros de la interfaz. Si una clase deriva de una interfaz, pero no implementa sus miembros el compilador devolverá una excepción. Hagamos que la clase `Project` derive de la interfaz `IReportChange`:

```
public class Project: IReportChange
```

Una clase puede derivar de varias interfaces. En este caso, los nombres de las interfaces se separan por comas.

▶Si intenta compilar ([F5]), el compilador devolverá una excepción que indica que la clase `Project` no implementa el miembro `Changed` de la interfaz `IReportChange`. Añada este miembro a la clase `Project`:

```
public event EventHandler Changed;
```

▶ Para ilustrar la manera en la que varias clases pueden implementar la misma interfaz, cree una nueva clase en un archivo **MailServerSettings.cs** en la carpeta **Library**. Haga que esta clase derive de la interfaz `IReportChange` y añada la implementación de los miembros:

```
public class MailServerSettings: IReportChange
{
    protected bool hasChanged;

    public bool HasChanged
    {
        get { return hasChanged; }
        set { hasChanged = value; }
    }

    public event EventHandler Changed;
}
```

2.2 El polimorfismo de interfaz

El polimorfismo de interfaz implica que cualquier objeto que implemente una interfaz se puede convertir en el tipo de esta interfaz y los miembros implementados se pueden llamar a partir de este objeto convertido.

▶ Para ilustrar el polimorfismo de las interfaces, modifique el descriptor de acceso `set` de la propiedad `HasChanged` de la clase `MailServerSettings` para que cualquier cambio desencadene el evento `Changed`:

```
public bool HasChanged
{
    get { return hasChanged; }
    set
    {
        if (this.hasChanged != value)
        {
            this.hasChanged = value;
            if (this.Changed != null)
                this.Changed(this, new EventArgs());
        }
    }
}
```

Tan pronto como la variable `hasChanged` de un objeto de tipo `MailServerSettings` se modifique, el evento `Changed` se ejecutará y cualquier objeto suscrito al evento podrá reaccionar en consecuencia.

- Cree una clase llamada `ProjectSettings`, que será una copia exacta de la clase `MailServerSettings`.
- Añada un primer miembro de tipo `MailServerSettings` y un segundo de tipo `ProjectSettings` a la clase `Project`:

```
public ProjectSettings ProjectSettings { get; set; }
public MailServerSettings MailServerSettings { get; set; }
```

- Inicialice esas variables en el constructor de la clase `Project` y asocie el método `ChildChanged` a los eventos `Changed`:

```
public Project()
{
    this.ProjectSettings = new ProjectSettings();
    this.ProjectSettings.Changed += new EventHandler(ChildChanged);
    this.MailServerSettings = new MailServerSettings();
    this.MailServerSettings.Changed += new EventHandler(ChildChanged);
}
```

- Añada la siguiente implementación del método `ChildChanged`:

```
public void ChildChanged(object sender, EventArgs e)
{
    if (sender is IReportChange)
    {
        IReportChange Child = (IReportChange)sender;
        this.HasChanged = Child.HasChanged;
        MessageBox.Show("Ha cambiado el objeto de tipo " +
                                    Child.GetType().ToString());
    }
}
```

- Termine añadiendo las siguientes instrucciones al método `Main` de la clase `Program`:

```
Library.Project P = new Library.Project();
P.MailServerSettings.HasChanged = true;
P.ProjectSettings.HasChanged = true;
```

Ejecutando la aplicación ([F5]), se desencadena el evento Changed con, como desencadenante, un objeto de tipo MailServerSettings y después con un objeto de tipo ProjectSettings. Los dos se pueden convertir en el tipo IReportChange y los miembros que implementan están disponibles a partir del resultado de esta conversión. El cuadro de diálogo que muestra el tipo del objeto Child, indica su tipo de origen y nombra el tipo IReportChange, de la misma manera que para las clases heredadas.

Esto significa que un objeto del tipo de una interfaz puede hacer referencia a cualquier instancia de objeto cuyo tipo implemente esta interfaz.

2.3 La herencia de interfaces

Como las clases, las interfaces pueden heredar de otra interfaz. Cree una nueva interfaz llamada IReportChildrenChange y haga que herede de la interfaz IReportChange. Cree el miembro ChildChanged de la interfaz IReportChange hacia la interfaz IReportChildrenChange. Debería obtener la siguiente interfaz:

```
interface IReportChildrenChange : IReportChange
{
    void ChildChanged(object sender, EventArgs e);
}
```

Como la interfaz IReportChildrenChange hereda de la interfaz IReportChange, contiene todos los miembros de la interfaz padre.

Esta nueva interfaz está destinada a las clases que implementan la interfaz IReportChange y que tienen las variables que también la implementan. Obliga a añadir el método ChildChanged para tratar los eventos Changed de sus miembros. Por tanto, la clase Project se debe modificar para implementar esta interfaz:

```
public class Project: IReportChildrenChange
```

Capítulo 6
Tipos genéricos

1. Introducción

Los tipos genéricos permiten combinar la reutilización del código y la seguridad del tipo. Los tipos genéricos se usan más habitualmente para las colecciones. El Framework .NET expone estas colecciones en el espacio de nombres `System.Collections.Generic`, como el tipo `List<T>` o `Dictionary<TKey, TValue>`. Como es lógico, es posible crear sus propios tipos genéricos para crear una solución adaptada.

La ventaja de los tipos genéricos respecto a las colecciones clásicas como el tipo `ArrayList` es que el tipo de los objetos se conserva, mientras que una colección no genérica almacena los datos, haciendo una conversión al tipo `Object`. La recuperación de un elemento de una colección clásica obliga a hacer la conversión inversa, para hacer corresponder con el tipo esperado, mientras que los tipos genéricos devuelven un objeto ya tipado. A pesar de que la complejidad de codificación es ligeramente superior, los tipos genéricos además aportan mucha más rapidez, sobre todo cuando los elementos de la lista son tipos por valor.

2. La creación de tipos genéricos

Un tipo genérico se define en la declaración de la clase, indicando el parámetro `T`. Este parámetro especifica que el tipo lo elegirá el consumidor de la clase. Puede ser un tipo por valor o por referencia.

- Cree una nueva clase `ReportChangeList<T>` en la carpeta **Library** del proyecto:

```
public class ReportChangeList<T>
{
}
```

El parámetro `T` acepta un tipo, que se especificará durante la instanciación:

```
ReportChangeList<int> Ex1 = new ReportChangeList<int>();
ReportChangeList<Object> Ex2 = new ReportChangeList<Object>();
```

Un tipo genérico también puede hacer referencia a varias clases:

```
public class ClaseGenerica<T, U>
```

Los tipos genéricos se pueden sobrecargar, siempre que el número de sus parámetros de tipo no sea idéntico:

```
public class ClaseGenerica<T>
public class ClaseGenerica<T, U>
```

Si dos tipos genéricos tienen el mismo nombre y número de parámetros de tipo, el compilador devolverá un error:

```
public class ClaseGenerica<T>
public class ClaseGenerica<U>          // No autorizado
```

Los atributos genéricos también pueden crearse siguiendo los mismos principios:

```
public class AtributoGenerico<T> : Atributo { }
```

El atributo podrá englobar una clase de la siguiente forma:

```
[AtributoGenerico<string>()]
public class MiClase { }
```

- La clase puede contener miembros que van a utilizar el tipo especificado en la instanciación, gracias al parámetro `T`. Añada el miembro `children` de tipo `List<T>` a la clase:

```
protected List<T> children;
```

Como `List<T>` es un tipo por referencia, se debe instanciar en el constructor para que no sea `null`.

- Añada el constructor que instancia la variable `children`:

```
public ReportChangeList()
{
    this.children = new List<T>();
}
```

Durante la instanciación, la clase `ReportChangeList` instanciará una lista genérica con el tipo que se haya especificado.

- El objetivo principal de crear un tipo genérico que contenga una lista genérica es poder limitar las funcionalidades expuestas o añadirlas. La clase `ReportChangeList` contendrá las clases hijas en su lista `children` y deberá notificar si el objeto contiene un cambio. Añada la interfaz `IReportChildrenChange` en la declaración de la clase:

```
public class ReportChangeList<T>: IReportChildrenChange
```

- Como la clase hereda de la interfaz `IReportChildrenChange`, añada los miembros definidos en esta interfaz:

```
protected bool hasChanged;

public bool HasChanged
{
    get
    {
        bool result = false;
        foreach (IReportChange child in this.children)
            if (child.HasChanged)
            {
                result = true;
                break;
            }
        return this.hasChanged || result;
```

```
        }
        set
        {
            if (this.HasChanged != value)
            {
                this.hasChanged = value;
                if (this.Changed != null)
                    this.Changed(this, new EventArgs());
            }
            if (!value)
            {
                foreach (IReportChange child in this.children)
                    child.HasChanged = value;
            }
        }
    }

    public event EventHandler Changed;

    public void ChildChanged(object sender, EventArgs e)
    {
        if (this.Changed != null)
            this.Changed(sender, e);
    }
```

En el código anterior, los descriptores de acceso de la propiedad `HasChanged` realizan un bucle sobre los elementos de la lista `children` para hacer la actualización de los objetos para el descriptor de acceso `set` o determinar si el objeto, en sí mismo o alguno de los elementos de la lista, se ha modificado por el descriptor de acceso `get`.

Para determinar si el objeto se ha modificado el principio es que si al menos se ha modificado un elemento de la lista o el objeto en sí mismo el objeto entero se considera como modificado. La actualización de la propiedad `HasChanged` de los elementos de la lista solo se lleva a cabo si el objeto recibe el valor `false` en la propiedad `HasChanged`, ya que el objeto se puede modificar, pero no sus hijos mientras que, si los hijos se modifican, como consecuencia el objeto padre también se modifica, ya que los hijos forman parte del objeto.

3. Las restricciones de tipo

Como hemos visto en los descriptores de acceso, la interfaz `IReportChange` se usa para acceder a la propiedad `HasChanged` de los elementos de la lista. Esto significa que los elementos añadidos deben implementar obligatoriamente la interfaz. Para limitar los tipos que pueden reemplazar al parámetro genérico `T`, se pueden aplicar restricciones.

A continuación, se muestran las restricciones existentes:

Restricción	Descripción
`where T:` *clase*	Restricción sobre la clase base del tipo.
`where T:` *interfaz*	Restricción sobre la interfaz que implementa el tipo.
`where T: class`	El tipo debe ser un tipo por referencia.
`where T: struct`	El tipo debe ser una estructura.
`where T: new()`	El tipo debe tener un constructor sin parámetro.
`where U: T`	El tipo representado por `U` debe ser idéntico al tipo `T`.

▶ Añada una restricción a la interfaz `IReportChange` sobre la clase genérica `ReportChangeList`:

```
public class ReportChangeList<T>: IReportChildrenChange where T:
IReportChange
```

Las restricciones se aplican a todos los parámetros de tipo definidos, ya sea en los métodos o en la definición de tipo.

Las restricciones de tipo también se pueden definir a nivel de los métodos:

```
public void MiMetodo<T>() where T: class
{ }
```

4. Las interfaces genéricas

Como para las listas, sería interesante poder hacer un bucle `foreach` sobre los elementos de nuestro tipo genérico. Para esto es suficiente con implementar la interfaz genérica `IEnumerable<T>`:

```
public class ReportChangeList<T>: IReportChildrenChange,
IEnumerable<T> where T: IReportChange
```

Esta interfaz genérica se comporta como una interfaz clásica, contiene las declaraciones de los miembros necesarios para su implementación y se puede utilizar la clase genérica como referencia.

▶ Añada los miembros `GetEnumerator()` e `IEnumerable.GetEnumerator()` siguientes, para implementar la interfaz en la clase genérica `ReportChangeList`:

```
public IEnumerator<T> GetEnumerator()
{
    for (int i = 0; i < this.children.Count; i++)
    {
        yield return this.children[i];
    }
}
IEnumerator IEnumerable.GetEnumerator()
{
    return GetEnumerator();
}
```

La implementación de un enumerador consiste en hacer un bucle sobre los elementos de la lista y devolver cada uno de ellos a la llamada. La palabra clave `yield return` permite hacer un retorno a la llamada con el valor a devolver en función del valor anterior devuelto. El estado del método se mantiene de tal manera que puede continuar su ejecución hasta la siguiente llamada. El tiempo de vida de este estado está relacionado con el enumerador, el estado del método se elimina cuando la enumeración termina.

4.1 La varianza en las interfaces genéricas

La covarianza y la contravarianza son conceptos utilizados desde la versión 2.0 del Framework .NET. La versión 4 del Framework .NET añade la posibilidad de aplicar esos principios a las interfaces genéricas.

4.1.1 La covarianza

Una interfaz covariante permite a sus miembros devolver tipos más variados que aquellos que se han especificado. La interfaz `IEnumerable<T>`, implementada en la clase `ReportChangeList`, forma parte de las interfaces covariantes. Esto permite reutilizar los métodos que funcionan con las colecciones base genéricas para las colecciones derivadas.

El siguiente ejemplo ilustra la covarianza:

```
public class Clase1
{
    public string Prop1 { get; set; }
    public string Prop2 { get; set; }
    public virtual object Valores()
    {
        return $"{Prop1} {Prop2}";
    }
}
public class Clase2: Clase1

{
    public override string Valores ()
    {
        return $"{Prop1} {Prop2}";
    }
}

static class Program
{
    public static void Write(IEnumerable<Clase1> Elementos1)
    {
        foreach (Clase1 elem in Elementos1)
       {
           Console.WriteLine(elem.Valores());
        }
    }
```

```
        [STAThread]
        static void Main()
        {
            IEnumerable<Clase2> Elementos2 = new List<Clase2>();
            Write(Elementos2);
        }
    }
```

El método `Write` acepta una colección de tipo `IEnumerable<Clase1>` como parámetro. La covarianza permite llamar al método con una colección de tipo `IEnumerable<Clase2>`, ya que el tipo `Clase2` hereda del tipo `Clase1`.

El retorno covariante permite a una clase que sobrecarga un método modificar su tipo de retorno, si deriva del tipo declarado en la definición original del método. Este es el caso del ejemplo anterior, ya que la clase `Clase2` que hereda de `Clase1` sobrecarga el tipo de retorno del método `Valores` con un tipo (`string`) que hereda del tipo de retorno base (`object`).

4.1.2 La contravarianza

La contravarianza es la capacidad de una interfaz de aceptar argumentos genéricos menos variados que los especificados. Para ilustrar la contravarianza, el siguiente ejemplo utiliza la interfaz `IEqualityComparar<T>` que es contravariante:

```
public class Clase1
{
    public string Prop1 { get; set; }
    public string Prop2 { get; set; }
}
public class Clase2: Clase1 { }
public class Comparar: IEqualityComparar<Clase1>
{
    public int GetHashCode(Clase1 clase1)
    {
        return clase1.GetHashCode();
    }
    public bool Equals(Clase1 x, Clase1 y)
    {
        return x == y;
```

```
        }
    }

    static class Program
    {
        [STAThread]
        static void Main()
        {
            IEnumerable<Clase2> Elementos2 = new List<Clase2>();
            Write(Elementos2);
        }
    }
```

La clase `Comparar` se usa para hacer comparaciones entre objetos de tipo `Clase1`. Esta clase implementa la interfaz `IEqualityComparar<T>` que es contravariante y permite, de esta manera, realizar una conversión implícita hacia un tipo más variado.

4.2 La creación de interfaces genéricas variantes

Las interfaces genéricas variantes se declaran con las palabras clave `in` y `out` para los parámetros de tipo. Para declarar un covariante de parámetro de tipo, se usa la palabra clave `out`. El tipo debe cumplir las siguientes condiciones:

– El tipo se usa solo como valor de retorno de método y no como parámetro:

```
interfaz ITest<out T>
{
    T Get();                        // Autorizado
    void Set(T paramTest);          // No autorizado
}
```

– El parámetro de tipo no se debe usar como restricción para los métodos de la interfaz. El siguiente ejemplo provoca un error de compilación:

```
interfaz ITest<out T>
{
    void MiMetodo<U>() where U: T;
}
```

En la creación de un contravariante de parámetro de tipo, se usa la palabra clave `in`. Entonces el tipo se puede utilizar como parámetro de método o en una restricción, pero como tipo de retorno:

```
interfaz ITest<in T>
{
    T Get();                              // No autorizado
    void Set(T paramTest);                // Autorizado
    void MiMetodo<U>() where U: T;        // Autorizado
}
```

La covarianza y la contravarianza se pueden soportar por la misma interfaz, pero en este caso se trataría de dos parámetros de distinto tipo:

```
interfaz ITest<out T1, in T2>
```

4.3 La herencia de interfaces genéricas variantes

Evidentemente es posible crear una interfaz que herede de una interfaz genérica variante. En este caso hay que especificar explícitamente, con las palabras clave `in` y `out`, si la interfaz derivada soporta la varianza. El compilador no deducirá la varianza a partir de la interfaz heredada:

```
interfaz IPadre<out T> { }
interfaz IHija1<T>: IPadre <T> { }
interfaz IHija2<out T>: IPadre <T> { }
```

En la interfaz `IHija1` el parámetro de tipo es invariante, ya que no se especifica explícitamente, mientras que en la interfaz `IHija2` el parámetro de tipo es covariante, ya que la palabra clave `out` se especifica explícitamente.

No está permitido declarar un parámetro de tipo covariante si la definición de la interfaz base es contravariante y a la inversa:

```
interfaz IPadre<out T> { }
interfaz IHija<in T>: IPadre <T> { }  // No autorizado
```

5. Los atributos genéricos

Un atributo genérico es una forma de declarar una clase genérica cuya clase base es `System.Attribute`. Esta sintaxis es conveniente para los atributos que implementan un parámetro de tipo `System.Type`. La declaración de la clase se hace con la siguiente sintaxis:

```
public class AtributoGenerico<T> : Atributo { }
```

El uso de un atributo genérico se realiza de la misma manera que en el caso de un atributo clásico, especificando el parámetro de tipo:

```
[AtributoGenerico<int>]
public int MiMetodo() { }
```

Un atributo genérico puede especificar parámetros en su constructor. En este caso, se vuelve obligatorio especificarlos al utilizar el atributo genérico:

```
public class AtributoGenerico<T> : Atributo
{
    public AtributoGenerico(int i) { }
}
```

El uso del atributo con parámetros se realizará de la siguiente manera:

```
[AtributoGenerico<int>(10)]
public int MiMetodo() { }
```

De la misma manera que el operador `typeof`, el atributo genérico no se puede referir a un tipo `dynamic`, ni a un tipo de referencia que admita valores nulos (por ejemplo, `string?`), ni a un tipo de tupla.

6. La creación de métodos genéricos

La declaración de los miembros de una clase genérica se hace de la misma manera que los miembros de clases clásicos. Además es posible usar el parámetro T para especificar el tipo de parámetro autorizado.

▶ Añada el método Add a la clase ReportChangeList:

```
public void Add(T Child)
{
    IReportChange child = (IReportChange)Child;
    child.Changed += new EventHandler(ChildChanged);
    this.children.Add(Child);
}
```

El método Add recibe como parámetro un tipo que cumple las restricciones de la clase. El objeto que se pasa como parámetro al método implementa, por tanto, la interfaz IReportChange y se puede convertir al tipo de la interfaz, lo que permite al objeto de tipo ReportChangeList suscribirse al evento Changed del objeto que se pasa como parámetro antes de añadirlo a la lista children.

La lista va a contener muchos elementos, por lo que hay que implementar una técnica más elaborada para diferenciarlos y asegurar su unicidad. Vamos a agregar un indexador base a una clave de tipo string. En primer lugar, esto implica crear una interfaz IKey en la carpeta **Library**:

```
public interfaz IKey
{
    string Key
    {
        get;
    }
}
```

▶ En segundo lugar, se añade una restricción a la clase ReportChangeList que imponga los tipos que debe implementar la interfaz IKey:

```
public class ReportChangeList<T>: IReportChildrenChange,
IEnumerable<T> where T: IReportChange, IKey
```

▶ Agregamos un indexador a la clase `ReportChangeList`:

```
public T this[string Key]
{
    get
    {
        foreach (T aChild in this.children)
        {
            if (((IKey)aChild).Key.Equals(Key))
            {
                return aChild;
            }
        }
        return default(T);
    }
    set
    {
        for (int i = 0; i < this.children.Count; i++)
        {
            IKey aChild = (IKey)this.children[i];
            if (aChild.Key.Equals(Key))
            {
                this.children[i] = value;
                this.HasChanged = true;
                break;
            }
        }
    }
}
```

Hemos creado un indexador base sobre un parámetro de tipo `string`. Para el descriptor de acceso `get`, este parámetro se compara con todos los elementos de la lista para determinar si alguno contiene la misma clave y, de esta manera, devolverla. Si el elemento no se encuentra, se devuelve el valor predeterminado. El descriptor de acceso `set` funciona de la misma manera, pero, cuando se encuentra el elemento, éste se actualiza.

Solo falta modificar el método Add para determinar que la clave es única entre los elementos de la lista antes hacer la adición:

```
public void Add(T Child)
{
    IKey childKey = (IKey)Child;
    if (this[childKey.Key] == null)
    {
        IReportChange child = (IReportChange)Child;
        child.Changed += new EventHandler(ChildChanged);
        this.children.Add(Child);
    }
}
```

Para completar la clase, falta un método que permita eliminar los elementos. Como la lista children es protegida, los métodos de eliminación de un elemento de lista no están disponibles.

- Cree un método Remove que acepte un parámetro de tipo string que se comparará con las claves de los elementos de la lista para eliminar el elemento correspondiente:

```
public void Remove(string Key)
{
    if (this[Key] != null)
    {
        this.children.Remove(this[Key]);
        this.HasChanged = true;
    }
}
```

A partir de este momento la clase ReportChangeList se comporta como una lista base con nuestras propias funcionalidades.

7. Valor por defecto genérico

Estudiando con detalle el descriptor de acceso `get` del indexador de la clase `ReportChangeList`, observe que si no hay ningún elemento de la lista que se corresponda con clave que se pasa como parámetro el valor de retorno es:

```
return default(T);
```

Un tipo genérico puede asignar un tipo por valor o por referencia. Los tipos por valor no pueden tener el valor `null`, es imposible devolver `null` para el descriptor de acceso `get`. Se usa la palabra clave `default` para obtener el valor por defecto del parámetro de tipo. De esta manera, para un parámetro de tipo por referencia se devuelve el valor `null` y para un tipo por valor se devuelve su valor por defecto. Si `T` representa el tipo `int`, el valor por defecto devuelto será cero.

8. La herencia de clase genérica

Una clase genérica puede heredar de otra clase. Las declaraciones de las clases hijas pueden jugar con los parámetros de tipo de la clase padre:

- La clase heredada puede guardar el mismo parámetro de tipo:

```
class Padre<T>
{ }
class Hija<T>: Padre<T>
{ }
```

- La clase heredada también puede especificar el parámetro de tipo:

```
class Hija: Padre<int>
{ }
```

- La clase heredada puede introducir nuevos parámetros de tipo:

```
class Hija<T, T2>: Padre<T>
{ }
```

- El nombre del parámetro de tipo del padre se puede renombrar y usar en la declaración del tipo hijo:

```
class Hija<Tx, T2>: Padre<Tx>
{ }
```

Capítulo 7
Delegados, eventos y expresiones lambda

1. Los delegados

Un delegado es una especie de puente entre la llamada a un método y el método deseado. Los delegados se dividen en tipos e instancias. Un tipo delegado define el protocolo al que deben acogerse tanto el objeto que invoca como el método invocado. Esto incluye la lista de parámetros y el tipo de retorno, en una palabra, de la declaración. Una instancia de delegado es un objeto que hace referencia a uno o varios métodos que tienen una declaración conforme.

La declaración de un delegado se precede de la palabra clave `delegate` y la declaración solo contiene la declaración del método, como sucede con un miembro abstracto:

```
public delegate int Calculo(int i, int j);
```

Para crear una instancia de delegado, es suficiente con asignar un método cuya declaración sea conforme al delegado:

```
public class Clase1
{
    public Clase1(int i, int j)
    {
        Calculo C = new Calculo(Adicion);
        int result = C.Invoke(i, j);
    }
```

```
    public int Adicion(int i, int j)
    {
        return i + j;
    }
}
```

En el ejemplo anterior, el método `Adicion` podría tener sobrecargas. En tal caso, el compilador tomaría automáticamente la sobrecarga correcta en función de la declaración del delegado al que se asigna el método.

La instrucción de instanciación del delegado en el ejemplo anterior se puede abreviar de la siguiente manera:

```
Calculo C = new Calculo(Adicion);     // Notación completa
Calculo C = Adicion;                  // Notación abreviada
```

De la misma manera, la invocación del delegado tiene una notación abreviada:

```
C.Invoke(i, j);                       // Notación completa
C(i, j);                              // Notación abreviada
```

1.1 Los parámetros de método

Los delegados se pueden utilizar como parámetros de un método. La implementación más común es suministrar un método que devuelva una llamada que se pueda ejecutar al final del método principal:

```
public delegate void Mostrar(int i);

public class Clase1
{
    public void Adicion(int i, int j, Mostrar CB)
    {
        CB(i + j);
    }
    public void Muestra(int i)
    {
        Console.WriteLine(i);
    }

    public Clase1(int i, int j)
    {
        Mostrar A = new Mostrar(Muestra);
```

```
            Adicion(i, j, A);
        }
    }
```

1.2 Los métodos de destino múltiples

Como se ha comentado anteriormente, un delegado puede hacer referencia a uno o varios métodos. Los operadores += y -= permiten añadir o eliminar referencias de método de un delegado:

```
Calculo C = new Calculo(Adicion);
C += Adicion;        // Equivalente a C = C + Adicion;
C -= Adicion;        // Equivalente a C = C - Adicion;
```

La invocación del delegado lanzará la ejecución de todos los métodos referenciados en el orden en que fueron añadidos.

El delegado se puede inicializar con el valor `null`. La adición de una referencia de método se considera como una asignación de un nuevo valor:

```
Calculo C = null;
C += Adicion;            // Equivalente a C = Adicion;
```

La eliminación de una referencia de método con el operador -= sobre un delegado, que solo contiene un único método destino, es equivalente a asignar el valor `null` al delegado:

```
Calculo C = new Calculo(Adicion);
C -= Adicion;            // Equivalente a C = null;
```

Si un delegado tiene un tipo de retorno diferente de `void`, el objeto que lo invoque recibirá el valor de retorno del último método invocado por el delegado. Se llama a los métodos anteriores, pero su valor de retorno se pierde.

Todos los delegados provienen implícitamente del tipo `System.MulticastDelegate`, que hereda del tipo `System.Delegate`. El compilador transforma los operadores +, -, += y -= realizados sobre los delegados por los métodos estáticos `Combine` y `Remove` de la clase `System.Delegate`.

1.3 Los delegados genéricos

Un delegado puede contener parámetros de tipo genérico. En este caso, el tipo se indica durante la instanciación del delegado y el método de destino debe ser conforme a este tipo:

```
public delegate T Calculo<T>(T i, T j);

public class Clase1
{
    public Clase1(int i, int j)
    {
        Calculo<int> C = new Calculo<int>(Adicion);
        int resultado = C.Invoke(i, j);
    }

    public int Adicion(int i, int j)
    {
        return i + j;
    }
}
```

1.4 La compatibilidad de los delegados

Los delegados no son compatibles entre ellos, incluso si sus declaraciones son idénticas:

```
delegado void Delegado1();
delegado void Delegado2();

Delegado1 D1 = MiMetodo;
Delegado2 D2 = D1;              // No autorizado
```

Por el contrario, es posible asignar un delegado a partir de otro que tiene la misma declaración, con la notación completa:

```
Delegado2 D2 = new Delegado2(D1);
```

Dos instancias de delegados se consideran iguales si tienen los mismos métodos de destino en el mismo orden:

```
Delegado1 d1 = MiMetodo;
Delegado1 d2 = MiMetodo;
// d1 == d2 vale true
```

Cuando llama a un método, puede indicar los argumentos que tienen, tipos más específicos que los especificados por el método. Es el concepto de polimorfismo. Para los delegados, el proceso es idéntico y se trata de la contravarianza:

```
public delegate string Concatenar(string s1, string s2);

public class Clase1
{
    public Clase1(string s1, string s2)
    {
        Concatenar C = Concatenados;
        string resultado = C(s1, s2);
    }
    public string Concatenados(object o1, object o2)
    {
        return (string)o1 + (string)o2;
    }
}
```

En este ejemplo, el delegado `Concatenar` se invoca con los parámetros de tipo `string`. Cuando los argumentos se transmiten al método de destino, éstos simplemente se convierten al tipo `object`.

Cuando se invoca un método, es posible enviar un tipo más específico que el solicitado. Se trata también es un mecanismo del polimorfismo. Para los delegados, el proceso no cambia, el tipo de retorno del delegado puede ser menos específico que el tipo de retorno de su método de destino, se trata de la covarianza:

```
public delegate object Concatenar(string s1, string s2);

public class Clase1
{
    public Clase1(string s1, string s2)
    {
        Concatenar C = Concatenados;
        string result = (string)C(s1, s2);
```

```
    }
    public string Concatenados(string s1, string s2)
    {
        return s1 + s2;
    }
}
```

En este ejemplo, la invocación del delegado devuelve un tipo `object` a pesar de que el método de destino devuelve un tipo `string`. En este caso hay que convertir el valor de retorno para obtener el tipo correcto.

2. Los eventos

Trabajando con los delegados hay dos conceptos destacados: la difusión y la suscripción. El difusor es un tipo relacionado con un delegado. Es el que decide cuándo se debe invocar el delegado. El suscriptor es el conjunto de métodos relacionados con un delegado. Un suscriptor es totalmente independiente de los otros suscriptores, incluso dentro de un delegado. Los eventos formalizan este esquema.

La manera más sencilla de declarar un evento es añadir la palabra clave `event` antes de un miembro delegado. El evento `Changed` en la interface `IReportChange` se ha creado anteriormente de esta manera:

```
event EventHandler Changed;
```

El tipo que contiene el difusor tiene un acceso total a éste. Dicho acceso puede servir para añadir, eliminar o ejecutar métodos destino. Los otros tipos solo se podrán suscribir al evento con los operadores += y -=.

Analice el siguiente ejemplo, basado en el descriptor de acceso `set` de la propiedad `hasChanged` de la clase `ProjectSettings`:

```
set
{
    if (this.hasChanged != value)
    {
        this.hasChanged = value;
        if (this.Changed != null)
            this.Changed(this, new EventArgs());
    }
}
```

La clase `ProjectSettings` desencadena el evento `Changed` al mismo tiempo que el valor de la variable `hasChanged` se modifica. Antes de desencadenar el evento, hay que asegurarse de que no es `null`. Dicho de otra manera, nos aseguramos de que el evento tiene suscriptores. Si intenta desencadenar un evento que no tiene suscriptor, se producirá una excepción cuando se ejecute la aplicación.

Si quitamos la palabra clave `event` del ejemplo, `Changed` se convierte en una variable de tipo delegado. Nuestro ejemplo funcionaría de la misma manera, pero el difusor sería menos seguro. De hecho, si utiliza un delegado en lugar de un evento, los suscriptores podrían interferir entre sí de la siguiente manera:

- Sustituyendo los otros suscriptores con los operadores += o -=.
- Un suscriptor podría eliminar al resto, devolviendo `null` al delegado.
- Un suscriptor podría lanzar la difusión invocando directamente al delegado.

El Framework .NET define un estándar para la escritura de eventos. El objetivo es proporcionar consistencia entre el Framework y el código de usuario. En el núcleo de un evento, está el tipo `System.EventArgs`. Este tipo base sirve para enviar información entre el difusor y el suscriptor de un evento. Es posible derivar de este tipo para enviar la información a los suscriptores.

Cree una nueva clase `ChangedEventArgs` que derive de la clase base `EventArgs` y exponga un miembro `HasChanged`:

```
public class ChangedEventArgs: EventArgs
{
    public bool HasChanged { get; protected set; }
    public ChangedEventArgs(bool hasChanged)
    {
        this.HasChanged = hasChanged;
    }
}
```

Los tipos que derivan de `EventArgs` se usarán para la transmisión de información a los suscriptores. Por esta razón, los miembros expuestos están en modo de solo lectura o son inaccesibles en modo escritura.

La siguiente etapa de la creación de un evento consiste en definir un delegado. Este delegado debe cumplir tres reglas:

- El delegado no debe tener tipo de retorno (`void`).
- El delegado debe aceptar dos argumentos: el primero será de tipo `object`, que contiene el objeto que ha desencadenado el evento y el segundo argumento será de tipo `EventArgs` o cualquier otro tipo derivado de `EventArgs` que contiene información adicional.
- El nombre del delegado se debe preceder por el sufijo `EventHandler`.

Estas reglas solo tienen por objetivo mantener la consistencia con los eventos del Framework .NET. Podría asignar otro sufijo al delegado en sustitución de `EventHandler`, así como los parámetros del delegado podrían ser diferentes.

El Framework .NET define un delegado genérico `System.EventHandler<>` que cumple estas reglas:

```
public delegate void EventHandler<TEventArgs>(object sender,
TEventArgs e) where TEventArgs: EventArgs;
```

Antes de que existieran los tipos genéricos, los delegados se debían crear de la siguiente manera:

```
public delegate void ReportChangeEventHandler(object sender,
ChangedEventArgs e);
```

Por razones históricas, muchos eventos del Framework .NET utilizan esta notación. En los siguientes ejemplos usaremos la notación genérica.

La última etapa es la definición del evento asociado al tipo de delegado deseado.

▶ Modifique la declaración del evento `Changed` en la interfaz `IReportChange` como sigue:

```
event EventHandler<ChangedEventArgs> Changed;
```

Esta modificación genera errores de compilación. Por un lado porque los tipos que implementan la interfaz `IReportChange` ya no tienen la declaración correcta para el evento `Changed`, por lo que hay que sustituir la declaración de los eventos en las clases que implementan la interfaz `IReportChange` por:

```
public event EventHandler<ChangedEventArgs> Changed;
```

Por otro lado, la declaración del método `ChildChanged` de la interfaz `IReportChildrenChange` se debe modificar en la interfaz y en los tipos que la implementan:

```
void ChildChanged(object sender, ChangedEventArgs e);
```

También hay que modificar la suscripción de los objetos al evento `Changed` para referenciar el tipo correcto de delegado:

```
Changed += new EventHandler<ChangedEventArgs>(ChildChanged);
```

El último punto a corregir es la modificación de la desencadenación de los eventos, que deben transmitir tipo correcto de argumento:

```
this.Changed(this, new ChangedEventArgs(this.HasChanged));
```

3. Las expresiones lambda

Una expresión lambda es un método sin nombre, que sustituye a una instancia de delegado. El compilador transforma una expresión lambda en un delegado.

La sintaxis de una expresión lambda es la siguiente:

```
(parámetro1, parámetro2, ...) => expresión o instrucciones
```

Si la expresión solo contiene un parámetro, los paréntesis se pueden omitir, como ocurre en el ejemplo de la siguiente subsección, El uso de las expresiones lambda.

3.1 El uso de las expresiones lambda

Tomemos el delegado siguiente:

```
public delegate int Multiplicador(int i);
```

Es posible asignar e invocar una expresión lambda como esta:

```
Multiplicador M = x => x * 2;
int i = M(10);                    // i = 20
```

El compilador resuelve una expresión lambda de este tipo creando un método privado y moviendo la expresión en este método.

Puede especificar un valor predeterminado para un parámetro de la expresión lambda de la misma manera que para un método:

```
var L = (int x = 50) => x * 2;
int i1 = L(10);                     // i1 = 20
int i2 = L();                       // i2 = 100
```

Cada uno de los parámetros de la expresión lambda se corresponde con un parámetro del delegado y el tipo de expresión se corresponde con el tipo de retorno del delegado. En el ejemplo anterior, `x` se corresponde con el parámetro `i` del delegado y la expresión `x * 2` con tipo de retorno del delegado.

Es posible abandonar uno de los argumentos de la expresión lambda usando el carácter _ (underscore o guion bajo). Esto es como tener una función con un argumento opcional:

```
List<Func<int, int, int>> multiplications =
new List<Func<int, int, int>>();
multiplications.Add((_, _) => 0 * 0);
multiplications.Add((int i, int _) => i * 0);
multiplications.Add((int i, int j) => i * j);
```

Una expresión lambda puede contener un bloque de instrucciones, en lugar de una expresión:

```
public delegate int ValorAbsoluto(int i);

ValorAbsoluto A = x =>
{
    if (x < 0)
```

```
    {
        return -x;
    }
    else
    {
        return x;
    }
};

int i = A(10);                    // i = 10
int j = A(-10);                   // j = 10
```

En teoría, el compilador deduce el tipo de los parámetros de una expresión lambda según el contexto. Cuando éste no es el caso, debe especificar explícitamente el tipo de cada uno de los parámetros de la siguiente manera:

```
Multiplicador M = (int x) => x * 2;
```

Las expresiones lambda tienen tipos naturales. Si tomamos el ejemplo anterior, podríamos haberlo declarado así, dejando que el compilador interpretara el tipo de la variable M:

```
var M = (int x) => x * 2;
```

El compilador interpreta este tipo como Func<int, int>, que permite valores nulos (nullable):

```
var M = (int x) => x * 2;
      (variable local) Func<int, int>? M
```

Para los casos en los que no se pueda interpretar el tipo devuelto, como en el siguiente ejemplo:

```
var M = (int x) => x == 0 ? null : x * 2;
```

es posible especificarlo de la siguiente forma:

```
var M = object (int x) => x == 0 ? null : x * 2;
```

De la misma manera que para un método clásico, es posible especificar uno o más atributos para el método lambda:

```
var M = [MiAtributo()] (int x) => x * 2;
```

3.2 Los delegados genéricos

Las expresiones lambda son las que más se utilizan con los delegados genéricos `Func` y `Action`:

```
Func<int, int> F = x => x * 2;
```

Los delegados genéricos `Func` y `Action` que ofrece el Framework .NET pertenecen al espacio de nombres `System`. Estos delegados son extremadamente generales, funcionan por métodos que devuelven cualquier tipo de objeto y que aceptan hasta 16 argumentos del mismo o diferente tipo. A continuación, se muestra la declaración de algunos:

```
public delegate TResult Func<out TResult>();
public delegate TResult Func<in T, out TResult>(T arg);
public delegate TResult Func<in T1, in T2, out TResult>(T1 arg1, T2 arg2);
// Y así hasta 16 parámetros de entrada

public delegate void Action();
public delegate void Action<in T>(T arg);
public delegate void Action<in T1, in T2>(T1 arg1, T2 arg2);
// Y así hasta 16 parámetros de entrada
```

La principal ventaja de los delegados genéricos es no tener que declararlos fuertemente tipados.

3.3 La captura de variables

Una expresión lambda puede hacer referencia a variables locales y parámetros del método en que se define. Las variables externas a las que se hace referencia en una expresión lambda se llaman variables capturadas:

```
public class Clase1
{
    public static int Test(int factor)
    {
        Func<int, int> multiplo = x => x * factor;
        return multiplo(10);
    }
}

int i= Clase1.Test(2);        // i = 20
```

Las variables capturadas se evalúan cuando se invoca el delegado y no cuando se define la expresión lambda:

```
public class Clase1
{
    public static int Test(int factor)
    {
        Func<int, int> multiplo = x => x * factor;
        factor = 3;
        return multiplo(10);
    }
}

int i= Clase1.Test(2);          // i = 30
```

Las expresiones lambda también pueden actualizar las variables capturadas:

```
int i = 0;
Action agregar = () => i++;
agregar();                        // i = 1
agregar();                        // i = 2
```

El ámbito de una variable capturada se extiende al ámbito del delegado. En el siguiente ejemplo, la variable `i` debería estar fuera del ámbito y liberarse al final de la ejecución del método `Agregar`, pero como la variable `i` es capturada, su ámbito se ve aumentado hasta el ámbito del delegado que la ha capturado:

```
public class Clase1
{
    public static  Func<int> Agregar()
    {
        int i = 0;
        return () => i++;
    }
    public static void Test()
    {
        Func<int> agregar = Agregar();
        int i1 = agregar();            // i1 = 1
        int i2 = agregar();            // i2 = 2
    }
}
```

Una variable local que se instancia en una expresión lambda es única por invocación del delegado. Si modificamos el ejemplo anterior para obtener el siguiente método, entonces podemos observar que el resultado es diferente:

```
public class Clase1
{
    public static Func<int> Agregar()
    {
        return () => { int i = 0; return i++; };
    }
    public static void Test()
    {
        Func<int> agregar = Agregar();
        int i1 = agregar();            // i1 = 0
        int i2 = agregar();            // i2 = 0
    }
}
```

Una variable definida en una expresión lambda tiene el ámbito de la invocación del delegado.

Cuando la captura de variable afecta a una variable de iteración en un bloque `for` o `foreach`, el compilador trata esas variables como declaradas fuera del bucle. Esto significa que la misma variable se captura en cada iteración. Observe el siguiente ejemplo:

```
Func<string>[] F = new Func<string>[3];
for (int i = 0; i < 3; i++)
{
    F[i] = () => i.ToString();
}

string s = string.Empty;
foreach (Func<string> f in F)
{
    s += f();
}
```

¿Cuál es el valor de la variable `s`? La respuesta es 333. La explicación es que en el bucle `for`, hay una asignación en el array `F` de una expresión lambda, que captura la variable de iteración `i`. Esta variable, que debería estar fuera de ámbito cuando termina el bucle `for`, permanece en memoria porque es capturada. Cuando el bucle `foreach` ejecuta la expresión lambda, `i` vale 3 y el valor 3 se añade con cada iteración a la variable `s`.

La solución para obtener el valor real de la variable de iteración sería declarar una variable en el bucle `for` y asignarle el valor de la variable de iteración. La variable capturada no se incrementa y será diferente en cada iteración, ya que se declara de nuevo. El siguiente ejemplo permite obtener el valor 012:

```
for (int i = 0; i < 3; i++)
{
    int j = i;
    F[i] = () => j.ToString();
}
```

3.4 Las funciones locales

Se puede declarar una función local dentro de un miembro: constructor, accesor, método. Desde la función local, puede acceder a los parámetros dónde se encuentre. El cuerpo de esta función se puede implementar como una expresión lambda:

```
public string Filename
{
    set
    {
        // Definición de la función local
        string Func() => value ?? this.filename;

        // Utilización de la función local
        if (this.filename != Func())
        {
            this.filename = value;
        }
    }
}
```

Capítulo 8
Creación de formularios

1. Utilizar los formularios

Los formularios representan la interacción del usuario con una aplicación. Se utilizan tanto para la presentación como para la introducción de datos. El diseño de la interfaz de usuario es una etapa importante, ya que una interfaz visualmente coherente y lógica, y por tanto usable, es más sencilla de utilizar.

1.1 Añadir formularios al proyecto

Durante la creación del proyecto de aplicación Windows se crea un formulario por defecto, **Form1**. Este formulario representa la clase que se instanciará durante la ejecución. Esta clase parcial está compuesta por dos archivos **Form1.designer.cs** y **Form1.cs**:

- **Form1.designer.cs**: los archivos de formularios con extensión **.designer.cs** se generan automáticamente en el diseñador de pantallas. Cuando se ubica un control en el formulario, Visual Studio inserta el código de inicialización y los parámetros por defecto en este archivo. El diseñador de pantallas es, en este caso, un mecanismo para crear código de manera visual.

- **Form1.cs**: este archivo permite escribir la lógica del formulario, los tratamientos de las acciones de usuario y todo el código necesario para el correcto funcionamiento lógico del formulario.

Antes de crear un nuevo formulario vamos a crear una nueva carpeta llamada **Forms** en la raíz del proyecto para almacenar en ella todos los formularios. Separar los elementos dentro de un proyecto permite tener una visualización de conjunto mejor y encontrar con mayor facilidad el elemento deseado, sobre todo en caso de mantenimiento.

Haciendo clic con el botón derecho del ratón en la nueva carpeta **Forms** y seleccionando después **Agregar** y **Formulario (Windows Forms)**, se abre el cuadro de diálogo que permite agregar un elemento en Visual Studio, preseleccionando el tipo **Windows Forms**. Basta con introducir el nombre del formulario, **MailServerSettings.cs**, y validar.

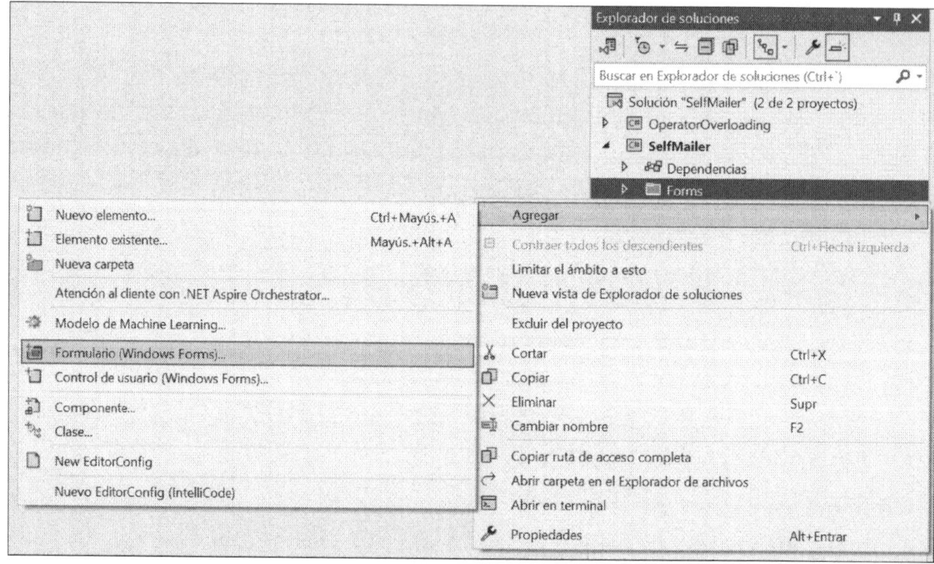

El archivo **MailServerSettings.cs** que crea Visual Studio, tiene este aspecto:

```
namespace SelfMailer.Forms
{
    public partial class MailServerSettings: Form
    {
        public MailServerSettings()
        {
            InitializeComponent();
        }
    }
}
```

Observe que el nombre de la carpeta que contiene (**Forms**) se ha añadido al espacio de nombres del formulario. Además de clasificar los elementos visualmente, las carpetas permiten a Visual Studio organizar la jerarquía de clases dentro de los espacios de nombres durante la creación.

La clase parcial, identificada por la palabra clave `partial`, deriva de la clase `Form`, y permite al formulario heredar todas las propiedades básicas de un formulario Windows desde el Framework .NET. Es posible hacer que un formulario herede de otro formulario cuando, por ejemplo, el aspecto es el mismo pero el tratamiento es diferente.

La última observación sobre esta clase es que el constructor tiene una llamada al método `InitializeComponent` que se encuentra en el archivo **MailServerSettings.designer.cs**:

```
private void InitializeComponent()
{
    this.components = new System.ComponentModel.Container();
    this.AutoScaleMode = System.Windows.Forms.AutoScaleMode.Font;
    this.Text = "MailServerSettings";
}
```

Este método se encarga de ejecutar la inicialización de los elementos del formulario y de definir las propiedades de los mismos. Se desaconseja modificar este archivo con el editor de texto, ya que el diseñador podría eliminar los cambios durante la generación de este código.

1.2 Modificar el formulario de inicio

El formulario de inicio es el que se abre por defecto cuando se ejecuta la aplicación. Se trata de la clase que se instancia en el archivo **Program.cs**.

Para modificar el formulario de inicio, que actualmente es **Form1**, hay que empezar creando uno nuevo en la carpeta **Forms** y llamarlo **Main.cs**. En el archivo **Program.cs**, basta con sustituir la instrucción:

```
Application.Run(new Form1());
```

por

```
Application.Run(new SelfMailer.Forms.Main());
```

Como el formulario **Form1** ya no es necesario, se puede eliminar.

Ejecutando la depuración ([F5]) comprobamos que se muestra el formulario **Main**.

1.3 Las propiedades de los formularios

En modo diseñador de pantallas, Visual Studio permite definir las propiedades de los objetos gracias a la ventana **Propiedades** ([Alt][Intro]).

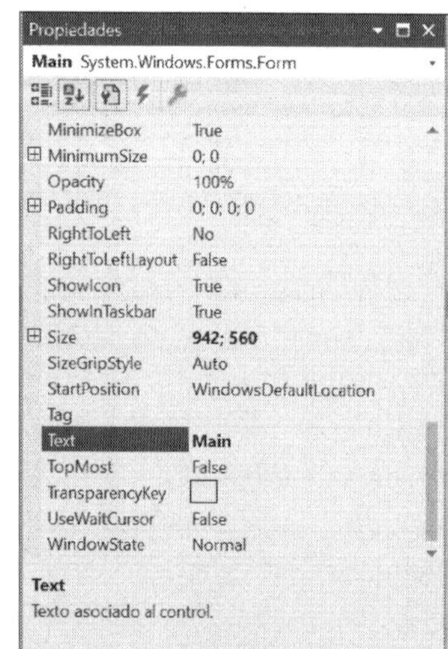

Las propiedades se clasifican en grupos lógicos. Cada una de ellas afecta al aspecto o al comportamiento del formulario. Algunas propiedades, como la propiedad `MaximumSize`, son estructurales. Haciendo clic en la flecha que hay al lado, es posible modificar cada propiedad:

⊟ MaximumSize	0; 0
Width	0
Height	0

Las propiedades también se pueden modificar a nivel de código:

```
this.Text = "Argumentos del servidor mail";
```

Esta línea, ubicada en el constructor del formulario, tendrá el mismo efecto que modificar la propiedad en la ventana de propiedades del diseñador de pantallas, con la diferencia de que Visual Studio habrá situado esta instrucción en el archivo designer. En el archivo con extensión `.designer.cs`, se transcriben todas las modificaciones realizadas en el constructor de formularios en código por Visual Studio.

La asignación de las propiedades sigue la misma sintaxis que para otros miembros de la clase. El operador de asignación (=) se utiliza para asignar un valor a la propiedad referenciada con su nombre.

Asigne las siguientes propiedades al formulario **MailServerSettings**:

Propiedades	Valor	Efecto
`FormBorderStyle`	`FixedToolWindow`	El formulario ya no se redimensiona. Los botones para agrandar o reducir la ventana y el icono ya no se ven más.
`ShowInTaskbar`	`False`	Cuando el formulario se abre, no se ve ninguna pestaña en la barra de tareas de Windows.
`Size`	`754; 450`	Fija el tamaño del formulario.

Propiedades	Valor	Efecto
`StartPosition`	`CenterParent`	El formulario se muestra centrado en relación a su padre.
`Text`	Parámetros del servidor mail	Se modifica el texto en la barra del título del formulario.

Con la asignación de los valores anteriores en el diseñador de pantallas, Visual Studio completa el archivo designer con las líneas siguientes:

```
this.ClientSize = new System.Drawing.Size(754, 450);
this.FormBorderStyle =
          System.Windows.Forms.FormBorderStyle.FixedToolWindow;
this.ShowInTaskbar = false;
this.StartPosition =
          System.Windows.Forms.FormStartPosition.CenterParent;
this.Text = "Argumentos del servidor mail";
```

Todo lo que se hace en el diseñador de pantallas, repercute en el código del archivo designer.

1.4 Los métodos de los formularios

Los formularios derivan de la clase base `System.Windows.Forms.Form` y heredan varios métodos que permiten gestionar la visualización de los formularios.

Una vez instanciado, el objetivo de un formulario es permitir al usuario interactuar con él. Los métodos `Show` y `ShowDialog` de un formulario hacen que el formulario se pueda ver. El método `Show` muestra el formulario en la pantalla y le asigna el foco. La propiedad `Visible` del formulario toma automáticamente el valor `true`. El método `Show` no crea el formulario. Si existe en memoria pero no es visible, es decir si su propiedad `Visible` es `false`, la llamada del método cambia este valor a `true`. El método `ShowDialog` es idéntico, excepto que el formulario es modal, es decir, se debe cerrar antes de que el foco se pueda asignar a otro formulario de la aplicación. Este método obliga al usuario a realizar una acción.

Después de que el usuario ha realizado las acciones que desee en el formulario, éste se debe cerrar. Existen dos maneras de cerrar un formulario. La primera consiste en ocultarlo con el método `Hide`. Esto equivale a asignar el valor `false` a la propiedad `Visible` del formulario. Con este método, el formulario siempre está en memoria y la llamada del método `Show` lo vuelve visible. La segunda manera de cerrar un formulario es con el método `Close`, que elimina la instancia en memoria y librera los recursos. Es imposible llamar al método `Show` de un formulario después llamar al método `Close`, pues el formulario ya no existe y se debe instanciar de nuevo. La llamada al método `Close` para el formulario de inicio implica cerrar la aplicación.

Estos métodos se usan durante la implementación de administradores de eventos.

1.5 Los eventos de los formularios

Un formulario, como cualquier objeto, tiene un ciclo de vida y momentos clave que desencadenan eventos específicos.

El evento `Load` corresponde a la creación del formulario en memoria. Se produce cuando se llama por primera vez al método `Show`, o `ShowDialog`. Si el formulario ya está en memoria, la llamada del método `Show` no desencadenará una segunda vez el evento `Load`. Existe un controlador destinado al evento `Load` que permite inicializar las variables del formulario a partir de una base de datos o de un archivo, por ejemplo.

Los eventos `Activated` y `Deactivate` se desencadenan cuando el formulario recibe o pierde el foco. Son eventos que se pueden desencadenar varias veces durante la vida del formulario. Estos eventos solo se desencadenan si el foco del formulario se modifica dentro de la aplicación, esto significa que si el usuario pasa el foco a otra aplicación y después le devuelve el foco, no se desencadenará ninguno de los dos eventos.

El proceso de cierre de un formulario implica que se desencadenen dos eventos distintos: `FormClosing` y `FormClosed`.

`FormClosing` es el evento que se produce cuando se cierra el formulario, se desencadena con la llamada al método `Close` o cuando el usuario pulsa el botón de cierre del formulario. Se asigna un controlador al evento `FormClosing` que permite comprobar y validar los datos del usuario. Si fuera necesario es posible anular el cierre del formulario y conservarlo abierto, utilizando la propiedad `Cancel` del objeto `FormClosingEventArgs` que se pasa como parámetro al controlador del evento:

```
private void FormClosing(object sender, FormClosingEventArgs e)
{
    e.Cancel = true;
}
```

Cuando se cierra el formulario se desencadena el evento `FormClosed`, después `FormClosing` y, después la ejecución de los controladores de eventos, `FormClosing`.

Observación

Estos eventos se usan durante la implementación de los controladores de eventos.

2. Usar los controles

2.1 Los tipos de controles

El Framework .NET ofrece una serie de controles y Visual Studio los integra en el **Cuadro de herramientas** ([Ctrl][Alt] **X**) del diseñador de pantallas.

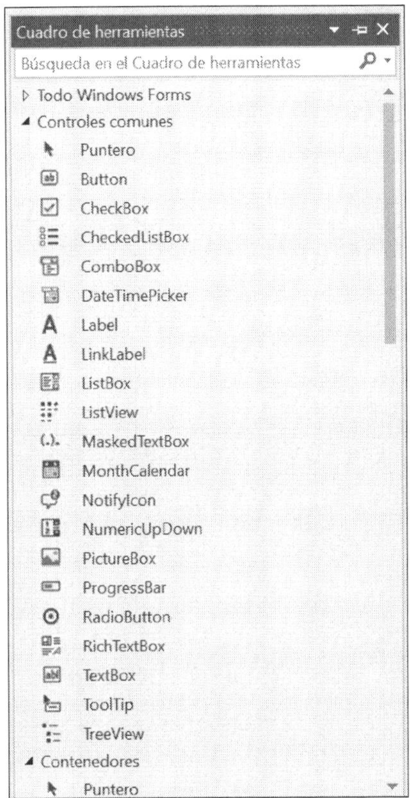

El cuadro de herramientas se subdivide en grupos de controles: los controles comunes, los contenedores, los menús e incluso los datos, entre otros.

Cada grupo tiene varios tipos de controles: esto sirve principalmente al usuario para ejecutar una acción como los **Button**, permitir introducir datos como los **TextBox** o dar información al usuario como los **Label**.

Otros tipos de controles, llamados componentes, tienen la particularidad de no ser visibles en la interfaz del usuario, como el control **Timer**. Los controles de este tipo se muestran en la barra de componentes del formulario, en la parte inferior del diseñador de pantallas:

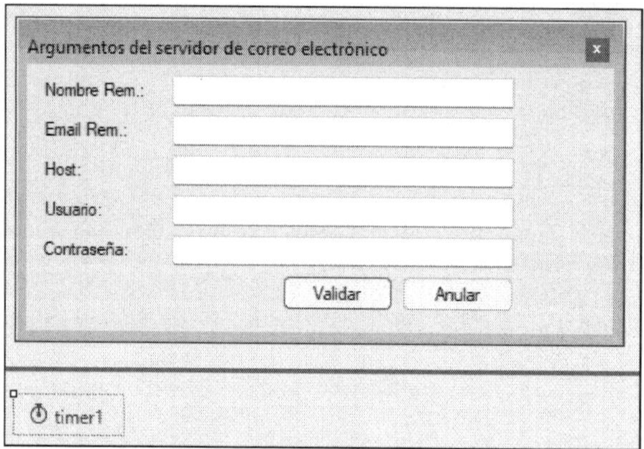

Los extenders son un tipo de componente particular cuyo objetivo es extender las funcionalidades de los controles. Cuando se añade un extender a un formulario, todos los controles muestran una o varias propiedades nuevas. El control **ErrorProvider** es un ejemplo.

2.2 Añadir controles a los formularios

Para añadir un control al formulario, es suficiente con arrastrarlo desde el cuadro de herramientas y ubicarlo en el formulario. El diseñador de pantallas se encarga de escribir el código para instanciar el control, situarlo e inicializar sus variables.

- Añada los controles al formulario **MailServerSettings** para obtener lo siguiente:

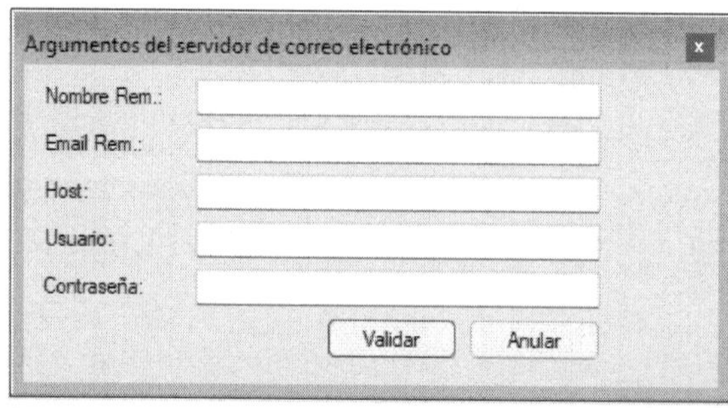

También es posible crear un control desde el código, instanciando el objeto y definiendo sus propiedades. Después se añade a la colección de controles del formulario. El código siguiente crea un control de tipo **Button** y lo añade al formulario actual:

```
Button newBtn = new Button();
newBtn.Name = "btnTest";
newBtn.Text = "Test";
newBtn.Location = new System.Drawing.Point(25, 25);
newBtn.Size = new System.Drawing.Size(100, 25);
this.Controls.Add(newBtn);
```

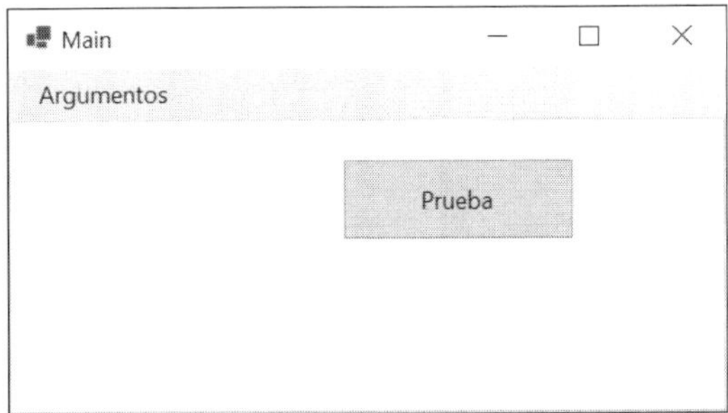

Cualquier contenedor, incluso los formularios, tiene una colección de controles hijos accesibles mediante la propiedad `Controls`. Utilizando esta colección, es posible añadir controles, modificarlos o eliminarlos de manera dinámica durante la ejecución, como se muestra en el ejemplo anterior.

2.3 Las propiedades de los controles

Al igual que los formularios, los controles tienen propiedades que permiten definirlos visualmente. Basta con seleccionar un control en el formulario para que la ventana muestre las propiedades del dicho control.

▶ Especifique las propiedades de los controles añadidos al formulario con anterioridad:

Type	Propiedades	Valor
Label	Name	lblFromName
	Text	Nombre Exp.:
Label	Name	lblFromEmail
	Text	Email Exp.:
Label	Name	lblHost
	Text	Host:
Label	Name	lblUsername
	Text	Usuario:
Label	Name	lblPassword
	Text	Contraseña:
TextBox	Name	FromName
TextBox	Name	FromEmail
TextBox	Name	Host
TextBox	Name	Username
TextBox	Name	Password
	UseSystemPasswordChar	True
Button	Name	Valid
	Text	Validar
Button	Name	Cancelar
	Text	Anular

Es posible modificar las propiedades de varios controles al mismo tiempo arrastrando el ratón alrededor de los mismos o manteniendo pulsada la tecla [Ctrl] y pulsando en los diferentes controles. La ventana de propiedades muestra solo aquellas propiedades comunes a todos los controles seleccionados.

Observe que la propiedad `UseSystemPasswordChar` de la clase `TextBox` transforma un campo clásico de entrada de valores en un campo de contraseña usando los parámetros de sistema para sustituir los caracteres:

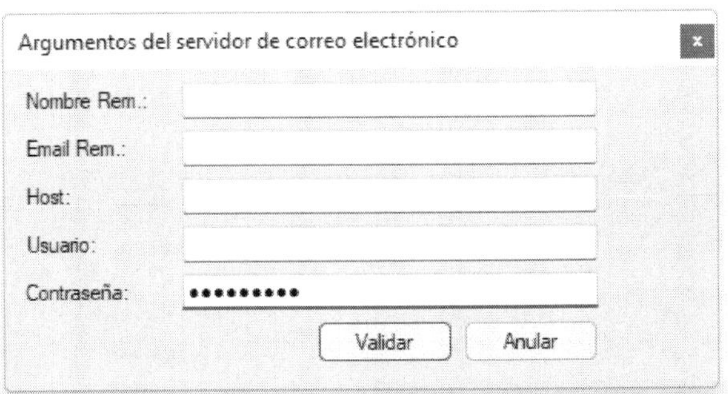

La propiedad `PasswordChar` tiene el mismo efecto, en el sentido de que el control **TextBox** se convierte en un campo de entrada de valores de tipo contraseña, pero, en lugar de utilizar el carácter por defecto del sistema sobre el que se ejecuta la aplicación para sustituir los caracteres reales, es posible especificar este carácter. La propiedad `UseSystemPasswordChar` es prioritaria sobre `PasswordChar`, por lo que es necesario que `UseSystemPasswordChar` tenga valor `false` para que la propiedad `PasswordChar` se pueda tener en cuenta.

2.4 Los menús

Cualquier aplicación está formada por varios formularios y tiene que implementar una interfaz de usuario que permita navegar entre ellos. Los menús representan la manera más sencilla para organizar y permitir al usuario acceder a las funcionalidades de la aplicación.

La creación de un menú se hace con el control **MenuStrip**. Éste contiene una colección de controles **ToolStripMenuItem**. Para ello se añade un control **MenuStrip** al formulario **Main**, que se acopla, por defecto, en la parte superior del formulario y ocupa todo el ancho del mismo. La propiedad Dock del control permite obtener este comportamiento. Para añadir elementos de menú en el diseñador de pantallas, basta con pulsar en el mensaje **Escriba aquí** e introducir el texto del menú:

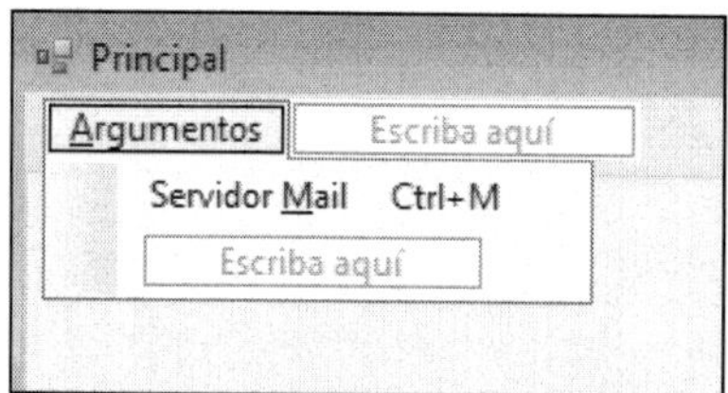

El carácter **&** antes de un carácter del título del menú permite especificar la tecla de acceso rápido que el usuario podrá combinar con la tecla [Alt] para acceder al menú. Añadiendo el elemento de menú que tenga el texto **&Parámetros** al formulario **Main**, durante de la ejecución de la aplicación, el usuario podrá abrir este menú pulsando la combinación de teclas [Alt] **P**. De manera visual se reconoce este carácter, ya que se subraya.

Las teclas de acceso rápido permiten acceder directamente a los menús sin tener que pasar por el menú padre, como sucede por ejemplo con la tecla de acceso rápido. Es posible asignar una combinación de teclas con la propiedad `ShortcutKeys` del elemento de menú. La ventana de propiedades muestra un cuadro de diálogo intuitivo que permiten definir la combinación del acceso rápido:

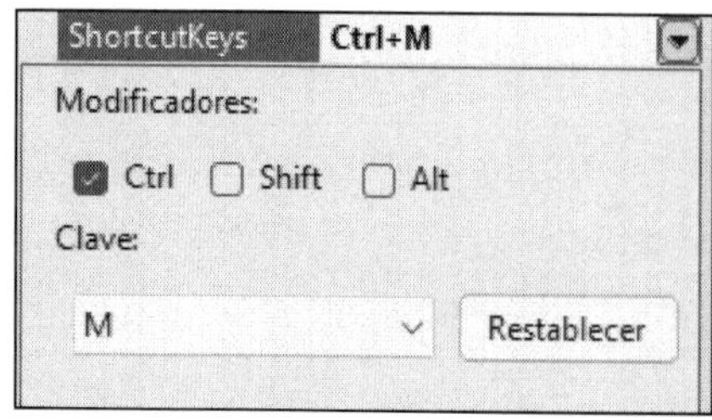

- Añada un elemento de menú, llamado **Servidor &Mail** al menú **Parámetros** y asígnele la combinación [Ctrl] **M** como tecla de acceso rápido. El diseñador de pantallas muestra la combinación a la derecha del elemento de menú. Es posible hacer que desaparezca este texto, asignando el valor `false` a la propiedad `ShowShortcutKeys`. También se puede modificar, insertando el texto a mostrar en la propiedad `ShortcutKeyDisplayString` del elemento de menú.

También es posible añadir los menús de manera dinámica durante la ejecución para aportar una interacción adicional al usuario. Basta con instanciar un objeto del tipo `ToolStripMenuItem` y añadirla a la colección Items del menú padre:

```
ToolStripMenuItem newMenu = new ToolStripMenuItem("Mi menú ");
this.MainMenu.Items.Add(newMenu);
```

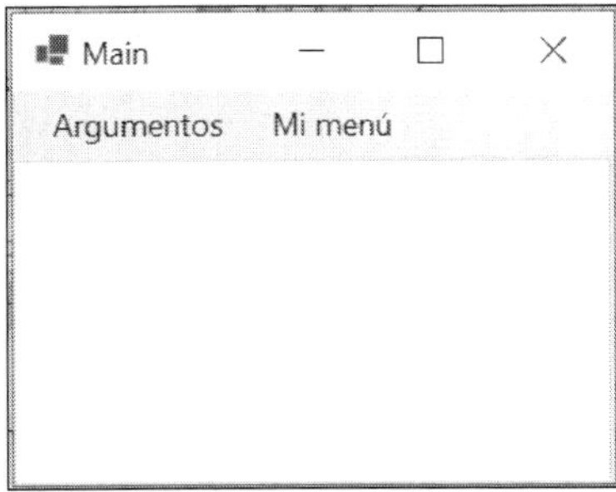

Existe otro tipo de menú llamado menú contextual (**ContextMenuStrip** en el cuadro de herramientas). El usuario puede ver estos menús cuando pulsa con el botón derecho del ratón sobre un elemento de la aplicación. Los controles tienen la propiedad `ContextMenuStrip`, que permite definir el menú contextual que se va a mostrar. Además de esta diferencia, los menús contextuales funcionan de la misma manera que los menús clásicos, tanto a nivel del diseñador de pantallas como de código. Es posible activar las teclas de acceso directo, pero no las teclas de acceso rápido.

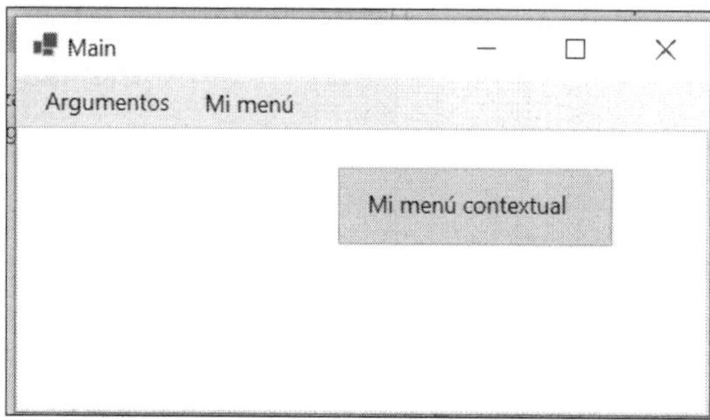

2.5 Los contenedores

La funcionalidad de algunos controles, igual que sucede con los formularios, es agrupar otros controles. Se llaman contenedores. El hecho de modificar las propiedades de un contenedor puede implicar la modificación de los controles que contiene. Por ejemplo, si la propiedad `Enabled` de un control **Panel** se define a `false`, todos los controles en el contenedor **Panel** se desactivan.

El control **TabControl** es un contenedor cuya función es agrupar otros controles dentro de pestañas en la colección **TabPages**. Un **TabPage** es un contenedor que se parece a un control **Panel**. Es posible activar las barras de desplazamiento con la propiedad `AutoScroll`.

Para añadir controles a un **TabPage** basta con seleccionar la pestaña y arrastrar los controles desde el cuadro de herramientas.

- Añada un control **TabControl** en el formulario **Main** y asigne a la propiedad `Dock` el valor `Fill`. El control se extiende para ocupar todo el espacio disponible en el formulario. Pulsando en el botón ... de la propiedad **TabPages**, el diseñador de pantallas muestra un formulario que permite gestionar los objetos **TabPage**.

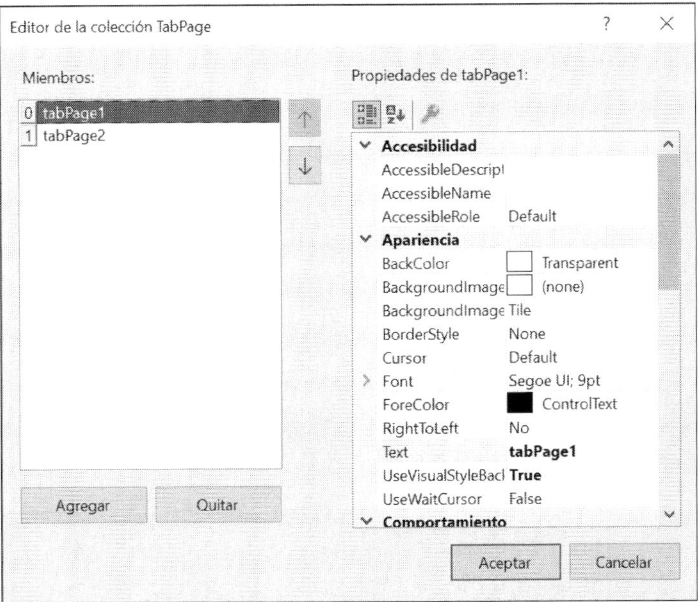

Para la aplicación de demostración, los **TabPage** se añaden al control de forma dinámica en el código. Por tanto, puede eliminar los dos **TabPage** por defecto.

2.6 La usabilidad

La usabilidad es un punto muy importante de un formulario. La información se debe presentar de manera clara e intuitiva. Visual Studio dispone de herramientas que permiten mejorar la experiencia de usuario.

El orden de tabulación representa la secuencia de controles que van a recibir el foco, pulsando la tecla [Tab]. Para definir el orden hay que definir la propiedad `TabIndex` de cada control, empleando por 0. Para impedir que el control reciba el foco con la tabulación hay que asignar el valor `false` a la propiedad `TabStop`. Cuantos más controles tenga el formulario, más complicado será definir la propiedad `TabIndex` de cada uno de ellos.

Por este motivo, la herramienta **Orden de tabulación** en el menú **Ver** es muy útil. Activando los controles del formulario se muestran los números que representan el valor de su propiedad `TabIndex`:

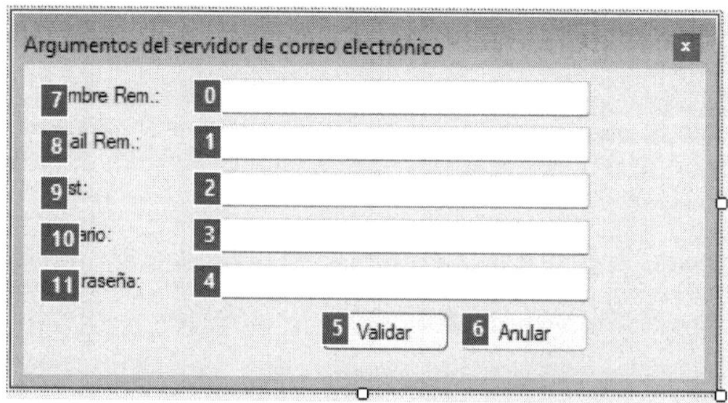

Para definir un orden diferente al orden por defecto, basta con pulsar en los controles, unos a continuación de otros, para obtener una secuencia diferente. De manera predeterminada, la propiedad `TabIndex` se define en el orden en que se añaden los controles en el formulario.

Un formulario como **MailServerSettings**, que normalmente es un formulario de parametrización con un botón de validación y un botón de anulación y que se abrirá con el método `ShowDialog`, debe utilizar las propiedades `AcceptButton` y `CancelButton` del formulario.

Estas propiedades aceptan como valor el nombre de un botón del formulario y cuando se pulsa sobre este botón el formulario devuelve respectivamente los valores `DialogResult.OK` o `DialogResult.Cancel`, que se podrán recuperar en el formulario padre para realizar acciones específicas:

```
if (new MailServerSettings().ShowDialog() == DialogResult.OK)
{
}
```

2.7 Añadir controles al cuadro de herramientas

El cuadro de herramientas no es estático, es posible añadir nuevos controles desarrollados por terceros o en el ámbito de otra solución.

Para añadir un control al cuadro de herramientas, haga clic con el botón derecho del ratón sobre el grupo al que desea añadirlo y despliegue el menú contextual.

- Seleccione **Elegir los elementos...** y Visual Studio abrirá una ventana de selección:

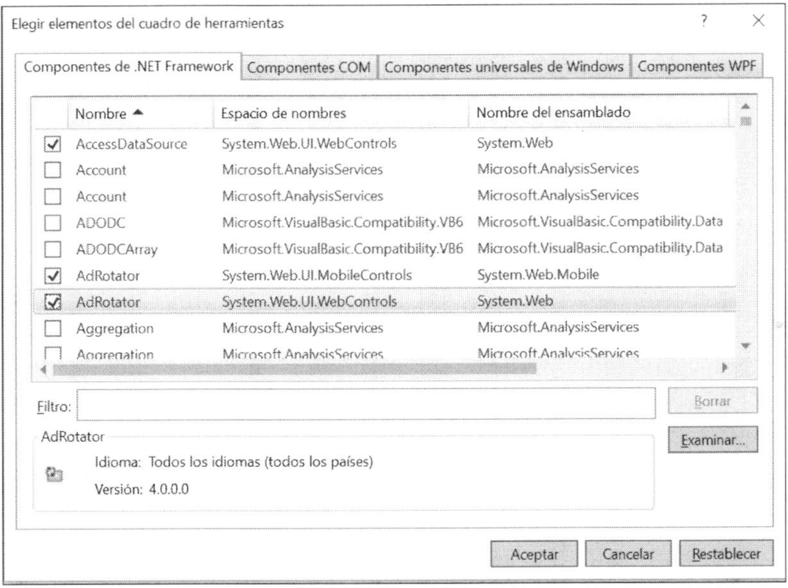

Si no encontrara el control en su sistema, pulsando el botón **Examinar...** puede seleccionar una librería o un ejecutable que contenga el control a añadir. A continuación, basta con marcar las opciones de los controles a añadir y validar el formulario.

Los controles creados en un proyecto se añaden automáticamente en el cuadro de herramientas, en una pestaña que se llama igual que el proyecto.

Capítulo 9
Implementación del administrador de eventos

1. Introducción

Los eventos ocurren durante la ejecución de la aplicación. Cada control, incluidos los formularios, pueden desencadenar varios eventos como respuesta a una acción del usuario. Por ejemplo, cuando se pulsa sobre un control de tipo `Button`, se desencadena un evento `Click`. Si los métodos llamados controladores de eventos están suscritos a este evento, se ejecutan.

Cada control tiene un evento por defecto. Haciendo doble clic sobre el control, Visual Studio crea el controlador del evento asociado. Para la mayor parte de los controles, se trata del evento `Click`.

2. La creación de controladores de eventos

▶ Haga doble clic en el elemento de menú **Servidor Mail** del formulario **Main**. Visual Studio abre el archivo de código asociado con la implementación base del controlador de eventos:

```
private void MailServerMenu_Click(object sender, EventArgs e)
{
}
```

El método se marca con la palabra clave `private`. Como primer argumento admite un objeto de tipo `object`, que representa el objeto que desencadena el evento y, como segundo argumento, un objeto de tipo `EventArgs`, que contiene información adicional del evento.

▶ Añada el siguiente código al controlador de eventos:

```
new MailServerSettings().ShowDialog();
```

Esta instrucción crea una nueva instancia del objeto de tipo `MailServer-Settings` y la muestra de manera modal. Para probar el controlador de eventos basta con ejecutar la aplicación ([F5]) y pulsar en el menú **Servidor Mail**. Si utiliza el acceso rápido de teclado o la tecla de acceso directo que se ha definido, el evento también se desencadena.

Los controles tienen muchos eventos. Es posible acceder a ellos desde la ventana de propiedades, pulsando en el icono **Eventos** ⚡.

▶ Basta con pulsar dos veces en el evento que desee, para que Visual Studio genere el código asociado. Cree un controlador de eventos para el botón **Validar** del formulario **MailServer-Settings**.

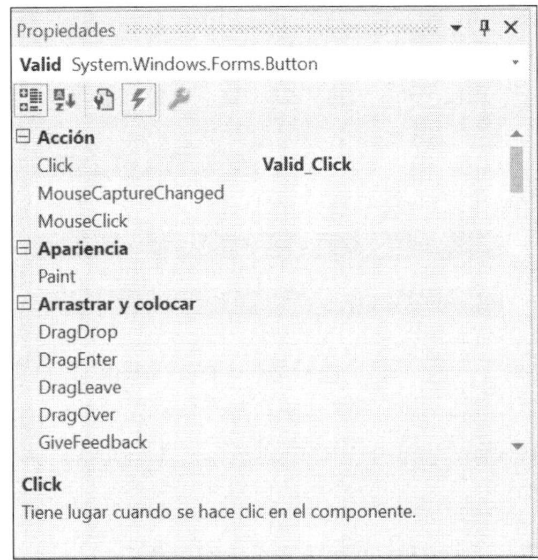

Visual Studio genera un método privado en el archivo **MailServerSettings.cs**:

```
private void Valid_Click(object sender, EventArgs e)
{
}
```

2.1 La mecánica de un evento

Un controlador de eventos es un método que se invoca a través de un delegado. Un delegado es un puntero hacia un método. Permite pasar la referencia del punto de entrada de este método para que se pueda invocar de manera implícita.

Para asociar un método a un evento hay que crear una nueva instancia del delegado que apunte al método y asociarla al evento.

Cuando se desencadene el evento, se invocará a los delegados suscritos, lo que equivale a una llamada al método hacia el que apunta el delegado.

La creación de los dos controladores de eventos anteriores no solo tiene como efecto crear métodos privados. El diseñador de pantallas también ha añadido las instrucciones que permiten suscribir esos métodos a los eventos en el método `InitializeComponent` de los archivos **.designer.cs** de los formularios correspondientes:

- Se añade la siguiente instrucción al archivo **Main.designer.cs**:

```
this.MailServerMenu.Click +=
          new System.EventHandler(this.MailServerMenu_Click);
```

- Se añade la siguiente instrucción al archivo **MailServerSettings.designer.cs**:

```
this.Valid.Click += new System.EventHandler(this.Valid_Click);
```

2.2 La adición dinámica de un controlador de eventos

La declaración de los eventos se puede hacer de manera dinámica en tiempo de ejecución. Cuando se crea un evento en el diseñador de pantallas, Visual Studio lo inserta en el archivo designer del formulario. Respecto a la inicialización de los controles, se inserta una línea de código que asocia el evento con el delegado que apunta al método que tendrá la función de controlador de eventos.

El operador += permite realizar la asociación de un controlador a un evento. Este método se ha usado anteriormente en el constructor de la clase `Project`:

```
public Project()
{
    this.ProjectSettings = new ProjectSettings();
    this.ProjectSettings.Changed +=
          new EventHandler<ChangedEventArgs>(ChildChanged);
    this.MailServerSettings = new MailServerSettings();
    this.MailServerSettings.Changed +=
          new EventHandler<ChangedEventArgs>(ChildChanged);
}
```

Añadir un controlador a un evento es sintácticamente idéntico a añadir un método destino a un delegado.

2.3 La eliminación dinámica de un controlador de eventos

Igual que con la adición, es posible eliminar la asociación de un método a un evento en tiempo de ejecución. El código que permite eliminar esta asociación se parece al que sirve para añadirla. Esto se hace con el operador -=. La referencia a un delegado apuntando hacia el método a eliminar del controlador es:

```
this.Valid.Click -= new EventHandler(this.Valid_Click);
```

Eliminar un controlador de un evento es sintácticamente idéntico a eliminar un método destino de un delegado.

La eliminación de una asociación que no existe no implica la generación de un error.

3. Los controladores de eventos avanzados

3.1 Un controlador para varios eventos

Un controlador se puede suscribir a varios eventos diferentes. Es útil cuando varios objetos o controles deben desencadenar la misma acción y esto evita tener que crear varios controladores idénticos.

La asociación se hace, normalmente, asociando al evento un delegado que apunta hacia el método, salvo que el delegado sea idéntico para los dos eventos:

```
this.Valid.Click += new EventHandler(this.Valid_Click);
this.Cancel.Click += new EventHandler(this.Valid_Click);
```

Puede empezar declarando e instanciando el delegado y después asociarlo a varios eventos:

```
EventHandler newHandler = new EventHandler(this.Valid_Click);
this.Valid.Click += newHandler;
this.Cancel.Click += newHandler;
```

Cuando varios controles desencadenan el mismo evento, es posible distinguir las acciones que se deben realizar utilizando el argumento `sender` que se pasa al controlador de eventos:

```
private void Valid_Click(object sender, EventArgs e)
{
    MessageBox.Show((sender as Control).Name);
}
```

3.2 Varios controladores para un evento

De manera inversa, es posible asociar varios controladores para un mismo evento. La asociación se hace de manera habitual con el operador +=:

```
this.Valid.Click += new System.EventHandler(this.Valid_Click1);
this.Valid.Click += new System.EventHandler(this.Valid_Click1);
this.Valid.Click += new System.EventHandler(this.Valid_Click2);
```

El orden de llamada de los controladores cuando el evento se desencadena es la misma que el orden de asociación. De esta manera, cuando un evento se asocia con los controladores A, B y C en este orden, el desencadenamiento del evento implicará la llamada de los controladores en este mismo orden A, después B y, por último, C.

En el código anterior, hay una asociación de tres controladores para el mismo evento. Los dos primeros delegados son idénticos. Apuntan hacia el método `Valid_Click1`. Cuando el evento `Click` se desencadena, se llama el método `Valid_Click1` sucesivamente dos veces y después el método `Valid_Click2`. Si el método `Valid_Click2` elimina la asociación entre el evento y el delegado que está duplicada, como se muestra a continuación:

```
private void Valid_Click2(object sender, EventArgs e)
{
  this.Valid.Click -= new System.EventHandler(this.Valid_Click1);
}
```

Se elimina solo una de las dos asociaciones entre el evento `Click` y el método `Valid_Click1`, la primera. Por tanto, permanecerá una y el evento se asocia, a partir de ahora, a dos controladores en lugar de a tres.

Capítulo 10
Validar los datos introducidos

1. Introducción

El principio general de cualquier aplicación es recopilar datos en entrada y suministrar datos transformados de salida. Estos datos pueden provenir de diferentes fuentes y, antes de poder tratarlos, hay que validarlos para asegurar su correcto formato y, de esta manera, mejorar la fiabilidad de la aplicación.

En caso de los formularios y de los datos introducidos por un usuario, la validación y el control se van a poder hacer a nivel de los campos de entrada y así, a nivel de formulario. Además de la validación y, por tanto, de la comprobación de los errores de entrada de datos, hay que devolver mensajes explicativos al usuario para que pueda corregir sus datos.

2. La validación a nivel de campos

2.1 Las propiedades de validación

La validación a nivel de campos verifica los datos introducidos por el usuario. Algunas propiedades de los campos van a permitir limitar la entrada de datos del usuario como, por ejemplo, la propiedad `MaxLength` de los controles de tipo `TextBox`.

Esta propiedad, una vez definida, impide al usuario introducir más caracteres que el número permitido. Por tanto, tenemos una primera validación nativa de los controles de tipo `TextBox` que evita escribir código adicional para detectar el número de caracteres introducidos.

Las propiedades de los controles permiten implementar limitaciones sencillas en la entrada de datos, sin gestionar todos los casos. Si un campo debe tener como entrada un código postal, la propiedad `MaxLength` del campo de tipo `TextBox` para la entrada de datos de este dato permitirá limitar al usuario la entrada de datos a cinco caracteres como máximo, pero nada le impedirá introducir menos o incluso caracteres no numéricos. Los eventos relacionados con el teclado son útiles para validar la entrada de datos.

2.2 Los eventos de validación

Los eventos de teclado como `KeyDown`, `KeyUp` o `KeyPress` se desencadenan en el control que tiene el foco durante la entrada de datos y, según el caso, cuando una tecla se pulsa, se suelta o se pulsa y después se suelta. Cuando estos eventos se desencadenan, el objeto de tipo `KeyEventArgs`, o `KeyPressEventArgs` para el evento `KeyPress`, que se pasa como parámetro al controlador del evento permite obtener información sobre la tecla que ha desencadenado el evento.

2.2.1 KeyDown y KeyUp

Los eventos `KeyDown` y `KeyUp` sirven principalmente para determinar si las teclas [Alt], [Ctrl], [Supr] o [Mayús] se han pulsado o soltado. El objeto `KeyEventArgs` que se pasa al controlador expone propiedades booleanas para determinar la combinación de teclas que han desencadenado el evento. La propiedad `KeyCode` permite determinar el código de la tecla que ha desencadenado el evento y, de esta manera, realizar una acción en función de ésta.

2.2.2 KeyPress

El evento KeyPress lo desencadenan las teclas correspondientes a los caracteres alfabéticos, así como algunos caracteres especiales, tales como las teclas [Enter] o [Del]. El principio es que, si una tecla genera un valor ASCII, ésta desencadena el evento. Por este motivo, teclas como [Ctrl] o [Alt] no desencadenan este evento, a diferencia de los eventos KeyDown y KeyUp.

La propiedad KeyChar del objeto KeyPressEventArgs que se pasa al controlador del evento KeyPress permite determinar el carácter que se ha rellenado. Para determinar si la tecla pulsada es una cifra, basta con probar este carácter en el controlador de eventos relacionado.

El tipo Char contiene los métodos estáticos que permiten determinar el tipo de carácter que se pasa como parámetro:

```
private void TextBox_KeyPress(object sender, KeyPressEventArgs e)
{
    if (!Char.IsDigit(e.KeyChar))
        MessageBox.Show("El carácter pulsado no es una cifra");
}
```

2.2.3 Validating y Validated

Algunos datos se deben verificar en su conjunto y no solo carácter a carácter, ya que no tiene sentido si no están completos. Los eventos Validating y Validated son los eventos que se desencadenan cuando el control pierde el foco y la entrada de datos se considera terminada.

Cada control capaz de recibir una entrada de usuario, ya sea por teclado o por ratón, puede recibir el foco. El control que tiene el foco es el que recibe las entradas de usuario. Solo puede haber uno al mismo tiempo en una aplicación. Una vez que el control pierde el foco y antes de pasarlo al control siguiente, se desencadena el evento Validating. Este evento se da únicamente si el control que va a recibir el foco tiene la propiedad CausesValidation definida a true (valor por defecto). El evento Validating permite realizar la validación del control una vez que el usuario ha terminado de introducir los datos.

En caso de que el dato de control no cumpla las condiciones, el controlador del evento puede utilizar la propiedad `Cancel` del objeto `CancelEventArgs` que se pasa como argumento para anular la pérdida de foco del control:

```
private void TextBox_Validating(object sender, CancelEventArgs e)
{
    e.Cancel = true;
}
```

Esta técnica se debe utilizar con precaución porque el foco permanecerá en el control mientras que la entrada de datos no sea correcta. De esta manera, se debe conocer la prueba que permite definir si la entrada de datos es válida o no, para no bloquear indefinidamente el foco en este control.

En caso de que la validación realizada mediante el controlador del evento `Validating` sea correcta, desencadena el evento `Validated`, permitiendo realizar cualquier acción con los datos validados.

En el formulario **MailServerSettings**, el control de tipo `TextBox` para la dirección de email de la persona que envía el correo electrónico, debe tener un formato concreto.

- Añada un controlador para el evento `Validating` de este control y haga una prueba para determinar si la dirección de correo electrónico es sintácticamente correcta:

```
void FromEmail_Validating(object sender, CancelEventArgs e)
{
    string pattern = @"^([a-zA-Z0-9_\-\.]+)@((\[[0-9]{1,3}\." +
                     @"[0-9]{1,3}\.[0-9]{1,3}\.)|" +
                     @"(([a-zA-Z0-9\-]+\.)+))" +
                     @"([a-zA-Z]{2,4}|[0-9]{1,3})(\]?)$";
    Regex reg = new Regex(pattern);
    if (!reg.IsMatch(this.FromEmail.Text))
    {
        MessageBox.Show("El formato del email es incorrecto.");
        e.Cancel = true;
    }
}
```

Este método utiliza expresiones regulares (en el espacio de nombres `System.Text.RegularExpressions`), que se detallarán en el capítulo Expresiones regulares, para determinar si el formato de entrada corresponde a una dirección de email.

3. La validación a nivel de formulario

La validación a nivel de formulario consiste en probar los datos introducidos una única vez, antes de cerrar el formulario. La idea es recorrer todos los controles para determinar los errores y mostrarlos al usuario una única vez. Además, algunos datos de un formulario solo tienen sentido vistos en conjunto, y no de manera aislada los unos de los otros. Además, un campo que no puede permanecer sin valor y que no haya recibido el foco podría quedar sin valor cuando se cierre el formulario.

Un formulario que tenga un botón de validación permite realizar los controles necesarios para validar los datos en un controlador que responda al evento `Click` del botón de validación. El formulario **MailServerSettings** contiene el campo que permite especificar el host del servidor de correo, que no puede estar vacío.

- Añada el código de validación de este campo al controlador del evento `Click` del botón **Valid**, creado anteriormente:

```
void Valid_Click(object sender, EventArgs e)
{
    if (string.IsNullOrWhiteSpace(this.Host.Text))
        MessageBox.Show("El campo Host se debe rellenar.");
}
```

- Este código no valida los campos uno a uno. Si el foco no entra nunca en el control de entrada de datos del email de la persona que envía, su método de validación, `FromEmail_Validating`, nunca se ejecutará. Para lanzar la validación de los controles hijos del formulario, añada el siguiente código al método `Valid_Click`:

```
else if (this.ValidateChildren())
{
    // Código para guardar los datos
    this.DialogResult = DialogResult.OK;
}
```

La llamada al método `ValidateChildren` del formulario devuelve el evento `Validating` de todos los controles hijo del formulario. Devuelve `true` si ninguno de los controles contiene algún error de entrada de datos. En caso de entrada de datos correcta, habrá que guardar los datos introducidos y después cerrar el formulario, asignando el valor `DialogResult.OK` a la propiedad `DialogResult` del formulario. Esta asignación indica al formulario que se debe cerrar y éste será el valor que devuelva el método `ShowDialog` que haya abierto el formulario.

Antes de cerrar el formulario, los datos se deben conservar de manera que la próxima vez que se abra el formulario los campos estén rellenos.

- Añada un miembro estático de tipo `Project` a la clase `Program`:

```
public static Library.Project Project;
```

Este campo es accesible desde cualquier parte del proyecto y este objeto es el que contendrá las modificaciones del usuario. En primer lugar, es preciso inicializarlo dentro del método `Main` de la clase `Program`:

```
Project = new Library.Project();
```

- Para guardar los valores del formulario, añada los siguientes miembros a la clase `MailServerSettings`:

```
protected string fromName;
protected string fromEmail;
protected string host;
protected string username;
protected string password;

public string FromName
{
    get { return this.fromName; }
    set
    {
        if (this.fromName != value)
        {
            this.fromName = value;
            this.HasChanged = true;
        }
    }
}
public string FromEmail
{
```

```
    get { return this.fromEmail; }
    set
    {
        if (this.fromEmail != value)
        {
            this.fromEmail = value;
            this.HasChanged = true;
        }
    }
}
public string Host
{
    get { return this.host; }
    set
    {
        if (this.host != value)
        {
            this.host = value;
            this.HasChanged = true;
        }
    }
}
public string Username
{
    get { return this.username; }
    set
    {
        if (this.username != value)
        {
            this.username = value;
            this.HasChanged = true;
        }
    }
}
public string Password
{
    get { return this.password; }
    set
    {
        if (this.password != value)
        {
            this.password = value;
            this.HasChanged = true;
        }
    }
}
```

Ahora es posible guardar en el objeto `Project` los valores introducidos:

```
Program.Project.MailServerSettings.FromName = FromName.Text;
Program.Project.MailServerSettings.FromEmail = FromEmail.Text;
Program.Project.MailServerSettings.Host = Host.Text;
Program.Project.MailServerSettings.Username = Username.Text;
Program.Project.MailServerSettings.Password = Password.Text;
```

▶ La última acción para completar la mecánica del formulario **MailServer-Settings** consiste en restaurar los datos durante la apertura del formulario. Añada el siguiente código en el constructor del formulario:

```
FromName.Text = Program.Project.MailServerSettings.FromName;
FromEmail.Text = Program.Project.MailServerSettings.FromEmail;
Host.Text = Program.Project.MailServerSettings.Host;
Username.Text = Program.Project.MailServerSettings.Username;
Password.Text = Program.Project.MailServerSettings.Password;
```

Puede probar el formulario ejecutando la aplicación ([F5]).

4. Los métodos de retorno al usuario

Cuando un dato es incorrecto, hay que informar al usuario de su error para que lo pueda corregir. Si el error es lo suficientemente explícito, centrar la atención del usuario sobre un control del formulario cambiando su color a rojo puede ser una buena técnica. En los ejemplos anteriores, se ha utilizado el método `MessageBox.Show` para mostrar un mensaje al usuario. Esto permite describir el error y ser más preciso. El componente `ErrorProvider` permite señalar los errores de una manera más elegante.

4.1 MessageBox

El tipo `MessageBox`, que contiene el método estático `Show`, es la manera más sencilla de mostrar un mensaje al usuario. Este método muestra un cuadro de diálogo modal, lo que provoca que se detenga la ejecución de la aplicación; el usuario debe realizar una acción para cerrarla.

La manera más sencilla de mostrar un mensaje consiste en utilizar el método `Show` con un único argumento de tipo `string`:

```
MessageBox.Show("Mi mensaje.");
```

El cuadro de diálogo que se muestra será:

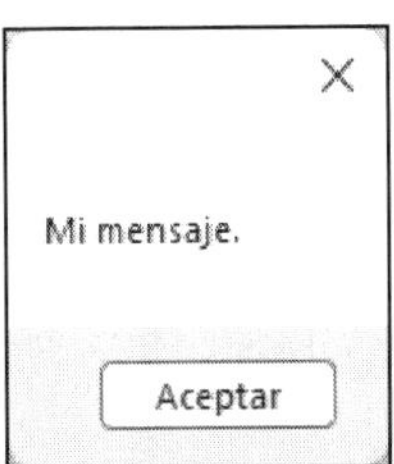

El método `Show` tiene veinte sobrecargas que permiten personalizar el mensaje que se muestra. De esta manera es posible modificar el título, mostrar un icono en función del tipo de mensaje que se envía, elegir los botones que se muestran y definir el botón por defecto, entre otros argumentos posibles:

```
MessageBox.Show("Mi mensaje.",
                "Mi título",
                MessageBoxButtons.OKCancel,
                MessageBoxIcon.Information,
                MessageBoxDefaultButton.Button1);
```

El cuadro de diálogo será:

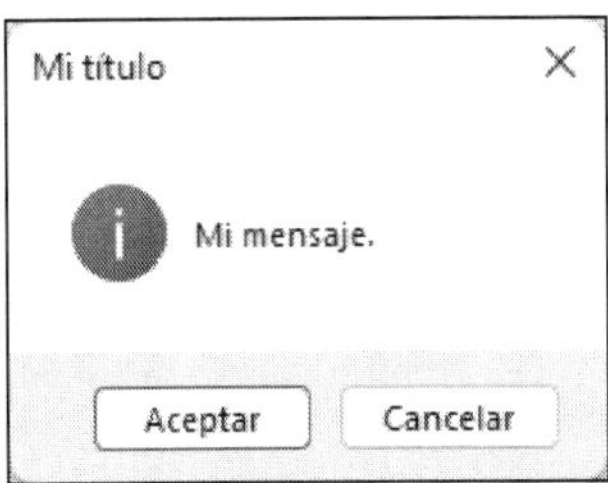

4.2 ErrorProvider

El componente `ErrorProvider` es un elemento más elegante que el tipo `MessageBox` para mostrar los mensajes al usuario. Permite definir un mensaje de error en caso de que se produzca una entrada de datos no válida, para cada uno de los controles del formulario. El mensaje de error se presenta como un icono situado junto al control y muestra un tooltip cuando se pasa el ratón sobre él, que detalla el error.

Arrastre desde la caja de herramientas (en el grupo **Componente**) un control **ErrorProvider** y ubíquelo en el formulario **MailServerSettings**. El componente aparecerá en la librería de componentes, en la parte inferior del diseñador de pantallas. Renómbrelo como `errorProvider`. A partir de este momento, todos los controles del formulario tienen nuevas propiedades, ya que el componente **ErrorProvider** es un extender, es decir, extiende el campo de acción de los controles, asignándole nuevas propiedades y/o métodos en función del componente.

El componente **ErrorProvider** no contiene muchas propiedades, y éstas se configuran rápidamente con el diseñador de pantallas. La propiedad `Icon` permite especificar la imagen que se mostrará junto al control que tenga un error. Las propiedades `BlinkRate` y `BlinkStyle` permiten definir de qué manera se va a resaltar la imagen y con qué velocidad.

Defina la propiedad `BlinkStyle` del componente `errorProvider` con el valor `NeverBlink`, para que el icono se muestre como un error no resaltado.

El componente **ErrorProvider** ha añadido tres nuevas propiedades a los controles que son reconocibles, ya que tienen el nombre del extender:

- `Error sobre errorProvider`: esta propiedad contiene la descripción del error para el control. Si se define, se muestra el icono de error.
- `IconAlignment sobre errorProvider`: esta propiedad permite definir la posición del icono de error en relación al control.
- `IconPadding sobre errorProvider`: el valor de esta propiedad define el espacio entre el control y el icono de error.

La asignación de un error a un control en tiempo de ejecución se hace de una manera específica al componente **ErrorProvider**. Hay que usar su método `SetError`, pasando como argumentos el nombre del control y el texto descriptivo del error.

- En el método `FromEmail_Validating` del formulario **MailServerSettings** modifique el método de visualización del mensaje de error por:

```
this.errorProvider.SetError(this.FromEmail,
                            "El formato del email es incorrecto.");
```

- Haga lo mismo para la visualización del mensaje de error en el método `Valid_Click`:

```
this.errorProvider.SetError(this.Host,
                            "El campo host debe estar relleno.");
```

- Ejecute la aplicación ([F5]) para observar el resultado:

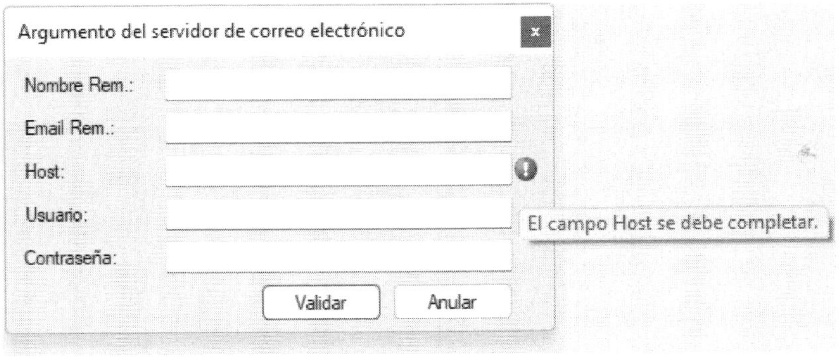

Capítulo 11
Creación de controles de usuario

1. Introducción

El desarrollo de aplicaciones se basa principalmente en los controles, que proporcionan las distintas funcionalidades en forma visual y permiten al usuario interactuar con ellos. Todos estos controles provienen, de una manera más o menos directa, de la clase base `System.Windows.Forms.Control`. Visual Studio ofrece la integración de controles de terceros, añadiéndolos al cuadro de herramientas. Pero si la necesidad es muy específica, es posible crear sus propios controles.

La clase base de los controles, `Control`, proporciona las funcionalidades básicas que son necesarias, fundamentalmente para la entrada de datos del usuario a través del teclado y el ratón. Esto implica propiedades, métodos y eventos comunes a todos los controles. Sin embargo, esta clase base no proporciona la lógica de visualización del control.

Existen tres modos de creación del control:

- Los controles personalizados.
- La herencia de controles.
- Los controles de usuario.

La creación de controles sigue el principio de reutilización del código. La lógica se crea en un único sitio y se puede usar varias veces. La ventaja es muy importante en términos de mantenimiento de la aplicación, ya que para cambiar el comportamiento de este control, solo será necesario modificar un archivo.

2. Los controles personalizados

Estos controles ofrecen las mayores posibilidades de personalización, tanto a nivel gráfico como lógico. Un control personalizado hereda directamente de la clase `Control`. Por lo tanto, es necesario escribir toda la lógica de visualización lo que, según el resultado esperado, puede resultar una fase muy larga y complicada. El desarrollador también debe definir los métodos, propiedades y eventos.

La clase base `Control` expone el evento `Paint`. Es el que se produce cuando se genera el control e implica la ejecución del controlador del evento por defecto `OnPaint`. Este método recibe un único argumento de tipo `PaintEventArgs`, que contiene la información necesaria en la superficie de dibujo del control. El tipo `PaintEventArgs` tiene dos propiedades, `Graphics`, del tipo `System.Drawing.Graphics` y `ClipRectangle`, del tipo `System.Drawing.Rectangle`. Para añadir la lógica de diseño al control hay que sobrecargar el método `OnPaint` y añadirle el código de diseño:

```
protected override void OnPaint
                        (System.Windows.Forms.PaintEventArgs e)
{
    // Código de diseño del control
}
```

La propiedad `Graphics` del objeto `PaintEventArgs` representa la superficie del control, mientras que la propiedad `ClipRectangle` representa su área de dibujo. Durante la primera representación del control, la propiedad `ClipRectangle` representa los límites del control. Estos límites se pueden modificar, por ejemplo, si un control por debajo oculta una parte, de tal manera que sea necesario volver a dibujar el control. La parte `ClipRectangle` representara el área a modificar.

- Cree una carpeta **Controles** en la raíz del proyecto y añada una nueva clase llamada **CustomControl** definida de la siguiente manera:

```
using System.Drawing;

namespace SelfMailer.Controls
{
    public class CustomControl: System.Windows.Forms.Control
    {
        protected override void OnPaint
                        (System.Windows.Forms.PaintEventArgs e)
        {
            Rectangle R = new Rectangle(0, 0,
                            this.Size.Width, this.Size.Height);
            e.Graphics.FillRectangle(Brushes.Green, R);
        }
    }
}
```

- En el constructor del formulario **MailServerSettings**, añada el código de instanciación del control personalizado:

```
Controls.CustomControl C = new Controls.CustomControl();
C.Localization = new System.Drawing.Point(0, 0);
C.Size = this.Size;
this.Controls.Add(C);
```

Este código instancia un nuevo control de tipo `CustomControl`, lo ubica en la parte superior izquierda y ajusta su tamaño al del formulario. Para terminar, el control se añade a la colección de controles del formulario.

- Ejecute la aplicación ([F5]) y abra el formulario de los argumentos del servidor de mail para ver que el control, que representa un sencillo rectángulo verde, rellena el formulario con un color de fondo.

Observación

Las posibilidades de dibujo con GDI+ se abordarán más adelante en este libro, en la sección El diseño con GDI+, del capítulo Para llegar más lejos.

Para terminar, basta con añadir los miembros necesarios para la lógica del control.

3. La herencia de controles

Si el objetivo es extender las funcionalidades de un control existente, ya sea un control del Framework .NET o de un editor de terceros, la manera más rápida es heredar de este control. El nuevo control tiene de esta manera todos los miembros y la representación visual de su clase padre. Solo hay que añadir la lógica de procesamiento. De la misma manera que los controles personalizados, es posible sobrecargar el método `OnPaint` para modificar el aspecto visual del control.

Si una aplicación tiene varios formularios que necesitan un email como campo de entrada, es mejor crear un control heredando de la clase `TextBox`, implementar la lógica de validación y después añadir este control a los formularios de manera que no sea necesario repetir el código de validación de cada uno de ellos.

La creación de un control heredado se hace de la misma manera que un control personalizado, creando una clase que va a heredar del control que tiene el comportamiento base requerido. Cree la clase `EmailTextBox` en la carpeta **Controles** y herede de la clase `TextBox`:

```
public class EmailTextBox: System.Windows.Forms.TextBox
{
}
```

▶ Añada una sobrecarga del método `OnValidating` para realizar las comprobaciones de formato y añada el código del método `FromEmail_Validating` del formulario **MailServerSettings**:

```
protected override void
          OnValidating(System.ComponentModel.CancelEventArgs e)
{
    base.OnValidating(e);
    string pattern = @"^([a-zA-Z0-9_\-\.]+)@((\[[0-9]{1,3}\." +
                     @"[0-9]{1,3}\.[0-9]{1,3}\.)|" +
                     @"(([a-zA-Z0-9\-]+\.)+))" +
                     @"([a-zA-Z]{2,4}|[0-9]{1,3})(\]?)$";
    Regex reg = new Regex(pattern);
    if (!reg.IsMatch(this.Text))
    {
         this.BackColor = Color.Bisque;
         e.Cancel = true;
```

```
        }
        else
            this.BackColor = this.PreviousBackColor;
}
```

Es preciso hacer cambios puesto que ya no se accede a la propiedad `Text` del control a partir del formulario. Por tanto, hay que sustituir:

```
this.FromEmail.Text
```

por un acceso directo:

```
this.Text
```

La primera instrucción:

```
base.OnValidating(e);
```

permite llamar al método de validación de la clase base. De esta manera, existe una primera validación en la clase base y después hay una validación del control por parte del código adicional.

El último aspecto destacable es que el componente **ErrorProvider** ya no está al mismo nivel. Para indicar al usuario que el campo es inválido, en lugar de mostrar un icono, se modifica el color de fondo del control. La propiedad `PreviousBackColor`, que ha sido en principio inicializada con el color de fondo de base en el constructor, permite conservarlo para reasignarlo al control en caso de que la validación tenga éxito:

```
protected Color PreviousBackColor { get; set; }

public EmailTextBox()
{
    this.PreviousBackColor = this.BackColor;
}
```

El controlador del evento `FromEmail_Validating` es, en este caso, irrelevante, ya que la validación se realiza dentro del control. Además, puede eliminar el control de tipo `TextBox` para la entrada de datos del email de la persona que envía el correo electrónico y sustituirlo por un control de tipo `EmailTextBox`, que Visual Studio ha añadido en el cuadro de herramientas dentro del grupo **Componentes SelfMailer** (**SelfMailer** representa el nombre del proyecto).

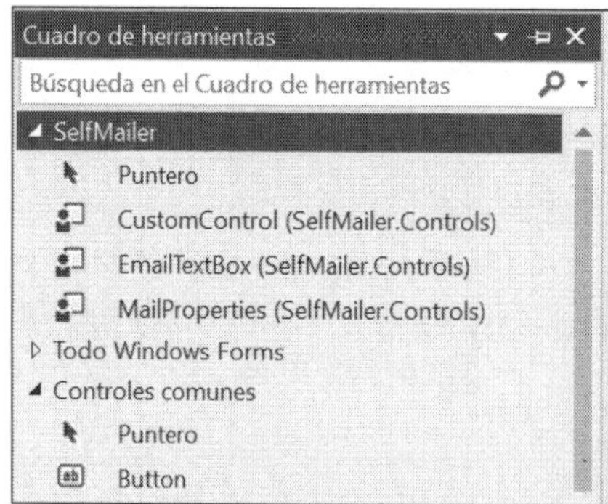

Ejecute la aplicación ([F5]) para probar la funcionalidad.

4. Los controles de usuario

El objetivo de un control de usuario es agrupar de manera lógica los controles para obtener una entidad reutilizable. La creación se hace añadiendo al proyecto un **Control de usuario** desde la ventana de adición de un nuevo elemento.

▶Añada un control de usuario llamado **MailProperties** en la carpeta **Elementos de Visual C#** del proyecto:

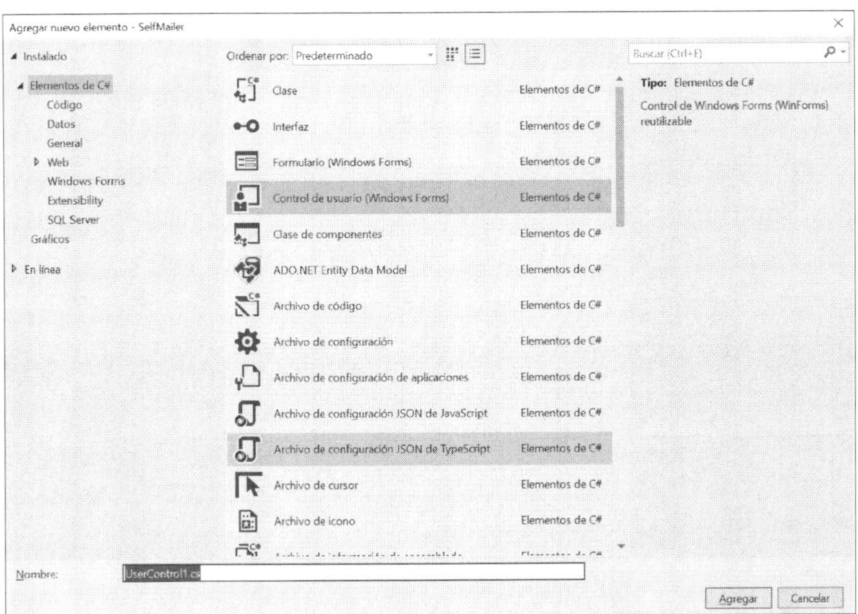

Los controles de usuario se pueden construir con el diseñador de pantallas igual que sucede con los formularios. Actúan como un contenedor. Por tanto, basta con arrastrar los controles desde el cuadro de herramientas al diseñador de pantallas, para añadir los controles.

▶Añada los siguientes controles al control de usuario **MailProperties**:

Tipo	Propiedades	Valor
`Label`	`Name`	lblSendType
	`Text`	Tipo de envío:
`ComboBox`	`Name`	SendType
	`DropDownStyle`	DropDownList
`GroupBox`	`Name`	MailContent
	`Anchor`	Top, Left, Right
	`Text`	Contenido

Tipo	Propiedades	Valor
	Enabled	False
Label	Name	lblSubject
	Text	Asunto:
TextBox	Name	Subject
	Anchor	Top, Left, Right
Label	Name	lblBody
	Text	Cuerpo:
Button	Name	LoadBody
	Text	Examinar...
Button	Name	PreviewBody
	Text	Vista previa

El resultado obtenido debería ser el siguiente:

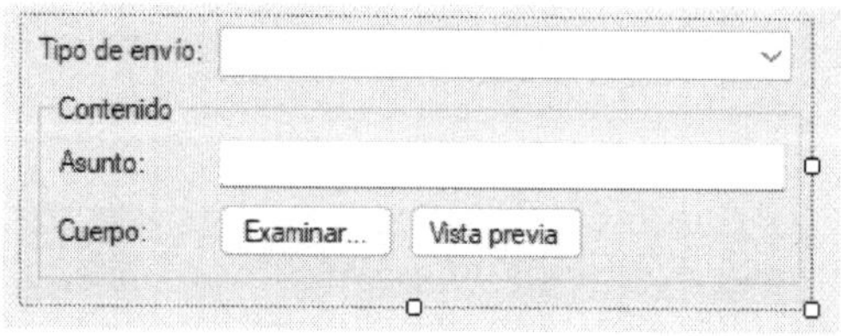

Este nuevo control de usuario está disponible en el cuadro de herramientas y se puede ubicar en cualquier formulario o en otro control de usuario. También es posible añadir el control de usuario mediante el código, procediendo a su instanciación y agregándolo a la colección de controles del contenedor en el que se ubica.

▶ Añada el siguiente método al formulario **Main**:

```
private void CreateDefaultTab()
{
    Controls.MailProperties MP = new Controls.MailProperties();
    MP.Name = "mailProperties";
    MP.Dock = DockStyle.Fill;
    TabPage  tp = new TabPage("[Ningún idioma]");
```

```
    tp.Controls.Add(MP);
    this.MainTab.TabPages.Add(tp);
}
```

Este método instancia un nuevo objeto de tipo `MailProperties`. Después de asignar la propiedad `Name` y su propiedad `Dock`, el control se añade a la colección de controles de un nuevo objeto de tipo `TabPage`. El objeto `TabPage` se añade a continuación a la colección de páginas del control `TabControl`.

- Añada, en el constructor del formulario, una llamada a este método:

```
public Main()
{
    InitializeComponent();
    this.CreateDefaultTab();
}
```

- Ejecute la aplicación ([F5]) para comprobar el resultado:

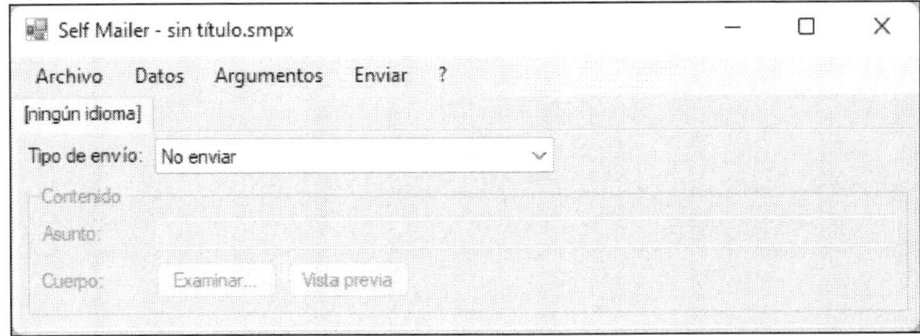

Todos los controles tienen la propiedad `Modifiers`, que permite definir de qué manera es posible acceder a las propiedades y, sobre todo, para qué. De manera predeterminada los controles tienen la propiedad `Modifiers` con el valor `Private`. Esto significa que solo son accesibles desde el formulario o desde el control de usuario que los alberga. Para permitir que otras partes del código modifiquen las propiedades de un control hijo de un formulario o de un control de usuario, hay que modificar esta propiedad para exponer todo el control, con los valores `Public` o `Internal`, o bien declarar las propiedades para exponer solo los miembros que se desee.

Para exponer la propiedad `Text` del objeto de tipo `TextBox` llamado `Subject`, habrá que crear una propiedad en el control de usuario:

```
internal string MailSubject
{
    get { return this.Subject.Text; }
    set { this.Subject.Text = value; }
}
```

De esta manera es posible definir la propiedad `Text` desde un objeto control de usuario:

```
Controls.MailProperties MP = new Controls.MailProperties();
MP.MailSubject = "Mi asunto ";
```

Los valores introducidos en el control de usuario se deben poder guardar en el miembro `Project` de la clase `Program`.

- Cree una nueva clase `MailProperties` en la carpeta **Library**. Esta clase deberá implementar las interfaces `IReportChange` e `IKey`:

```
public class MailProperties: IReportChange, IKey
{
}
```

- Añada los miembros necesarios a la clase `MailProperty`:

```
protected string name;
protected string sendType;
protected string subject;
protected string body;
protected bool hasChanged;

public string Name
{
    get { return this.name; }
    set
    {
        if (this.name != value)
        {
            this.name = value;
            this.HasChanged = true;
        }
    }
}
```

```
public string SendType
{
    get { return this.sendType; }
    set
    {
        if (this.sendType != value)
        {
            this.sendType = value;
            this.HasChanged = true;
        }
    }
}
public string Subject
{
    get { return this.subject; }
    set
    {
        if (this.subject != value)
        {
            this.subject = value;
            this.HasChanged = true;
        }
    }
}
public string Body
{
    get { return this.body; }
    set
    {
        if (this.body != value)
        {
            this.body = value;
            this.HasChanged = true;
        }
    }
}
public bool HasChanged
{
    get { return hasChanged; }
    set
    {
        if (this.hasChanged != value)
        {
            this.hasChanged = value;
```

```
                if (this.Changed != null)
                    this.Changed(this,
                            new ChangedEventArgs(this.HasChanged));
            }
        }
    }
    public string Key
    {
        get { return this.name; }
    }

    public event EventHandler<ChangedEventArgs> Changed;
```

Dando por hecho que la aplicación podrá contener varios controles **MailProperties**, los datos inherentes se deberán almacenar como una lista en la clase `Project`.

▶ Añada el miembro `MailProperties` a la clase `Project`:

```
public ReportChangeList<MailProperties> MailProperties
{ get; set; }
```

▶ Inicialice el miembro `MailProperties` en el constructor de la clase `Project`:

```
this.MailProperties = new ReportChangeList<MailProperties>();
this.MailProperties.Changed +=
            new EventHandler<ChangedEventArgs>(ChildChanged);
```

Solo falta enlazar los objetos con los eventos del formulario. Esta etapa no se detalla aquí.

Observación

Se han añadido las fuentes del proyecto que contienen esas funcionalidades y otros formularios, que se usarán más adelante en este libro.

Capítulo 12
Creación de aplicaciones UWP

1. Introducción

Con la aparición del sistema operativo Microsoft Windows universal (UWP), llega un nuevo tipo de aplicaciones Windows: las aplicaciones Windows 8, que usan el estilo Modern UI. Aparecido con Windows Media Center, este estilo se integra en todos los sistemas Windows, como la interfaz del Xbox, la de los móviles equipados con Windows Phone 7 o las tabletas con un sistema operativo Microsoft. Este tipo de aplicions aún las mantiene Microsoft a día de hoy pero no recibirán ninguna novedad funcional

2. Principios

Modern UI se debe considerar como un modelo y un conjunto de reglas de diseño de las interfaces de usuario. De hecho, la aplicación se podrá desarrollar con el lenguaje que prefiera (C#, Visual Basic, C++, JavaScript). El objetivo de estas aplicaciones es centrar la atención del usuario en el contenido, manteniendo el resto simple e intuitivo. Microsoft proporciona consejos para integrar visualmente, de la mejor manera posible, sus aplicaciones con el objetivo de mejorar la usabilidad y aumentar la experiencia de usuario, independientemente del soporte.

El diseño de una aplicación va a permitir determinar su comportamiento y la manera en que se usará por parte de los usuarios finales. A continuación, se muestran algunos aspectos importantes a tener en cuenta en una aplicación que utilice Modern UI:

- **Navegación**: la navegación debe ser clara y coherente para facilitar la asimilación de la aplicación por parte del usuario. La mayoría de las aplicaciones de estilo Modern UI usan un sistema de navegación jerárquico, basado en las secciones. Este tipo de navegación está particularmente adaptada a las aplicaciones que presentan mucho contenido, el cual se puede agrupar de manera jerárquica. La navegación horizontal va a permitir al usuario navegar dentro de las secciones padre y la navegación vertical servirá para descender a nivel de un contenido hijo o subir al contenido padre.
- **Animaciones**: añadir animaciones y transiciones a su aplicación ayudará a los usuarios a entender los cambios de contenido. Si el cambio de contenido se hace de manera demasiado brusca, el usuario se puede sentir perdido en la jerarquía de su aplicación. Por este motivo es importante resaltar el cambio del contenido con una animación, pero no hay que abusar, para no desviar la atención del usuario del contenido. Por ejemplo, una animación de zoom para indicar que la aplicación se concentra en un contenido específico ayuda al usuario a entender que se desciende un nivel en la jerarquía de la aplicación.
- **Multi-devices**: una aplicación ya no solo se ejecuta en un ordenador clásico. Los usuarios tienen muchos dispositivos diferentes, principalmente móviles. Es la razón por la que su aplicación se debe diseñar para poder ser visualizada en diferentes tamaños de pantalla, ya sea un teléfono móvil, una tablet, un ordenador portátil con una pantalla pequeña o un ordenador de sobremesa, con una pantalla grande. Su aplicación debe ser coherente entre los diferentes aparatos y disponer de una interfaz adaptada, en función del tamaño. Es una ventaja para el usuario no tener que aprender de nuevo cada vez que cambia de dispositivo, además de una ventaja para el desarrollo y el mantenimiento de la aplicación, porque solo habrá una única versión para todos los dispositivos.

– **Interacciones**: el objetivo de toda aplicación Windows es crear una interacción con el usuario. Este nuevo tipo de aplicaciones se focaliza esencialmente en las interacciones táctiles. De hecho, su aplicación ya no debe pensar solo en un uso clásico con ratón, sino que también se deben utilizar las bases del lenguaje táctil como pulsar, arrastrar, estirar o pivotar.

3. Las herramientas de desarrollo

El desarrollo de una aplicación de estilo Modern UI puede utilizar el lenguaje XAML (*eXtensible Application Markup Language*) para la capa de presentación de la misma manera que para las aplicaciones WPF.

▶ Añada un nuevo proyecto (**Archivo - Nuevo - Proyecto...**) de tipo **Aplicación vacía (Windows universal)**, en las plantillas **Visual C# UWP**, llamado **IntroductionUWP**.

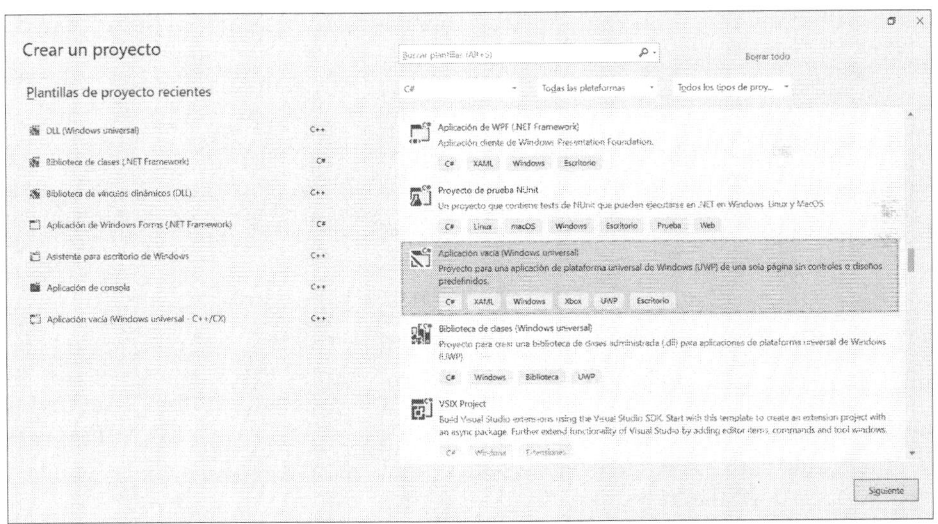

Visual Studio crea un proyecto base con varios elementos por defecto:

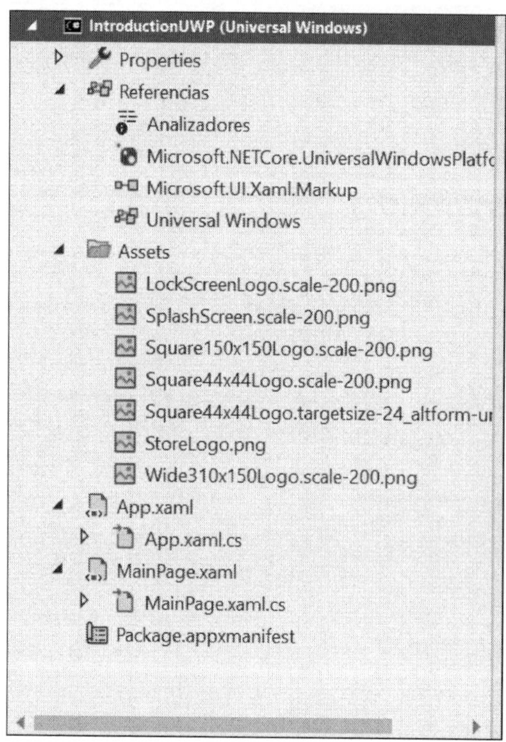

Como para cualquier aplicación, la carpeta **Properties** contiene un archivo **AssemblyInfo.cs**, que permiten definir las propiedades de la aplicación (título, descripción, versión, copyright...). Visual Studio añade cuatro referencias a librerías externas al proyecto: **Analizadores**, **Microsoft.NETCore.UniversalWindowsPlatform**, **Microsoft.UI.Xaml.Markup** y **Universal Windows**. Van a proporcionar las clases base para la creación de la interfaz de usuario y su implementación.

Una carpeta **Assets** contiene las imágenes por defecto para la ejecución del modelo vacío, suministrado por Microsoft, como el logo de la aplicación en el muro Windows 8 o el logo para la pantalla de ejecución.

Los archivos **App.xaml** y **App.xaml.cs** contienen la lógica de la aplicación global. Se encarga de la visualización de la interfaz de usuario y deriva de la clase base `Application`, del espacio de nombres `Windows.UI.Xaml`.

Los archivos **MainPage.xaml** y **MainPage.xaml.cs** representan la página de bienvenida de su aplicación, con la capa de presentación y la capa lógica.

El archivo **Package.appxmanifest** contiene los metadatos que permiten describir su aplicación (nombre, descripción, punto de entrada, rotaciones, aspectos del icono, capacidades...):

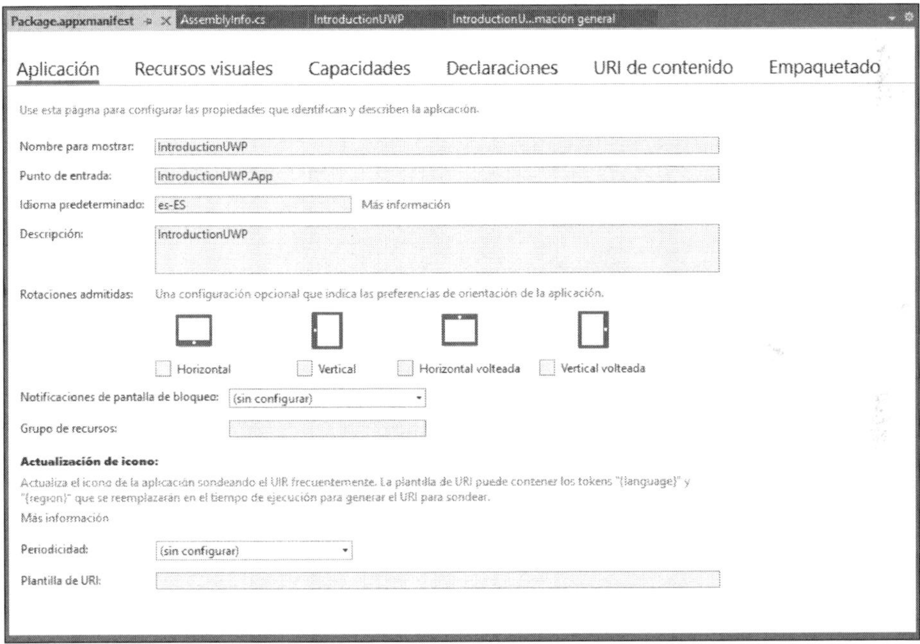

Observe que, a pesar de elegir un modelo de proyecto vacío, no empieza completamente de cero.

4. El lenguaje XAML

El XAML, pronunciado *zammel*, es un lenguaje declarativo derivado de XML que permite separar las capas de presentación y lógica de una aplicación Windows UWP. La creación de una interfaz gráfica implica la creación de los objetos y la definición de las propiedades. Una página XAML describe la clase que se generará en tiempo de ejecución.

La creación de un botón en un formulario Windows se hace de la siguiente manera:

```
Button MiBoton = new Button()
MiBoton.Name = "MiBoton";
MiBoton.Location = new System.Drawing.Point(339, 239);
MiBoton.Size = new System.Drawing.Size(150, 50);
MiBoton.Text = "¡Pulsar aquí!";
MiBoton.Click += new System.EventHandler(MiBoton_Click);
```

A continuación, se muestra cómo crear el mismo botón en XAML:

```
<Button Name="MiBoton"
        Margin="339,239,0,0"
        Width="150"
        Height="50"
        Content="¡Pulsar aquí!"
        Click="MiBoton_Click" />
```

Como puede observar, la sintaxis es XML. El nombre de la etiqueta (`Button` en el ejemplo) corresponde a una clase y los atributos (`Name`, `Margin`, `Width`...) corresponden a las propiedades de la clase. Los valores de las propiedades son todos de tipo `string` en el código XAML. Es el compilador el que realiza la conversión al tipo de la propiedad. Los eventos y el controlador asociado también se definen mediante un atributo. El compilador se encarga incluso de la asociación entre el evento y su controlador.

Como XAML deriva de XML, su sintaxis debe cumplir las mismas reglas:

- Un archivo debe contener un único elemento raíz.
- Cada etiqueta abierta se debe cerrar.
- La última etiqueta abierta debe ser la primera en cerrarse.
- Cada atributo debe tener un valor entre comillas simples o dobles.

– Se distingue entre mayúsculas y minúsculas.

La etiqueta raíz del archivo XAML define también los esquemas XSD (*XML Schema Definition*) utilizados, que sirven para especificar los siguientes elementos:

– Las etiquetas y sus atributos válidos.

– Los valores válidos para un atributo.

– Las etiquetas que se pueden anidar unas dentro de otras.

En el archivo **MainPage.xaml** del proyecto **IntroductionUWP**, la etiqueta raíz `Page` define los esquemas XSD utilizados en el documento:

```
xmlns="http://schemas.microsoft.com/winfx/2006/xaml/presentation"
xmlns:x="http://schemas.microsoft.com/winfx/2006/xaml"
xmlns:local="using:IntroductionUWP"
xmlns:d="http://schemas.microsoft.com/expression/blend/2008"
xmlns:mc="http://schemas.openxmlformats.org/markup-compatibility/
2006"
```

Estos esquemas permiten relacionar los objetos y las clases del Framework .NET. Para ilustrar este enlace, en el ejemplo anterior, el botón se podría haber definido de la siguiente manera:

```
<Button Name="MiBoton"
        Margin="339,239,0,0"
        Width="150"
        Height="50"
        Click="MiBoton_Click">
    ¡Pulsar aquí!
</Button>
```

El texto del botón ya no se define en un atributo `Content`, sino como contenido de la etiqueta `Button`. Esta sintaxis es válida, ya que la clase `Button` deriva de la clase `ContentControl` que se marca con el atributo `[ContentProperty("Content")]`. Esto significa que el contenido de la etiqueta corresponde a la propiedad `Content`. La propiedad `Content` no se puede definir en el contenido de la etiqueta y en un atributo al mismo tiempo.

5. Una primera aplicación Windows UWP

Una aplicación Windows UWP compleja está compuesta, por un lado, de XAML y, por otro, de código, ya que el XAML no permite definir la lógica de una aplicación.

5.1 Bases de un proyecto UWP

Como se ha indicado anteriormente, Visual Studio crea varios archivos durante la inicialización del proyecto. Pongamos el foco en dos de ellos:

- **App.xaml**: XAML sigue las reglas principales del XML, que especifican que un archivo debe tener un único elemento raíz. Por esta razón, el objeto `Application` se debe definir fuera del objeto `Page`:

```
<Application
    x:Class="IntroductionUWP.App"
xmlns="http://schemas.microsoft.com/winfx/2006/xaml/presentation"
    xmlns:x="http://schemas.microsoft.com/winfx/2006/xaml"
    xmlns:local="using:IntroductionUWP">

</Application>
```

  Los atributos de la etiqueta raíz `Application` permiten definir la clase relacionada con el archivo XAML (`x:Class`) y los espacios de nombres XML (`xmlns`, `xmlns:x` y `xmlns:local`).

- **MainPage.xaml**: la página de la aplicación se define en este archivo. El elemento raíz es una etiqueta `Page`:

```
<Page
    x:Class="IntroductionUWP.MainPage"
    xmlns="http://schemas.microsoft.com/winfx/2006/xaml/presentation"
    xmlns:x="http://schemas.microsoft.com/winfx/2006/xaml"
    xmlns:local="using:IntroductionUWP"
    xmlns:d="http://schemas.microsoft.com/expression/blend/2008"
    xmlns:mc="http://schemas.openxmlformats.org/markup-compatibility/2006"
    mc:Ignorable="d">

    <Grid Background="{ThemeResource ApplicationPageBackgroundThemeBrush}">

    </Grid>
</Page>
```

La etiqueta Page define la clase relacionada en el archivo XAML (x:Class), los espacios de nombres XML (xmlns, xmlns:x, etc.), así como el elemento base para la visualización, el objeto de tipo Grid.

En esos dos archivos el elemento raíz define los espacios de nombres. Sirven para organizar las etiquetas XML. Dos etiquetas pueden tener el mismo nombre y estar en dos espacios de nombres diferentes. El espacio de nombres por defecto se indica sin alias:

```
xmlns="http://schemas.microsoft.com/winfx/2006/xaml/presentation"
```

Microsoft define este valor y representa el espacio de nombres que contiene la mayor parte de las etiquetas XAML. Para el resto de los espacios de nombre, hay que especificar un alias. La segunda declaración de espacio de nombres de los archivos utiliza el alias x:

```
xmlns:x="http://schemas.microsoft.com/winfx/2006/xaml"
```

Este espacio de nombres contiene elementos adicionales accesibles usando el prefijo x:, el atributo Class de las etiquetas raíces de los dos archivos en el ejemplo:

```
x:Class="IntroductionUWP.MainPage"
```

Este prefijo también se puede usar en las etiquetas:

```
<x:Code></x:Code>
```

A diferencia de una aplicación Windows, una aplicación UWP no contiene método Main (punto de entrada de la aplicación). Es el compilador el que lo va a generar. El compilador sabe qué archivo XAML contiene la definición de la aplicación, ya que, en las propiedades de este, el valor de la propiedad **Acción de compilación** se define a **ApplicationDefinition**.

- Seleccione el archivo **App.xaml** y, a continuación, abra la ventana de propiedades:

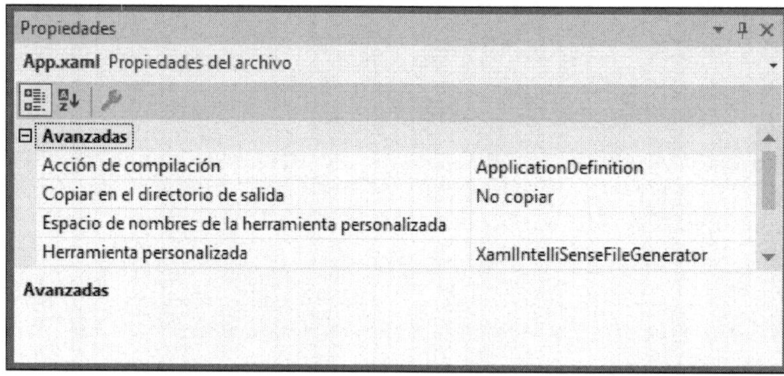

5.2 Controles y eventos

- Agregue un botón, un campo de texto y un texto en el formulario **MainPage.xaml** en la etiqueta `Grid`:

```
<TextBlock Name="MiTexto"
           Visibility="Collapsed"
           Margin="339,239,0,0"
           FontSize="32"
           FontWeight="Bold"/>
<TextBox Name="MiNombre"
           Margin="336,197,0,541"
           Width="300"
           Height="30"
           HorizontalAlignment="Left"/>
<Button Name="MiBoton"
           Margin="636,187,0,531"
           Width="150"
           Height="50"
           Click="MiBoton_Click">
    ¡Pulsar aquí!
</Button>
```

Cuando se rellena el atributo `Click`, IntelliSense ofrece la creación de un nuevo controlador de eventos e inserta el método en el archivo de código:

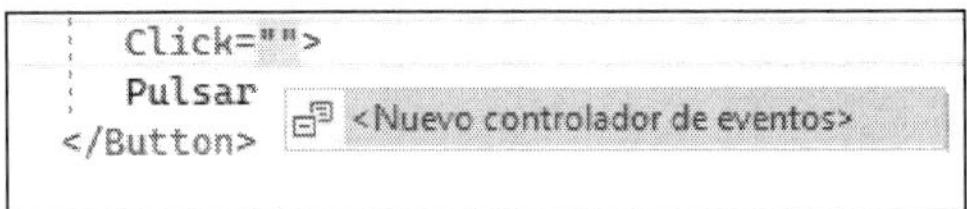

Si el archivo de código contiene los métodos con las declaraciones de acuerdo al evento, IntelliSense ofrece seleccionar una de ellas o crear un nuevo controlador de eventos:

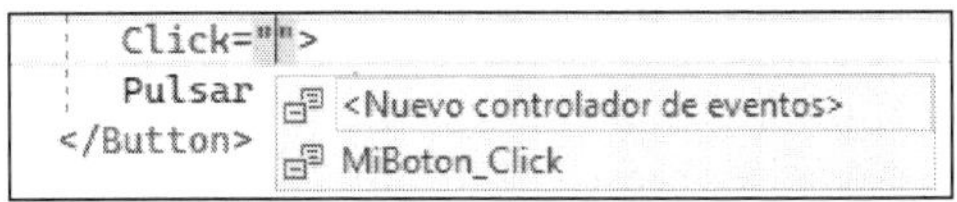

- En la sección de código, agregue la siguiente instrucción al controlador del evento `Click` del objeto `MiBoton`:

```
private void MiBoton_Click(object sender, RoutedEventArgs e)
{
        this.MiTexto.Text = "¡Hola " + this.MiNombre.Text + "!";
        this.MiTexto.Visibility = Visibility.Visible;
}
```

- Ejecute la aplicación (en el menú contextual del proyecto, seleccione **Depurar** y, a continuación, **Iniciar una nueva instancia**), escriba un valor en el campo de texto y, a continuación, pulse en el botón para que aparezca el texto:

5.3 Los estilos

Por defecto, la aplicación usa el tema `Light` del sistema, que propone un fondo blanco. Los recursos del sistema proponen un segundo tema con un fondo negro mediante la enumeración `ApplicationTheme`, que contiene dos valores: `Dark` y `Light`. Para aplicarla, debe abrir el archivo **App.xaml** y añadir el atributo `RequestedTheme` con el valor `Light` en la etiqueta `Application`:

```
<Application
   x:Class="IntroductionUWP.App"
   xmlns="http://schemas.microsoft.com/winfx/2006/xaml/presentation"
    xmlns:"x=http://schemas.microsoft.com/winfx/2006/xaml"
    xmlns:local="using:IntroductionUWP"
    RequestedTheme="Dark">
</Application>
```

▶ Ejecute otra vez la aplicación para ver el nuevo tema aplicado:

Observación

*También puede aplicar un estilo específico en un elemento particular. En el archivo **MainPage.xaml**, haga clic en el control `MiBoton` en el constructor de formularios y abra la ventana de propiedades de este control. Puede configurar todos los aspectos del control desde esta ventana (colores, fuente, disposición, apariencia...).*

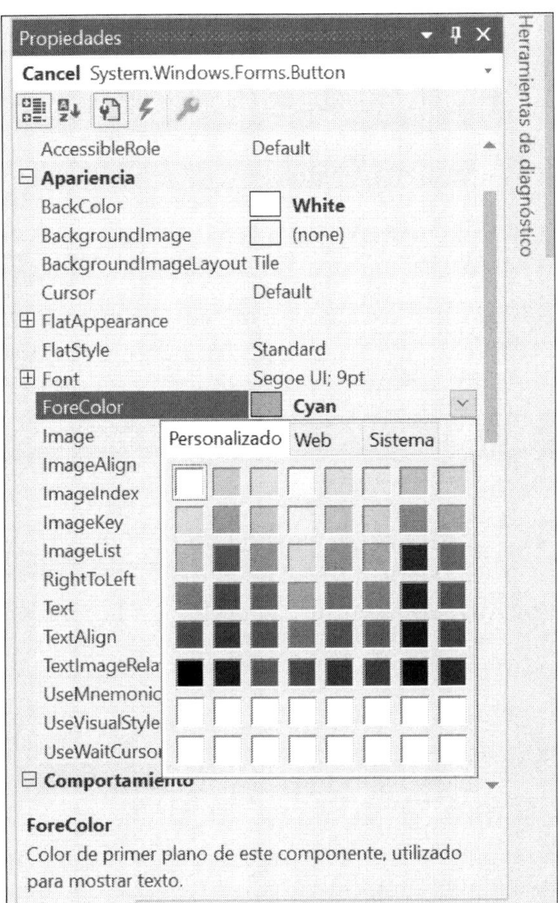

- Elija un color de fondo (propiedad `Background`). Puede ver que Visual Studio ha actualizado el código XAML con una nueva propiedad `Background` y el valor seleccionado:

```
<Button Name="MiBoton"
        Margin="636,187,0,531"
        Width="150"
        Height="50"
        Click="MiBoton_Click" Background="#B32060DD">
        ¡Haga clic aquí!
</Button>
```

Para evitar la etapa tediosa de configuración del estilo para cada uno de los controles, puede crear un recurso `Style`. En el archivo **MainPage.xaml**, añada una sección `Page.Resources` antes de la etiqueta `Grid` :

```
Application.Resources>
    <Style TargetType="Button">
        <Setter Property="Background" Value="#B32060DD" />
    </Style>
</Application.Resources>
```

La etiqueta `Page.Resources` permite especificar recursos comunes a la página. Hemos añadido un estilo con la etiqueta `Style` para los elementos de tipo `Button` gracias al atributo `TargetType`. Esto significa que todos los botones de la página tendrán el mismo estilo. Puede quitar el atributo `Background` de `MiBoton` y añadir un segundo botón. Ambos tienen el mismo color de fondo.

Si uno de los elementos de la página debe tener un estilo diferente del estilo general definido, siempre puede especificarlo a nivel del objeto. Esto efectuará una sobrecarga del estilo de la página. Por ejemplo, para que un botón tenga un color de fondo diferente, simplemente añada el atributo `Background` con el color deseado:

```
<Button Name="MiBoton2"
        Width="150"
        Height="50"
        Margin="818,187,0,531"
        Background="Red">
        Segundo botón
</Button>
```

El estilo puede también definirse a nivel de la aplicación situando la etiqueta `Application.Resources` en el archivo **App.xaml**:

```
<Application.Resources>
        <Style TargetType="Button">
            <Setter Property="Background" Value="#B32060DD" />
        </Style>
</Application.Resources>
```

Así el estilo se aplica a todos los objetos de tipo `Button` de la aplicación.

Capítulo 13
Depuración

1. Los tipos de errores

Sea cual sea la experiencia de un desarrollador, los errores son inevitables. La depuración permite localizarlos y explicarlos para poder corregirlos. Visual Studio incluye herramientas que permiten trazar los errores a lo largo del ciclo de desarrollo de una aplicación.

Existen tres tipos de errores principales durante el diseño de una aplicación: los errores de sintaxis, que corresponden al código que el compilador no puede interpretar, los errores de ejecución, que se producen durante la ejecución de la aplicación y los errores de lógica, que producen resultados no deseados.

1.1 Los errores de sintaxis

Visual Studio traza los errores de sintaxis en el editor de texto antes de la compilación. Se puede tratar de un error en el nombre de una variable o una instrucción no válida. Visual Studio facilita la identificación y localización de esos errores, destacándolos en el código y añadiéndolos a la ventana **Lista de errores** ([Ctrl] °, **E**).

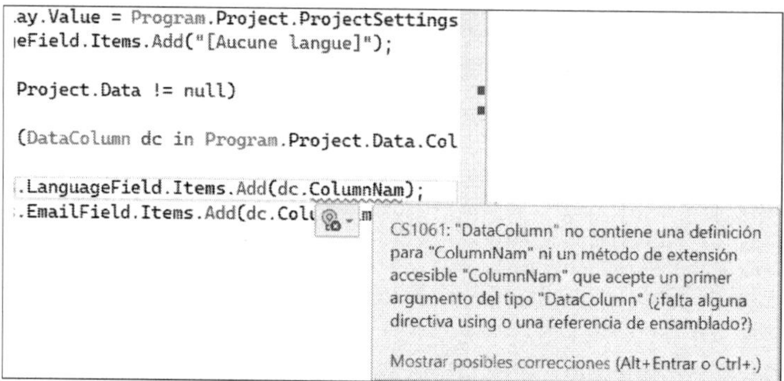

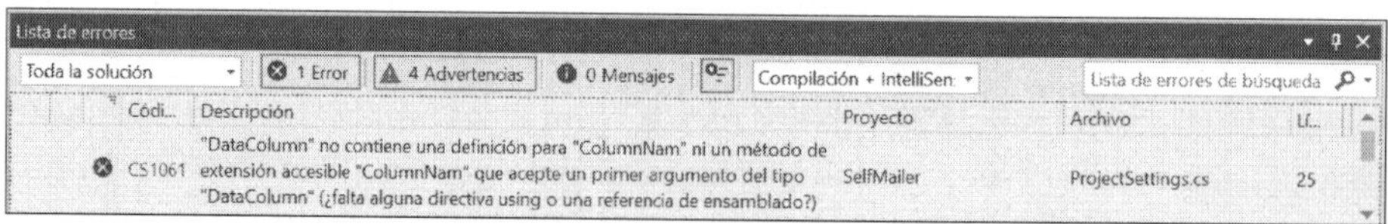

La ventana **Lista de errores** enumera todos los errores de la aplicación, dando a cada uno de ellos una descripción, el archivo en el que se encuentra la instrucción, así como su línea. Haciendo doble clic en un error de la lista, se abre el archivo relacionado y se sitúa el cursor en la instrucción que ha causado el error. Los errores se clasifican en tres categorías: errores, advertencias y mensajes. Los errores impiden la compilación de la aplicación, a diferencia de las advertencias y los mensajes.

1.2 Los errores de ejecución

Los errores de ejecución se producen cuando la aplicación intenta hacer una operación inválida, teniendo en cuenta el valor de las variables y el contexto de ejecución. Por ejemplo, la división por cero:

```
int i = 0;
int j = 10 / i;
```

La compilación se realiza con éxito, pero durante la ejecución se genera una excepción, ya que la división por cero está prohibida:

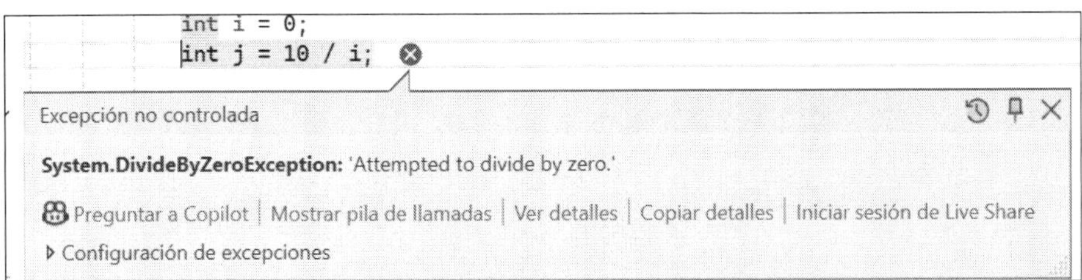

Tan pronto como se produce una excepción no gestionada, la ejecución de la aplicación se interrumpe y Visual Studio muestra una descripción del error. La ventana **Variables locales** permite comprobar el valor de las variables cuando se produce el error:

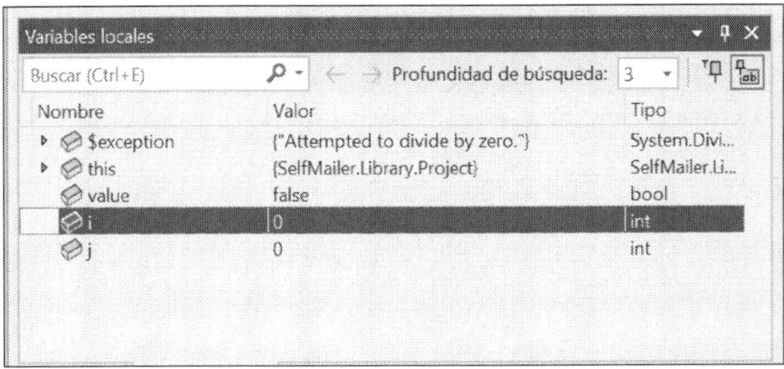

Es posible modificar esos valores y retomar, a continuación, la ejecución de la aplicación. Haciendo clic en el valor de la variable `i` en la ventana **Variables locales** y modificando el valor por 2 podemos retomar la ejecución de la aplicación ([F5]). La ejecución ya no devuelve el error y se asigna el valor 5 a la variable `j`.

La modificación de los valores de las variables locales tiene como objetivo realizar ensayos para identificar un error complejo. El código original no se modifica en ningún caso.

Para facilitar la depuración, la ventana **Variables locales** tiene una barra de búsqueda con la posibilidad de elegir la profundidad de búsqueda en los diferentes objetos monitoreados.

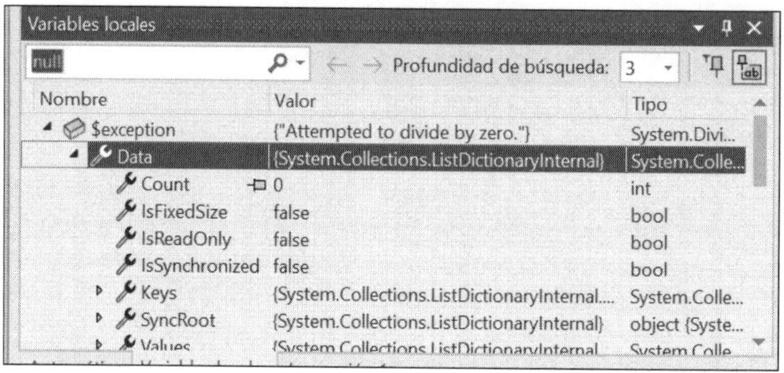

1.3 Los errores de lógica

La aplicación se ejecuta sin errores y, por tanto, el resultado no es el esperado. Los errores de lógica son los más difíciles de detectar y corregir, ya que no tendrá ninguna pista sobre su origen. Visual Studio también tiene herramientas para ayudar a la localización de esos errores, como el depurador y las pruebas unitarias.

2. El depurador

El depurador es una herramienta de Visual Studio que se puede adjuntar a un proceso para controlarlo. Cuando una aplicación se ejecuta con el comando **Depurar** - **Iniciar depuración** ([F5]) desde Visual Studio, la aplicación se ejecuta en un nuevo proceso y Visual Studio se asocia a él.

Es posible iniciar la ejecución de una aplicación desde Visual Studio sin depuración, desde el menú **Depurar** - **Iniciar sin depurar** ([Ctrl][F5]). La ventana **Asociar al proceso** ([Ctrl][Alt] **P**) (**Depurar - Asociar al proceso...**) permite elegir un proceso que se ejecuta y especificar a Visual Studio que se asocie a él para controlar su ejecución.

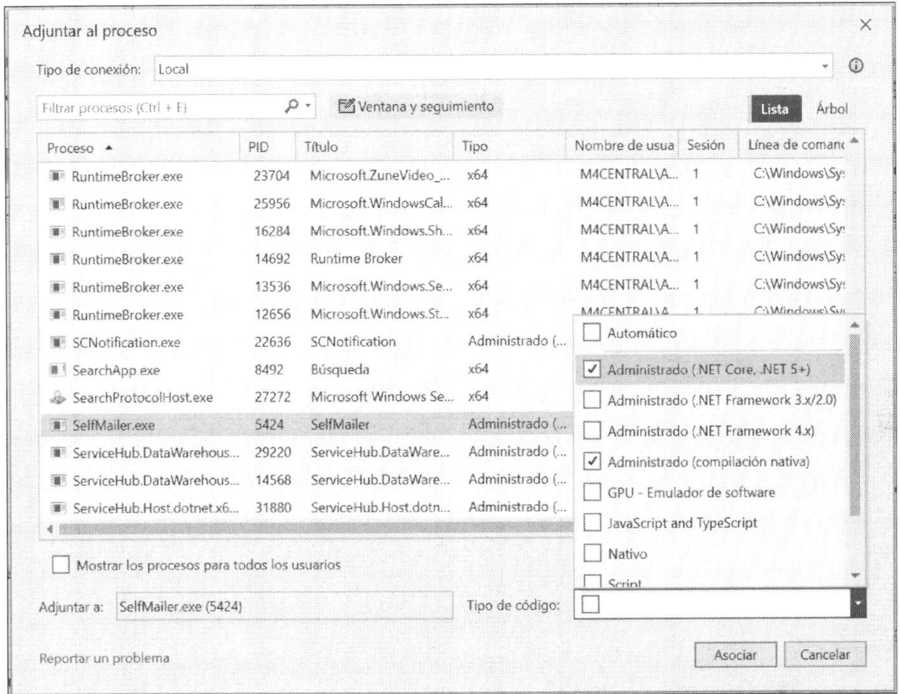

El campo **Filtrar procesos** le permite efectuar una búsqueda sobre los procesos en ejecución. Este filtro estará activo en la próxima apertura de la ventana **Adjuntar al proceso**.

Puede también asociarse a los procesos anteriormente depurados con el comando **Depurar/Asociar al proceso** ([Mayús][Alt] **P**). Visual Studio intentará asociarse a los últimos procesos de la última sesión de depuración basándose en el ID de los procesos anteriores. Si Visual Studio no encuentra ninguna correspondencia, probará con el nombre del proceso. En el caso de que no se encuentre ninguna correspondencia o si existen varios procesos con el mismo nombre, la ventana **Adjuntar al proceso** aparecerá.

2.1 Controlar la ejecución

El depurador integrado de Visual Studio permite controlar la ejecución de una aplicación, examinar y modificar los valores de las variables. El control de la ejecución se pasa a Visual Studio cuando el proceso se suspende ([Ctrl][Alt][Pausa]), se alcanza un punto de interrupción o se produce una excepción. La siguiente tabla enumera las funciones del depurador:

Menú	Descripción
Iniciar/Continuar la depuración ([F5])	Iniciar la ejecución de la aplicación o permitir continuar en modo de parada.
Interrumpir todo ([Ctrl][Alt][Pausa])	Interrumpe la ejecución de la aplicación y pasa a modo parada.
Parar la depuración ([Mayús][F5])	Detiene la ejecución de la aplicación.
Liberar todo	Libera el depurador del proceso. Visual Studio vuelve a pasar a modo diseño, pero la aplicación continúa su ejecución.
Reiniciar ([Ctrl][Mayús][F5])	Reinicia la aplicación.
Asociar al proceso... ([Ctrl][Alt] **P**)	Muestra la ventana **Asociar al proceso**.
Parámetros de excepciones... ([Ctrl][Alt] **E**)	Muestra la ventana **Parámetros de excepciones**, que permite configurar los tipos de errores que implican el modo parada.
Paso a paso detallado ([F11])	En modo parada, permite ejecutar la instrucción siguiente. Si la instrucción es una llamada de método, la ejecución se detiene al inicio de la misma.
Paso a paso principal ([F10])	En modo parada, permite ejecutar la instrucción siguiente sin entrar en un método invocado.

Menú	Descripción
Paso a paso y salir ([Mayús][F11])	Termina la ejecución del método actual y se detiene en la instrucción siguiente del método que ha invocado.
Express spy... ([Ctrl] **D**, **Q**)	Muestra la ventana **Inspección rápida**, que permite recorrer las variables de la aplicación durante la depuración y añadirlas a la ventana **Inspección**.

Los demás elementos del menú **Depurar**, se detallan en las secciones siguientes.

2.2 Los puntos de interrupción

La ventana **Puntos de interrupción** está disponible desde el menú **Depurar** - **Ventanas** - **Puntos de interrupción** ([Ctrl][Alt] **B**). Permite gestionar los puntos de interrupción de la aplicación:

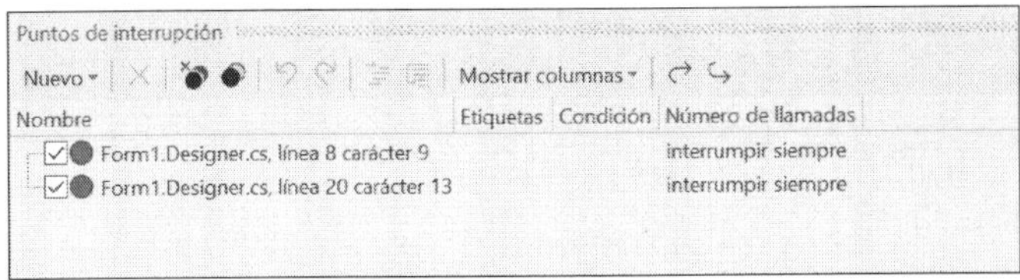

Para añadir un punto de interrupción a una instrucción, basta con situar el cursor sobre ellas y, a continuación, pulsar la tecla [F9] o pulsar en la columna de punto de interrupción a la izquierda:

```
7          /// </summary>
8          private System.ComponentModel.IContainer components = null;
9
10         /// <summary>
11         /// Clean up any resources being used.
12         /// </summary>
13         /// <param name="disposing">true if managed resources should be disposed; otherwise, false.
14         protected override void Dispose(bool disposing)
15         {
16             if (disposing && (components != null))
17             {
18                 components.Dispose();
19             }
20             base.Dispose(disposing);
```

100 % No se encontraron problemas. Línea: 1 Carácter: 1 SPC CRLF

Un punto de interrupción también se puede gestionar directamente en el editor de texto abriendo el menú contextual, pulsando con el botón derecho del ratón sobre el punto de interrupción:

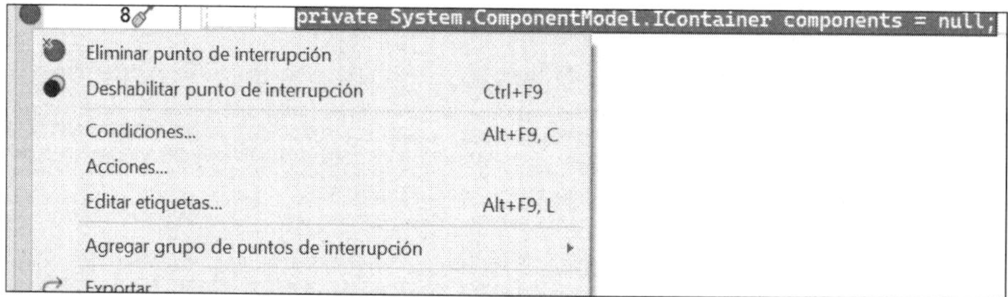

2.2.1 Las condiciones de parada

De manera predeterminada, un punto de interrupción especifica que el depurador debe entrar en modo parada cuando la ejecución de la aplicación llega a la instrucción. La parada se realiza antes de que la instrucción del punto de interrupción se ejecute. La próxima instrucción que se ejecuta es la que se destaca en amarillo:

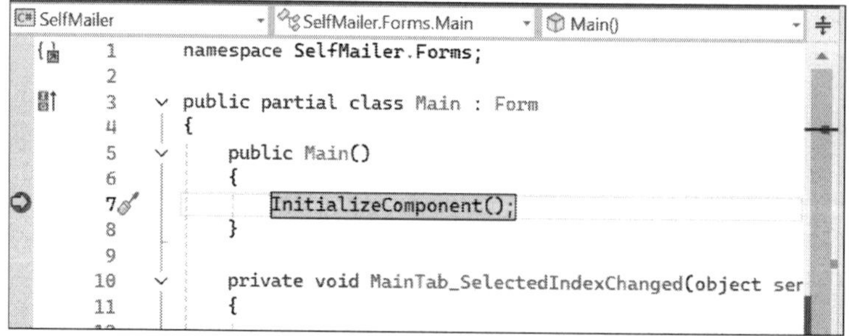

Es posible definir condiciones a un punto de interrupción. El menú **Condiciones...** ([Alt][F9] **C**) abre la ventana de configuración que permite especificar en qué caso(s) se debe detener el depurador, cuando la ejecución alcance el punto de interrupción. Tomemos el siguiente ejemplo:

```
int j = 0;
for(int i =0; i < 10; i++)
{
    if (i % 2 == 0)
        j++;
}
```

Para que el depurador pase a modo parada, solo si la variable `j` se modifica, la sección **Condiciones** debe habilitarse y definirse de la siguiente manera:

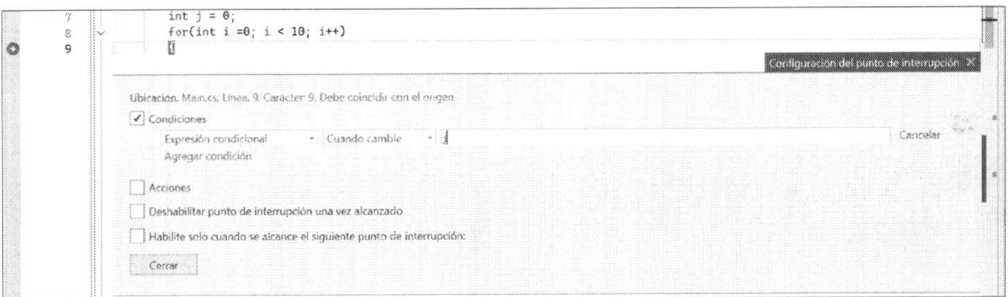

Observe que las variables de la aplicación se pueden utilizar para definir una condición.

Cuando se define una condición sobre un punto de interrupción, aparece un signo + blanco sobre el punto rojo. Cuando se define una acción sobre un punto de interrupción, la forma del punto cambia y se convierte en un rombo.

2.2.2 El número de llamadas

Desde la sección **Condiciones** de la ventana **Configuración del punto de interrupción**, puede seleccionar **Número de llamadas** y, a continuación, especificar un valor:

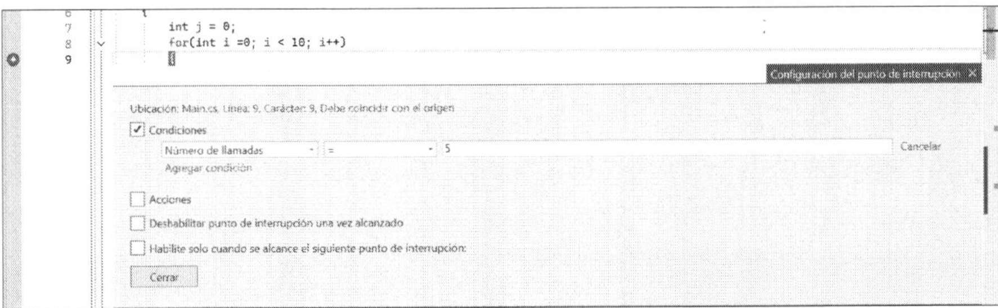

Cada vez que el depurador alcance un punto de interrupción, su contador interno se incrementa. Por tanto, es posible especificar si el modo parada se debe desencadenar siempre o si el contador debe satisfacer una condición:

- Se para cuando el número de accesos es igual a N.
- Se para cuando el número de accesos es un múltiplo de N.
- Se para cuando el número de accesos es superior o igual a N.

El botón **Reiniciar** que aparece en el modo de depuración permite poner a cero el contador actual de ejecución de la aplicación.

2.2.3 El filtro

Desde la sección **Condiciones** de la ventana **Configuración del punto de interrupción**, puede seleccionar **Filtro** para limitar el paso en modo parada en función de condiciones relacionadas con la máquina que ejecuta la aplicación o en función del proceso de la aplicación.

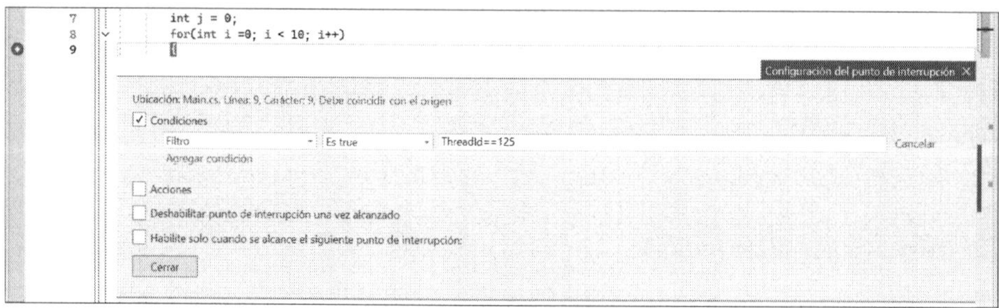

2.2.4 Las acciones

La sección **Acciones** de la ventana **Configuración del punto de interrupción** permite seleccionar la visualización de un mensaje cuando se alcance el punto de interrupción en tiempo de ejecución.

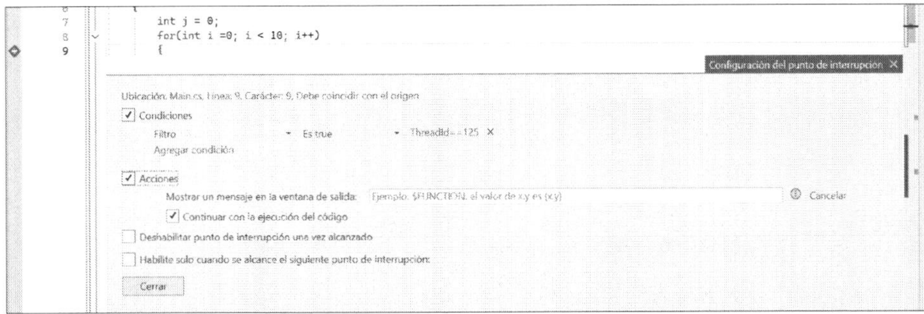

2.2.5 Ejecutar hasta aquí

Durante la sesión de depuración, cuando ejecuta paso a paso las instrucciones, el icono **Ejecutar hasta aquí** aparece cuando pasa el ratón encima de una línea de código.

```
int j = 0;
for(int i =0; i < 10; i++)
{
    if(i % 2 == 0)
        j++;
}
Initia Ejecutar hasta aquí ;
}
```

Haciendo clic en el icono, se ejecutará el código hasta esta línea.

2.3 Los DataTips

Los DataTips aparecieron con Visual Studio 2010. Permiten trazar mejor las variables y las expresiones en el depurador. Para añadir un DataTip hay que pasar por encima de una variable o seleccionar una expresión y pulsar en el icono de la chincheta a la derecha del valor que muestra IntelliSense:

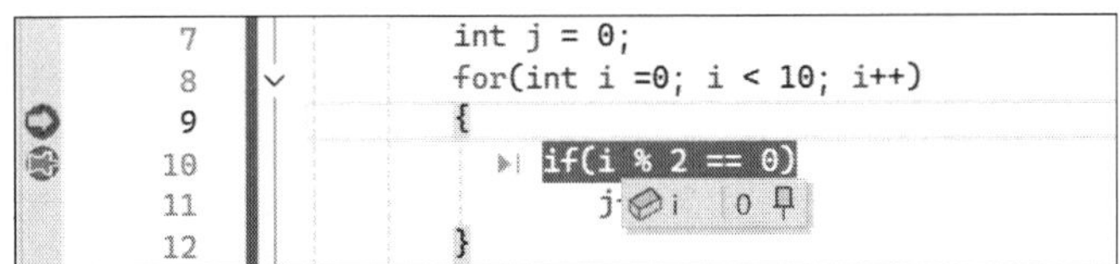

Cuando se define un DataTip, aparece una chincheta a la izquierda del número de línea e IntelliSense siempre está visible para el valor:

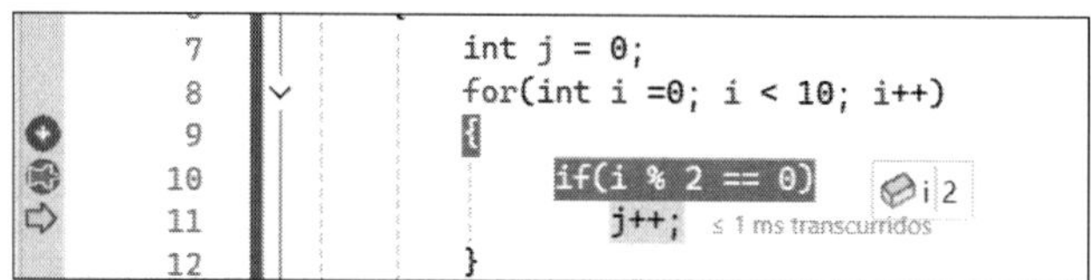

Pasando por encima del DataTip, puede especificar y mostrar un comentario:

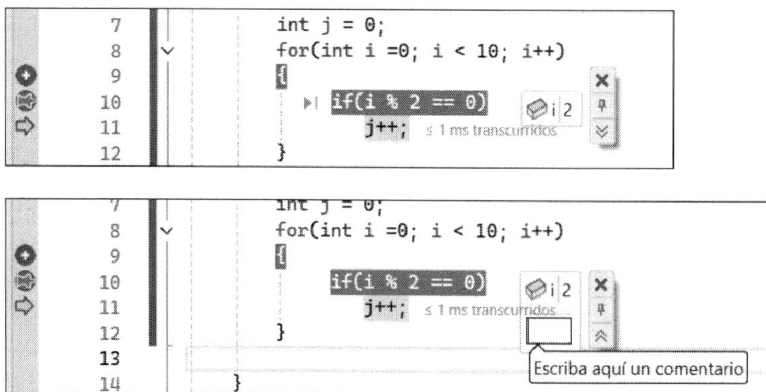

Puede fijar tantos DataTips como desee. Pueden ser variables de primer nivel, como en el ejemplo anterior, o las variables de un objeto.

El aspecto más interesante de los DataTips es que son accesibles desde Visual Studio, ya sea en modo depuración o en modo diseño. Cuando se pasa por encima de una chincheta en el editor de texto se muestra el valor de la última sesión de depuración:

```
int j = 0;
for(int i =0; i < 10; i++)
{
    if(i % 2 == 0)      i 2
        j++;  ≤ 1 ms transcurridos
}                       Mi comentario sobre la variable

}
```

2.4 Los PerfTips

Los PerfTips permiten determinar el tiempo de ejecución de cada sección de código para identificar más fácilmente los bloques de código que consumen más recursos. Por defecto, los PerfTips están habilitados. Tomemos, como ejemplo, este método con los siguientes puntos de interrupción:

```
static void Run()
{

    int j = 0;
    for (int i = 0; i < 10; i++)
    {
        if (i % 2 == 0)
            j++;
    }
}
```

En su ejecución, Visual Studio se detiene sobre el primer punto de interrupción. Presionando [F5], se alcanza el segundo punto de interrupción y aparece, a la derecha de la línea de código, el PerfTip correspondiente al tiempo de ejecución (≤ 2 ms transcurridos) desde el último punto de interrupción.

```
static void Run()
{

    int j = 0;
    for (int i = 0; i < 10; i++)
    {
        if (i % 2 == 0)
            j++;
    }
} ≤ 2 ms transcurridos
```

Tras el primer punto de interrupción, ejecutando el código paso a paso ([F10]), el PerfTip aparece para cada línea de código:

```
static void Run()
{

    int j = 0;
    for (int i = 0; i < 10; i++)
    {
        if (i % 2 == 0)
            j++; ≤ 5 ms transcurridos
    }
}
```

2.5 Los atributos Caller

Los atributos `Caller` se sitúan delante de los argumentos opcionales e indican al compilador que sitúe la información obtenida a partir del método que invoca en los argumentos oportunos y ponga el valor por defecto.

Existen tres atributos de este tipo presentes en el espacio de nombres `System.Runtime.CompilerServices`:

- `CallerMemberNameAttribute`: este atributo permite situar el nombre del método que ha invocado en la variable relacionada.
- `CallerFilePathAttribute`: este atributo permite situar el valor de la ruta de acceso física del archivo que contiene el método que ha invocado en la variable relacionada.
- `CallerLineNumberAttribute`: este atributo permite situar el valor de la línea del archivo que contienen el método que ha invocado en la variable relacionada.

A continuación, se muestra un ejemplo de uso:

```
using System;
using System.Runtime.CompilerServices;

namespace CallerInfo
{
    static class Program
    {
        [STAThread]
        static void Main()
        {
            CallerDetection();
        }
        static void CallerDetection(
            [CallerMemberName] string memberName = null,
            [CallerFilePath] string filePath = null,
            [CallerLineNumber] int lineNumber = 0)
        {
            Console.WriteLine(memberName);
            Console.WriteLine(filePath);
            Console.WriteLine(lineNumber);
        }
    }
}
```

Para los argumentos del método `CallerDetection`, los valores serán:

– `memberName`: Main.

– `filePath`: c:\Projects\Program.cs.

– `lineNumber`: 11

Si se define un argumento opcional durante la llamada del método, éste no se inicializará con el valor que viene del atributo `Caller`.

3. Las ventanas

El menú **Depurar** - **Ventanas** contiene varias herramientas que facilitan la depuración del código. Algunas de estas ventanas están disponibles en modo diseño y depuración, pero a la mayor parte solo se puede acceder en modo depuración.

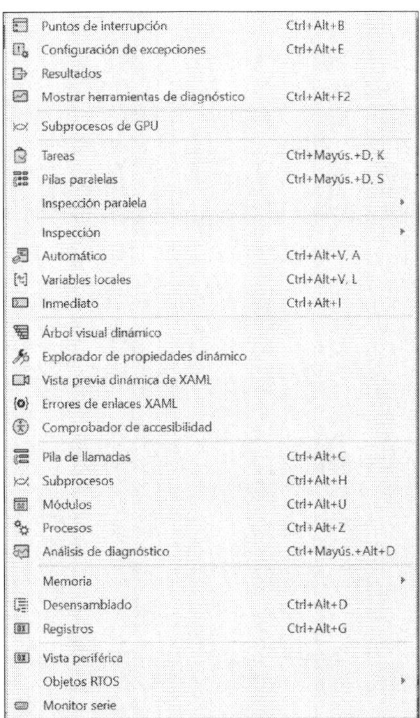

3.1 La ventana Salida (Resultados)

La ventana **Salida** muestra el conjunto de información de compilación y ejecución de la aplicación. Esto incluye la generación de la aplicación, así como la salida de las instrucciones `Debug` y `Trace`:

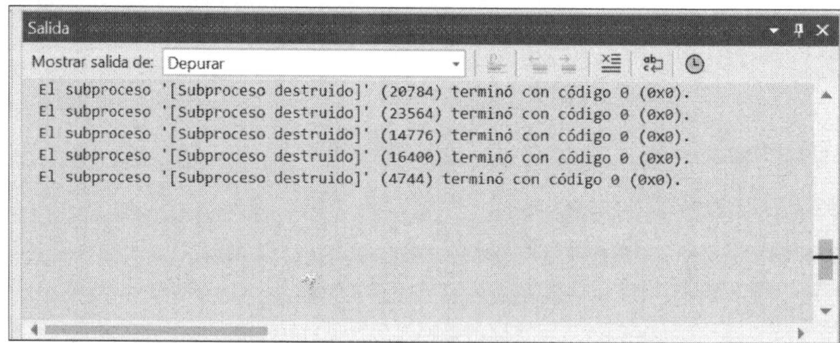

3.2 La ventana Variables locales

La ventana **Variables locales** ([Ctrl][Alt] **V**, **L**) muestra las variables del método actual. Las variables se presentan en una tabla con su nombre, valor y tipo. Para los objetos complejos, el signo + situado a la izquierda del nombre de la variable permite desplegar el árbol de los miembros para mostrar su valor. El valor de una variable aparece en rojo cuando se acaba de modificar durante la ejecución de la aplicación o a partir de la propia ventana:

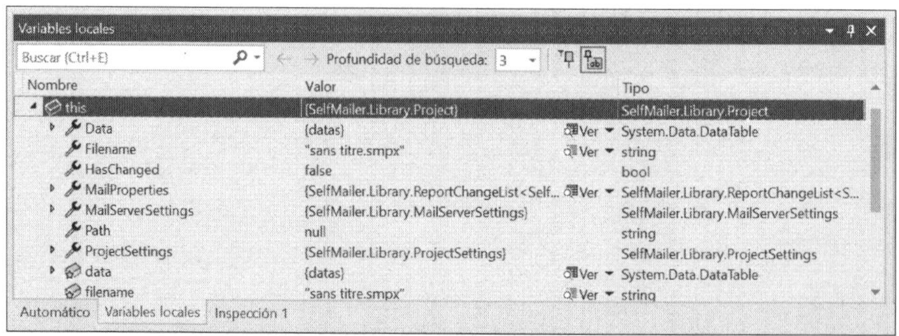

3.3 La ventana Automático

La ventana **Automático** ([Ctrl][Alt] **V**, **A**) se parece a la ventana **Variables locales**, con la diferencia de que solo se muestran las variables de las instrucciones actual y anterior:

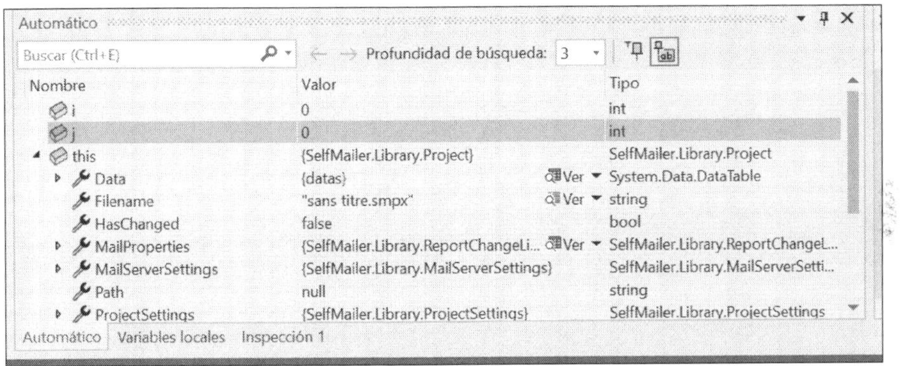

3.4 La ventana Inspección

La ventana **Inspección** ([Ctrl][Alt] **W**) se presenta de la misma manera que las ventanas **Variables locales** y **Automático**, y permite monitorizar las variables de su elección, incluso si están fuera de ámbito.

- Para añadir una variable a esta ventana, seleccione una variable o una expresión y abra el menú contextual. Seleccione la opción **Añadir inspección**.

Visual Studio ofrece cuatro ventanas de **Inspección**, que permiten organizar las variables de diferentes maneras:

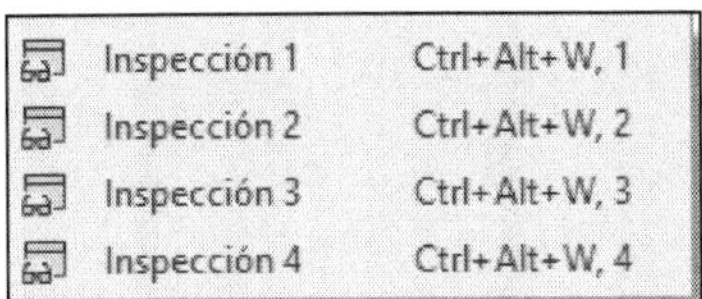

3.5 La ventana Inmediato

La ventana **Inmediato** ([Ctrl][Alt] **I**) permite ejecutar las instrucciones, evaluar las expresiones o modificar el valor de las variables en la línea de comandos.

- Para mostrar el valor de una variable, comience la instrucción con el carácter ?:

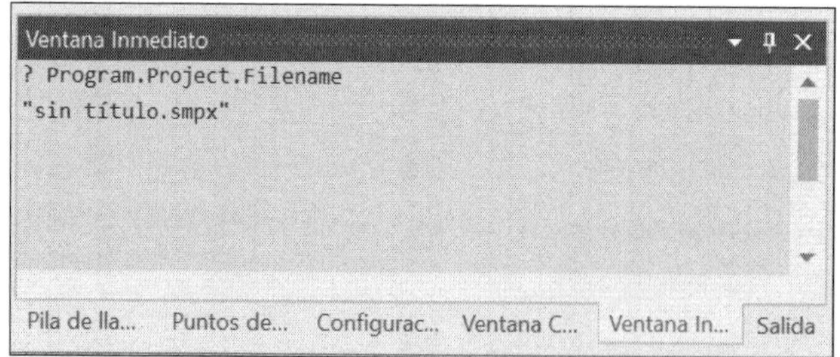

- Para ejecutar un método o modificar el valor de una variable, escriba la instrucción directamente en la ventana **Inmediato**. IntelliSense está disponible en esta ventana, pero los errores de sintaxis no se resaltan:

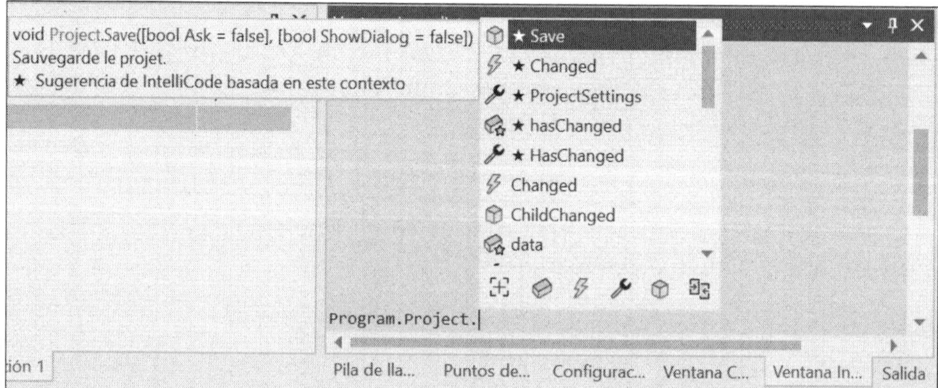

3.6 Las otras ventanas

La siguiente tabla enumera las demás ventanas de herramientas disponibles en el depurador de Visual Studio:

Ventana	Descripción
Threads GPU	Para las aplicaciones con ejecución en paralelo, esta ventana muestra el estado y los detalles de los threads que se ejecutan en la GPU.
Tareas ([Ctrl] [Mayús] **D**, **K**)	Muestra el detalle de las tareas que se están ejecutando y en qué thread se tratan.
Pilas paralelas ([Ctrl][Mayús] **D**, **S**)	Muestra en forma de árbol la pila de las llamadas de los diferentes threads de la aplicación.
Spy paralela	Para las aplicaciones paralelas, esta ventana muestra las variables spy en varios threads.
Pila de llamadas ([Ctrl] [Alt] **C**)	Muestra la pila de las llamadas de los métodos.
Threads ([Ctrl][Alt] **H**)	Muestra y permite controlar los threads.
Módulo ([Ctrl] [Alt] **U**)	Muestra la lista de los módulos (DLL y EXE) utilizados por la aplicación.
Proceso ([Ctrl] [Alt] **Z**)	Muestra los procesos a los que el depurador se une.
Memoria	Muestra los valores almacenados en memoria en formato hexadecimal.
Código Máquina ([Ctrl] [Alt] **D**)	Muestra el código máquina creado por el compilador.
Registros ([Ctrl] [Alt] **G**)	Muestra el contenido del registro.

Observación

Visual Studio permite utilizar expresiones lambda en las ventanas de depuración.

Capítulo 14
Gestión de excepciones

1. La clase Exception

En cualquier aplicación, incluso probada y depurada, es posible encontrar errores de ejecución. Por ejemplo, si la aplicación necesita un recurso de red y este no está disponible, el error se debe interceptar y tratar. Los errores no solo se deben al código de la aplicación. También hay que tener presente el entorno de ejecución para gestionar correctamente los errores.

El Framework .NET proporciona una jerarquía de clases que representa los diferentes tipos de errores que se pueden producir. Todas estas clases provienen, de manera más o menos directa, de la clase base `Exception`, que contiene la información sobre el error que se ha producido, como el mensaje, el origen, la traza y el error original. Aunque la clase `Exception` es muy general, no querrá gestionar errores de este tipo. Existen dos clases derivadas que permiten separar los tipos de errores:

- `System.SystemException`: esta clase se usa en los errores que normalmente se crean por el Framework .NET. Clases más específicas derivadas, como `System.ArgumentException` cuando un método tiene argumentos inválidos, o `System.UnauthorizedAccessException` cuando hay un problema de permisos.

- System.ApplicationException: esta clase sirve de clase base para crear excepciones personalizadas propias de la aplicación. Es idéntica a la clase System.SystemException, y su objetivo es poder separar y distinguir mejor el origen de los errores.

A partir del momento en que se produce un error en la aplicación se instancia un objeto correspondiente al tipo del error, el método que se está ejecutando se para y se envía una excepción al método que invoca, utilizando la pila de llamadas. La excepción remonta la pila de llamadas hasta que encuentra un controlador de errores. Si la aplicación no tiene un controlador por defecto gestiona la excepción mostrando un mensaje al usuario y cerrando la aplicación sin posibilidad de guardar los datos. Se trata de un error fatal. Definiendo los controladores de errores la aplicación puede gestionar de manera más elegante las excepciones y, según el caso, retomar su ejecución.

Sin embargo, una excepción no se debe usar para establecer una comunicación entre los objetos. Los eventos se encargan de eso. Una excepción se debe utilizar solo cuando la aplicación necesita una intervención o una operación específica para poder continuar su ejecución.

2. La creación de excepciones personalizadas

Los tipos de excepciones que proporciona el Framework .NET no se corresponden obligatoriamente con los requerimientos de una aplicación que necesita un tipo de excepción que contenga campos específicos. La creación de excepciones personalizadas se lleva a cabo creando un nuevo tipo que herede de la clase System.ApplicationException.

▶ Cree una nueva clase llamada ProjectException en la carpeta **Library** del proyecto. Esta nueva clase deriva del tipo System.ApplicationException y contiene una propiedad que permite almacenar el proyecto actual, cuando se desencadena el error:

```
public class ProjectException: ApplicationException
{
    public Project Project { get; protected set; }

    public ProjectException(Project project)
       : base()
```

```
    {
        this.Project = project;
    }
    public ProjectException(Project project, string mensaje)
        : base(mensaje)
    {
        this.Project = project;
    }
    public ProjectException(Project project, string mensaje,
Exception        innerException)
       : base(mensaje, innerException)
    {
       this.Project = project;
    }
}
```

Los constructores de la clase llaman a los constructores de la clase base para instanciar los miembros base e inicializar la propiedad `Project` de la clase.

3. El desencadenamiento de excepciones

Por lo general, el sistema desencadena una excepción, pero puede necesitar desencadenar una excepción más específica o detallada para tratarla más arriba en la pila de llamadas.

Observe el descriptor de acceso set de la propiedad `SendDelay`, de la clase `ProjectSettings`:

```
public int SendDelay
{
    get { return this.sendDelay; }
    set
    {
        if (value < 0)
            throw new ArgumentException("El valor debe ser
superior o igual a 0.", "Intervalo de envío ");
        if (this.sendDelay != value)
        {
            this.sendDelay = value;
            this.HasChanged = true;
        }
    }
}
```

Cuando se asigna un valor, este se comprueba para determinar si es superior o igual a cero. El Intervalo de envío se corresponde con el tiempo de espera entre dos envíos de email. Por tanto, este número debe ser estrictamente mayor o igual a cero. En caso contrario, se genera una excepción del tipo `ArgumentException`:

```
throw new ArgumentException("El valor debe ser superior o
igual a 0.", " Intervalo de envío");
```

`ArgumentException` es un tipo que se proporciona en el Framework .NET. Acepta como argumentos un mensaje y el nombre del argumento que está involucrado.

Se desencadena una excepción con la palabra clave `throw`, que indica que la ejecución del método actual se debe detener y la excepción se debe transferir al método que ha llamado. Se puede usar la palabra clave `throw` en un miembro bajo la forma de una expresión:

```
public int SendDelay(int val) => (val >= 0)  ?
    this.sendDelay = val :
    throw new ArgumentException("El valor debe ser superior
o igual a 0.", "Plazo de entrega");
```

En nuestra aplicación, esto se gestiona de manera más elegante a nivel del formulario `ProjectSettings`. El control `SendDelay` de tipo `NumericUpDown` tiene su propiedad `Minimum` con valor cero. Por lo tanto, el usuario no recibirá ningún mensaje de error.

▶ Inserte el siguiente código al inicio del método `Main` de la clase `Program`:

```
Project = new Library.Project();
Project.ProjectSettings.SendDelay = -1;
```

▶ Ejecute la aplicación ([F5]) para desencadenar el error. No se ejecuta, lo que implica un error grave. Como la aplicación está en modo depuración, la aplicación se detiene en la línea que desencadena la excepción, con el siguiente detalle:

```
public int SendDelay
{
    get { return this.sendDelay; }
    set
    {
        if (value < 0)
            throw new ArgumentException("El valor debe ser igual o superior a 0.", "Plazo de envío");
        if (this.sendDelay != value)
        {
            this.sendDel…
            this.HasChang…
        }
    }
}
public string LanguageFi…
```

Excepción no controlada

System.ArgumentException: 'El valor debe ser igual o superior a 0. Arg_ParamName_Name'

Preguntar a Copilot | Mostrar pila de llamadas | Ver detalles | Copiar detalles | Iniciar sesión de Live Share

▸ Configuración de excepciones

100 % Línea: 29 Carácter: 17 SPC CRLF

Pulsando en el enlace **Ver detalles**, se abre una ventana que permite consultar los valores del objeto `ArgumentException`:

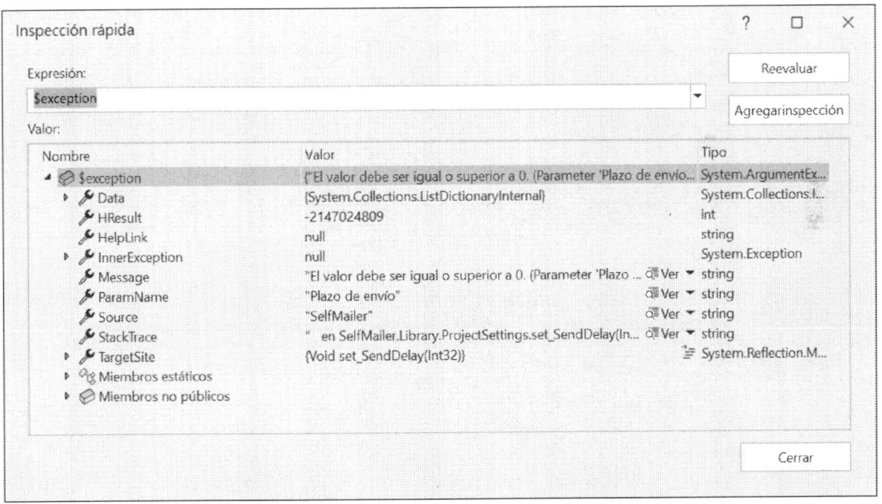

Desde la **Configuración de excepciones**, puede especificar las condiciones de parada cuando se produce la excepción.

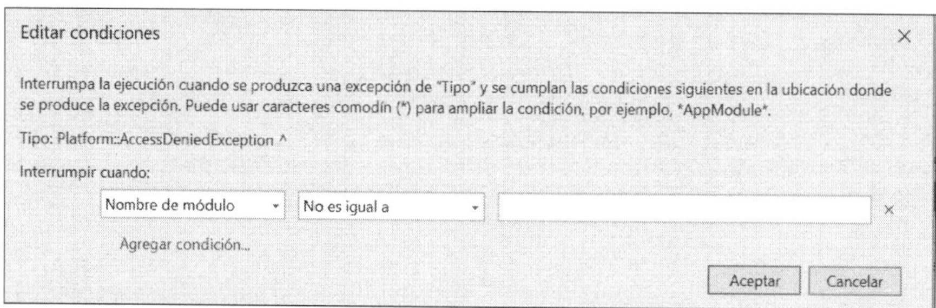

4. La intercepción y gestión de excepciones

Las excepciones forman parte del ciclo de vida de una aplicación. Como no se pueden evitar, es imprescindible interceptarlas y gestionarlas de una manera que no impida a la aplicación continuar su ejecución. El bloque `try ... catch ... finally` permite interceptar y tratar errores:

```
try
{
    Instrucciones.
}
catch
{
    Instrucciones de gestión de un error.
}
finally
{
    Instrucciones que siempre se ejecutan.
}
```

La parte `try` contiene las instrucciones que pueden desencadenar un error. Si una excepción se desencadena directamente con una instrucción `throw` o desde la pila de llamadas, la ejecución pasa inmediatamente a la parte `catch` para tratar el error. Independientemente de si se produce una excepción o no, la parte `finally` siempre se ejecuta.

Los bloques `finally` contienen las instrucciones que siempre se ejecutan, bajo en cualquier circunstancia. En este bloque es donde se deben liberar los recursos e insertar los datos.

Cuando una excepción se desencadena, hay disponible una referencia al objeto `Exception` y se puede capturar en la parte `catch`:

```
try
{
    Project = new Library.Project();
    Project.ProjectSettings.SendDelay = -1;
}
catch (Exception ex)
{
    MessageBox.Show(ex.Message);
}
```

Todas las excepciones derivan de `System.Exception`, el bloque `catch` del ejemplo anterior tratará todos errores. Es posible especificar un tipo más preciso para gestionar el error de una manera diferente:

```
catch (ArgumentException ex)
{
    MessageBox.Show(ex.Message);
    Project.ProjectSettings.SendDelay = 0;
}
```

Un controlador de errores puede contener varias partes `catch`. Solo se ejecuta una por cada excepción, en función del tipo de la misma:

```
try
{
    Project = new Library.Project();
    Project.ProjectSettings.SendDelay = -1;
}
catch (ArgumentException ex)
{
    MessageBox.Show(ex.Message);
    Project.ProjectSettings.SendDelay = 0;
}
catch (Exception ex)
{
    MessageBox.Show(ex.Message);
}
```

En este ejemplo, si se desencadena un error del tipo `ArgumentException`, se ejecuta el primer bloque `catch`, ya que el tipo de la excepción gestionada corresponde al tipo de la excepción desencadenada.

Si el tipo del error es diferente, se ejecuta el segundo bloque.

Si ningún bloque `catch` corresponde al tipo de la excepción producida, ésta se transmite siguiendo la pila de las llamadas.

La disposición de los bloques `catch` es importante, ya que se evalúan en el mismo orden que su orden de declaración. Invirtiendo la posición de los dos bloques `catch` del ejemplo anterior, independientemente de la excepción desencadenada, se ejecuta el bloque `catch` que trata los tipos de error `Exception`, incluso si el tipo real de la excepción es `ArgumentException`, ya que toda excepción deriva de manera más o menos directa de la clase base `Exception`.

Por este motivo debe declarar los bloques `catch` del más específico al más genérico, y terminar con una gestión de error general.

Además de filtrar la ejecución del bloque `catch` en función del tipo de excepción, puede agregar un filtro de excepción. Este filtro se caracteriza por una instrucción `when`:

```
try
{
    Project = new Library.Project();
    Project.ProjectSettings.SendDelay = -1;
}
catch (ArgumentException ex) when (ex.InnerException == null)
{
    MessageBox.Show(ex.Message);
    Project.ProjectSettings.SendDelay = 0;
}
catch (Exception ex)
{
    MessageBox.Show(ex.Message);
}
```

En este ejemplo, si se produce un error de tipo `ArgumentException` y su propiedad `InnerException` es `null`, se ejecutará el primer bloque `catch`. Si el tipo de error es diferente o la propiedad `InnerException` es distinta de `null`, se ejecutará el segundo bloque.

Los bloques `catch` también se pueden anidar.

- Cree una nueva clase estática llamada `MailerTools` en la carpeta **Library** e inserte el siguiente método:

```
public static void Send()
{
    try
    {
        foreach (MailProperties aMailProperties in
Program.Project.MailProperties)
        {
            if (aMailProperties.SendType != "No enviar " &&
Program.Project.ProjectSettings.LanguageField != "[Ningún idioma]")
            {
                MailMessage MM = new MailMessage();
                MM.IsBodyHtml = true;
                SmtpClient SC = new SmtpClient();
                MM.From = new
MailAddress(Program.Project.MailServerSettings.FromEmail,
Program.Project.MailServerSettings.FromName);
                SC.Host = Program.Project.MailServerSettings.Host;
                SC.Credentials = new
NetworkCredential(Program.Project.MailServerSettings.Username,
Program.Project.MailServerSettings.Password);

                foreach (DataRow aRow in Program.Project.Data.Rows)
                {
                    try
                    {
                        string RowLang =
aRow[Program.Project.ProjectSettings.LanguageField].ToString();
                        if ((RowLang == aMailProperties.Name &&
aMailProperties.Name != "[ Ningún idioma]") ||
aMailProperties.Name == "[ Ningún idioma]")
                        {
                            MM.To.Clear();
                            MM.To.Add(new
MailAddress(aRow[Program.Project.ProjectSettings.EmailField].ToString()));

                            StringBuilder Body = new StringBuilder();
                            Body.Append(aMailProperties.Body);
```

```
                        MM.Subject = aMailProperties.Subject;
                        MM.Body = Body.ToString();

                        if (MM.To.Count >= 1)
                        {
                            try
                            {
                                //SC.Send(MM);

System.Threading.Thread.Sleep(Program.Project.ProjectSettings.SendDelay);
                            }
                            catch (Exception ex)
                            {

                                throw new
ProjectException(Program.Project , "Error durante el envío", ex);
                            }
                        }
                    }
                }
                catch (ProjectException ex)
                {
                    throw ex;
                }
                catch (Exception ex)
                {
                    throw new
ProjectException(Program.Project , "Error durante el envío", ex);
                }
            }
        }
    }
  }
  catch (ProjectException ex)
  {
      throw ex;
  }
  catch (Exception ex)
  {
      throw new ProjectException(Program.Project , "Error durante
el envío", ex);
  }
}
```

En este ejemplo, si los bloques `try` anidados desencadenan una excepción, se gestionará en su propio bloque `catch`. Éste devuelve una nueva excepción de tipo `ProjectException`, especificando el error original en el constructor. El siguiente bloque `try` pasa la ejecución a su bloque `catch`, que trata el error de tipo `ProjectException` volviendo a desencadenarlo. El error inicial es accesible mediante la propiedad `InnerException`.

- Añada el siguiente código al constructor del formulario **Send** para gestionar el error:

```
try
{
    Library.MailerTools.Send();
}
catch (Exception ex)
{
    while (ex != null)
    {
        MessageBox.Show(ex.Message);
        ex = ex.InnerException;
    }
}
```

- Añada también el código de apertura del formulario en el método `enviar-ToolStripMenuItem_Click` del formulario **Main**:

```
new Forms.Send().ShowDialog();
```

- Ejecute la aplicación ([F5]) y pulse en el menú **Enviar** para mostrar los mensajes de error, uno a continuación de otro:

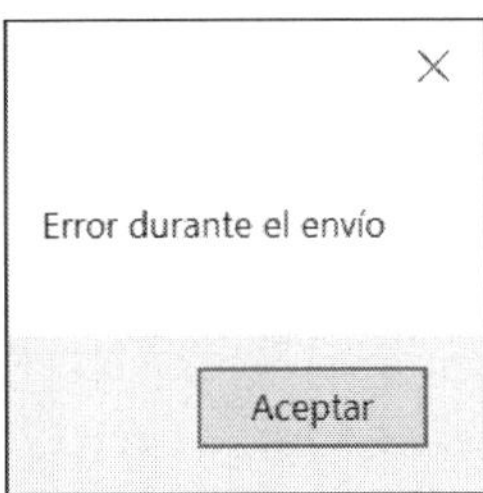

Capítulo 15
Monitorización

1. La monitorización de la ejecución

La monitorización de la ejecución de la aplicación permite guardar información sobre su estado, sin interrumpirla. Las aplicaciones complejas no se pueden examinar línea a línea para identificar un error de lógica. Las clases `Debug` y `Trace` del espacio de nombres `System.Diagnostics` exponen métodos estáticos que permiten probar las condiciones de ejecución y guardar los mensajes que se mostrarán en la ventana **Resultado** del depurador. Esta información también se transmite a la colección de objetos que escuchan, que se comparte entre ambas.

1.1 Las clases Debug y Trace

Las clases `Debug` y `Trace` son idénticas funcionalmente. La diferencia principal es que las instrucciones de la clase `Debug` no se incluyen por defecto durante la compilación en modo **release**, a diferencia de la clase `Trace`. Por este motivo, la clase `Debug` será más adecuada para la depuración de la aplicación y la clase `Trace` se usará para el seguimiento y optimización, después de la finalización de la aplicación.

Los métodos de la clase `Debug` se marcan con el atributo `Conditional`, que indica la constante `DEBUG`, lo que permite especificar que la constante se debe definir para compilar la instrucción:

```
[Conditional("DEBUG")]
```

Los métodos de la clase `Trace` también se marcan con el atributo `Conditional`, pero la constante es `TRACE`:

```
[Conditional("TRACE")]
```

Estas constantes se definen en las propiedades del proyecto, en la pestaña **Compilar**. De manera predeterminada, en modo de compilación **debug** se definen las dos constantes `DEBUG` y `TRACE`, mientras que en modo de compilación **release** solo se define la constante `TRACE` por defecto:

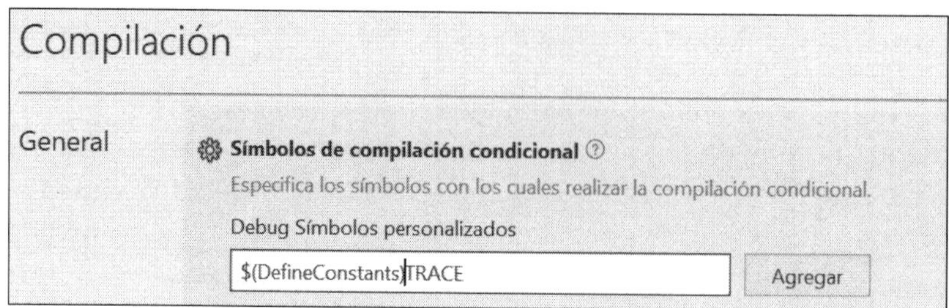

Las dos clases exponen una serie de métodos para escribir en el listener:

– `Assert`: verifica una condición. Si es falsa, se escribe un mensaje en el listener y en la ventana **Salida** ([Ctrl] **W**, **O**).

```
Trace.Assert(false, "Mensaje del método Assert.");
```

```
---- ERROR DE DEPURACION DE ASERCION ----
---- Mensaje corto de aserción ----
Mensaje del método Assert.
---- Mensaje largo de aserción ----
```

- `Fail`: como para el método `Assert`, se escribe un mensaje en el listener y en la ventana **Salida** ([Ctrl][Alt] **O**).

```
Trace.Fail("Mensaje del método Fail.");
```

- `Write`: escribe un mensaje en el listener.

```
Trace.Write("Mensaje del método Write.");
```

- `WriteIf`: escribe un mensaje en el listener si la condición es cierta.

```
Trace.WriteIf(true, "Mensaje del método WriteIf.");
```

- `WriteLine` y `Print`: escribe un mensaje con un carácter de fin de línea en el listener.

```
Trace.WriteLine(true, "Mensaje del método WriteLine.");
```

- `WriteLineIf`: escribe un mensaje con un carácter de fin de línea en el listener, si la condición es cierta.

```
Trace.WriteLineIf(true, "Mensaje del método WriteLineIf.");
```

Las clases `Debug` y `Trace` también tienen los métodos `Indent` y `Unindent` que permiten modificar la justificación del texto de los mensajes que se escribirán. La unidad de justificación se define en la propiedad `IndentSize` y el nivel total de justificación se puede definir directamente con la propiedad `IndentLevel`.

▶ Añada las siguientes instrucciones al inicio y al final del método `Main` de la clase `Program`:

```
Trace.WriteLine("Inicio de la aplicación SelfMailer");
...
Trace.WriteLine("Fin de la aplicación SelfMailer");
```

Ejecute la aplicación ([F5]) y examine la ventana **Salida** (menú **Depurar - Ventanas - Resultados**):

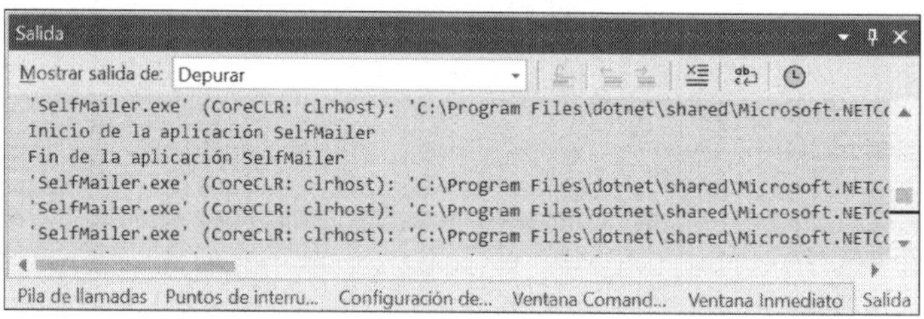

1.2 El listener

Todos los mensajes inscritos por los métodos de las clases `Debug` y `Trace` se inscriben en los listeners (propiedad `Listeners`) de tipo `TraceListenerCollection`.

Los listeners se instancian con un miembro por defecto de tipo `DefaultTraceListener`, que permite recibir los mensajes que monitorizan la ejecución, sin configuración adicional. Por defecto, este listener se ocupa de transmitir los mensajes al depurador de Visual Studio y, una vez que la aplicación termina, los mensajes que se han guardado gracias a este listener se eliminan y no se pueden consultar más adelante.

1.2.1 La creación de listeners

Para hacer copias de seguridad de la monitorización de la ejecución de una aplicación, el Framework .NET dispone de clases especializadas que permiten escribir la salida en formato texto mediante la clase `TextWriterTraceListener`, XML mediante la clase `XmlWriterTraceListener` o en los archivos de traza de eventos de Windows mediante la clase `EventLogTraceListener`. Basta con instanciar un objeto del tipo deseado y después añadirlo al listener:

```
TextWriterTraceListener textListener =
                new TextWriterTraceListener(@"C:\Traza.txt");
Trace.Listeners.Add(textListener);

XmlWriterTraceListener xmlListener =
```

```
                    new XmlWriterTraceListener(@"C:\Traza.xml");
Trace.Listeners.Add(xmlListener);

EventLogTraceListener logListener =
                    new EventLogTraceListener("Application");
Trace.Listeners.Add(logListener);
```

1.2.2 La copia de seguridad de las trazas

Después de haber escrito los mensajes de monitorización de la ejecución, se debe llamar al método `Flush` para la clase `Trace` o `Debug` y así lanzar la escritura en el archivo o archivos de traza de eventos:

```
Trace.Write("Inicio de la aplicación.");
Trace.Flush();
```

La propiedad booleana `AutoFlush` permite indicar si el vaciado del buffer de memoria y la escritura en el archivo o archivos de traza de eventos se hacen automáticamente o no.

El ejemplo anterior producirá un archivo de texto con el mensaje, un archivo XML más complejo con información adicional y un evento en el registro **Aplicación** del **Visor de eventos** de Windows:

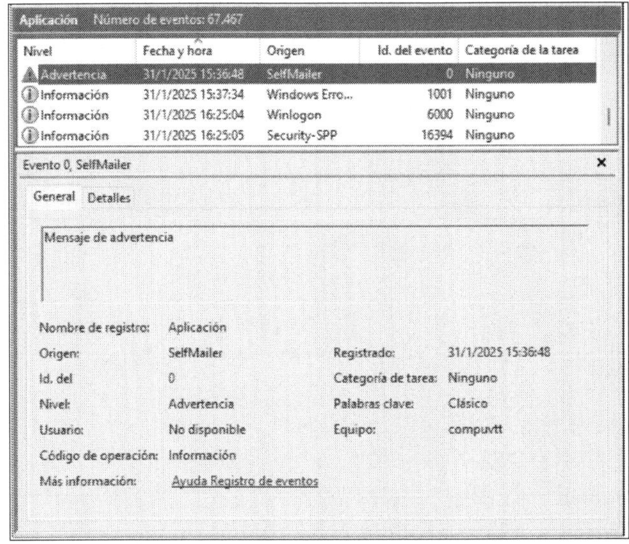

La clase `Trace` contiene tres métodos adicionales que permiten definir el tipo del mensaje: **Información**, **Advertencia** o **Error**:

```
Trace.TraceInformation("Mensaje de información.");
Trace.TraceWarning("Mensaje de advertencia.");
Trace.TraceError("Mensaje de error.");
```

Nivel	Fecha y hora	Origen	Id. del evento	Categoría de la tarea
Error	31/1/2025 15:36:48	SelfMailer	0	Ninguno
Advertencia	31/1/2025 15:36:48	SelfMailer	0	Ninguno
Información	31/1/2025 15:36:48	SelfMailer	0	Ninguno

Además de los archivos de texto y los archivos de traza de eventos de Windows, Visual Studio ofrece la herramienta **Microsoft Service Trace Viewer** (C:\Program Files (x86)\Microsoft SDKs\Windows\v10.0A\bin\NETFX 4.8 Tools\SvcTraceViewer.exe). Esta herramienta permite analizar las trazas WCF (*Windows Communication Foundation*), así como las trazas clásicas en formato XML:

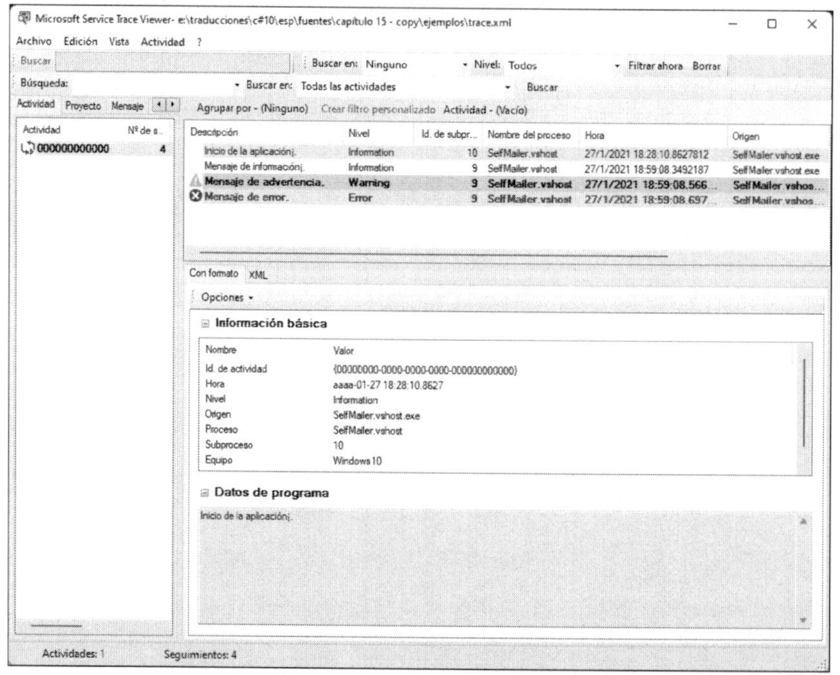

1.3 Los modificadores de seguimiento

En fase de depuración, es interesante tener toda la información de monitorización de la ejecución, pero una vez que la aplicación se ha desarrollado, la monitorización de la ejecución solo es útil en casos particulares. Los modificadores de seguimiento permiten configurar la inscripción o no de la información de monitorización de la ejecución.

1.3.1 El funcionamiento de los modificadores de seguimiento

Existen dos modificadores de seguimiento principales: el modificador de tipo `BooleanSwitch`, que permite especificar un estado activado o no, y el tipo `TraceSwitch`, que permite un ajuste más preciso en cinco niveles.

Los constructores de los modificadores reciben dos argumentos: el nombre que muestra (`DisplayName`) y su descripción (`Description`):

```
BooleanSwitch booleanSwitch=new
BooleanSwitch("BooleanSwitch","Modificador booleano.");

TraceSwitch traceSwitch=new
TraceSwitch("TraceSwitch","Modificador complejo.");
```

Los modificadores de seguimiento se pueden utilizar como condiciones para la escritura de mensajes. La relación no es automática, por lo que hay que utilizar los métodos condicionales de la clase `Trace`:

```
Trace.WriteLineIf(booleanSwitch.Enabled, "Inicio de
la aplicación SelfMailer");
```

La clase `TraceSwitch` cuenta con cinco niveles de traza, definidos de 0 a 4 en la propiedad `Level` de tipo `TraceLevel`:

- `Off`: corresponde al valor 0. No se envía ningún mensaje a la salida.
- `Error`: corresponde al valor 1. Los mensajes de error se envían a la salida.
- `Warning`: corresponde al valor 2. Los mensajes de advertencia se envían a la salida.
- `Info`: corresponde al valor 3. Los mensajes de información se envían a la salida.
- `Verbose`: corresponde al valor 4. Todos los mensajes se envían a la salida.

Cuando quiera indicar si un mensaje se debe escribir en la salida, fundamentalmente con el método `WriteLineIf` de la clase `Trace`, puede comprobar el valor de la propiedad `Level` de la clase `TraceSwitch` o las propiedades booleanas expuestas: `TraceError`, `TraceWarning`, `TraceInfo` o `TraceVerbose`.

Las dos instrucciones siguientes son equivalentes:

```
Trace.WriteLineIf(traceSwitch.TraceInfo, "Fin de la aplicación
SelfMailer");
```

```
Trace.WriteLineIf(traceSwitch.Level == TraceLevel.Info, "Fin de
la aplicación SelfMailer");
```

Tan pronto como se define un nivel de monitorización de la ejecución, las propiedades booleanas de la clase `TraceSwitch` se actualizan y todos los niveles inferiores toman el valor `true`.

1.3.2 La configuración de los modificadores de seguimiento

La declaración de los modificadores de seguimiento se hace en el código de la aplicación, pero su configuración se debe hacer fuera del código, de manera que sea posible activarlos desde la compilación de la aplicación.

La configuración de los modificadores de seguimiento se hace en el archivo de configuración de la aplicación. Este archivo, en formato XML, permite configurar la aplicación. Se llama **App.config** en el proyecto y, una vez compilado, tiene el nombre **[nombre del ejecutable de la aplicación].exe.config**.

- Agregue un archivo de configuración al proyecto **SelfMailer**: menú **Proyecto** - **Añadir nuevo elemento...** y después seleccione **Archivo de configuración de aplicaciones** en la ventana **Añadir nuevo elemento** y pulse en el botón **Añadir**.

Cuando el código crea un modificador, el archivo de configuración se analiza. El valor de la propiedad DisplayName permite relacionar un modificador declarado en el código y su configuración, en el archivo XML.

▶Añada el siguiente código al archivo de configuración:

```
<?xml version="1.0" encoding="utf-8"?>
<configuration>
  <system.diagnostics>
    <switches>
      <add name="BooleanSwitch" value="1"/>
      <add name="TraceSwitch" value="3"/>
    </switches>
  </system.diagnostics>
</configuration>
```

Para los objetos de tipo BooleanSwitch, el valor 0 indica que se desactiva el modificador y cualquier otro valor no nulo representa el estado activo.

Para los objetos de tipo TraceSwitch, los valores van de 0 a 4, ambos incluidos, para determinar el nivel de traza deseado. Cualquier valor superior a 4 se trata como el valor 4 (TraceLevel.Verbose).

2. Los archivos de traza de eventos

Los archivos de traza de eventos representan el punto central de los mensajes que permiten comprobar el estado de salud del sistema y de las aplicaciones. Los errores de una aplicación deben escribir mensajes en los archivos de traza de eventos a partir de un objetivo central y facilitar el seguimiento del ciclo de vida de la aplicación.

2.1 La interacción con los archivos de traza de eventos

Es posible acceder a los archivos de traza de eventos desde Visual Studio en el **Explorador de servidores** ([Ctrl][Alt] **S**):

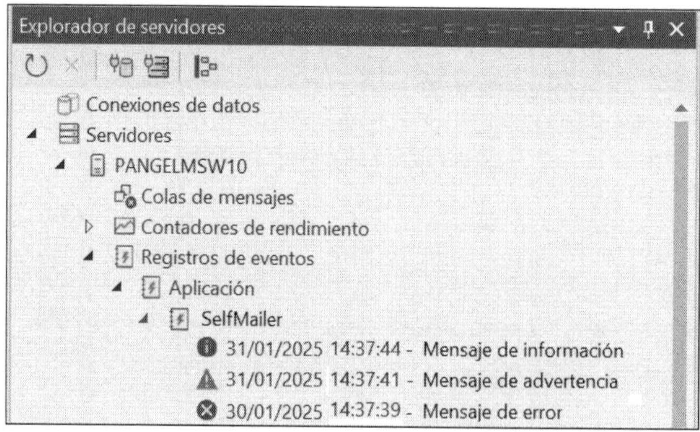

Un evento se define fundamentalmente con las siguientes propiedades:

- `Category`: es posible definir una categoría para facilitar el filtrado de los eventos.
- `Date`: corresponde a la fecha de entrada en el log de eventos.
- `EntryType`: indica el tipo del mensaje: Información, Warning o Error. Se usan dos tipos adicionales solo en el log de seguridad: FailureAudit y SuccessAudit.
- `EventID`: identificador del evento.
- `Message`: mensaje del evento.
- `Source`: indica el nombre del programa que ha registrado el evento.

En la sección La creación de listeners de este capítulo hemos visto cómo escribir mensajes en un log de eventos utilizando la clase `EventLogTraceListener`. Esta clase contiene un miembro de tipo `EventLog` que se encarga de la escritura en el log de eventos. Este tipo también se puede usar directamente para leer y escribir en los archivos de traza.

La clase `EventLog` forma parte del espacio de nombres `System.Diagnostics`. Permite leer y escribir en los archivos de traza de eventos. Una entrada se representa por la clase `EventLogEntry`, disponible mediante la propiedad `Entries` de tipo `EventLogEntryCollection` de la clase `EventLog`.

2.2 La gestión de los archivos de traza de eventos

La clase `EventLog` permite gestionar los archivos de traza de eventos gracias a los siguientes métodos estáticos:

Observación

No todos los usuarios tienen derecho a acceder al registro de Windows para usar las funciones que de una u otra forma lo modifican. A partir de Windows Vista, debe tener derechos de administrador para acceder al registro. La forma más rápida y sencilla de evitar largas y tediosas manipulaciones es iniciar Visual Studio 2022 como administrador. Si lo hace así, podrá seguir sin problemas todos los ejemplos mostrados en esta sección.

- `CreateEventSource`: permite crear una nueva fuente de eventos y un nuevo log.

```
CreateEventSource("SelfMailer", "Application");
```

- `Delete`: elimina completamente un log.

```
EventLog.Delete("Application");
```

- `DeleteEventSource`: elimina una fuente de eventos.

```
EventLog.DeleteEventSource("SelfMailer");
```

- `Exists`: determina si el log existe en la máquina local.

```
EventLog.Exists("Application");
```

- `GetEventLogs`: devuelve todos los archivos de traza de eventos.

```
EventLog.GetEventLogs();
```

- `LogNameFromSourceName`: devuelve el nombre del log asociado a la fuente especificada.

```
EventLog.LogNameFromSourceName("SelfMailer", ".");
```

– `SourceExists`: determina si la fuente existe en la máquina local.

```
EventLog.SourceExists("SelfMailer");
```

Lo primero que hay que hacer antes de escribir los eventos es crear una fuente verificando que no exista ya. La aplicación usará la fuente para identificar con facilidad las entradas del log. El siguiente ejemplo crea la fuente **SelfMailer** para el log **Application** si no ésta existe:

```
if (!EventLog.SourceExists("SelfMailer"))
{
    EventLog.CreateEventSource("SelfMailer", "Application");
}
```

La creación de fuentes hace que sean necesarios permisos de administrador en la máquina, motivo por el que es mejor crearlos durante el despliegue de la aplicación.

2.3 La escritura de eventos

Para escribir nuevas entradas en un log de eventos, la clase `EventLog` expone el método estático y de instancia `WriteEntry`. La versión estática del método `WriteEntry` recibe como argumento la fuente que se indicó durante la instanciación de la versión instanciada del método `WriteEntry`:

```
EventLog eventLog = new EventLog("Application",
                                 ".",
                                 "SelfMailer");
```

El método `WriteEntry` tiene muchas sobrecargas que permiten escribir una nueva entrada con más o menos argumentos:

– Escribir un mensaje informativo:

```
eventLog.WriteEntry("Mi mensaje");
```

– Escribir un mensaje, indicando el tipo:

```
eventLog.WriteEntry("Mi mensaje", EventLogEntryType.Warning);
```

– Escribir un mensaje indicando el tipo y el identificador (0 por defecto):

```
eventLog.WriteEntry("Mi mensaje", EventLogEntryType.Warning, 3);
```

– Escribir un mensaje indicando el tipo, el identificador (0 por defecto) y la categoría (0 por defecto):

```
eventLog.WriteEntry("Mi mensaje",
                    EventLogEntryType.Warning, 3, 5);
```

Una última sobrecarga permite pasar un array de `byte` con información adicional.

3. Los contadores de rendimiento

Monitorizar una aplicación durante su ciclo de vida es muy importante para añadir mejoras en el rendimiento, aumentar la rapidez y optimizar el espacio de memoria utilizado. Los contadores de rendimiento son indispensables para comprobar y controlar estos puntos.

Los contadores de rendimiento están accesibles desde la opción de menú **Ver - Explorador de servidores** ([Ctrl][Alt] **S**):

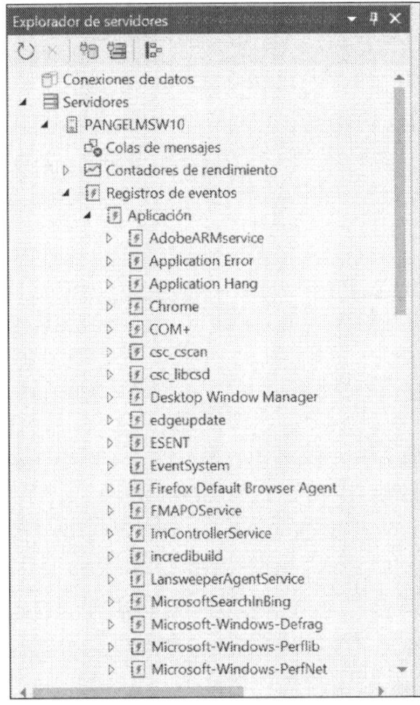

El espacio de nombres `System.Diagnostics` proporciona las clases que permiten interactuar con los contadores de rendimiento. Entre las más utilizadas están:

- `PerformanceCounter`: esta clase se puede usar para monitorizar y modificar los contadores.
- `PerformanceCounterCategory`: esta clase permite gestionar y recorrer las categorías de contadores.

Puede utilizar esos contadores en su aplicación o crear nuevos, específicos para una aplicación, para poder analizarlos.

3.1 La creación de contadores de rendimiento

3.1.1 Desde Visual Studio

Los contadores de rendimiento se pueden crear directamente desde Visual Studio, en la ventana **Explorador de servidores** ([Ctrl][Alt] **S**).

- Abra el menú contextual del nodo **Contadores de rendimiento** y, a continuación, pulse en la opción de menú **Crear categoría nueva...**:

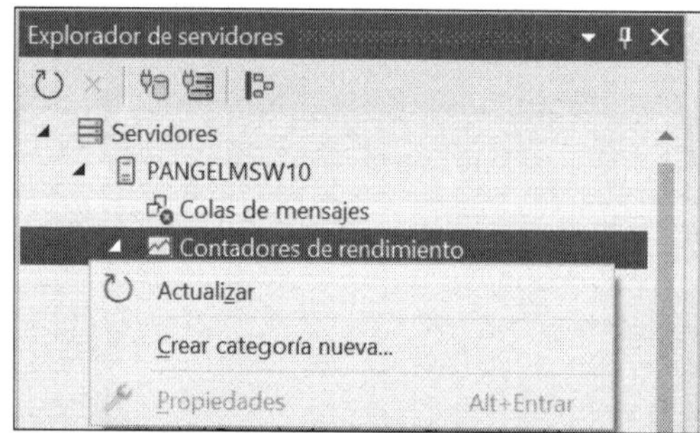

- Se abre la ventana **Generador de contadores de rendimiento**. Indique **SelfMailer** como nombre de la categoría y agregue una descripción. Para poder terminar la creación de la categoría hay que crear al menos un contador. Pulse en el botón **Nuevo** e indique **SendPerSecond** para el nombre del contador. Seleccione **RateOfCountsPerSecond32** para el campo **Tipo** e indique una descripción para este contador.

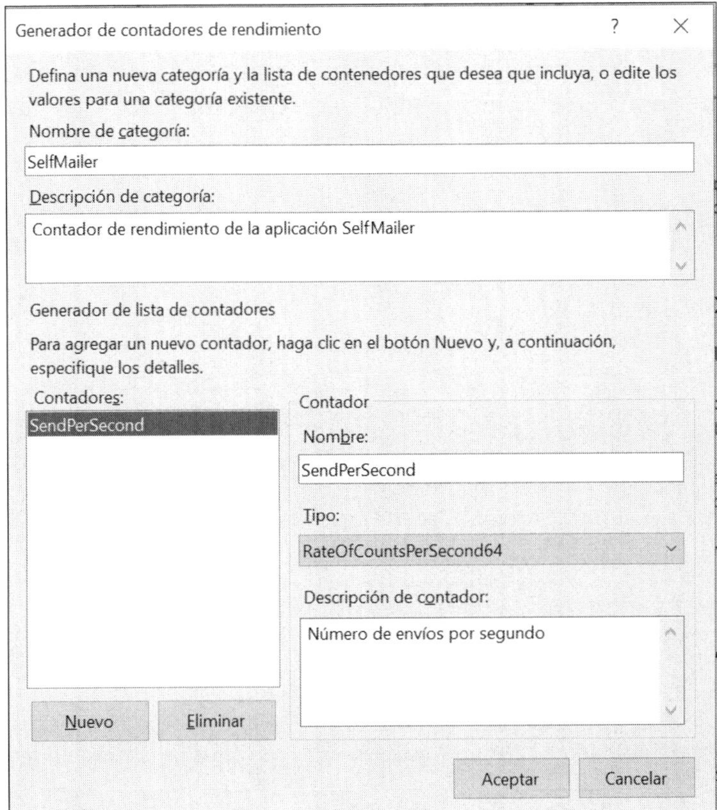

Después de la validación del formulario, la categoría y el contador aparecen en la lista de contadores de rendimiento:

3.1.2 Desde el código

La creación de contadores de rendimiento también se puede hacer de manera dinámica mediante código. A continuación, se muestra el método que permite crear el mismo contador **SelfMailer** que se ha creado anteriormente desde la interfaz de Visual Studio:

```
public void CreateCounter()
{
    if (PerformanceCounterCategory.Exists("SelfMailer"))
    {
        PerformanceCounterCategory.Delete("SelfMailer");
    }

    CounterCreationData counter =
        new CounterCreationData("SendPerSecond",
            "Número de envíos por segundo",
            PerformanceCounterType.RateOfCountsPerSecond32);

    CounterCreationDataCollection counters =
        new CounterCreationDataCollection();
    counters.Add(counter);

    PerformanceCounterCategory.Create("SelfMailer",
       " Contadores de rendimiento de la aplicación SelfMailer",
        PerformanceCounterCategoryType.SingleInstance,
        counters);
}
```

Si intenta crear una categoría que ya existe se producirá una excepción de tipo `InvalidOperationException`. Por esta razón, se debe usar el método estático `Exists` de la clase `PerformanceCounterCategory` para comprobar que el nombre de la categoría no existe. De la misma manera, no está permitido crear dos contadores con el mismo nombre para una categoría, lo que provocaría una excepción de tipo `ArgumentException`.

La creación de un contador se hace instanciando un objeto de tipo `CounterCreationData`. A continuación, este objeto se añade a una colección de objetos de tipo `CounterCreationDataCollection`. El método estático `Create` de la clase `PerformanceCounterCategory` permite especificar el nombre de la categoría, su descripción, su tipo, así como la colección de contadores creada anteriormente.

La propiedad `PerformanceCounterCategoryType` permite indicar si la categoría puede tener varias instancias. Tiene tres valores:

- `Unknown`: especifica que las funcionalidades de instancia no se conocen.
- `SingleInstance`: especifica que la categoría solo tiene una única instancia, es decir, que los contadores son globales.
- `MultiInstance`: especifica que la categoría puede tener varias instancias y que los contadores no son globales.

3.2 El uso de contadores de rendimiento

Los contadores de rendimiento se pueden añadir a un formulario Windows arrastrando y soltando desde la ventana **Cuadro de herramientas** un objeto de tipo **PerformanceCounter** (en la pestaña **Componentes**), en el diseñador de pantallas de Visual Studio. La instancia del objeto del tipo `PerformanceCounter` aparece en la barra de componentes del diseñador de pantallas y la ventana **Propiedades** permite configurarlo. También es posible arrastrar y soltar desde la ventana **Explorador de servidores** hacia el diseñador de pantallas, seleccionando el contador deseado. En este caso, las propiedades del objeto como el nombre de la categoría, el nombre del contador y el nombre de la máquina, ya están rellenos.

▶ Agregue un contador de rendimiento al formulario **Send** con las siguientes propiedades:

Propiedades	Valor
`Name`	SendPerSecondCounter
`CategoryName`	SelfMailer
`CounterName`	SendPerSecond
`MachineName`	.

Observación

El carácter **.** *para especificar una máquina indica que se trata de la máquina local.*

▶ Añada también un control **Label** con las siguientes propiedades:

Propiedades	**Valor**
`Name`	SendPerSecondValue
`Text`	0 email / segundo

▶ Añada un componente **Timer** que permita actualizar el texto del **Label Send**
PerSecondValue:

Propiedades	**Valor**
`Name`	SendPerSecondTimer
`Interval`	1000
`Enabled`	True

▶ Añada un controlador para el evento `Tick` del **TimerSendPerSecondTimer** que permita actualizar el valor de Label **SendPerSecondValue**:

```
private void SendPerSecondTimer_Tick(object sender, EventArgs e)
{
    this.SendPerSecondValue.Text =
          this.SendPerSecondCounter.NextValue().ToString()
          + " email / segundo";
}
```

Observación

*El código del formulario **Send** utiliza un objeto `BackgroundWorker` para ejecutar el método de envío en otro thread y permitir la actualización del formulario **Send**. Este tipo de componente se estudiará más adelante en el libro.*

▶ Ahora que puede leer el valor de un contador y mostrarlo en el formulario, hay que hacer que este contador se incremente. Añada un objeto estático de tipo `PerformanceCounter` en la clase `MailerTools`:

```
private static PerformanceCounter SendPerSecondCounter =
    new PerformanceCounter("SelfMailer", "SendPerSecond", false);
```

La clase `PerformanceCounter` expone los métodos `Increment`, `IncrementBy` y la propiedad `RawValue` para gestionar el valor del contador:

- `Increment`: método que permite incrementar en 1 el valor del contador.
- `IncrementBy`: método que permite incrementar el valor del contador cuyo nombre se especifica como argumento.
- `RawValue`: propiedad que permiten leer y asignar un valor al contador.

Para modificar el valor de un contador, su propiedad `ReadOnly` debe tener el valor `False`.

▶ Añada un incremento durante el envío de un email en el método `Send` de la clase `MailerTools`:

```
...
try
{
    //SC.Send(MM);
    SendPerSecondCounter.Increment();
    Thread.Sleep(Program.Project.ProjectSettings.SendDelay);
}
...
```

▶ Ejecute la aplicación ([F5]). Después de configurar los diferentes argumentos e insertar un juego de datos, pulse en el menú **Enviar**. Se ejecuta el procedimiento de envío, el contador se incrementa y el formulario **Send** actualiza el valor de la frecuencia de envío por segundo:

3.3 El análisis de contadores de rendimiento

Windows contiene una herramienta que permite hacer seguimiento de los contadores de rendimiento. Ejecute el **Monitor de rendimiento** desde la búsqueda de Windows.

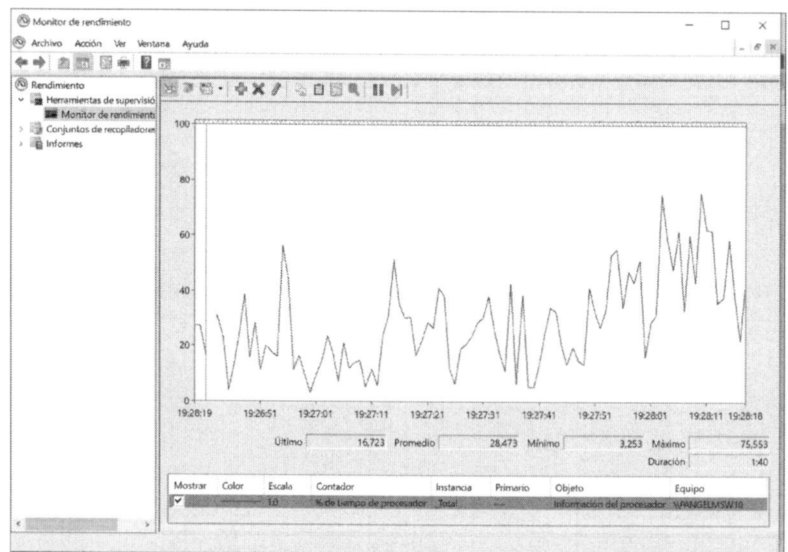

◘ De manera predeterminada, se carga el contador **% Processor Time** y muestra el porcentaje de uso del procesador. Para añadir un contador, pulse en el botón **+** verde en la barra de herramientas de la parte superior. Abra la categoría **SelfMailer**, seleccione el contador **SendPerSecond** y pulse en el botón **Añadir**. El contador se añade a la lista de la derecha de la ventana **Añadir contadores**. Pulse en el botón **Aceptar** para validar la adición.

- A partir de este momento, el contador se muestra en forma de gráfica en el monitor de rendimiento. Ejecute la aplicación ([F5]) y, después de configurarla, realice varios envíos consecutivos, haciendo variar el valor del retraso en el envío para ver cómo evoluciona la gráfica:

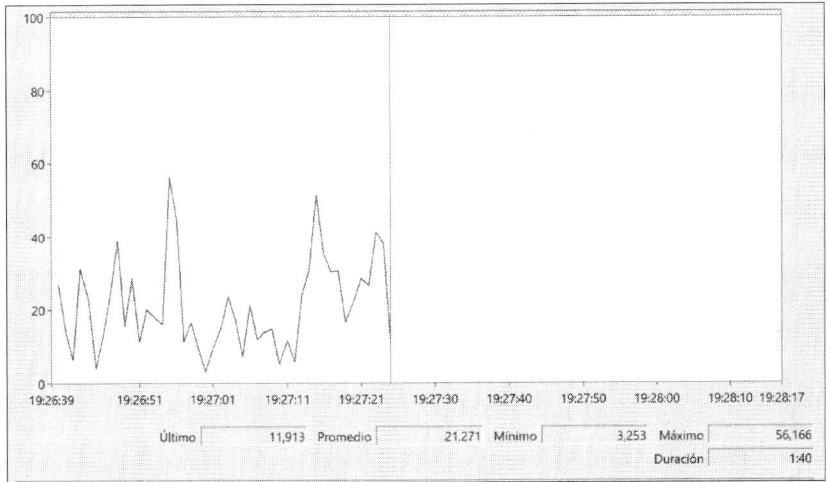

Capítulo 16
Pruebas unitarias

1. Introducción a las pruebas unitarias

Las pruebas unitarias son la mejor forma de probar el código de una aplicación a lo largo de su desarrollo. Por un lado, estas pruebas permiten asegurar que los métodos devuelven resultados correctos, teniendo en cuenta los argumentos que se le pasan y, por otro lado, se pueden utilizar para hacer **Test Driven Development**. Se trata de una técnica en la que las pruebas se escriben antes que las clases y los métodos. De esta manera, serán las pruebas las que van a definir el desarrollo y no a la inversa.

1.1 La creación del proyecto

Visual Studio ofrece una plantilla de proyecto para las pruebas unitarias: **Proyecto de prueba unitaria «MSTest»**.

- Agregue un proyecto de prueba unitaria a la solución **SelfMailer** (**Archivo** - **Agregar** - **Nuevo proyecto...** - **Proyecto de prueba de MSTest**) y llámelo **UnitTest**.

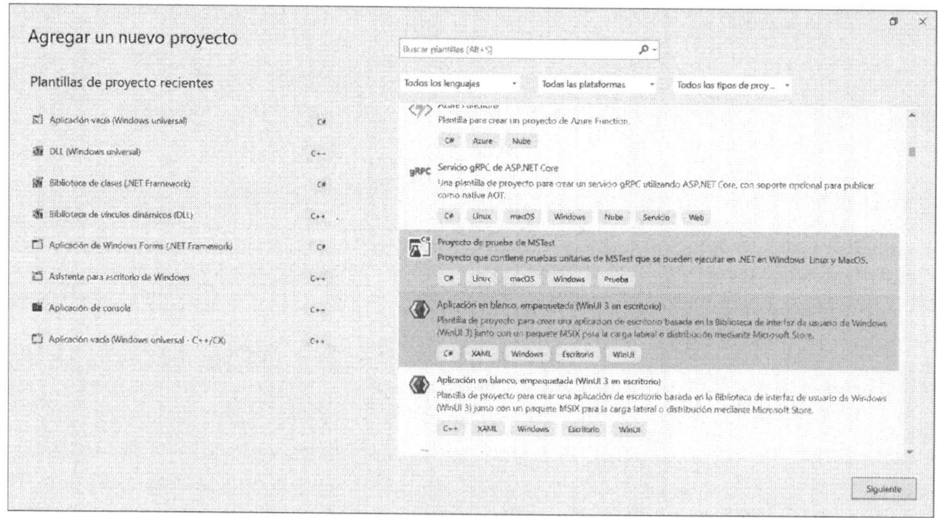

Visual Studio crea la solución añadiendo la referencia a la librería **Microsoft.VisualStudio.QualityTools.UnitTestFramework**, que contiene las clases que permiten crear las pruebas. También se añade el archivo **UnitTest1.cs**. En este archivo es donde se escriben las pruebas.

1.2 Las clases de pruebas unitarias

El espacio de nombres que se usa para las pruebas unitarias es `Microsoft.VisualStudio.TestTools.UnitTesting`. Contiene la clase principal que permite hacer las pruebas: la clase estática `Assert` permite realizar afirmaciones, es decir, aportar una propuesta verdadera al método y asegurarse de que el resultado también es correcto. La clase `Assert` contiene numerosos métodos estáticos para crear afirmaciones:

- `AreEqual`: comprueba si dos valores son idénticos.
- `AreNotEqual`: comprueba si dos valores son diferentes.
- `AreNotSame`: comprueba si dos objetos son diferentes.
- `AreSame`: comprueba si dos objetos son idénticos.
- `Fail`: hace fallar una afirmación sin probar las condiciones.

- `Inconclusive`: indica que el resultado de la afirmación no es determinante. También indica que la afirmación todavía no se ha implementado.
- `IsFalse`: comprueba si una expresión es falsa.
- `IsInstanceOfType`: comprueba si un objeto es una instancia del tipo especificado.
- `IsNotInstanceOfType`: comprueba si un objeto no es una instancia del tipo especificado.
- `IsNotNull`: comprueba si un objeto no es `null`.
- `IsNull`: comprueba si un objeto es `null`.
- `IsTrue`: comprueba si una expresión es verdadera.

El espacio de nombres también ofrece muchos atributos, entre ellos aquellos que se usan en la mayor parte de las pruebas:

- `TestClassAttribute`: este atributo se debe declarar en una clase y permite identificarlo como perteneciente a una clase de pruebas. Todas las clases que tengan este atributo se evaluarán durante la ejecución de las pruebas.
- `TestMethodAttribute`: este atributo se debe declarar en un método y permite identificarlo como perteneciente a un método de pruebas. Todos los métodos que tengan este atributo se evaluarán durante la ejecución de las pruebas.
- `TestInitializeAttribute`: este atributo se declara en un método que permite inicializar el entorno de pruebas. Los métodos marcados con este atributo serán los que se ejecuten antes de cada método de pruebas.
- `TestCleanupAttribute`: este atributo se declara en un método que permite restaurar el entorno de pruebas. Los métodos marcados con este atributo serán los que se ejecuten después de cada método de pruebas.

La clase `TestContext` va a permitir recuperar el contexto en el que se desarrolla la prueba, principalmente la información relativa al nombre de la prueba, la ruta de acceso a los directorios de log, la ruta de acceso de ejecución, etc. Para recuperar una instancia del tipo `TestContext` basta con declarar una variable de este tipo en la clase de prueba y esta se instanciará automáticamente.

2. La puesta en marcha de una serie de pruebas

2.1 Crear pruebas del proyecto

- Renombre el archivo **UnitTest1.cs** en **MailServerSettingsTest.cs**, elimine el método `TestMethod1` y declare una variable pública de tipo `TestContext`:

```
public TestContext TestContext { get; set; }
```

- A partir de este momento, tendrá una clase lista para recibir los métodos de prueba. Para relacionarla con el proyecto **SelfMailer**, añada una referencia al proyecto. Desde el menú contextual de la carpeta **Referencias** del proyecto **UnitTest** seleccione **Añadir una referencia...**. Elija el proyecto **SelfMailer** desde la pestaña **Solución** - **Proyectos**.

- Añada el método `FromEmailTestValid` en el archivo **MailServerSettingsTest.cs**:

```
[TestMethod()]
public void FromEmailTestValid()
{
    MailServerSettings target = new MailServerSettings();
    string expected = "test@abc.com";
    string actual;
    target.FromEmail = "test@ab.com";
    actual = target.FromEmail;
    Assert.AreEqual(expected, actual);
}
```

- Añada una referencia al espacio de nombres **SelfMailer.Library** en el encabezado del archivo **MailServerSettingsTest.cs**:

```
using SelfMailer.Library;
```

El método instancia un objeto del tipo `MailServerSettings` llamado `target` y después dos variables de tipo `string`: `expected` y `actual`. La propiedad `FromEmail` del objeto `target` se asigna al valor de la variable `expected` y después se asigna a la variable `actual` el valor de la propiedad `FromEmail` del objeto `target`. Para terminar, las dos variables `expected` y `actual` se comparan en una afirmación.

2.2 El desarrollo de las pruebas

▶ Ejecute el proyecto de prueba desde el menú **Prueba** - **Ejecutar todas las pruebas** ([Ctrl] **R**, **A**). Se ejecutan todos los métodos de prueba, uno a continuación de otro, y los resultados se pueden consultar en la ventana **Explorador de pruebas**, desde el menú **Prueba** - **Explorador de pruebas** ([Ctrl] **E**, **T**):

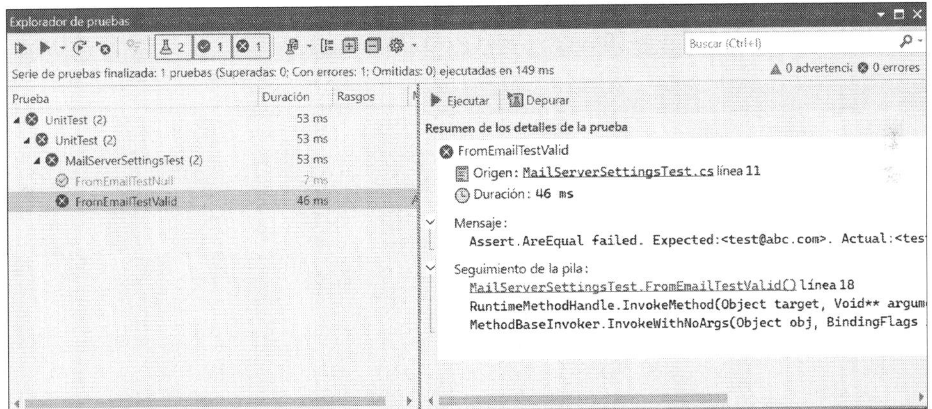

El resultado de la prueba es un fallo, ya que los dos valores no son iguales. El explorador de pruebas unitarias muestra los detalles del fallo de la prueba. En nuestro caso, el valor `test@abc.com` es diferente de `test@ab.com`.

Modificando el código del método `FromEmailTestValid` para asegurarse de que las dos variables tienen el mismo valor, obtiene un éxito después de volver a ejecutar la prueba:

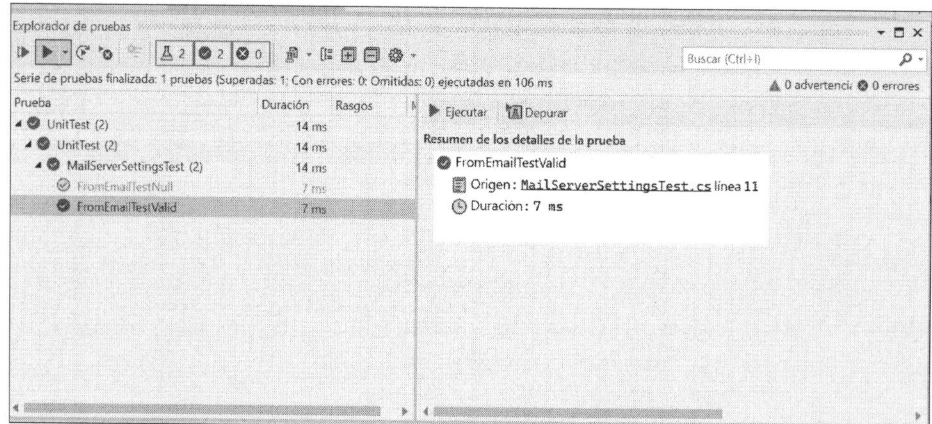

La propiedad `FromEmail` debe probar que el valor que se va a asignar es una dirección de correo electrónico con formato correcto antes de asignarla a la variable `fromEmail`. Si el valor no es válido, el valor de la variable `fromEmail` no se debe modificar.

▶ Modifique el método de prueba de manera que se puedan probar estos casos:

```
[TestMethod()]
public void FromEmailTestValid()
{
    MailServerSettings target = new MailServerSettings();
    string expected = "test@abc.com";
    string actual;
    target.FromEmail = "test@abc.com";
    actual = target.FromEmail;
    Assert.AreEqual(expected, actual);
}
[TestMethod()]
public void FromEmailTestNull()
{
    MailServerSettings target = new MailServerSettings();
    target.FromEmail = "test";
    Assert.IsNull(target.FromEmail);
}
```

■ Ejecute las pruebas ([Ctrl] **R**, **A**) y compruebe el resultado:

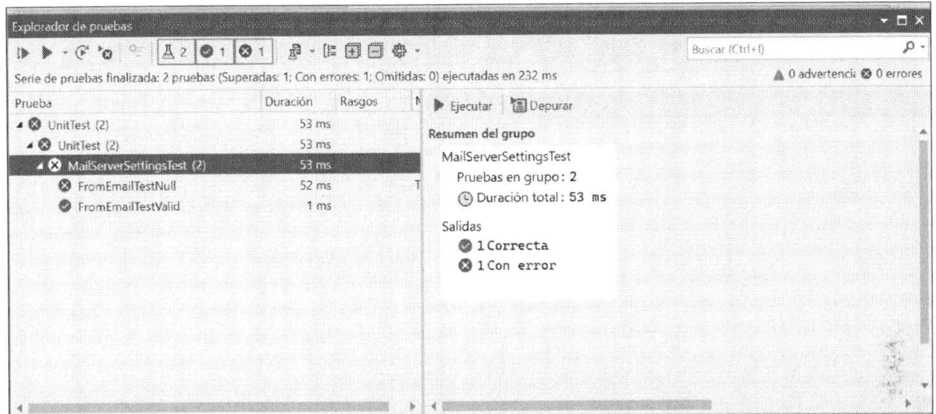

La prueba del método `FromEmailTestValid` se ejecuta con éxito. El valor esperado corresponde al valor actual de la propiedad `FromEmail`. Por el contrario, la prueba del método `FromEmailTestNull` falla, ya que el valor esperado, `string.Empty`, no se corresponde con el valor de la propiedad `FromEmail` que es `test`. Se debe modificar el descriptor de acceso `set` de la propiedad `FromEmail` para comprobar la validez del valor que se debe asignar a la variable `fromEmail`:

```
public string FromEmail
{
   get { return this.fromEmail; }
   set
   {
      string pattern = @"^([a-zA-Z0-9_\-\.]+)@((\[[0-9]{1,3}\." +
                       @"[0-9]{1,3}\.[0-9]{1,3}\.)|" +
                       @"(([a-zA-Z0-9\-]+\.)+))" +
                       @"([a-zA-Z]{2,4}|[0-9]{1,3})(\]?)$";
      Regex reg = new Regex(pattern);
      if (reg.IsMatch(value))
      {
         if (this.fromEmail != value)
         {
            this.fromEmail = value;
            this.HasChanged = true;
         }
      }
   }
}
```

▶ Ejecute de nuevo las pruebas ([Ctrl] **R**, **A**) y compruebe el resultado:

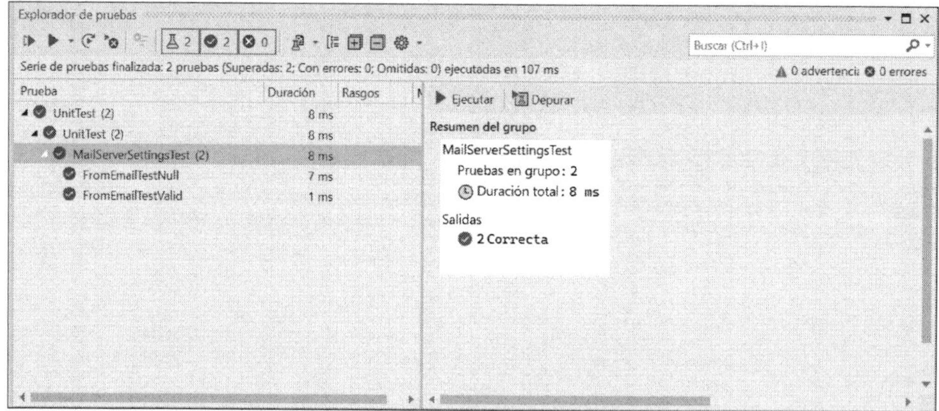

Esta vez las dos pruebas han sido un éxito. Podemos concluir que la propiedad `FromEmail` cumple su función.

Capítulo 17
Creación del modelo de datos

1. Introducción

Microsoft pone a disposición una versión Express de SQL Server, su motor de base de datos en versión gratuita. SQL Server le permite crear bases de datos relacionales para almacenar y recuperar los datos de sus aplicaciones, utilizando para ello el lenguaje SQL y las clases proporcionadas por el Framework .NET. Para seguir los ejemplos de este capítulo, instale SQL Server Express (https://www.microsoft.com/es-es/sql-server/sql-server-downloads) con los parámetros por defecto.

Microsoft ofrece una solución de mapeo de objetos relacionales llamada Entity Framework. Se trata de una librería que permite crear la capa de acceso a los datos (una capa de abstracción que ya no hace necesario que los desarrolladores accedan directamente a la base de datos). La comunicación se realiza a través de entidades que se definen en un modelo EDM (*Entity Data Model*). Este modelo se usa para las operaciones en la base de datos y la generación de las consultas SQL.

▶ Comience por agregar un nuevo proyecto de tipo **Biblioteca de clases (.NET Framework)** llamado **Database**:

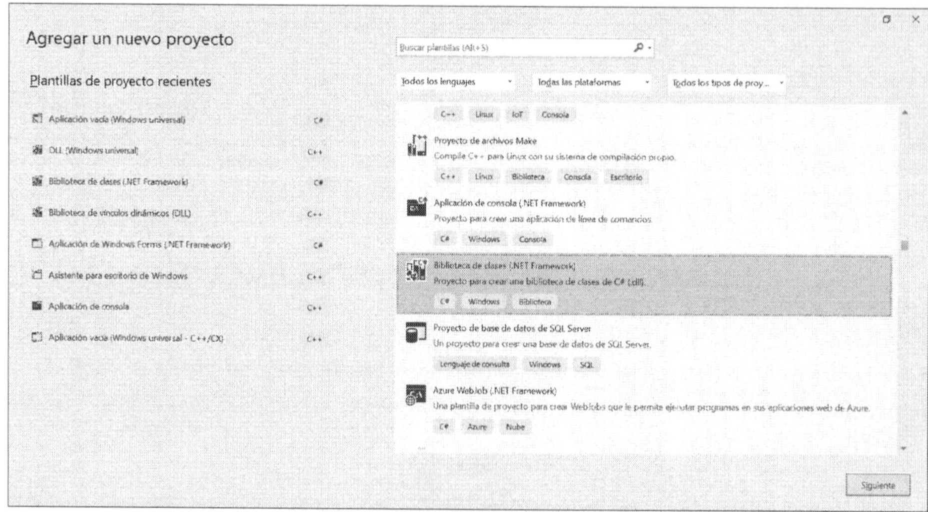

2. La creación de un modelo

Para ilustrar el uso del Entity Framework en el proyecto **SelfMailer**, vamos a crear un modelo de datos que permite almacenar en una base de datos varias configuraciones de servidores de mail y, para cada una de ellas, uno o varios expedidores.

▶ Agregue una nueva carpeta **Entidades** al proyecto **Database** y después agregue un elemento **ADO.NET Entity Data Model**, llamado **SelfMailer.edmx**.

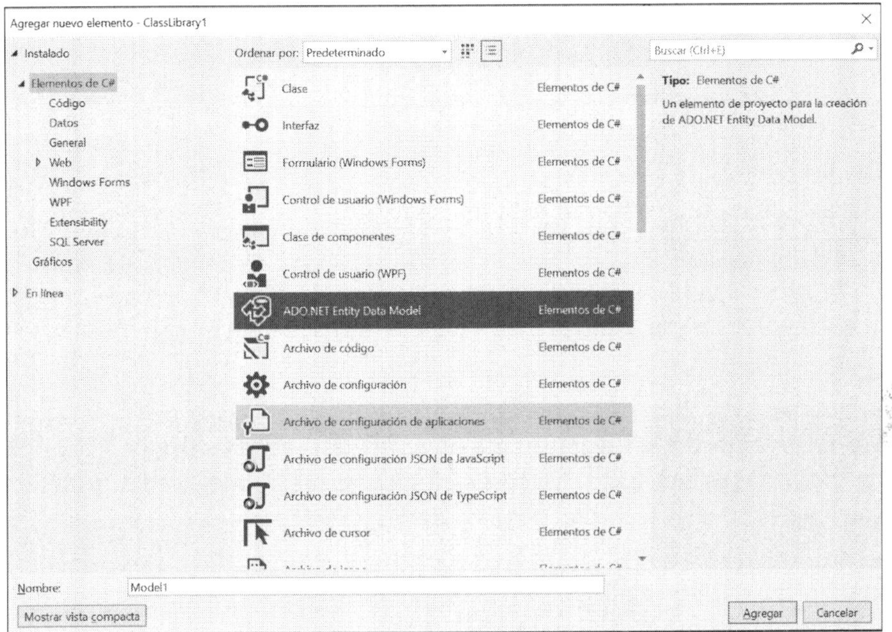

Se muestra la ventana **Asistente para Entity Data Model** que le ofrece cuatro opciones:

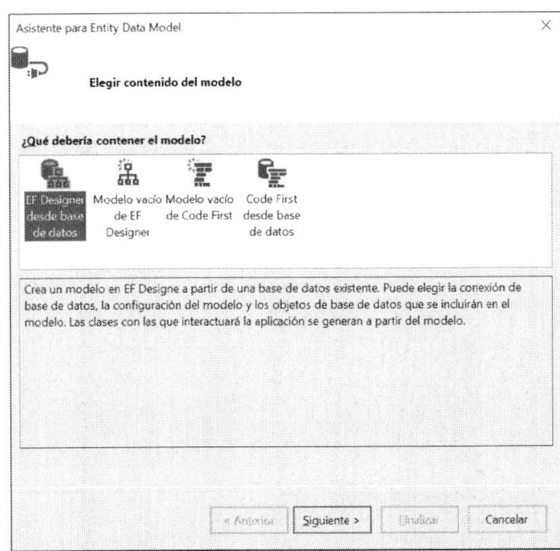

- **EF Designer desde la base de datos**: esta opción le permite elegir una base de datos y los objetos de la misma que se deberán modelizar.
- **Modelo vacío de EF Designer**: esta opción crea un modelo sin entidades. Se deberán crear manualmente en el modelo.
- **Modelo vacío de Code First**: esta opción crea un modelo Code First vacío. Las entidades tendrán que crearse manualmente en el modelo mediante código.
- **Code First desde la base de datos**: esta opción le permite elegir una base de datos y los objetos de la misma que servirán de base para un modelo Code First.

▶ Dando por hecho que el proyecto no contiene ninguna base de datos, elija **Modelo vacío de EF Designer** y pulse en el botón **Finalizar**. Visual Studio crea un archivo **SelfMailer.edmx** vacío y añade al proyecto las referencias a las librerías utilizadas por el Entity Framework.

3. La creación de entidades

Después de su creación, Visual Studio abre el archivo **SelfMailer.edmx** en el editor.

▶ Abra el menú contextual del editor y elija el menú **Agregar nuevo** - **Entidad...**:

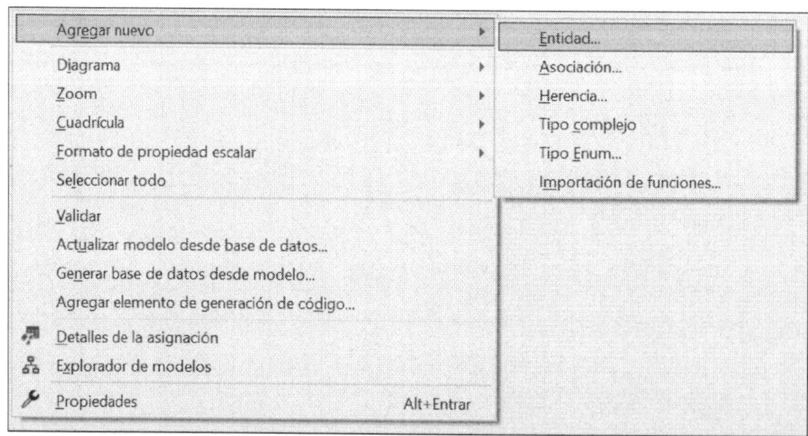

- Se abre la ventana **Agregar entidad**. Asigne el nombre **MailServer** a la entidad y **MailServerSet** del juego de entidades. La propiedad de clave se corresponde con la clave primaria de una tabla SQL y permite identificar de manera única un registro. Deje **ID** como nombre de la propiedad de clave y el tipo **Int32**. Pulse en el botón **Aceptar**.

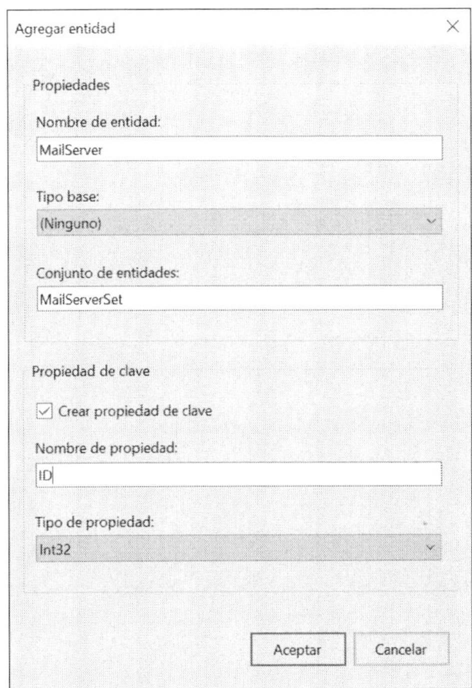

El campo **Tipo base** permite especificar la herencia de la nueva entidad.

El editor muestra el esquema de la entidad **MailServer**:

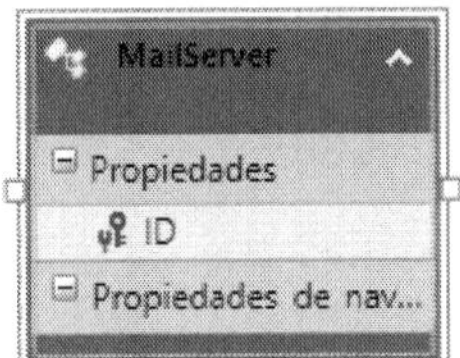

▶ Para añadir propiedades a una entidad, abra el menú contextual de la entidad y seleccione el menú **Agregar nuevo** - **Propiedades escalares**. Aparece un nuevo campo en el esquema. Rellene el nombre **Host**. Haga lo mismo para una propiedad escalar llamada **Username**. No se pide ninguna otra información para la creación.

Sin embargo, es posible modificar las propiedades desde la ventana **Propiedades**. Puede definir el tipo de la propiedad, si admite valores nulos o no, su valor por defecto e incluso el nivel de acceso de sus descriptores de acceso:

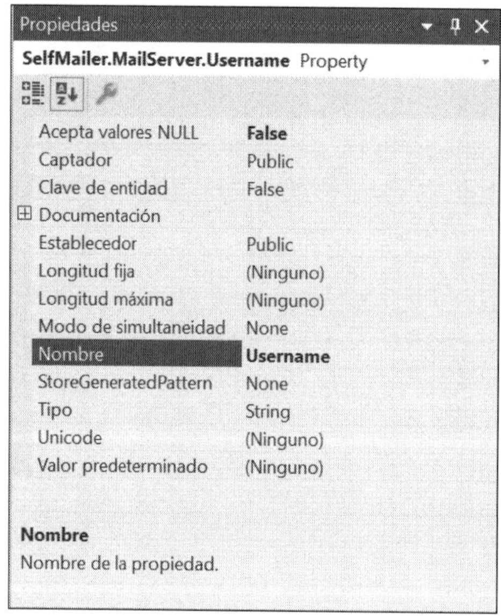

Se pueden añadir dos tipos complejos a una entidad. Un tipo complejo es una propiedad que contiene subpropiedades.

▶ Abra la ventana **Explorador de modelos** (menú **Ver** - **Otras ventanas** - **Explorador Entity Data Model**) y, a continuación, abra el menú contextual de la carpeta **Tipos complejos**. Pulse en el menú **Añadir un nuevo tipo complejo...** y especifique el nombre **Password**.

▶ Abra el menú contextual del tipo complejo que ha creado para añadir propiedades escalares o complejas basadas en tipos complejos. De esta manera es posible crear toda una jerarquía de propiedades.

▶Agregue dos propiedades al tipo complejo **Password**: la primera de tipo **String**, llamada **Valor**, y la segunda de tipo **Boolean**, llamada **AllowSave**. Para terminar, agregue una propiedad compleja llamada **Password**, basada en el tipo complejo creado anteriormente:

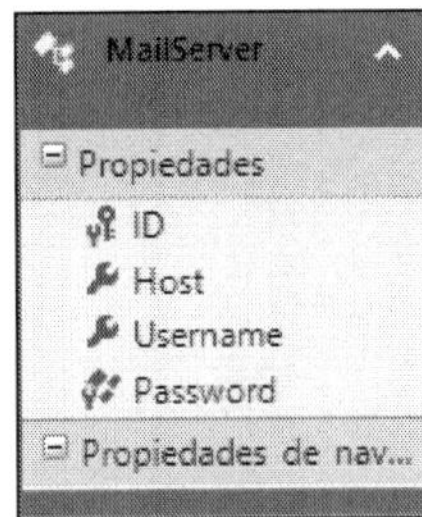

▶Agregue una segunda entidad llamada **Sender** con dos propiedades escalares de tipo **String**, llamadas **Name** y **Email**:

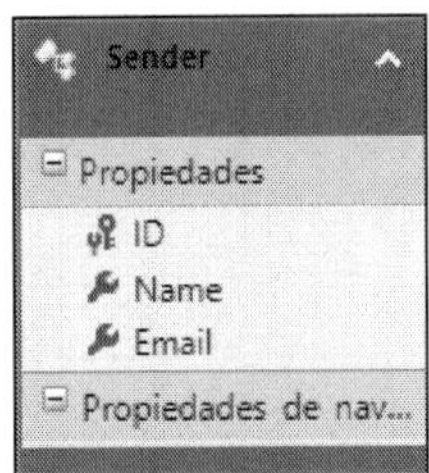

Ahora que tenemos las entidades, las debemos relacionar para indicar al modelo que se trata de dos entidades asociadas. Una configuración de servidor de correo electrónico podrá tener múltiples expedidores y a la inversa, un expedidor se podrá usar en diferentes configuraciones de servidores de correo electrónico. Se trata de una relación de muchos a muchos.

▶Abra el menú contextual de la entidad **MailServer** y seleccione el menú **Agregar nuevo - Asociación...**.

Se abre la ventana **Agregar asociación**, que permite definir el nombre de la relación y cada una de las dos entidades que se asociarán, así como los argumentos de la relación:

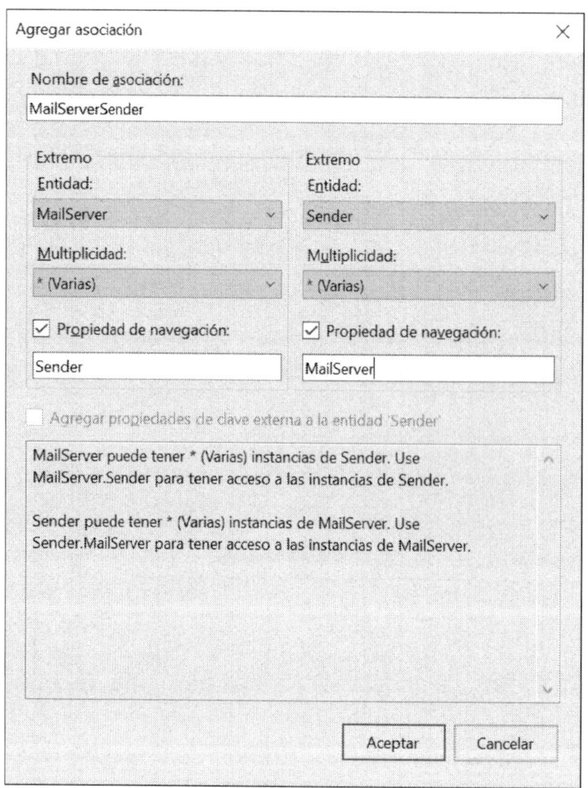

La multiplicidad permite definir la relación entre las entidades: **cero o uno**, **uno** y **varias**. Usaremos el valor **varias** para las dos entidades. Los campos **Propiedades de navegación** permiten especificar el nombre de la variable que permitirá acceder a la instancia de una entidad a partir de otra, como especifica la ayuda en la parte inferior de la ventana:

```
MailServer puede tener * (varias) instancias de Sender. Utilice
MailServer.Sender para acceder a las instancias Sender.

Sender puede tener * (varias) instancias de MailServer. Utilice
Sender.MailServer para acceder a las instancias MailServer.
```

- Pulse en el botón **Aceptar** para validar la relación. Visual Studio añade la relación al modelo de datos e indica gráficamente que se trata de una relación de varias a varias, con las estrellas a cada lado de la relación:

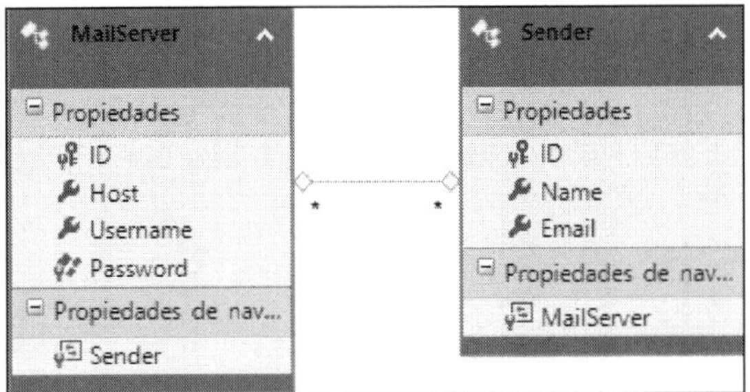

Observe que cada entidad tiene una propiedad de navegación adicional: **Sender** para la entidad **MailServer** y **MailServer** para la entidad **Sender**. Estas propiedades de navegación permiten acceder a una instancia de entidad a partir de otra.

4. La generación de la base de datos

Una vez que el modelo está completo hay que crear la base de datos. Aquí también Visual Studio nos ofrece una herramienta para administrar.

- Abra el menú contextual del editor de modelos y seleccione **Generar base de datos desde el modelo...**. Se abre el asistente de generación de la base de datos. Pulse en el botón **Nueva conexión...**, elija **Microsoft SQL Server** como fuente de datos y pulse en el botón **Continuar**.

Se abre la ventana **Propiedades de la conexión**:

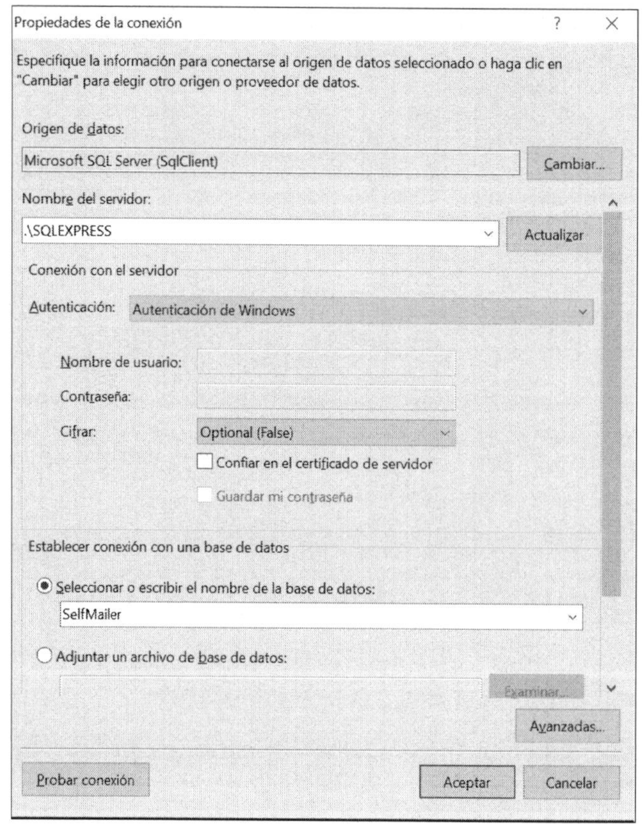

Puede conectarse a cualquier servidor de bases de datos, bien de manera local, en un servidor remoto o en la nube.

▶ Escriba en el campo **Nombre del servidor** el nombre del servidor sobre el que quiere crear la base de datos (aquí, el carácter . representa al servidor local). Si realiza la instalación de SQL Server 2022 Express por defecto, el nombre del servidor es **.\SQLEXPRESS**. A nivel de autenticación, para el campo **Cifrar**, seleccione la opción **Optional (False)**. A continuación, indique el nombre **SelfMailer** para el nombre de la base de datos. Pulse el botón **Aceptar**. Como la base de datos no existe, un cuadro de diálogo le pide confirmación para crearla.

De vuelta al asistente de generación de la base de datos, se rellena el campo de la conexión y se muestra la cadena de conexión.

- Pulse en el botón **Siguiente**. La ventana muestra, a continuación, una vista previa del script SQL generado. Haga clic, por último, en el botón **Terminar**. El asistente crea un archivo **SelfMailer.edmx.sql** que contiene las instrucciones SQL que permiten administrar la base de datos:

```
-- --------------------------------------------------
-- Entity Designer DDL Script for SQL Server 2005, 2008, 2012 and Azure
-- --------------------------------------------------
-- Generated from EDMX file: C:\tmp\Capítulo 17\ SelfMailer\
Entities\SelfMailer.edmx
-- --------------------------------------------------

SET QUOTED_IDENTIFIER OFF;
GO
USE [SelfMailer];
GO
IF SCHEMA_ID(N'dbo') IS NULL EXECUTE(N'CREATE SCHEMA [dbo]');
GO

-- --------------------------------------------------
-- Dropping existing FOREIGN KEY constraints
-- --------------------------------------------------

IF OBJECT_ID(N'[dbo].[FK_MailServerSender_MailServer]', 'F') IS NOT NULL
    ALTER TABLE [dbo].[MailServerSender] DROP CONSTRAINT
[FK_MailServerSender_MailServer];
GO
IF OBJECT_ID(N'[dbo].[FK_MailServerSender_Sender]', 'F') IS NOT NULL
    ALTER TABLE [dbo].[MailServerSender] DROP CONSTRAINT
[FK_MailServerSender_Sender];
GO

-- --------------------------------------------------
-- Dropping existing tables
-- --------------------------------------------------

IF OBJECT_ID(N'[dbo].[MailServers]', 'U') IS NOT NULL
    DROP TABLE [dbo].[MailServers];
GO
IF OBJECT_ID(N'[dbo].[Senders]', 'U') IS NOT NULL
    DROP TABLE [dbo].[Senders];
GO
IF OBJECT_ID(N'[dbo].[MailServerSender]', 'U') IS NOT NULL
    DROP TABLE [dbo].[MailServerSender];
```

```
GO

-- --------------------------------------------------
-- Creating all tables
-- --------------------------------------------------

-- Creating table 'MailServers'
CREATE TABLE [dbo].[MailServers] (
    [ID] int IDENTITY(1,1) NOT NULL,
    [Host] nvarchar(max)  NOT NULL,
    [Username] nvarchar(max)  NOT NULL,
    [Password_Value] nvarchar(max)  NOT NULL,
    [Password_AllowSave] bit  NOT NULL
);
GO

-- Creating table 'Senders'
CREATE TABLE [dbo].[Senders] (
    [ID] int IDENTITY(1,1) NOT NULL,
    [Name] nvarchar(max)  NOT NULL,
    [Email] nvarchar(max)  NOT NULL
);
GO

-- Creating table 'MailServerSender'
CREATE TABLE [dbo].[MailServerSender] (
    [MailServer_ID] int  NOT NULL,
    [Sender_ID] int  NOT NULL
);
GO

-- --------------------------------------------------
-- Creating all PRIMARY KEY constraints
-- --------------------------------------------------

-- Creating primary key on [ID] in table 'MailServers'
ALTER TABLE [dbo].[MailServers]
ADD CONSTRAINT [PK_MailServers]
    PRIMARY KEY CLUSTERED ([ID] ASC);
GO

-- Creating primary key on [ID] in table 'Senders'
ALTER TABLE [dbo].[Senders]
ADD CONSTRAINT [PK_Senders]
    PRIMARY KEY CLUSTERED ([ID] ASC);
GO

-- Creating primary key on [MailServer_ID], [Sender_ID] in table
```

```
'MailServerSender'
ALTER TABLE [dbo].[MailServerSender]
ADD CONSTRAINT [PK_MailServerSender]
    PRIMARY KEY CLUSTERED ([MailServer_ID], [Sender_ID] ASC);
GO

-- --------------------------------------------------
-- Creating all FOREIGN KEY constraints
-- --------------------------------------------------

-- Creating foreign key on [MailServer_ID] in table 'MailServerSender'
ALTER TABLE [dbo].[MailServerSender]
ADD CONSTRAINT [FK_MailServerSender_MailServer]
    FOREIGN KEY ([MailServer_ID])
    REFERENCES [dbo].[MailServers]
        ([ID])
    ON DELETE NO ACTION ON UPDATE NO ACTION;
GO

-- Creating foreign key on [Sender_ID] in table 'MailServerSender'
ALTER TABLE [dbo].[MailServerSender]
ADD CONSTRAINT [FK_MailServerSender_Sender]
    FOREIGN KEY ([Sender_ID])
    REFERENCES [dbo].[Senders]
        ([ID])
    ON DELETE NO ACTION ON UPDATE NO ACTION;

-- Creating non-clustered index for FOREIGN KEY
'FK_MailServerSender_Sender'
CREATE INDEX [IX_FK_MailServerSender_Sender]
ON [dbo].[MailServerSender]
    ([Sender_ID]);
GO

-- --------------------------------------------------
-- Script has ended
-- --------------------------------------------------
```

Este script SQL empieza eliminando todas las relaciones entre las propias tablas si estas ya existen. El script continua con la creación de las tablas, una por entidad: **MailServers** y **Senders**. Se crea una tercera tabla para asegurar la asociación varias a varias entre las dos primeras tablas: **MailServerSender**. Se añaden las claves primarias y externas de las tablas, tal y como se han definido en el modelo de datos.

Observe que, para la creación de la propiedad compleja **Password** de la entidad **MailServer**, el generador ha creado dos campos: **Password_Value** y **Password_AllowSave**.

▶ Abra el menú contextual en el editor de script SQL y seleccione la opción **Ejecutar** ([Ctrl][Mayús] **E**):

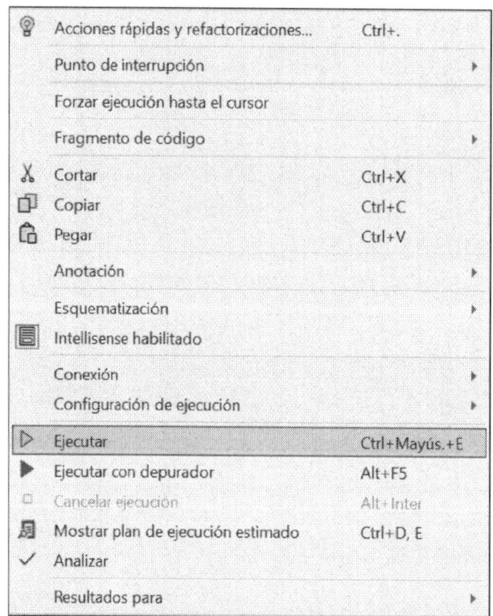

Puede abrir el Explorador de servidores para comprobar la creación de las tablas:

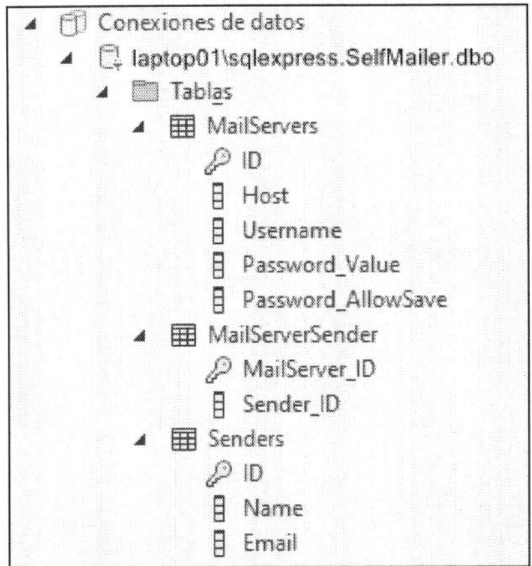

5. La creación de entidades a partir de código (Code First)

El enfoque de diseño de la base de datos que acabamos de ver, es muy gráfico. Se trata del modelo que utiliza Visual Studio para administrar las clases .NET del modelo de datos y también para administrar la base de datos. Entity Framework, además de este diseño por modelo de la base de datos, ofrece la posibilidad de definir y diseñar una base de datos a partir de código. Este método se llama Code First. El diseño a partir del código le permite definir sus clases de negocio y los atributos que se asociarán a las clases y miembros que permitirán definir el esquema de la base de datos.

- Para utilizar el enfoque de creación del modelo a partir de código, lo primero es añadir el paquete NuGet **EntityFramework**. Abra el menú contextual del proyecto **Database** y, a continuación, pulse en el elemento **Administrar paquetes NuGet...**.

▶ En la ventana, seleccione el paquete **EntityFramework** y pulse en el botón **Instalar** si todavía no lo ha hecho.

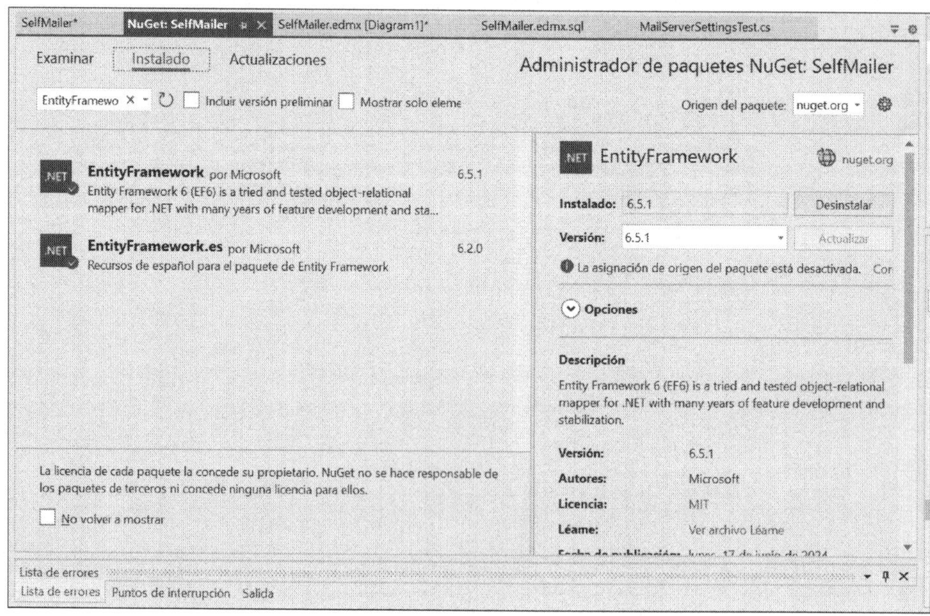

Tras la instalación de Entity Framework, NuGet habrá creado una carpeta llamada **packages** al mismo nivel que su solución. Esta carpeta contiene todos los datos del paquete **EntityFramework** y, en particular, la librería **EntityFramework.dll**. Un archivo **packages.config** se ha añadido también a la raíz del proyecto **SelfMailer**:

```
<?xml version="1.0" encoding="utf-8"?>
<packages>
  <package id="EntityFramework" version="6.2.0"
targetFramework="net48" />
  <package id="EntityFramework.fr" version="6.2.0"
targetFramework="net48" />
</packages>
```

Este archivo tiene como objetivo enumerar todos los paquetes instalados en un proyecto. La instalación también ha modificado el archivo **App.Config**, añadiendo una sección dedicada a la configuración de Entity Framework.

```
<entityFramework>
    <defaultConnectionFactory
tipo="System.Data.Entity.Infrastructure.SqlConnectionFactory,
EntityFramework" />
      <providers>
      <provider invariantName="System.Data.SqlClient"
type="System.Data.Entity.SqlServer.SqlProviderServices,
EntityFramework.SqlServer" />
</entityFramework>
```

- Agregue una carpeta llamada **CodeFirst** en la carpeta **Entities** del proyecto **Database**. Agregue una clase llamada `MailServer.cs` y defina los miembros como se indica a continuación:

```
namespace Database.Entities.CodeFirst
{
    public class MailServer
    {
        public int ID { get; set; }
        public string Host { get; set; }
        public string Username { get; set; }
        public Password Password { get; set; }
    }
    public class Password
    {
        public string Value { get; set; }
        public bool AllowSave { get; set; }
    }
}
```

Observe que la propiedad compleja `Password` se ha definido como clase entera en este modelo.

- De la misma manera, cree una segunda clase llamada `Sender` y defina los miembros como se indica a continuación:

```
namespace Database.Entities.CodeFirst
{
    public class Sender
    {
        public int ID { get; set; }
        public string Name { get; set; }
        public string Email { get; set; }
    }
}
```

- Añada un atributo `Key` en la propiedad `ID` de cada una de las dos clases `MailServer` y `Sender`. Este atributo pertenece al espacio de nombres `System.ComponentModel.DataAnnotations` y permite especificar que el miembro que representa será la clave primaria de la entidad.

También hay que especificar la relación entre las dos entidades `MailServer` y `Sender`. Como se trata de una relación de tipo varios a varios, debemos crear una propiedad de navegación en cada una de las entidades.

Para la clase `MailServer`, la definición de la propiedad de navegación es la siguiente:

```
public virtual ICollection<Sender> Senders { get; set; }
```

Para la clase `Sender`, la definición de la propiedad de navegación es la siguiente:

```
public virtual ICollection<MailServer> MailServers { get; set; }
```

Las propiedades de navegación utilizan la palabra clave `virtual` y son del tipo genérico `ICollection`.

Cuando se eliminan las clases, hay que crear un contexto que permita establecer la relación con la base de datos. Pasando por este contexto podemos ejecutar las consultas en la base de datos a partir de la aplicación. Un contexto de datos hereda de la clase base `DbContext` del espacio de nombres `System.Data.Entity`.

- Cree una nueva clase `SMContext` en la carpeta **CodeFirst** y defina la clase de la siguiente manera:

```
namespace Database.Entities.CodeFirst
{
    public class SMContext: DbContext
    {
        public DbSet<MailServer> MailServers { get; set; }
        public DbSet<Sender> Senders { get; set; }
    }
}
```

La clase `SMContext` hereda de la clase base `DbContext`. Expone dos miembros de tipo `DbSet` que pertenecen al espacio de nombres `System.Data.Entity`. Cada uno de los miembros genéricos hace referencia a una entidad.

La última etapa de este enfoque Code First consiste en crear la base de datos. La clase `Database` del espacio de nombres `System.Data.Entity` ofrece un método genérico estático, `SetInitializer`, que recibe como argumento un objeto que implementa la interfaz `IDatabaseInitializer`. Entity Framework ofrece varias estrategias de inicialización de la base de datos:

- Creación de la base datos solo si no existe:

```
Database.SetInitializer<SMContext>(new
CreateDatabaseIfNotExists<SMContext>());
```

- Creación de la base de datos en cada ejecución:

```
Database.SetInitializer<SMContext>(new
DropCreateDatabaseAlways<SMContext>());
```

- Creación de la base de datos solo si el modelo ha cambiado:

```
Database.SetInitializer<SMContext>(new
DropCreateDatabaseIfModelChanges<SMContext>());
```

La base de datos se crea siguiendo el esquema definido por las clases:

Durante la generación de la base de datos, el nombre por defecto es el nombre completo del contexto. Es posible modificar este comportamiento especificando una nueva cadena de conexión en el archivo de configuración de la aplicación **App.Config** y declarando, a continuación, el constructor del contexto para pasar como argumento el nombre de la cadena de conexión.

La generación de las tablas a partir del código ofrece exactamente el mismo resultado que el que se obtiene usando el diseñador. La base de datos tiene tres tablas: **MailServers**, **SenderMailServers** y **Senders**. Entity Framework deduce la tabla de relación **SenderMailServers** a partir de las propiedades de navegación cruzadas entre las entidades `MailServer` y `Sender`. De la misma manera, la propiedad de tipo `Password` en la entidad `MailServer` se ha reescrito en forma de dos columnas de la tabla `MailServers` y no como una tabla independiente.

Capítulo 18
Presentación de Entity Framework

1. Introducción

ADO.NET Entity Framework proporciona un mapeo en forma de capa de abstracción que permite obtener un modelo de objetos basado en una base de datos de referencia. Las bases de datos relacionales y los lenguajes orientados a objetos definen las relaciones de diferentes maneras. Desde la versión 1.0 del Framework .NET es posible utilizar el tipo `DataSet`, que es muy parecido a la estructura de una base de datos ya que contiene los tipos `DataTable`, `DataColumn`, `DataRow` y `DataRelation`. Entity Framework aporta un concepto diferente: las entidades se definen independientemente de la estructura de la base de datos. Éstas se mapean con las tablas y las relaciones. El mapeo entre los objetos y la estructura de la base de datos se realiza a través de tres capas: la capa lógica, la capa conceptual y la capa de mapeo. Un objeto de tipo `DbContext` conserva el estado de las entidades y sus modificaciones para saber cuándo se deben repercutir en la base de datos.

2. El mapeo

El Entity Framework utiliza varias capas para realizar un mapeo entre las tablas de una base de datos y los objetos. Esto puede empezar a partir de una base de datos y utilizar las herramientas de Visual Studio para crear el mapeo o, como hemos visto en el capítulo Creación del modelo de datos, es posible empezar por las entidades con el diseñador de Visual Studio o la técnica del Code First y, a continuación, administrar la base de datos correspondiente.

2.1 La capa lógica

La capa lógica se define con el SSDL (*Store Schema Definition Language*) y describe la estructura de las tablas y de las relaciones de la base de datos.

▶ Abra el archivo **SelfMailer.edmx** creado anteriormente con un editor XML para analizar su contenido. La etiqueta `edmx:StorageModels` contiene la capa lógica:

```
<!-- SSDL contan -->
<edmx:StorageModels>
  <Schema Namespacio="SelfMailer.Store" Alias="Self"
Provider="System.Data.SqlClient" ProviderManifestToken="2012"
xmlns:store="http://schemas.microsoft.com/ado/2007/12/edm/
EntityStoreSchemaGenerator"
xmlns="http://schemas.microsoft.com/ado/2009/11/edm/ssdl">
    <EntityContainer Name="SelfMailerStoreContainer">
     ...
    </EntityContainer>
    <EntityType Name="MailServers">
     ...
    </EntityType>
    <EntityType Name="Senders">
     ...
    </EntityType>
    <EntityType Name="MailServerSender">
     ...
    </EntityType>
    <Association Name="FK_MailServerSender_MailServer">
     ...
    </Association>
    <Association Name="FK_MailServerSender_Sender">
```

```
    ...
    </Association>
  </Schema>
</edmx:StorageModels>
```

Este código utiliza SSDL para describir tres tablas, `MailServers`, `Senders` y `MailServerSender`. La etiqueta `EntityContainer` contiene la descripción de cada una de las tablas en las etiquetas `EntitySet` y las relaciones en las etiquetas `AssociationSet`:

```
<EntitySet Name="Senders"
           EntityType="SelfMailer.Store.Senders"
           store:Type="Tables" Schema="dbo" />

<AssociationSet Name="FK_MailServerSender_MailServer"
   Association="SelfMailer.Store.FK_MailServerSender_MailServer">
     <End Role="MailServer"
          EntitySet="MailServers" />
     <End Role="MailServerSender"
          EntitySet="MailServerSender" />
</AssociationSet>
```

Las etiquetas `EntityType` definen las columnas de las tablas a través de etiquetas `Property` y `Key`, esta última correspondiente a la clave de la tabla:

```
<EntityType Name="Senders">
    <Key>
      <PropertyRef Name="ID" />
    </Key>
    <Property Name="ID"
              Type="int"
              StoreGeneratedPattern="Identity"
              Nullable="false" />
    <Property Name="Name"
              Type="nvarchar(max)"
              Nullable="false" />
    <Property Name="Email"
              Type="nvarchar(max)"
              Nullable="false" />
</EntityType>
```

Las etiquetas Association definen las relaciones entre las tablas en las etiquetas End, indicando la multiplicidad (0, 1 o varias, usando el asterisco *) y las restricciones de claves externas en la etiqueta ReferentialConstraint:

```
<Association Name="FK_MailServerSender_MailServer">
    <End Role="MailServer"
         Type="SelfMailer.Store.MailServers"
         Multiplicity="1" />
    <End Role="MailServerSender"
         Type="SelfMailer.Store.MailServerSender"
         Multiplicity="*" />
    <ReferentialConstraint>
        <Principal Role="MailServer">
            <PropertyRef Name="ID" />
        </Principal>
        <Dependent Role="MailServerSender">
            <PropertyRef Name="MailServer_ID" />
        </Dependent>
    </ReferentialConstraint>
</Association>
```

2.2 La capa conceptual

La capa conceptual define los tipos .NET que se describen dentro del CSDL (*Conceptual Schema Definition Language*).

La etiqueta edmx:ConceptualModels del archivo **SelfMailer.edmx** creado anteriormente contiene la capa conceptual:

```
<!-- CSDL content -->
<edmx:ConceptualModels>
  <Schema xmlns="http://schemas.microsoft.com/ado/2009/11/edm"
xmlns:cg="http://schemas.microsoft.com/ado/2006/04/codegeneration"
xmlns:store="http://schemas.microsoft.com/ado/2007/12/edm/
EntityStoreSchemaGenerator" Namespacio="SelfMailer" Alias="Self"
xmlns:annotation="http://schemas.microsoft.com/ado/2009/02/edm/
annotation" annotation:UseStrongSpatialTypes="false">
    <EntityContainer Name="SelfMailerContainer"
                     annotation:LazyLoadingEnabled="true">
      ...
    </EntityContainer>
    <EntityType Name="MailServer">
```

```
      ...
    </EntityType>
    <ComplexType Name="Password" >
      ...
    </ComplexType>
    <EntityType Name="Sender">
      ...
    </EntityType>
    <Association Name="MailServerSender">
      ...
    </Association>
  </Schema>
</edmx:ConceptualModels>
```

Este código utiliza CSDL para describir tres tipos, `MailServer`, `Password` y `Sender`. La etiqueta `EntityContainer` contiene la descripción de cada uno de los tipos en las etiquetas `EntitySet` y las relaciones en las etiquetas `AssociationSet`:

```
<EntitySet Name="MailServers"
           EntityType="SelfMailer.MailServer" />

<AssociationSet Name="MailServerSender"
                Association="SelfMailer.MailServerSender">
    <End Role="MailServer" EntitySet="MailServers" />
    <End Role="Sender" EntitySet="Senders" />
</AssociationSet>
```

Las etiquetas `EntityType` definen las propiedades de las clases a través de etiquetas `Property` y `Key`, de la misma manera que para la capa lógica, añadiendo una propiedad específica con la etiqueta `NavigationProperty`, correspondiente a la asociación entre las entidades `MailServer` y `Sender`:

```
<EntityType Name="MailServer">
    <Key>
        <PropertyRef Name="ID" />
    </Key>
    <Property Type="Int32"
              Name="ID"
              Nullable="false"
              annotation:StoreGeneratedPattern="Identity" />
    <Property Type="String"
              Name="Host"
              Nullable="false" />
```

```
    <Property Type="String"
              Name="Username"
              Nullable="false" />
    <Property Name="Password"
              Type="SelfMailer.Password"
              Nullable="false" />
    <NavigationProperty Name="Sender"
              Relationship="SelfMailer.MailServerSender"
              FromRole="MailServer"
              ToRole="Sender" />
</EntityType>
```

Los tipos complejos, como ocurre con el tipo `Password` en el ejemplo, se definen en las etiquetas `ComplexType`:

```
<ComplexType Name="Password" >
    <Property Type="String" Name="Value" Nullable="false" />
    <Property Type="Boolean" Name="AllowSave" Nullable="false" />
</ComplexType>
```

Las etiquetas `Association` definen las relaciones entre las entidades mediante etiquetas `End`, indicando la multiplicidad (0, 1 o varias, utilizando el asterisco *) y el tipo de cada una de las entidades asociadas:

```
<Association Name="MailServerSender">
    <End Type="SelfMailer.MailServer"
         Role="MailServer"
         Multiplicity="*" />
    <End Type="SelfMailer.Sender"
         Role="Sender"
         Multiplicity="*" />
</Association>
```

Visual Studio genera los tipos correspondientes a este esquema conceptual en el archivo **designer.cs** asociado al modelo de datos **.edmx**. Abra el archivo **SelfMailer.Designer.cs** en la carpeta **Entities**. Puede comprobar que Visual Studio ha creado las clases correspondientes al esquema con las propiedades adecuadas.

2.3 La capa de mapeo

La capa de mapeo se encarga de realizar el enlace entre las capas lógica y conceptual, usando el MSL (*Mapping Specification Language*).

La información de mapeo se encuentra en la etiqueta `edmx:Mappings`:

```
<edmx:Mappings>
  <Mapping Space="C-S"
     xmlns="http://schemas.microsoft.com/ado/2009/11/mapping/cs">
     <EntityContainerMapping
            StorageEntityContainer="SelfMailerStoreContainer"
            CdmEntityContainer="SelfMailerContainer">
      <EntitySetMapping Name="MailServers">
        ...
      </EntitySetMapping>
      <EntitySetMapping Name="Senders>
        ...
      </EntitySetMapping>
      <AssociationSetMapping Name="MailServerSender"
                              TypeName="SelfMailer.MailServerSender"
                              StoreEntitySet="MailServerSender">
        ...
      </AssociationSetMapping>
    </EntityContainerMapping>
  </Mapping>
</edmx:Mappings>
```

La etiqueta `EntityContainerMapping` contiene los detalles del mapeo de los tipos dentro de las etiquetas `EntitySetMapping`:

```
<EntitySetMapping Name="MailServers">
  <EntityTypeMapping TypeName="IsTypeOf(SelfMailer.MailServer)">
    <MappingFragmente StoreEntitySet="MailServers">
      <ScalarProperty Name="ID" ColumnName="ID" />
      <ScalarProperty Name="Host" ColumnName="Host" />
      <ScalarProperty Name="Username" ColumnName="Username" />
      <ComplexProperty Name="Password"
                       TypeName="SelfMailer.Password">
        <ScalarProperty Name="Value"
                        ColumnName="Password_Value" />
        <ScalarProperty Name="AllowSave"
                        ColumnName="Password_AllowSave" />
      </ComplexProperty>
    </MappingFragment>
  </EntityTypeMapping>
</EntitySetMapping>
```

Cada propiedad escalar de un tipo se asocia con una columna de la base de datos gracias a las etiquetas ScalarProperty y los tipos complejos se detallan como propiedades escalares en una etiqueta ComplexType.

Las relaciones entre las entidades y las relaciones entre las tablas de la base de datos se referencian en las etiquetas AssociationSetMapping:

```
<AssociationSetMapping Name="MailServerSender"
                  TypeName="SelfMailer.MailServerSender"
                  StoreEntitySet="MailServerSender">
    <EndProperty Name="MailServer">
        <ScalarProperty Name="ID" ColumnName="MailServer_ID" />
    </EndProperty>
    <EndProperty Name="Sender">
        <ScalarProperty Name="ID" ColumnName="Sender_ID" />
    </EndProperty>
</AssociationSetMapping>
```

3. Trabajar con las entidades

ADO.NET define tipos que permiten trabajar con las bases de datos: DbConnection, DbCommand y DbParameter, entre otras. Las clases del Entity Framework provienen de estas clases base, principalmente las clases EntityConnection, EntityCommand y EntityParameter.

El primer elemento para comunicar con una base de datos es disponer de una conexión. El objeto EntityConnection recibe una cadena de conexión y gestiona la apertura y el cierre de las conexiones. Durante la creación del modelo de datos, Visual Studio almacena la cadena de conexión en el archivo de configuración de la aplicación **App.config**:

```
<connectionStrings>
    <add name="SelfMailerContainer"
         connectionString="metadata=
             res://*/Entities.SelfMailer.csdl|
             res://*/Entities.SelfMailer.ssdl|
             res://*/Entities.SelfMailer.msl;
             provider=System.Data.SqlClient;
             provider connection string=&quot;
             Data Source=.\SQLEXPRESS;initial catalog=SelfMailer;
             integrated security=True;
             MultipleActiveResultSets=True;
```

```
            App=EntityFramework&quot;"
        providerName="System.Data.EntityClient" />
</connectionStrings>
```

Esta cadena de conexión se compone de varios elementos. El atributo `Name` indica el nombre de la conexión, que es única. El atributo `connectionString` aporta la información necesaria para conectarse a la base de datos en las secciones `provider`, `provider connection string` y `Integrated Security`, así como en los esquemas utilizados en la sección `metadata`:

```
metadata=res://*/Entities.SelfMailer.csdl|
         res://*/Entities.SelfMailer.ssdl|
         res://*/Entities.SelfMailer.msl;
```

El esquema hace referencia a un recurso (lógico, conceptual y mapeo).

El último atributo, `providerName`, permite especificar el proveedor que se va a usar.

Una cadena de conexión se puede recuperar en el código mediante el objeto `ConfigurationManager` del espacio de nombres `System.Configuration`:

```
string conn = ConfigurationManager
                .ConnectionStrings["SelfMailerContainer"]
                .ConnectionString;
```

3.1 Las entidades

Visual Studio crea las clases de las entidades con el diseñador de entidades, como se vio en el capítulo Creación del modelo de datos. Contienen un constructor para su instanciación y las propiedades se definen mediante los descriptores de acceso.

```
public partial class MailServer
{

    public MailServer()
    {
        this.Sender = new HashSet<Sender>();
    }

```

```
    public int ID { get; set; }
    public string Host { get; set; }

    public virtual ICollection<Sender> Sender { get; set; }
}
```

Las propiedades complejas se definen también como clases parciales. Son idénticas a las propiedades primitivas como ocurre con la clase `Password`:

```
public partial class Password
{
    public string Value { get; set; }
    public bool AllowSave { get; set; }
}
```

El código completo que genera Visual Studio está en el archivo **SelfMailer.tt** de la carpeta **Entities**, en el proyecto **Database**.

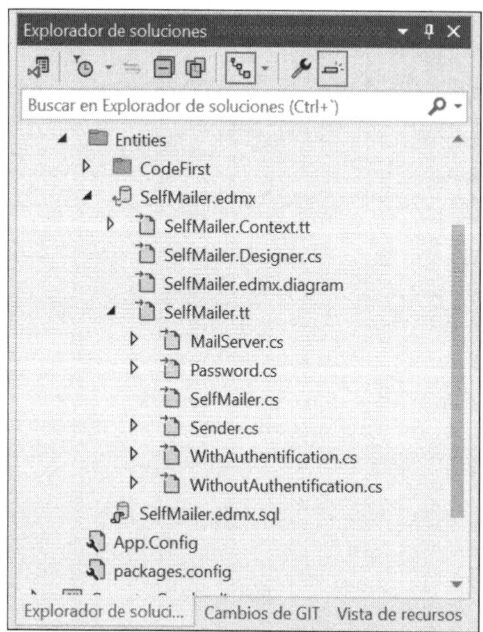

3.2 La clase DbContext

Para recuperar los registros de la base de datos, es necesaria la clase DbContext. Gestiona el mapeo entre las entidades y los datos.

La clase de entidades SelfMailerContainer creada por Visual Studio deriva de la clase base DbContext. La cadena de conexión se pasa en el constructor, usando por defecto la que se creó con el modelo de datos y almacenada en el archivo de configuración. Una sobrecarga permite especificar una cadena de conexión diferente:

```
public SelfMailerContainer()
    : base("name=SelfMailerContainer",
{ ... }
```

Cuando se utiliza la sobrecarga que recibe como argumento un objeto DbConnection, el objeto se encarga de abrir y cerrar la conexión. Si la conexión ya está abierta cuando se pasa como argumento al constructor del objeto, el objeto ya no cierra la conexión automáticamente.

La clase SelfMailerContainer contiene también una propiedad por entidad que devuelve un objeto de tipo DbSet<TEntity>:

```
public virtual DbSet<MailServer> MailServers { get; set; };
```

La clase DbContext proporciona numerosas funcionalidades: guarda la traza de los objetos devueltos desde la base de datos, conserva el estado de las entidades (añadidas, modificadas o eliminadas), permite actualizar las entidades y repercutir estos cambios en la base de datos.

3.3 Las relaciones

Las relaciones entre las entidades se basan en la multiplicidad. Puede tratarse de relaciones de tipo de cero o uno a uno, de cero o uno a varias o de varias a varias. El Entity Framework soporta estos diferentes tipos de relación en los conceptos de tabla por tipo y tabla por jerarquía.

3.3.1 El concepto de tabla por tipo

El concepto de tabla por tipo consiste en que una tabla de la base de datos se corresponde con una entidad del modelo de datos. El modelo creado anteriormente utiliza el concepto de tabla por tipo.

Cuando tiene un objeto de tipo `MailServer`, si desea localizar los objetos de tipo `Sender`, basta con llamar a la propiedad `Sender` del objeto de tipo `MailServer`. Las relaciones con la tabla intermedia `MailServerSender` son transparentes en el código:

```
MailServer mailServer = new MailServer();
ICollection<Sender> senders = mailServer.Sender;
```

Este modo de funcionamiento es intuitivo y rápido de aprender.

3.3.2 El concepto de tabla por jerarquía

El concepto de tabla por jerarquía consiste en que una tabla de la base de datos se corresponde con una jerarquía de clases.

La tabla `MailServer` creada anteriormente se podría dividir en una jerarquía de clases. La clase base contendría las propiedades `ID` y `Host`. Existen otras dos clases heredadas que contendrían, una de ellas, información de conexión (`Username`, `Password_Value` y `Password_AllowSave`) y la otra, ninguna información.

El esquema de la jerarquía de clases sería el siguiente:

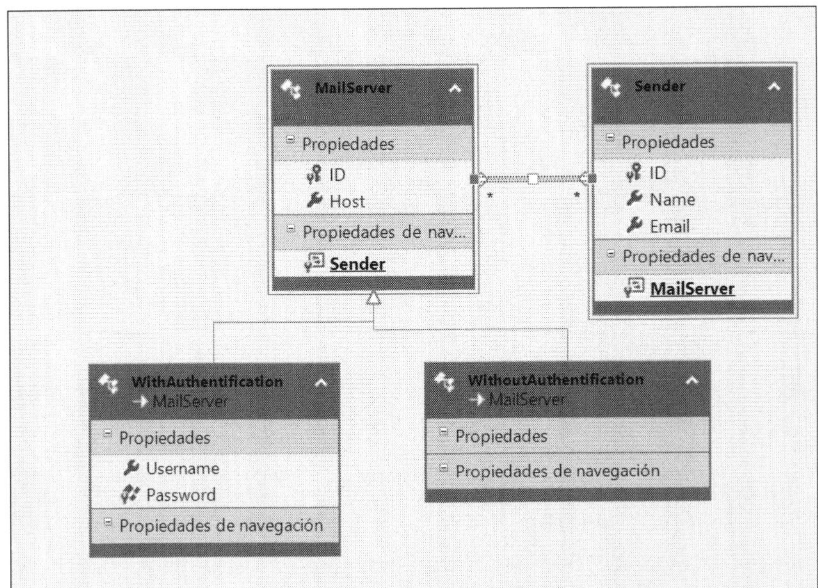

La tabla `MailServer` podrá enviar objetos de tipo diferente, en función de los valores almacenados en la base de datos. Para poner en marcha este mecanismo, se debe modificar el mapeo del modelo de datos. Visual Studio ofrece la ventana **Detalles de la asignación**, accesible desde el menú contextual del diseñador de modelos.

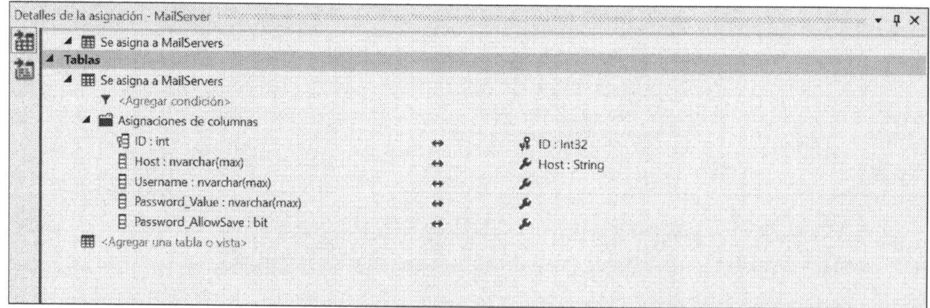

Esta ventana permite especificar una condición de mapeo entre los datos y los objetos. En el ejemplo anterior, un objeto `WithAuthentification` se obtiene a partir de un registro de la tabla `MailServers` cuyo valor de la columna `Username` sea no nulo.

Capítulo 19
Presentación de LINQ

1. Las consultas LINQ

LINQ (*Language INtegrated Query*) ofrece una sintaxis de consultas al lenguaje C#. Es posible acceder a las diferentes fuentes de datos usando una única sintaxis, gracias al nivel de abstracción que proporciona.

Observación

El espacio de nombres `System.Linq` se debe especificar entre las cláusulas `using`.

1.1 La sintaxis

Una consulta LINQ utiliza palabras clave predefinidas como `from`, `where`, `orderby` o `select` para extraer los datos de una colección de objetos:

```
var query = from ms in _db.MailServers
            where ms.Host == "mail.midominio.com"
            orderby ms.Username
            select ms;
```

La consulta anterior devuelve una lista de objetos de tipo `MailServer` que tienen el valor `mail.midominio.com` como valor en la propiedad `Host` y ordena el resultado según el valor de la propiedad `Username`.

Una consulta LINQ debe empezar por la cláusula `from` y terminar por la cláusula `select` o `group`. Entre estas dos cláusulas de inicio y fin, opcionalmente, puede tener cláusulas `where`, `orderby` o `join`, entre otras, así como cláusulas `from` adicionales.

La variable `query` contiene únicamente la consulta LINQ que se le asigna. La consulta no se ejecuta en el momento de la asignación, sino cuando se accede a la variable en un bucle `foreach`:

```
foreach (MailServer mailServer in query)
{
    ...
}
```

1.2 Los métodos extendidos

Observación

Los métodos extendidos ya se han explicado antes, en el capítulo La creación de tipos.

Los métodos extendidos hacen posible la escritura de métodos desde una clase que no los tiene definidos. También es posible agregar métodos a cualquier clase que implemente una interfaz específica, de manera que todas las clases usen la misma implementación.

Un método extendido se debe declarar en una clase estática y se define como un método estático con un primer argumento de tipo extendido, precedido de la palabra clave `this`. El siguiente método `prueba` extiende el tipo `string`:

```
public static class Extension
{
    public static string prueba(this string s)
    {
        return s.ToLower();
    }
}
```

Ahora es posible utilizar el método de la siguiente manera:

```
string s1 = "ABCD";
string s2 = s1.prueba();  // s2 = "abcd"
```

El uso de métodos extendidos podría llevar a pensar que las reglas del lenguaje orientado a objetos se dejan a un lado, porque se define un nuevo método para un tipo sin cambiar el tipo o sin crear uno nuevo derivado del tipo base. Este no es el caso, ya que un método extendido no puede acceder a los miembros privados del tipo base. Los métodos extendidos representan principalmente otra sintaxis para acceder a los métodos estáticos. Se pueden invocar como un método clásico:

```
string s1 = "ABCD";
string s2 = Extension.prueba(s1);
```

La clase `Enumerable` del espacio de nombres `System.Linq` define numerosos métodos extendidos. Estos métodos extendidos se implementan como métodos genéricos. Cualquier colección que implemente la interfaz `IEnumerable<T>` se soporta, como por ejemplo el método `Where`:

```
public static IEnumerable<TSource> Where<TSource>(this
IEnumerable<TSource> source, Func<TSource, bool> predicate)
{
    foreach (TSource item in source)
    {
        if (predicate(item))
        {
            yield return item;
        }
    }
}
```

Dando por hecho que cada uno de estos métodos extendidos devuelve un tipo `IEnumerable<T>`, es posible invocar a los métodos unos a continuación de otros usando el resultado anterior para formar consultas complejas, utilizando como argumentos métodos anónimos:

```
IEnumerable<Entities.MailServer> mailServers = db.MailServers
                .Where(ms => ms.Host == "mail.midominio.com")
                .OrderBy(ms => ms.Username)
                .Select(ms => ms);
```

2. Los operadores de consultas

La clase `Enumerable` define varios métodos que permiten construir consultas LINQ. Cada consulta tiene su equivalente en forma de palabra clave, que permite construir consultas LINQ sin hacer llamadas a los métodos.

2.1 Filtrar

2.1.1 Where

El método `Where` permite combinar expresiones booleanas, como en una consulta SQL:

```
IEnumerable<Entities.MailServer> mailServers = _db.MailServers
                .Where(ms => ms.Host == "mail.midominio.com")
                .Select(ms => ms);
```

La consulta LINQ equivalente es la siguiente:

```
var query = from ms in _db.MailServers
            where ms.Host == "mail.midominio.com"
            select ms;
```

Una sobrecarga del método `Where` permite pasar como segundo argumento el índice. Este índice está disponible para cada resultado devuelto, por lo que se puede usar en la expresión booleana:

```
IEnumerable<Entities.MailServer> mailServers = _db.MailServers
                .Where((ms, index) =>
                    ms.Host == "mail.midominio.com"
                    && index < 2)
                .Select(ms => ms);
```

2.1.2 OfType<TResult>

El método `OfType<TResult>` permite crear un filtro sobre el tipo del objeto:

```
IEnumerable<Entities.MailServer> mailServers = _db.MailServers
                .OfType<Entities.MailServer>()
                .Select(ms => ms);
```

2.1.3 SelectMany

El método `SelectMany` permite seleccionar los objetos a partir de varias fuentes y el filtro se puede hacer sobre estas mismas fuentes:

```
var mailServers = _db.MailServers
                .SelectMany(ms => ms.Sender,
                (ms, s) => new { mailServer = ms, sender = s })
                .Where(ms => ms.sender.Name == "noreply")
                .Select(ms => ms);
```

Esta consulta selecciona todos los objetos `MailServer` que tienen un objeto relacionado de tipo `Sender` con la propiedad `Name` igual al valor `noreply`.

La consulta LINQ equivalente es la siguiente:

```
var query = from ms in _db.MailServers
            from s in ms.Sender
            where s.Name == "noreply"
            select ms;
```

La consulta LINQ es más legible que el uso de los métodos extendidos. El compilador convierte la consulta LINQ con múltiples cláusulas `from` en un método extendido `SelectMany`. Los dos ejemplos generan el mismo resultado, pero su sintaxis es diferente.

2.1.4 Skip y Take

Los métodos `Skip` y `Take` resultan útiles para paginar los resultados. El método `Skip` permite ignorar un determinado número de elementos. El método `Take`, por su parte, permite especificar el número de elementos a devolver:

```
int PageIndex = 2;
int PageSize = 25;
var query = (from ms in _db.MailServers
             where ms.Host == "mail.midominio.com"
             select ms)
            .Skip(PageIndex * PageSize)
            .Take(PageSize);
```

Los métodos extendidos `Skip` y `Take` se añaden al final de la consulta LINQ, dando por hecho que no existe ninguna palabra clave equivalente.

Los métodos `SkipWhile` y `TakeWhile` permiten realizar las mismas acciones que los métodos `Skip` y `Take`, con la diferencia de que el número de elementos ignorados y guardados se gestiona con un predicado y no con un nombre:

```
int PageIndex = 2;
int PageSize = 25;
var query = (from ms in _db.MailServers
             where ms.Host == "mail.midominio.com"
             select ms)
            .SkipWhile(ms => ms.ID < PageIndex * PageSize)
            .TakeWhile(ms => ms.ID < (PageIndex + 1) * PageSize);
```

2.2 Ordenar

2.2.1 OrderBy

El método `OrderBy` ya se ha usado anteriormente. Permite ordenar los elementos siguiendo el o los criterios especificados:

```
var mailServers = _db.MailServers
                  .OrderBy(ms => ms.Host)
                  .Select(ms => ms);
```

La consulta LINQ equivalente es la siguiente:

```
var query = from ms in _db.MailServers
            orderby ms.Host
            select ms;
```

El método `OrderByDescending` permite ordenar el resultado en el orden inverso al método `OrderBy`:

```
var mailServers = _db.MailServers
                  .OrderByDescending(ms => ms.Host)
                  .Select(ms => ms);
```

La consulta LINQ equivalente es la siguiente:

```
var query = from ms in _db.MailServers
            orderby ms.Host descending
            select ms;
```

2.2.2 ThenBy

Los métodos `ThenBy` y `ThenByDescending` permiten definir sentencias de ordenación en caso de que la primera ordenación definida por los métodos `OrderBy` o `OrderByDescending`, devuelva elementos idénticos:

```
var mailServers = _db.MailServers
                 .OrderBy(ms => ms.Host)
                 .ThenBy(ms => ms.Username)
                 .ThenByDescending(ms => ms.Password.Value)
                 .Select(ms => ms);
```

La consulta LINQ equivalente es la siguiente:

```
var query = from ms in _db.MailServers
            orderby ms.Host,
                    ms.Username,
                    ms.Password.Value descending
            select ms;
```

En una consulta LINQ basta con especificar las sentencias de ordenación en la cláusula `orderby`, unas a continuación de las otras.

2.3 Agrupar

2.3.1 GroupBy

Los resultados se pueden agrupar mediante el método `GroupBy`, utilizando para ello el valor de una clave. El método devuelve un grupo de objetos anónimos creado:

```
var mailServers = _db.MailServers
                 .GroupBy(ms => ms.Host)
                 .Select(g => new
                 {
                      Host = g.Key,
                      Count = g.Count()
                 });
```

La consulta LINQ equivalente es la siguiente:

```
var query = from ms in _db.MailServers
            group ms by ms.Host into g
            select new
            {
                Host = g.Key,
                Count = g.Count()
            };
```

La cláusula `group ms by ms.Host into g` agrupa todos los objetos `MailServer` que tienen el mismo valor para la propiedad `Host` y define un nuevo identificador `g` que se puede usar para acceder al grupo. Este identificador se usa en el método `Select` para crear un nuevo tipo anónimo que contiene las propiedades `Host` y `Count`.

2.3.2 Join

La cláusula `join` permite establecer una relación basada en un criterio específico entre dos fuentes:

```
var query = from ms in _db.MailServers
            join s in db.Senders
                on ms.Sender.First<Entities.Sender>().ID
                equals s.ID
            select new
            {
                Host = ms.Host,
                Name = s.Name
            };
```

2.4 Agregar

Los métodos de agregación, como `Count`, `Sum`, `Min`, `Max`, `Average` y `Aggregate`, devuelven un valor sencillo y no una secuencia. Se deben usar con una cláusula `group`:

```
var query = from ms in _db.MailServers
             group ms by ms.Host into g
             select new
             {
                 Host = g.Key,
                 Count = g.Count()
             };
```

Los otros métodos se utilizan de la misma manera. `Count` devuelve el número de elementos, `Sum` calcula la suma de una propiedad de los elementos, `Min` devuelve el número mínimo de una propiedad en la secuencia, mientras que `Max` devuelve el número máximo. `Average` calcula la media de una propiedad de una secuencia. Con el método `Aggregate` hay que pasar una expresión lambda que se encarga de la agregación de los valores.

2.5 Convertir

La ejecución de las consultas LINQ es diferente hasta que se accede al elemento. Es durante la iteración cuando se ejecuta la consulta. Con los métodos de conversión, la consulta se ejecuta inmediatamente y el resultado se devuelve en forma de array, lista o diccionario:

```
List<MailServer> mailServers;
mailServers = (from ms in _db.MailServers
               where ms.Host == "mail.midominio.com"
               select ms).ToList<MailServer>();
```

3. Las consultas paralelas

El Framework .NET proporciona la nueva clase `ParallelEnumerable` en el espacio de nombres `System.Linq`. Permite repartir las consultas en varias tareas para mejorar su rendimiento.

El beneficio respecto al rendimiento de las consultas paralelas es particularmente visible con las tablas, listas o cualquier tipo de colecciones de gran tamaño. La máquina que ejecuta la aplicación también debe tener varios procesadores, de manera que la carga se reparta. Las mejoras no son visibles con una máquina mono procesador.

▶ Para ilustrar las consultas paralelas cree una lista grande con valores aleatorios:

```
int size = 150000000;
List<Int64> list = new List<Int64>(size);
Random rand = new Random();
for (int i = 0; i < size; i++)
{
    list.Add(rand.Next(20));
}
```

▶ Ahora añada la instrucción que permite calcular el valor medio de todos los valores de la lista:

```
double avg = list.AsParallel()
                 .Where(i => i > 10)
                 .Select(i => i).Average();
```

La consulta LINQ equivalente es la siguiente:

```
double avg = (from i in list.AsParallel()
              where i > 10
              select i).Average();
```

La única diferencia con una consulta clásica es la llamada al método `AsParallel`. Este método se define en la clase `ParallelEnumerable` para extender de la interfaz `Ienumerable<T>`. Durante la ejecución, la consulta se ejecuta a través de varias tareas. La lista se divide en varias partes, de manera que cada una de ella se gestiona con una tarea para tratar la cláusula `where`. Después del tratamiento, la lista se vuelve a unir para hacer el cálculo de la media de los elementos restantes.

3.1 Particionar una consulta

La clase `Partitioner`, definida en el espacio de nombres `System.Collections.Concurrent`, permite influir en el particionado de las consultas paralelas.

El método estático `Create` recibe como argumento un array o un objeto que implementa la interfaz `IList<T>`. Éste permite influir en el paralelismo de la consulta, principalmente mediante los métodos `WithExecutionMode`, `WithDegreeOfParallelism` y `WithMergeOptions`:

```
double avg = (from i in Partitioner.Create(list, true)
    .AsParallel()
    .WithExecutionMode(ParallelExecutionMode.ForceParallelism)
    .WithDegreeOfParallelism(10)
    .WithMergeOptions(ParallelMergeOptions.AutoBuffered)
                         where i > 10
                         select i).Average();
```

El método WithExecutionMode recibe como argumento un valor del tipo ParallelExecutionMode, que puede ser Default o ForceParallelism.

El método WithDegreeOfParallelism recibe como argumento un valor de tipo Int32 que permite definir el número máximo de tareas que se ejecutan de manera paralela.

El método WithMergeOptions recibe como argumento un valor de tipo ParallelMergeOptions que puede ser Default, NotBuffered, AutoBuffered o FullyBuffered, y que permite determinar el tipo de fusión que se debe usar para la consulta. El sistema no tiene por qué respetar obligatoriamente este valor cuando todas las consultas se ejecutan de manera paralela.

3.2 Anular una consulta

El método WithCancellation se puede añadir a la consulta paralela pasando como argumento un objeto de tipo CancellationToken, creado a partir de la clase CancellationTokenSource.

La consulta se ejecuta en una tarea separada, que devuelve un error de tipo OperationCancelException cuando la consulta se anula. A partir de la tarea principal, la consulta se puede anular invocando al método Cancel del objeto CancellationTokenSource:

```
CancellationTokenSource ct = new CancellationTokenSource();
new Thread(() =>
{
    try
    {
        double avg = (from i in Partitioner
                            .Create(list, true).AsParallel()
                            .WithCancellation(ct.Token)
                      where i > 10
                      select i).Average();
    }
    catch (OperationCanceledException ex)
    {
        MessageBox.Show(ex.ToString());
    }
}).Start();
ct.Cancel();
```

Capítulo 20
LINQ to Entities

1. Introducción

Entity Framework proporciona las clases necesarias para ejecutar consultas y extraer los registros almacenados en la base de datos. Las consultas se pueden hacer usando LINQ to Entities o Entity SQL.

Observación

*Para ilustrar este capítulo, se modifica el formulario **MailServerSettings** para mostrar un control `ComboBox` que contiene las configuraciones almacenadas en la base de datos y un botón que permite hacer copias de seguridad de las modificaciones:*

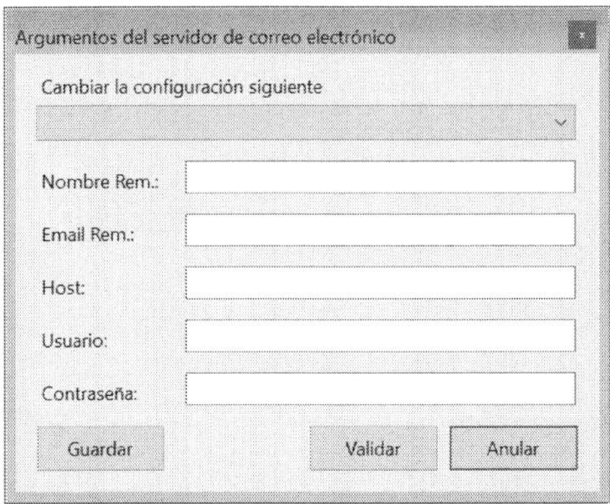

2. Extraer datos

Las consultas se definen con objetos de tipo `DbSet<T>` y deben ejecutarse dentro del contexto de las entidades inicializadas en la clase `Program.cs`:

```
var builder = new HostBuilder()
   .ConfigureServices((hostContext, services) =>
   {
       services.AddDbContext<SelfMailerContext>(options =>
       {
           options.UseSqlServer("Server=localhost\\SQLEXPRESS;
Database=SelfMailer;Trusted_Connection=True;");
       });
   });
var host = builder.Build();
```

El contexto puede, entonces, recuperarse e inyectarse en la aplicación:

```
using (var serviceScope = host.Services.CreateScope())
{
   var services = serviceScope.ServiceProvider;
   Context = services.GetRequiredService<SelfMailerContext>();
}
```

Para simplificar, se agrega la variable estática `Context` a la clase `Program` para que esté disponible globalmente.

```
public static SelfMailerContext Context { get; set; }
```

2.1 La extracción simple

Para rellenar el control `ComboBox` del formulario con las configuraciones almacenadas en la base de datos, las entidades se pueden recuperar directamente desde el contexto:

```
var query = Program.Context.MailServers;
```

Se recuperan las entidades haciendo un bucle `foreach` sobre el objeto `ObjectQuery`:

```
foreach (MailServer mailServer in query)
{
    foreach (Sender sender in mailServer.Senders)
    {
        this.ConfigList.Items.Add(
          new ComboBoxItem(mailServer.Id,
                         sender.Id,
                         mailServer.Host + " - " + sender.Name));
    }
}
```

Observe que es posible recuperar los objetos de tipo `Sender` relacionados con el objeto de tipo `MailServer` actual mediante la propiedad de navegación `Senders`.

Observación

Se ha añadido la clase `ComboBoxItem` al proyecto para recuperar las claves del elemento seleccionado en el control `ComboBox`.

2.2 La extracción condicional

La clase `DbSet` expone varios métodos de extensión que permiten crear consultas complejas para extraer solo los registros que se deseen.

La siguiente lista presenta estos diferentes métodos:

- `Where`: este método permite filtrar los resultados que cumplan algunas condiciones.

```
Program.Context.MailServers.Where(x => x.Host ==
"mail.dominio.com");
```

- `Distinct`: este método crea una consulta que devuelve registros únicos.

```
Program.Context.MailServers.Distinct();
```

- `OrderBy`: este método define el orden de los resultados devueltos por la consulta.

```
Program.Context.MailServers.OrderBy(x => x.Host);
```

- `Except`: este método devuelve un conjunto de registros, sin los registros que devuelve la consulta que se pasa como argumento al método.

```
Program.Context.MailServers.Except(
    Program.Context.MailServers.Where(x => x.Host ==
"mail.dominio.com"));
```

- `Union`: este método combina los resultados de dos consultas sin duplicados.

```
Program.Context.MailServers.Union(
    Program.Context.MailServers.Where(x => x.Host ==
"mail.dominio.com"));
```

- `Include`: este método indica que los registros de la relación también se deben extraer de manera que no se tengan que hacer consultas adicionales para extraer las entidades objeto de la relación.
- `GroupBy`: este método especifica los criterios que permiten agrupar los registros.
- `OfType`: este método especifica que los registros extraídos deben ser de un tipo definido.
- `Skip`: este método clasifica los resultados según los criterios especificados e ignora el número de registros especificados.
- `Intersect`: este método devuelve un conjunto de registros que contiene solo aquellos registros que devuelve tanto la consulta que se pasa como argumento al método como la consulta actual.

3. Añadir, modificar y eliminar datos

Leer, buscar, filtrar y ordenar los registros de la base de datos solo representa una parte de las necesidades de una aplicación. Añadir, modificar y suprimir datos son acciones habituales realizadas sobre un conjunto de datos.

3.1 Añadir datos

La adición de nuevos registros se hace creando una nueva entidad del tipo deseado. A continuación, basta con guardar sus propiedades y añadirla a la colección de entidades del contexto:

```
MailServer newMailServer = new MailServer();
newMailServer.Host = this.Host.Text;
newMailServer.Username = this.Username.Text;
newMailServer.Password.Value = this.Password.Text;
newMailServer.Password.AllowSave = true;
Program.Context.MailServers.Add(newMailServer);
```

La adición de la nueva entidad a la colección del contexto se puede efectuar antes o después de la asignación de las propiedades.

La nueva entidad creada se puede relacionar con una entidad existente según las relaciones. Para leer la entidad `newMailServer` creada anteriormente con una entidad `Sender` es preciso agregarla a la colección de entidades relacionadas:

```
Sender newSender = new Sender();
Program.Context.Senders.Add(newSender);
newSender.MailServer.Add(newMailServer);
```

3.2 Modificar datos

La modificación de una entidad se hace recuperando una instancia de la entidad implicada y asignando nuevos valores a sus propiedades:

```
Sender newSender =
          Program.Context.Senders.First(x => x.Id ==
selected.SenderKey);
newSender.Name = this.FromName.Text;
newSender.Email = this.FromEmail.Text;
```

También es posible añadir o eliminar relaciones a una entidad existente.

3.3 Eliminar datos

La eliminación de una entidad se hace llamando al método `Remove` de la colección de entidades del contexto. Este método recibe como argumento un objeto del mismo tipo que la entidad correspondiente que se desea eliminar:

```
Sender delSender =
          Program.Context.Senders.First(x => x.Id ==
selected.SenderKey);
Program.Context.Senders.Remove(delSender);
```

3.4 El envío de las modificaciones

Cuando las operaciones de adición, modificación o eliminación se realizan en las colecciones de entidades, no se repercuten inmediatamente en la base de datos. El contexto guarda un estado de cada entidad.

Este estado se gestiona automáticamente y permite administrar las consultas SQL durante el envío de las modificaciones mediante el método `SaveChanges` del contexto:

```
Program.Context.SaveChanges();
```

Capítulo 21
LINQ to SQL

1. La creación de clases LINQ to SQL

LINQ to SQL es un sistema que permite tener clases fuertemente tipadas para el acceso a los datos almacenados en SQL Server. LINQ utiliza las relaciones entre las tablas de la base de datos para cargar datos en los objetos, listos para ser utilizados por el código. LINQ to SQL no es solo útil para la extracción de datos, también permite realizar inserciones, actualizaciones y eliminación de datos.

Visual Studio facilita la creación de clases LINQ to SQL mediante un diseñador de objetos relacionales que permite crear visualmente objetos y definir sus relaciones. Para beneficiarse de los modelos utilizados en este capítulo, debe instalar **Herramientas LINQ to SQL** desde el instalador de Visual Studio, en la pestaña **Componentes individuales** en la sección **Herramientas de código**.

▶ Cree una carpeta nueva llamada **LinqToSql** en el proyecto **Database** y agregue un nuevo elemento **Clases de LINQ to SQL** llamado **SelfMailer.dbml**.

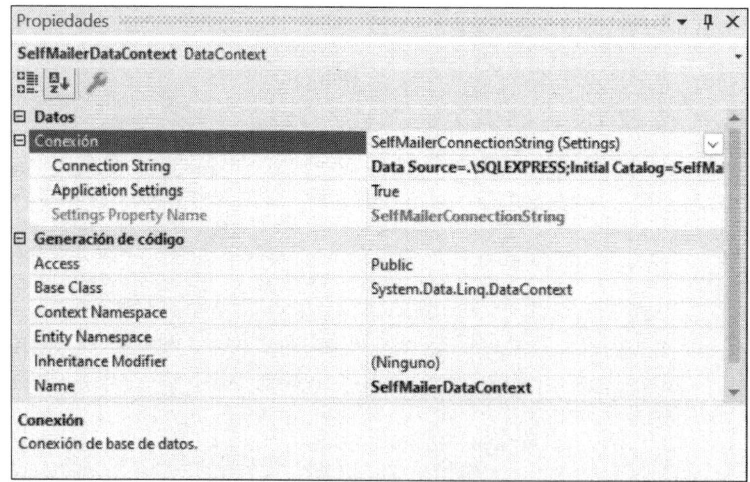

Visual Studio agrega el archivo al proyecto y lo abre en el diseñador de objetos relacionales.

También se incluye la referencia a la librería `System.Data.Linq`.

- Abra el **Explorador de servidores** y arrastre las tres tablas (**MailServers**, **MailServerSender** y **Senders**) de la base de datos **SelfMailer** hacia el diseñador de objetos relacionales:

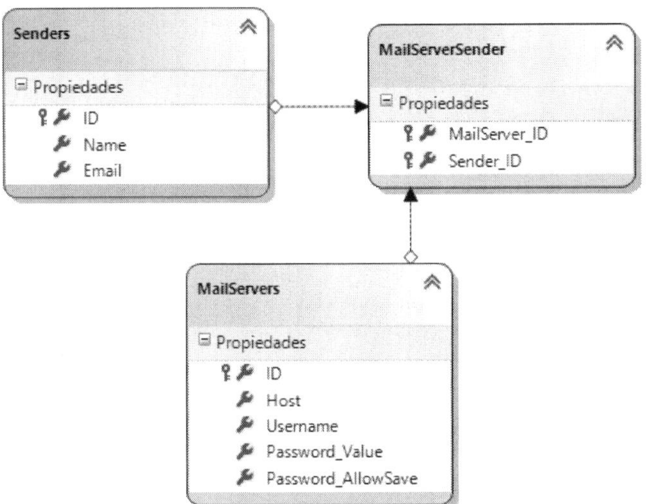

Visual Studio analiza las tablas, sus relaciones y sus columnas para crear las clases adecuadas. Abra el archivo **SelfMailer.designer.cs** de la carpeta **LinqToSql** para analizar el código que se genera automáticamente. Se ha creado una clase por cada tabla, así como una última clase `SelfMailerDataContext` que deriva de la clase base `DataContext` del espacio de nombres `System.Data.Linq`.

Todos los elementos de una base de datos tienen su equivalente dentro de las clases LINQ to SQL. La base de datos se representa mediante el objeto `DataContext`. Las tablas y las vistas están representadas por las clases y las colecciones, las columnas por las propiedades, las relaciones por las colecciones relacionadas y los procedimientos almacenados por los métodos.

2. El objeto DataContext

La clase `SelfMailerDataContext` se encarga de gestionar las conexiones con la base de datos para la ejecución de las consultas. Deriva de la clase `DataContext`. Antes de poder ejecutar consultas en una base de datos, se debe instanciar un nuevo objeto `DataContext` del tipo deseado. Esta instanciación se puede hacer sin argumentos. La cadena de conexión que se utiliza será la especificada en las propiedades de la clase LINQ to SQL:

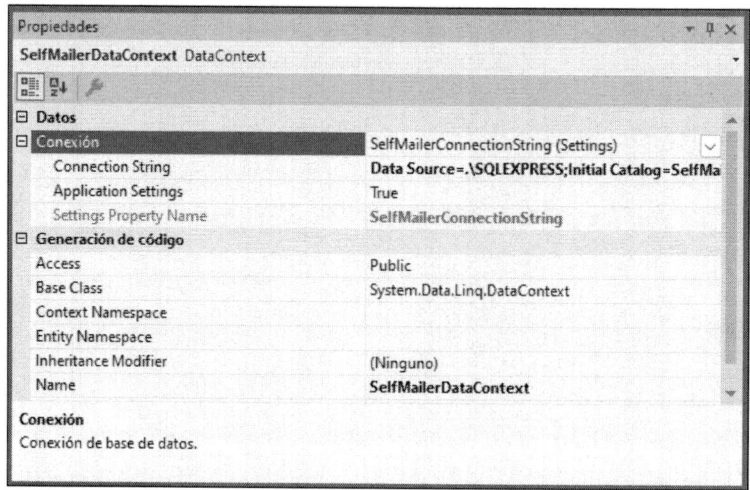

La instanciación del objeto `DataContext` se hace preferentemente dentro de una cláusula `using`, de manera que los recursos del objeto se liberen:

```
// Uso de la cláusula using
using (SelfMailerDataContext context = new
SelfMailerDataContext())
{
    ...
}

// Sin cláusula using, el objeto se  debe liberar explícitamente
SelfMailerDataContext context = new SelfMailerDataContext();
...
context.Dispose();
```

2.1 El método ExecuteQuery

La manera más rápida de ejecutar una consulta es usar el método `ExecuteQuery<T>` del objeto `DataContext`. La instrucción que permite recuperar todos los registros de una tabla es la siguiente:

```
IEnumerable<MailServers> query1 = context
          .ExecuteQuery<MailServers>(
                "SELECT * FROM MailServers ORDER BY Host");
```

En este ejemplo, el método se invoca pasando como argumento la consulta SQL. Es posible especificar los valores a sustituir en la consulta gracias a las cadenas de sustitución con formato `{i}`, donde i representa el índice del argumento en el método `ExecuteQuery<T>`:

```
foreach (MailServers mailServer in query1)
{
    IEnumerable<Senders> query2 = context
          .ExecuteQuery<Senders>(
               "SELECT S.*
               FROM Senders AS S
               INNER JOIN MailServerSender AS MSS
               ON S.ID = MSS.Sender_ID
               WHERE MSS.MailServer_ID = {0}", mailServer.ID);
}
```

En el ejemplo anterior, la cadena `{0}` se va a sustituir por el valor del primer argumento del método, según la cadena de la consulta.

2.2 Utilizar las transacciones

Puede utilizar las transacciones para realizar una serie de consultas de inserción, modificación y eliminación de registros.

- Declare un objeto de tipo `TransactionScope` del espacio de nombres `System.Transactions` y, a continuación, ejecute las consultas deseadas y finalice llamando al método `Complete` para validar la transacción:

```
using (SelfMailerDataContext context = new
SelfMailerDataContext())
{
    using (TransactionScope transaction = new TransactionScope())
```

```
        {
            // Adición, modificación o eliminación de registros
            // del DataContext

            // Envío de las modificaciones a la base de datos
            context.SubmitChanges();

            // Los registros de la base de datos no se
            // modifican hasta que la transacción se valida
            transaction.Complete();
        }
    }
```

2.3 Los demás miembros de DataContext

El objeto `DataContext` contiene varios métodos y propiedades:

Los métodos

- `CreateDatabase`: permite crear una base de datos en el servidor.
- `DatabaseExists`: permite comprobar la existencia de una base de datos y si la conexión se puede establecer.
- `DeleteDatabase`: elimina una base de datos.
- `ExecuteCommand`: permite ejecutar un comando en la base de datos.
- `GetChangeSet`: permite acceder a los cambios realizados en la base de datos, gracias a la monitorización de la ejecución de las modificaciones.
- `GetTable`: devuelve una colección de tablas de la base de datos.
- `Refresh`: permite refrescar los datos del objeto a partir de los de la base de datos.

Las propiedades

- `ChangeConflicts`: proporciona una colección de objetos que causan conflictos de concurrencia cuando se llama al método `SubmitChanges`.
- `CommandTimeout`: permite especificar el tiempo de espera asignado para la ejecución de un comando en la base de datos.

- Connection: proporciona la cadena de conexión asociada a la base de datos.
- DeferredLoadingEnabled: permite especificar si los registros relacionados se cargan o no durante de la consulta.
- Log: permite especificar dónde se envía la salida del comando que se ejecuta en la consulta.
- ObjectTrackingEnabled: especifica si los cambios realizados en los objetos se trazan o no. Si los objetos no se trazan, las modificaciones no se repercutirán en la base de datos.

3. Ejecutar las consultas con LINQ

Las consultas LINQ permiten tener una sintaxis tipada. Esta sintaxis se evalúa en tiempo de compilación de la aplicación, a diferencia de las consultas en forma de cadena de caracteres, realizadas con el método ExecuteQuery<T> del objeto DataContext, que solo generarán un error durante la ejecución y transmisión de la consulta la base de datos.

Las consultas LINQ to SQL siguen los mismos principios de la sintaxis LINQ general.

3.1 Las consultas sencillas

Las consultas sencillas se realizan mediante una cláusula from y una cláusula select:

```
var query = from ms in context.MailServers
            select ms;
```

En este ejemplo, se asigna al objeto query la colección de registros de la tabla MailServers.

3.2 Las consultas filtradas

La cláusula where permite filtrar los datos que serán devueltos:

```
var query = from ms in context.MailServers
            where ms.Password_AllowSave == true
            select ms;
```

En este ejemplo, se asigna al objeto query la colección de registros de la tabla MailServers con valor true en la columna Password_AllowSave.

3.3 Los joins

El join entre varias tablas se realiza mediante la cláusula join:

```
var query = from ms in context.MailServers
            join mss in context.MailServerSender
                 on ms.ID equals mss.MailServer_ID
            join s in context.Senders
                 on mss.Sender_ID equals s.ID
            select new { ms, s };
```

En este ejemplo, al objeto query se le asigna la colección de registros de las tablas MailServers y Senders, que están relacionadas. Es posible especificar varias cláusulas join.

4. Los procedimientos almacenados

▶ Agregue el siguiente procedimiento almacenado a la base de datos:

```
CREATE PROCEDURE dbo.GetLinkedMailServersSenders
    (@MailServerID int = 0)
AS
    SELECT ms.*, s.*
    FROM MailServers AS ms
    INNER JOIN MailServerSender AS mss
           ON ms.ID = mss.MailServer_ID
    INNER JOIN Senders AS s
           ON mss.Sender_ID = s.ID
    WHERE ms.ID = @MailServerID
```

Este procedimiento almacenado permite recuperar los registros de las tablas `MailServers` y `Senders` que están relacionadas en función del identificador de un registro.

4.1 La adición de procedimientos almacenados al modelo

Para añadir un procedimiento almacenado al modelo de datos basta con seleccionarlo y, a continuación, arrastrarlo desde el **Explorador de servidores** hacia el diseñador de objetos relacionales:

GetLinkedMailServersSenders (System.Int32 mailServerID)

Visual Studio añade un método con el nombre del procedimiento almacenado al objeto que deriva de `DataContext`. Los argumentos del método también se declaran en función de los argumentos del procedimiento almacenado:

```
[global::System.Data.Linq.Mapping.FunctionAttribute
(Name="dbo.GetLinkedMailServersSenders")]
public ISingleResult<GetLinkedMailServersSendersResult>
GetLinkedMailServersSenders([global::System.Data.Linq.Mapping
.ParameterAttribute(Name="MailServerID", DbType="Int")]
System.Nullable<int> mailServerID)
{
    IExecuteResult result = this.ExecuteMethodCall(this
           , ((MethodInfo)(MethodInfo.GetCurrentMethod()))
           , mailServerID);
    return ((ISingleResult<GetLinkedMailServersSendersResult>)
           (result.ReturnValue));
}
```

4.2 La ejecución de procedimientos almacenados

La ejecución de un procedimiento almacenado se realiza simplemente llamando al método adecuado del contexto y pasando como argumentos los valores esperados por el procedimiento almacenado:

```
var query = context.GetLinkedMailServersSenders(1);
foreach (var item in query)
{
}
```

El bucle `foreach` que sigue a la ejecución del método vinculado al procedimiento almacenado permite recorrer los resultados del mismo.

Capítulo 22
LINQ to XML

1. Los objetos XML

LINQ to XML es una implementación del lenguaje de consulta para documentos XML. El espacio de nombres `System.Xml.Linq` expone objetos que permiten trabajar con documentos XML en memoria de manera sencilla.

1.1 XDocument

La clase `XDocument` representa al documento XML. Contiene los miembros que permiten acceder a los demás objetos de tipo `XElement`, `XNamespace`, `XComment` y `XAttribute`.

Los dos métodos más importantes de esta clase son `Load` y `Save`. El método estático `Load` permite cargar un documento XML desde una ruta de acceso o desde una URL y almacenarlo en memoria, en un objeto `XDocument`:

```
XDocument xDocument = XDocument.Load(@"C:\miArchivo.xml");
```

El documento XML también puede provenir de un objeto `TextReader` o `XmlReader` y se pasa como argumento al método `Load`.

Una vez que se carga en memoria el documento, es posible trabajar con sus propiedades:

```
string s1 = xDocument.Root.Name.ToString();
string s2 = xDocument.FirstNode.NodeType.ToString();
```

El otro método importante de la clase XDocument es el método Save, que permite hacer copias de seguridad del documento XML que está en memoria en un archivo en disco, un objeto TextWriter o un objeto XmlWriter:

```
xDocument.Root.Add(new XAttribute("NuevoAtributo",
                                  "NuevoValor"));
xDocument.Save(@"C:\miArchivo.xml");
```

1.2 XElement

Uno de los tipos que más se usan para trabajar con documentos XML es XElement. Es posible crear elementos que son en sí mismos documentos XML o crear partes de un documento. En la creación de un elemento puede especificar su nombre, el valor que se usará para el nombre de la etiqueta XML y su contenido:

```
XElement xElement = new XElement("NuevoElemento",
                                 "Contenido del elemento.");
```

Este ejemplo crea el siguiente fragmento XML:

```
<NuevoElemento>Contenido del elemento.</NuevoElemento>
```

También puede crear documentos completos anidando objetos XElement tal y como se muestra en el siguiente ejemplo:

```
XElement xElement1 = new XElement("NuevoHijo1",
                                  "Contenido del hijo 1.");
XElement xElement2 = new XElement("NuevoHijo2",
                                  "Contenido del hijo 2.");
XElement xElement3 = new XElement("NuevoElemento",
                                  xElement1,
                                  xElement2);
```

Este ejemplo genera el fragmento XML siguiente:

```
<NuevoElemento>
    <NuevoHijo1>Contenido del hijo 1.</NuevoHijo1>
    <NuevoHijo2>Contenido del hijo 2.</NuevoHijo2>
</NuevoElemento>
```

1.3 XNamespace

El objeto `XNamespace` representa un espacio de nombres XML que se puede asociar con facilidad a un elemento del documento:

```
XNamespace xNamespace = "http://www.midominio.com/ns/xml";
XElement xElement = new XElement(xNamespace + "NuevoElemento",
                                 "Contenido del elemento.");
```

Se crea un objeto `XNamespace` asignándole el valor del espacio de nombres y, a continuación, se usa durante la creación de un elemento. El resultado generado es el siguiente:

```
<NuevoElemento xmlns="http://www.midominio.com/ns/xml">
       Contenido del elemento.
</NuevoElemento>
```

Es posible asignar un espacio de nombres a cualquier nivel de la arborescencia del documento XML:

```
XNamespace xNamespace1 = "http://www.midominio.com/ns/xml1";
XNamespace xNamespace2 = "http://www.midominio.com/ns/xml2";

XElement xElement1 = new XElement(xNamespace1 + "NuevoHijo1",
                                  "Contenido del hijo 1.");
XElement xElement2 = new XElement(xNamespace2 + "NuevoHijo2",
                                  "Contenido del hijo 2.");
XElement xElement3 = new XElement(xNamespace1 + "NuevoElemento",
                                  xElement1,
                                  xElement2);
```

El fragmento XML generado es el siguiente:

```
<NuevoElemento xmlns="http://www.midominio.com/ns/xml1">
    <NuevoHijo1>Contenido del hijo 1.</NuevoHijo1>
    <NuevoHijo2 xmlns="http://www.midominio.com/ns/xml2">
          Contenido del hijo 2.
    </NuevoHijo2>
</NuevoElemento>
```

Observe que el espacio de nombres no se aplica a la etiqueta `NuevoHijo1`. La razón es que su espacio de nombres es idéntico al del padre. Hereda de él implícitamente, por lo que no se menciona en la etiqueta.

1.4 XAttribute

Los elementos XML, además de un contenido, pueden tener uno o varios atributos. Se representan por la clase XAttribute:

```
XAttribute xAttribute = new XAttribute("MiAtributo",
                                       "ValorAtributo");
XElement xElement = new XElement("NuevoElemento",
                                 xAttribute,
                                 "Contenido del elemento.");
```

El fragmento XML generado es el siguiente:

```
<NuevoElemento MiAtributo="ValorAtributo">
    Contenido del elemento.
</NuevoElemento>
```

1.5 XComment

La clase XComment permite añadir con facilidad comentarios dentro de un documento XML:

```
XDocument xDocument = new XDocument();

XComment xComment = new XComment("Un comentario");
xDocument.Add(xComment);

XElement xElement = new XElement("NuevoElemento",
                                 "Contenido del elemento.");
xDocument.Add(xElement);
```

El fragmento XML generado es el siguiente:

```
<!--Un comentario-->
<NuevoElemento>Contenido del elemento.</NuevoElemento>
```

2. Ejecutar consultas con LINQ

LINQ permite realizar consultas sobre un documento XML. Los objetos que se han presentado anteriormente `XDocument`, `XElement`, e incluso `XAttribute`, permiten extraer los datos deseados.

Las consultas LINQ to XML siguen los mismos principios que la sintaxis LINQ general.

Observación

Los siguientes ejemplos se basan en el archivo de ejemplo LinqToXML.xml:

```
<?xml version="1.0" encoding="utf-8"?>
<SelMailer>
  <MailServer ID="1">
    <Host>mail.midominio.com</Host>
    <Username>MiUsuario</Username>
    <Password>miContraseña</Password>
  </MailServer>
  <MailServer ID="2">
    <Host>mail.midominio2.com</Host>
    <Username>MiUsuario2</Username>
    <Password>miContraseña2</Password>
  </MailServer>
  <Sender ID="1">
    <Name>mi nombre</Name>
    <Email>email@midominio.com</Email>
  </Sender>
  <MailServerSender MailServerID="1" SenderID="1" />
  <MailServerSender MailServerID="2" SenderID="1" />
</SelMailer>
```

2.1 Las consultas sencillas

Las consultas sencillas se realizan mediante una cláusula `from` y una cláusula `select`:

```
var query = from ms in xDocument.Descendants("MailServer")
            select new { Host = ms.Elemento("Host").Value };
```

En este ejemplo, al objeto `query` se le asigna la colección de elementos hijos del documento XML que están en las etiquetas `MailServer`. La consulta devuelve la lista de los valores del elemento `Host`.

2.2 Las consultas filtradas

La cláusula `where` permite filtrar los datos que serán devueltos:

```
var query = from ms in xDocument.Descendants("MailServer")
            where ms.Attribute("ID").Value == "1"
            select new { Host = ms.Element("Host").Value };
```

En este ejemplo, al objeto `query` se le asigna la colección de elementos hijo del documento XML que están en las etiquetas `MailServer` y que tienen el valor 1 en su atributo `ID`. La consulta devuelve la lista de los valores del elemento `Host`.

2.3 Los joins

El join entre varios documentos se realiza mediante la cláusula `join`:

```
var query = from ms in xDocument.Descendants("MailServer")
           join mss in xDocument.Descendants("MailServerSender")
                on ms.Attribute("ID").Value
                equals mss.Attribute("MailServerID").Value
            join s in xDocument.Descendants("Sender")
                on mss.Attribute("SenderID").Value
                equals s.Attribute("ID").Value
            select new
            {
               Host = ms.Element("Host").Value,
               Name = s.Element("Name").Value
            };
```

En este ejemplo, al objeto `query` se le asigna el join de los elementos `MailServer`, `Sender` y `MailServerSender` en función del valor de sus atributos para realizar el join. La consulta devuelve la lista de los valores del elemento `Host` de las etiquetas `MailServer`, así como el valor del elemento `Name` de la etiqueta `Sender` asociada.

Capítulo 23
El sistema de archivos

1. Las clases de gestión del sistema de archivos

El Framework .NET proporciona una serie de clases en el espacio de nombres `System.IO` de la librería **mscorlib.dll** que permiten gestionar el sistema de archivos al completo: las lecturas, los directorios y los archivos.

1.1 DriveInfo

La clase `DriveInfo` proporciona los miembros que permiten obtener la información relativa a los lectores de una máquina. Su método estático `GetDrives` devuelve un array de objetos `DriveInfo`, correspondiente a los lectores de la máquina sobre la que se ejecuta la instrucción:

```
DriveInfo[] drives = DriveInfo.GetDrives();
```

La clase `DriveInfo` se puede instanciar pasando como argumento al constructor la letra del lector:

```
DriveInfo driveC = new DriveInfo("C");
```

Los miembros de la clase `DriveInfo` exponen la información relativa a los lectores:

- `AvailableFreeSpace`: indica la cantidad de espacio libre en el lector en bytes.
- `DriveFormat`: indica el formato del sistema de archivos del lector. Puede ser NTFS, FAT32 o CDFS, según el lector.
- `DriveType`: indica el tipo de lector, y devuelve uno de los valores de la lista `System.IO.DriveType`:
  - `CDRom` para los lectores ópticos.
  - `Fixed` para los discos duros.
  - `Network` para los lectores de red.
  - `NoRootDirectory` para un lector que no tenga directorio raíz.
  - `Ram` para un lector RAM.
  - `Removable` para dispositivos de almacenamiento externo.
  - `Unknown` cuando el tipo del lector es desconocido.
- `IsReady`: esta propiedad booleana indica si el lector está listo para ser utilizado.
- `Name`: indica el nombre del lector, se trata de su letra de acceso.
- `RootDirectory`: indica la ruta de acceso de la raíz del lector, devolviendo un objeto `DirectoryInfo`.
- `TotalFreeSpace`: indica la cantidad total de espacio libre en el lector en bytes.
- `TotalSize`: indica la cantidad total de espacio del lector.
- `VolumeLabel`: devuelve el nombre de la unidad de un lector. Por ejemplo: Disco local.

Excepto la propiedad `VolumeLabel`, todas son en modo de solo lectura.

1.2 Directory y DirectoryInfo

La clase `Directory` es estática. Se usa dando la ruta de acceso del directorio durante la llamada de un método estático. Si desea hacer una única acción en un directorio, use esta clase para ahorrar la instanciación de un objeto. La clase `DirectoryInfo` implementa prácticamente los mismos métodos que la clase `Directory`. Si se desea ejecutar varias operaciones sobre un mismo directorio, la clase `DirectoryInfo` será más eficaz, ya que la información del directorio se leerá una única vez durante la instanciación, independientemente del número de operaciones realizadas en el directorio.

La mayor parte de los métodos de la clase `DirectoryInfo` se implementan en la clase `Directory`. Es posible crear, eliminar y modificar las propiedades de un directorio gracias a estas clases:

```
// Creación de un directorio mediante la clase estática Directory
Directory.CreateDirectory(@"C:\directorio");

// Creación de un directorio mediante la clase DirectoryInfo
DirectoryInfo directory = new DirectoryInfo(@"C:\directorio");
directory.Create();
```

El uso de la clase estática `Directory` para realizar una operación sobre un directorio no obliga a la instanciación de una secuencia. Si el directorio que se desea crear ya existe, no se producirá ninguna excepción. El segundo ejemplo, que utiliza la clase `DirectoryInfo`, obliga a la instanciación de una secuencia, lo cual resulta algo más largo. La ventaja es que el objeto está listo para realizar múltiples operaciones.

Durante la instanciación de un objeto `DirectoryInfo`, si la ruta de acceso que se pasa como argumento no existe, no se produce ninguna excepción. Será durante la primera llamada del método (excepto el método `Create`). Para comprobar la existencia de un directorio, la clase `DirectoryInfo` expone la propiedad booleana `Exists`:

```
DirectoryInfo directory = new DirectoryInfo(@"C:\directorio");
if (directory.Exists)
{
    directory.Delete();
}
```

Si intenta realizar una operación sobre un directorio que no existe se producirá una excepción de tipo `DirectoryNotFoundException`.

La clase estática `Directory` se comporta de manera similar cuando se realiza una operación sobre un directorio inexistente. Expone un método `Exists` que recibe como argumento la ruta de acceso del directorio y devuelve un valor booleano que determina la existencia o no del directorio:

```
if (Directory.Exists(@"C:\directorio"))
{
    Directory.Delete(@"C:\directorio");
}
```

Las clases `Directory` y `DirectoryInfo` exponen otros métodos que permiten realizar las operaciones más habituales sobre los directorios, como por ejemplo:

- Mover un directorio se realiza mediante el método `Move` de la clase `Directory` o `MoveTo` de la clase `DirectoryInfo`:

```
if (Directory.Exists(@"C:\directorio"))
{
    Directory.Move(@"C:\directorio", @"C:\NuevoDirectorio");
}

DirectoryInfo directory = new DirectoryInfo(@"C:\directorio");
if (directory.Exists)
{
    directory.MoveTo(@"C:\NuevoDirectorio");
}
```

- Obtener los subdirectorios se realiza mediante los métodos `GetDirectories` o `EnumerateDirectories` de las clases `Directory` y `DirectoryInfo`:

```
string[] dirs = Directory.GetDirectories(@"C:\directorio");
IEnumerable<string> enumDirs = Directory
                        .EnumerateDirectories(@"C:\directorio");
DirectoryInfo directory = new DirectoryInfo(@"C:\directorio");
DirectoryInfo[] dirs = directory.GetDirectories();
IEnumerable<DirectoryInfo> enumDirs = directory
                                      .EnumerateDirectories();
```

Los métodos GetDirectories y EnumerateDirectories de la clase Directory devuelven respectivamente, un array de tipo string o un objeto IEnumerable genérico de tipo string. La clase DirectoryInfo devuelve objetos del tipo DirectoryInfo.

Estos métodos tienen sobrecargas que permiten especificar un modelo de nombres de directorio para filtrar los resultados. Otra sobrecarga también permite especificar si la búsqueda se debe realizar solo en el directorio actual o también en los subdirectorios objeto de una enumeración del tipo System.IO.SearchOption:

```
string[] dirs = Directory.GetDirectories(@"C:\",
                                "m?o",
                                SearchOption.TopDirectoryOnly);
string[] dirs = Directory.GetDirectories(@"C:\",
                                "m*",
                                SearchOption.AllDirectories);
```

El modelo puede contener los caracteres * y ?. El carácter * sustituye a uno o a varios caracteres, mientras que el carácter ? reemplaza a un único carácter.

- La obtención de los archivos contenidos en un directorio se realiza según el mismo modelo que para los subdirectorios con los métodos GetFiles o EnumerateFiles de las clases Directory y DirectoryInfo.

1.3 File y FileInfo

Las clases File y FileInfo tienen un funcionamiento parecido a las clases Directory y DirectoryInfo en el ámbito de los archivos. La clase File es estática, mientras que la clase FileInfo se debe instanciar. Elegir el uso de una clase u otra depende del número de operaciones que se desea realizar sobre un archivo. Una operación única será más rápida con la clase File, mientras que varias operaciones implicarán el uso de un objeto FileInfo para mejorar el rendimiento.

Estas clases permiten crear, mover y eliminar archivos, así como modificar sus propiedades, además de leer y escribir en los archivos:

```
FileStream fileStream = File.Create(@"C:\archivo.txt");
// Escribir en el archivo
fileStream.Dispose();
```

```
FileInfo fileInfo = new FileInfo(@"C:\archivo.txt");
FileStream fileStream = fileInfo.Create();
// Escribir en el archivo
fileStream.Dispose();
```

La creación de un archivo devuelve un objeto de tipo `FileStream` asociado. La escritura de datos en este flujo implicará la escritura en el archivo. La llamada al método `Create` en un archivo ya existente implica el borrado de todos los datos almacenados en él previamente. Para leer o escribir los datos en un archivo existente, hay que utilizar los métodos `Open`, `OpenRead`, `OpenText` u `OpenWrite`:

```
FileStream fs = File.Open(@"C:\archivo.txt", FileMode.Open);
// Operaciones sobre el archivo
fs.Dispose();

FileInfo fileInfo = new FileInfo(@"C:\archivo.txt");
FileStream fileStream = fileInfo.Open(FileMode.Open);
// Operaciones sobre el archivo
fileStream.Dispose();
```

El argumento de tipo `FileMode` permite especificar el modo de apertura del archivo. La enumeración contiene los siguientes valores:

- `CreateNew`: se creará un nuevo archivo. Si el archivo ya existe, se producirá una excepción del tipo `IOException`.
- `Create`: se creará un nuevo archivo. Si el archivo ya existe, se sustituirá. Esto equivale a decir que si el archivo no existe, se abre en modo `CreateNew` y, si existe, se abre en modo `Truncate`.
- `Open`: especifica que el archivo solo se debe abrir. Si no existe, se produce una excepción del tipo `FileNotFoundException`.
- `OpenOrCreate`: indica que si el archivo existe se debe abrir. En caso contrario, se debe crear.

- `Truncate`: indica que el archivo se debe abrir y eliminar su contenido. Cuando un archivo se abre con este modo, no se puede leer.
- `Append`: este modo abre el archivo o lo crea si no existe y el cursor se sitúa al final. El archivo no se podrá leer, ya que se producirá una excepción del tipo `NotSupported-Exception`.

Observación

La lectura y la escritura de datos en los archivos se estudiará en la sección Trabajar con el sistema de archivos de este capítulo.

Como ocurre con los directorios, las clases `File` y `FileInfo` exponen un miembro `Exists` en forma de propiedad para la clase `FileInfo` y en forma de método para la clase `File`:

```
if (File.Exists(@"C:\archivo.txt"))
{
    // ...
}

FileInfo fileInfo = new FileInfo(@"C:\archivo.txt");
if (fileInfo.Exists)
{
    // ...
}
```

Las clases `File` y `FileInfo` exponen otros métodos que permiten realizar las operaciones más habituales sobre los directorios:

- La eliminación de archivos se realiza mediante el método `Delete`, presente en las clases `File` y `FileInfo`:

```
File.Delete(@"C:\archivo.txt");

FileInfo fileInfo = new FileInfo(@"C:\archivo.txt");
fileInfo.Delete();
```

Si el archivo que se intenta eliminar no existe, no se produce ninguna excepción.

- Para mover o copiar archivos se usan los métodos Copy y Move de la clase File y los métodos CopyTo y MoveTo de la clase FileInfo:

```
File.Copy(@"C:\archivo.txt", @"C:\NuevoArchivo.txt");
File.Move(@"C:\archivo.txt", @"C:\NuevoArchivo.txt");

FileInfo fileInfo = new FileInfo(@"C:\archivo.txt");
fileInfo.CopyTo(@"C:\NuevoArchivo.txt");
fileInfo.MoveTo(@"C:\NuevoArchivo.txt");
```

  Cualquier intento de copiar o mover un archivo a una ubicación que contiene un archivo con el mismo nombre producirá una excepción de tipo IOException.

- El cifrado y descifrado de archivos se realiza mediante los métodos Encrypt y Decrypt. El cifrado se hace de tal manera que solo la cuenta que se ha utilizado para cifrar el archivo lo puede descifrar:

```
File.Encrypt(@"C:\archivo.txt");
File.Decrypt(@"C:\archivo.txt");

FileInfo fileInfo = new FileInfo(@"C:\archivo.txt");
fileInfo.Encrypt();
fileInfo.Decrypt();
```

  Un archivo cifrado con esos métodos se resalta en el explorador de archivos Windows con su nombre en verde.

1.4 Path

La clase Path es estática, expone métodos que permiten realizar operaciones sobre la ruta de accesos de los directorios y archivos. Estas operaciones no se realizan físicamente sobre los archivos y directorios:

- ChangeExtensions: este método permite modificar la extensión de un archivo. El primer argumento es la ruta de acceso del archivo y el segundo la nueva extensión:

```
string result = Path.ChangeExtension(@"C:\archivo.txt", "doc");
// result = "C:\archivo.doc"
```

– Combine: este método permite combinar varias rutas de acceso:

```
string result = Path.Combine(@"C:\Directorio1",
                             "Directorio2",
                             "archivo.txt");
// result = "C:\Directorio1\Directorio2\archivo.txt"
```

Es más eficaz usar el método Combine que reunir las diferentes partes de una ruta de acceso especificando el carácter separador, que es diferente de un SO a otro.

– GetDirectoryName: devuelve la ruta de acceso del directorio relativo a la ruta de acceso especificada:

```
string result =
Path.GetDirectoryName(@"C:\Directorio1\archivo.txt");
// result = "C:\Directorio1"
```

– GetExtension: devuelve la extensión del archivo en la ruta de acceso especificada:

```
string result = Path.GetExtension(@"C:\Directorio1\archivo.txt");
// result = ".txt"
```

– GetFileName: devuelve el nombre del archivo con su extensión:

```
string result = Path.GetFileName(@"C:\archivo.txt");
// result = "archivo.txt"
```

– GetFileNameWithoutExtension: devuelve el nombre del archivo sin su extensión:

```
string result =
Path.GetFileNameWithoutExtension(@"C:\archivo.txt");
// result = "archivo"
```

– GetFullPath: devuelve la ruta de acceso absoluta de la ruta de acceso relativa especificada:

```
string result = Path.GetFullPath(@"archivo.txt");
```

La ruta de acceso por defecto es la correspondiente a la ejecución de la aplicación.

– GetInvalidFileNameChars: devuelve un array con los caracteres no permitidos en los nombres de los archivos.

- GetInvalidPathChars: devuelve un array con los caracteres no permitidos en las rutas de acceso.
- GetPathRoot: devuelve el directorio raíz de la ruta de acceso especificada:

```
string result = Path.GetPathRoot(@"C:\Directorio1\archivo.txt");
// result = "C:\"
```

- GetRandomFileName: devuelve un nombre de archivo aleatorio:

```
string result = Path.GetRandomFileName();
// result = "0zyso02u.zgv"
```

- GetTempFileName: crea un archivo temporal vacío con un nombre único y devuelve la ruta de acceso completa del mismo:

```
string result = Path.GetTempFileName();
// result = "C:\Users\Hugon\AppData\Local\Temp\tmp7032.tmp"
```

- GetTempPath: devuelve la ruta de acceso del directorio temporal del sistema:

```
string result = Path.GetTempPath();
// result = "C:\Users\Hugon\AppData\Local\Temp\"
```

- HasExtension: devuelve un valor booleano que indica si la ruta de acceso especificada contiene una extensión de archivo:

```
bool result = Path.HasExtension(@"C:\Directorio1\archivo.txt");
// result = true
bool result = Path.HasExtension(@"C:\Directorio1");
// result = false
```

- IsPathRooted: devuelve un valor booleano que indica si la ruta de acceso es relativa o absoluta:

```
bool result = Path.IsPathRooted(@"C:\Directorio1");
// result = true
bool result = Path.IsPathRooted(@"Directorio1");
// result = false
```

2. Trabajar con el sistema de archivos

2.1 Los objetos Stream

Los objetos `Stream` se usan para la transferencia de datos, ya sea entre una fuente externa y la aplicación (se trata en este caso de una lectura de datos), o bien entre la aplicación y una fuente externa (se trata entonces de una escritura de datos).

La fuente externa de un flujo puede provenir de un archivo, de una ubicación de memoria e incluso de la red. Dependiendo del origen, se utilizará un objeto u otro. Por ejemplo, para un flujo en memoria, se usará un objeto de tipo `System.IO.MemoryStream`, mientras que para la transferencia de datos a través de un protocolo de red se usará la clase `System.IO.NetworkStream`. Cuando trabaje con archivos las clases que usará serán, por un lado, `FileStream` para escribir y leer datos binarios en particular y para todo tipo de archivo en general. Por otro lado, las clases `StreamReader` y `StreamWriter` están diseñadas especialmente para leer y escribir en los archivos de texto.

La ventaja de utilizar un objeto distinto para la transferencia de datos es poder realizar de forma más sencilla el cambio del tipo de la fuente externa. Conservando la separación entre el código de la aplicación y el concepto de fuente de datos particular, el código se puede reutilizar con más facilidad.

2.2 La clase FileStream

La clase `FileStream` se utiliza para leer y escribir en archivos binarios. Su constructor y sus sobrecargas pueden tener hasta cuatro argumentos que permiten determinar el archivo, el modo de apertura, el tipo de acceso y el tipo de bloqueo:

```
FileStream stream = new FileStream(@"C:\archivo.dat",
                                   FileMode.OpenOrCreate,
                                   FileAccess.ReadWrite,
                                   FileShare.None);
```

La enumeración FileMode permite especificar la manera en la que se debe abrir el archivo. Los posibles valores se han presentado antes en este capítulo.

La enumeración FileAccess determina los tipos de operación que se podrán realizar sobre el archivo. Los valores son Read para abrir el archivo en modo de solo lectura, Write para abrirlo en modo de solo escritura y ReadWrite para abrirlo en modo de lectura y escritura.

La enumeración FileShare permite definir el tipo de acceso de los demás objetos sobre el archivo. Puede especificar uno o varios valores entre los siguientes:

- None para rechazar cualquier compartición.
- Read para autorizar la apertura en modo lectura del archivo.
- Write para autorizar la apertura del archivo en modo escritura.
- ReadWrite para autorizar la apertura del archivo en modo lectura y escritura.
- Delete para permitir eliminar el archivo.
- Inheritable para crear un handle del archivo heredado por los procesos hijo.

Los valores de esta enumeración se pueden combinar mediante el operador |:

```
FileStream stream = new FileStream(@"C:\archivo.dat",
                                   FileMode.OpenOrCreate,
                                   FileAccess.ReadWrite,
                                   FileShare.Read |
                                   FileShare.Delete);
```

Los objetos de tipo FileStream también se pueden instanciar a partir de la clase estática File, gracias a los métodos Open, OpenRead y OpenWrite que abren el archivo especificado respectivamente en modo de lectura y escritura, modo de solo lectura y de solo escritura:

```
FileStream stream = File.Open(@"C:\archivo.dat", FileMode.Create);
FileStream stream = File.OpenRead(@"C:\archivo.dat");
FileStream stream = File.OpenWrite(@"C:\archivo.dat");
```

La clase FileInfo contiene métodos idénticos.

Existen dos métodos para leer datos. El primero es el método ReadByte que recibe como primer argumento el byte a partir de la posición actual del archivo y lo transforma en tipo int. Si alcanza el fin del archivo, devuelve el valor -1:

```
int nextByte = stream.ReadByte();
```

El segundo método de lectura de datos es Read. Permite leer un número determinado de bits y almacenarlos en un array de tipo byte. Devuelve el número de bits leídos:

```
byte[] bytes = new byte[10];
int bytesRead = stream.Read(bytes, 0, 10);
```

Para la escritura, la clase FileStream ofrece dos métodos WriteByte y Write que permiten respectivamente escribir un valor binario único o una serie de valores provenientes de un array de tipo byte:

```
stream.WriteByte(50);

bytes = new byte[] { 15, 65, 98, 78, 126 };
stream.Write(bytes, 0, 5);
```

Cuando terminan las operaciones sobre el archivo, hay que cerrarlo siempre. En caso contrario permanece bloqueado y ningún otro proceso puede acceder:

```
stream.Close();
```

La clase FileStream implementa la interfaz IDisposable; también conviene liberar los recursos explícitamente:

```
stream.Dispose();
```

2.3 Leer un archivo de texto

2.3.1 Leer mediante la clase File

La clase estática File expone métodos que permiten leer datos de un archivo en forma binaria o texto, sin tener que instanciar una secuencia.

El método ReadAllText recibe como argumento la ruta de acceso del archivo que se desea leer. Abre este archivo, lee el contenido y lo cierra antes de devolver un objeto string con el contenido del archivo.

```
string content = File.ReadAllText(@"C:\archivo.txt");
```

El método `ReadAllText` tiene una sobrecarga que permite especificar el tipo de codificación (encode) del contenido de texto, utilizando un argumento de tipo `Encoding`:

```
string content = File.ReadAllText(@"C:\archivo.txt",
Encoding.ASCII);
```

El método `ReadAllLines` funciona de la misma manera que el método `ReadAllText`, excepto que el contenido se devuelve en forma de array de tipo `string`. Cada elemento se corresponde con una línea del archivo origen:

```
string[] lines = File.ReadAllLines(@"C:\archivo.txt");
```

El método `ReadLines` devuelve un objeto genérico `IEnumerable`, donde cada elemento representa una línea del archivo origen:

```
IEnumerable<string> lines = File.ReadLines(@"C:\archivo.txt");
```

La clase `File` expone un método que permite leer datos binarios: el método `ReadAllBytes`. Recibe como argumento la ruta de acceso del archivo fuente y devuelve un array de tipo `byte` que representa el contenido del archivo.

```
byte[] bytes = File.ReadAllBytes(@"C:\archivo.dat");
```

2.3.2 Leer con la clase StreamReader

La clase `StreamReader` se utiliza para leer archivos de texto. La manera más sencilla de instanciar un nuevo objeto `StreamReader` es especificar la ruta de acceso del archivo:

```
StreamReader stream = new StreamReader(@"C:\archivo.txt");
```

Si no se especifica ningún tipo de codificación (encode), el constructor examina los primeros bits para determinar el tipo de codificación del archivo. Estos bits se conocen como *byte code markers*. No existen cuando el tipo de codificación del archivo es ASCII por razones de compatibilidad hacia atrás con los sistemas antiguos, que no gestionan Unicode. Cuando el tipo de codificación del archivo es Unicode, UTF7, UTF8 o UTF32 los primeros bits de este archivo se sitúan de manera específica para indicar el formato del archivo.

Existen diversas sobrecargas del constructor de la clase StreamReader que permiten especificar el tipo de codificación mediante un objeto Encoding. En cualquier caso, el tipo de codificación se debe determinar mediante los *byte code markers*:

```
StreamReader stream = new StreamReader(@"C:\archivo.txt",
                                    Encoding.ASCII);
```

Cuando el archivo se abre, varias posibilidades permiten leer los datos. El objeto StreamReader conserva en memoria la posición del cursor que permite identificar las secciones ya leídas del archivo.

El método ReadLine devuelve un objeto de tipo string correspondiente a la línea del cursor y posiciona en ella la siguiente línea:

```
string line = stream.ReadLine();
```

El método Read devuelve el número entero del siguiente carácter después del cursor o -1 si se ha alcanzado el final del archivo:

```
int nextChar = stream.Read();
```

La propiedad booleana EndOfStream es otra manera de comprobar si se ha alcanzado el final del archivo:

```
while (!stream.EndOfStream)
{
    string s = stream.ReadLine();
}
```

Una sobrecarga del método Read permite especificar el número de caracteres que se deben leer y los almacena en un array de tipo char:

```
char[] chars = new char[3];
int buffChar = stream.Read(chars, 0, 3);
```

El método ReadToEnd devuelve un objeto de tipo string que contiene todo el archivo entre la posición del cursor y el final del archivo:

```
string all = stream.ReadToEnd();
```

Cuando terminan las operaciones de lectura del archivo, siempre hay que cerrar el archivo. En caso contrario queda bloqueado y ningún otro proceso puede acceder a él:

```
stream.Close();
```

La clase `StreamReader` implementa la interfaz `IDisposable`. También es conveniente liberar los recursos explícitamente:

```
stream.Dispose();
```

Tomando como ejemplo un archivo con el siguiente contenido:

```
Contenido
del
archivo
```

Y las siguientes instrucciones:

```
StreamReader stream = new StreamReader(@"C:\archivo.txt",
                                        Encoding.ASCII);
string line = stream.ReadLine();
int nextChar = stream.Read();
char[] chars = new char[3];
int buffChar = stream.Read(chars, 0, 3);
string all = stream.ReadToEnd();
stream.Close();
stream.Dispose();
```

Los valores de las variables después de la ejecución de las instrucciones anteriores son los siguientes:

```
line = "Contenido"
nextChar = 100 es el carácter 'd'
chars[0] = 'e'
chars[1] = 'l'
chars[2] = '\r'
all = "archivo"
```

2.4 Escribir en un archivo de texto

2.4.1 Escribir mediante la clase File

La clase estática `File` expone métodos que permiten escribir datos en un archivo en forma binaria o de texto, sin tener que instanciar una secuencia.

El método `WriteAllText` recibe como argumentos la ruta de acceso al archivo y el contenido que se desea escribir. Crea un nuevo archivo, escribe el contenido en dicho archivo, lo guarda y después lo cierra. Si el archivo ya existe, se elimina.

```
File.WriteAllText(@"C:\archivo.txt", "Contenido");
```

El método `WriteAllText` tiene una sobrecarga que permite especificar el tipo de codificación del contenido de texto, utilizando un argumento de tipo `Encoding` del espacio de nombres `System.Text`:

```
File.WriteAllText(@"C:\archivo.txt", "Contenido", Encoding.ASCII);
```

El método `WriteAllLines` funciona de la misma manera que el método `WriteAllText`, excepto que el contenido se pasa en un array de tipo `string` o en una colección genérica `IEnumerable`. Cada elemento se escribe en una línea del archivo de destino:

```
string[] lines = { "Contenido", "del", "archivo" };
File.WriteAllLines(@"C:\archivo.txt", lines, Encoding.ASCII);

List<string> lines = new List<string>()
                         { "Contenido", "del", "archivo" };
File.WriteAllLines(@"C:\archivo.txt", lines, Encoding.ASCII);
```

La clase `File` expone un método que permite escribir datos binarios: el método `WriteAllBytes`. Recibe como argumentos la ruta de acceso del archivo de destino, así como un array de tipo `byte` que representa el contenido del archivo:

```
byte[] B = { 1, 78, 96, 135 };
File.WriteAllBytes(@"C:\archivo.dat", B);
```

2.4.2 Escribir con la clase StreamWriter

La clase `StreamWriter` se usa para escribir en archivos de texto. La manera más sencilla de instanciar un nuevo objeto `StreamWriter` es especificar la ruta de acceso del archivo:

```
StreamWriter stream = new StreamWriter(@"C:\archivo.txt");
```

El constructor de la clase `StreamWriter` tiene sobrecargas que permiten especificar el tipo de codificación mediante un objeto `Encoding` e indicar si se debe o no añadir el contenido a los datos existentes:

```
StreamWriter stream = new StreamWriter(@"C:\archivo.txt",
                                       false,
                                       Encoding.ASCII);
```

Los métodos `Write` y `WriteLine` permiten escribir datos en el archivo. Contienen muchas sobrecargas para cada uno de los tipos básicos, como los tipos `string`, `char`, `char[]`, `bool`, `int`, `long` u `object`:

```
stream.WriteLine("Contenido");
stream.Write('d');
stream.Write(new char[] { 'l', '\r', '\n' });
stream.Write("archivo");
```

Cuando terminan las operaciones de escritura en el archivo, siempre hay que cerrar el archivo. En caso contrario queda bloqueado y ningún otro proceso puede acceder a él:

```
stream.Close();
```

La clase `StreamWriter` implementa la interfaz `IDisposable`. Conviene liberar los recursos explícitamente:

```
stream.Dispose();
```

Capítulo 24
Serialización

1. Introducción

La serialización es el nombre del proceso que permite convertir un objeto en una secuencia. Una vez realizada la conversión, es posible guardar el resultado en un archivo o enviarlo a otra aplicación. La recuperación de esta secuencia y su transformación en el objeto original se llama deserialización.

El Framework .NET ofrece dos técnicas:

- La serialización binaria permite crear una copia exacta del objeto serializado. Todas las propiedades públicas, privadas, su clase e incluso su ensamblado se transforman en un flujo de datos.
- La serialización XML crea una representación únicamente de las propiedades y de los campos públicos. La ventaja es que permite establecer una comunicación más sencilla entre aplicaciones heterogéneas. La serialización SOAP, que es una variante, se utiliza mucho en los servicios web.

2. La serialización binaria

La razón más importante para utilizar la serialización binaria es poder persistir el estado de un objeto, para poder volver a crearlo de manera idéntica más adelante. Este objeto se puede almacenar en un archivo o enviar como una secuencia a través de la red. Otra ventaja es que la serialización binaria conserva el estado de los miembros públicos y privados del objeto.

Por el contrario, no es fácil utilizar secuencias generadas en o desde una aplicación de terceros.

2.1 Conceptos básicos

El requisito previo para poder serializar una clase es marcarla con el atributo `Serializable`. Si intenta serializar un objeto que no se ha marcado con este atributo se producirá una excepción de tipo `SerializationException`:

```
[Serializable]
public class ReplacedField
{
    public string Pattern;
    public string Field;
    public bool HasChanged;
}
```

El siguiente ejemplo de código muestra el método que permite a un objeto de esta clase serializarse en un archivo:

```
// Instanciación e inicialización del objeto
ReplacedField O = new ReplacedField();
O.Field = "myField";
O.Pattern = "myPattern";
O.HasChanged = true;

// Creación del constructor binario
IFormatter formatter = new BinaryFormatter();

// Creación de la secuencia
Stream stream = new FileStream(@"C:\ReplacedField.bin",
FileMode.Create);
```

```
// Serialización del objeto en la secuencia
formatter.Serialize(stream, O);
stream.Close();
stream.Dispose();
```

La serialización utiliza un constructor binario de tipo `BinaryFormatter` del espacio de nombres `System.Runtime.Serialization.Formatters.Binary`.

Para realizar la transformación, basta con llamar al método `Serialize` de este objeto pasando como argumentos la secuencia en la que escribir los datos y el objeto a serializar.

La deserialización sigue el mismo esquema y utiliza también un constructor binario para el que hay que llamar al método `Deserialize` pasando como argumento la secuencia que contiene el objeto. Devuelve un objeto que habrá que convertir:

```
// Creación del constructor binario
IFormatter formatter = new BinaryFormatter();

// Creación de la secuencia
Stream stream = new FileStream(@"C:\ReplacedField.bin",
FileMode.Open);

// Deserialización del objeto a partir de la secuencia
ReplacedField O = (ReplacedField)formatter.Deserialize(stream);
stream.Close();
stream.Dispose();
```

La serialización binaria conserva el estado de los miembros públicos y privados. Para que un miembro no se serialice, hay que marcarlo con el atributo `NonSerialized`:

```
[Serializable]
public class ReplacedField
{
    [NonSerialized]
    public string Pattern;
    public string Field;
    public bool HasChanged;
}
```

2.2 Controlar la serialización

Pueden suceder que los procesos de serialización y deserialización se tengan que controlar de manera más detallada, por ejemplo, para garantir la compatibilidad hacia atrás de un tipo entre versiones.

2.2.1 El control por atributo

La primera técnica de control utiliza los atributos e indica al proceso qué método debe invocar:

- `OnSerializing`: aplicado a un método, este atributo especifica que se debe invocar antes de la serialización del objeto.
- `OnSerialized`: aplicado a un método, este atributo especifica que se debe invocar después de la serialización del objeto.
- `OnDeserializing`: aplicado a un método, este atributo especifica que se debe invocar antes de la deserialización del objeto.
- `OnDeserialized`: aplicado a un método, este atributo especifica que se debe invocar después de la deserialización del objeto.

```
[OnSerializing]
private void OnSerializingMethod(StreamingContext context)
{
    this.Field = "Valor que se modifica antes de la serialización";
}

[OnSerialized]
private void OnSerializedMethod(StreamingContext context)
{
    this.Field = "Valor que se modifica después de la serialización";
}

[OnDeserializing]
private void OnDeserializingMethod(StreamingContext context)
{
    this.Field = "Valor que se modifica antes de la deserialización";
}

[OnDeserialized]
private void OnDeserializedMethod(StreamingContext context)
{
    this.Field = "Valor que se modifica después de la deserialización";
}
```

Estos métodos no acceden a la secuencia de serialización, pero permiten modificar el objeto en un instante dado del proceso. En caso de herencia, los métodos se ejecutan sucesivamente del tipo base al derivado.

Estos atributos solo se pueden utilizar una vez en un método del tipo. Si se marcan varios métodos con el mismo atributo, el código se podrá compilar, pero se producirán excepciones del tipo `TypeLoadException` en tiempo de ejecución, ya que el proceso no sabe qué método se debe llamar.

Los métodos marcados con estos atributos deben aceptar un argumento de tipo `StreamingContext` del espacio de nombres `System.Runtime.Serialization`, que proporciona información adicional sobre el origen y el destino de la secuencia que se transmite.

También es posible definir el atributo `OptionalField` que, aplicado a un miembro, permite especificar al constructor que se puede abstraer de la secuencia y no generar excepciones:

```
[OptionalField]
public int NewField;
```

Este atributo resulta útil para garantizar la evolución de un tipo. Cuando el constructor deserialice el tipo de una versión anterior no tendrá este nuevo campo y no se producirá ninguna excepción, y el resto de los miembros se tratarán correctamente.

La práctica correcta consiste en utilizar la propiedad `VersionAdded` del atributo `OptionalField` para garantizar la compatibilidad con los futuros motores de serialización. Este valor se debe incrementar en 1 con cada modificación de versión del tipo, empezando por 2:

```
// Versión 1
[Serializable]
public class ReplacedField
{
    public string Pattern;
}
// Versión 2
[Serializable]
public class ReplacedField
{
    public string Pattern;
```

```
    [OptionalField(VersionAdded = 2)]
    public string Field;
}
// Versión 3
[Serializable]
public class ReplacedField
{
    public string Pattern;
    [OptionalField(VersionAdded = 2)]
    public string Field;
    [OptionalField(VersionAdded = 3)]
    public bool HasChanged;
    [OptionalField(VersionAdded = 3)]
    public string NewField;
}
```

Para asegurar la compatibilidad hacia atrás de la serialización de un tipo, se deben respetar algunas reglas:

- Nunca eliminar un campo serializado.
- Nunca aplicar el atributo `NonSerialized` a un miembro si no se ha aplicado en su versión anterior.
- Nunca modificar el nombre o el tipo de un miembro serializado.
- Un nuevo miembro, o un miembro marcado con el atributo `NonSerialized` y que ya no lo está, se debe marcar con el atributo `OptionalField`.

2.2.2 El control por interfaz

Una segunda técnica de control del proceso de serialización es la implementación de la interfaz `ISerializable` al tipo. La implementación de esta interfaz implica la implementación del método `GetObjectData` y de un constructor específico para la deserialización:

```
[Serializable]
public class ReplacedField: ISerializable
{
    public string Pattern;
    public string Field;
    public bool HasChanged;
```

```
    public ReplacedField() { }

    internal ReplacedField(SerializationInfo info,
StreamingContext context)
    {
        Pattern = info.GetString("Pattern");
        Field = info.GetString("Field");
        HasChanged = info.GetBoolean("HasChanged");
    }

    public virtual void GetObjectData(SerializationInfo info,
StreamingContext context)
    {
        info.AddValue("Pattern", Pattern);
        info.AddValue("Field", Field);
        info.AddValue("HasChanged", HasChanged);
    }
}
```

La ausencia del método `GetObjectData` devolverá un error en tiempo de compilación y no se podrá completar, pero la ausencia del constructor específico no impedirá que se pueda compilar el código, aunque se producirá un error del tipo `SerializationException` en tiempo de ejecución.

Durante la serialización, el proceso llama al método `GetObjectData` que recibe como argumentos un objeto `SerializationInfo` y un objeto `StreamingContext`. El cuerpo del método debe rellenar el objeto `SerializationInfo` con los miembros deseados del objeto en forma de pares clave - valor.

Los nombres de las claves son libres pero se deben utilizar de manera idéntica durante la deserialización:

- Agregar un valor a la información de serialización en el método `GetObjectData`:

```
info.AddValue("Pattern", Pattern);
```

- Recuperación de este valor durante la deserialización en el constructor específico:

```
Pattern = info.GetString("Pattern");
```

El proceso de deserialización sirve al constructor específico para pasar el objeto `SerializationInfo` que contiene la información de los miembros. El modificador de acceso del constructor no se tiene en cuenta en la llamada del método por lo que, salvo restricción, este constructor se puede marcar con el modificador `internal` para evitar cualquier uso por parte de un código de terceros.

Para restaurar el objeto a su estado no serializado basta con asignar a los miembros los valores que se definen durante la serialización en el objeto `SerializationInfo`:

```
internal ReplacedField(SerializationInfo info, StreamingContext
context)
{
    Pattern = info.GetString("Pattern");
    Field = info.GetString("Field");
    HasChanged = info.GetBoolean("HasChanged");
}
```

Si se crea una clase que deriva de otra que implementa la interfaz `ISerializable`, la nueva clase no necesita indicar explícitamente la interfaz, pero debe implementar el método `GetObjectData` y el constructor específico:

```
public class ReplacedFieldChild: ReplacedField
{
    public string NewField;

    public ReplacedFieldChild(): base() { }

    internal ReplacedFieldChild(SerializationInfo info,
StreamingContext context)
       : base(info, context)
    {
       NewField = info.GetString("NewField");
    }

    public override void GetObjectData(SerializationInfo info,
StreamingContext context)
    {
        base.GetObjectData(info, context);
        info.AddValue("NewField", NewField);
    }
}
```

Durante la serialización y la deserialización en la clase heredada, hay que llamar explícitamente a los métodos de la clase base, sin la cual nunca se llamarían y el flujo de datos serializados o el objeto obtenido después de la deserialización no estarían completos:

```
private ReplacedFieldChild(SerializationInfo info,
StreamingContext context)
       : base(info, context)
```

o

```
base.GetObjectData(info, context);
```

Para el caso en que los objetos hijo se deben instanciar después de que termine la deserialización, es posible implementar la interfaz `IDeserialization-Callback` y el método `IDeserializationCallback.OnDeseriali-zation`, para realizar tareas adicionales:

```
public class ReplacedFieldChild: ReplacedField,
IDeserializationCallback
{
  // ...

  void IDeserializationCallback.OnDeserialization(Object sender)
  {
    NewField = "Valor modificado por el método de Callback";
  }
}
```

3. La serialización XML

El proceso de serialización XML solo se ocupa de los campos públicos, sin información sobre los tipos, los campos privados o las propiedades en modo de solo lectura. La ventaja principal de la serialización XML es su flexibilidad a nivel de la secuencia que se crea. Permite transportar con facilidad los datos de una aplicación a otra.

3.1 Los conceptos básicos

Los procesos de serialización y deserialización XML siguen los mismos principios que la serialización binaria, excepto que la clase no se tiene que marcar con el atributo `Serializable`:

```
public class ReplacedField
{
    public string Pattern;
    public string Field;
    public bool HasChanged;
}
```

La clase `XmlSerializer` del espacio de nombres `System.Xml.Serialization` se usa para hacer transformaciones:

```
// Instanciación e inicialización del objeto
ReplacedField O = new ReplacedField();
O.Field = "myField";
O.Pattern = "myPattern";
O.HasChanged = true;

// Creación del serializador XML
XmlSerializer serializer = new
XmlSerializer(tipoof(ReplacedField));

// Creación de la secuencia
Stream stream = new FileStream(@"C:\ReplacedField.xml",
FileMode.Create);

// Serialización del objeto en la secuencia
serializer.Serialize(stream, O);
stream.Close();
```

El objeto `XmlSerializer` recibe como argumento el tipo del objeto a serializar. La llamada al método `Serialize` del objeto realiza la transformación, pasando como argumentos la secuencia en la que escribir los datos y el objeto a serializar.

El resultado de la serialización anterior es el siguiente:

```
<?xml version="1.0"?>
<ReplacedField xmlns:xsi="http://www.w3.org/2001/XMLSchema-instance"
xmlns:xsd="http://www.w3.org/2001/XMLSchema">
  <Pattern>myPattern</Pattern>
```

```
  <Field>myField</Field>
  <HasChanged>true</HasChanged>
</ReplacedField>
```

El elemento raíz del documento tiene el nombre de la clase serializada y los nodos hijo tienen el nombre de su miembro correspondiente.

Como con la deserialización binaria, la llamada al método `Deserialize` del objeto `XmlSerializer` pasando como argumento la secuencia que contiene el objeto dará como resultado un objeto que es necesario convertir:

```
// Creación del serializador XML
XmlSerializer serializer = new
XmlSerializer(tipoof(ReplacedField));

// Creación de la secuencia
Stream stream = new FileStream(@"C:\ReplacedField.xml",
FileMode.Open);

// Deserialización del objeto a partir de la secuencia
ReplacedField O = (ReplacedField)serializer.Deserialize(stream);
stream.Close();
```

- Para ilustrar esta sección, cree una nueva clase genérica y estática llamada `Serializer` en el directorio **Library** del proyecto:

```
public static class Serializer<T> where T: class
{
}
```

- Añada un primer método `Serialize` que permita serializar un objeto en un archivo:

```
public static void Serialize(T o, string file)
{
    XmlSerializer xmlSerializer = new XmlSerializer(tipoof(T));
    Stream stream = new FileStream(file, FileMode.Create);
    xmlSerializer.Serialize(stream, o);
    stream.Close();
    stream.Dispose();
}
```

▶ Añada un segundo método `Deserialize` que permita deserializar una clase a partir de un archivo:

```
public static T Deserialize(string file)
{
    XmlSerializer xmlSerializer = new XmlSerializer(tipoof(T));
    Stream stream = new FileStream(file, FileMode.Open);
    T result = xmlSerializer.Deserialize(stream) as T;
    stream.Close();
    stream.Dispose();
    return result;
}
```

A partir de este momento, puede añadir las instrucciones de copia de seguridad en el método `Save` de la clase `Project`:

```
Serializer<Project>.Serialize(this,
                              System.IO.Path.Combine(this.Path,
                                                     this.Filename));
```

▶ Modifique el método `Load` de la clase `Project` de la siguiente manera:

```
public static Project Load(string FilePath)
{
    Project result = Serializer<Project>.Deserialize(FilePath);
    result.Path = System.IO.Path.GetDirectoryName(FilePath);
    result.Filename = System.IO.Path.GetFileName(FilePath);
    result.HasChanged = false;

    result.ProjectSettings.Changed += new
EventHandler<ChangedEventArgs>(result.ChildChanged);
    result.MailServerSettings.Changed += new
EventHandler<ChangedEventArgs>(result.ChildChanged);
    result.MailProperties.Changed += new
EventHandler<ChangedEventArgs>(result.ChildChanged);

    return result;
}
```

▶ Por último, modifique el método `chargerToolStripMenuItem_Click` del formulario `Main`:

```
Program.Project = Library.Project.Load(this.ofdProject.FileName);
```

- Ejecute la aplicación ([F5]) para probar la copia de seguridad y la carga de datos.

3.2 Controlar la serialización

Normalmente es útil poder controlar el proceso de serialización para respetar las especificaciones de una aplicación de terceros con la que hay que compartir los datos y para la que el esquema de datos es rígido. El uso de atributos permite gestionar los diferentes casos.

Como hemos visto anteriormente, un elemento XML tiene el nombre de la clase o del miembro del que deriva. La modificación de este comportamiento para una clase se puede obtener gracias al atributo `XmlRoot` definiendo su propiedad `ElementName`:

```
[XmlRoot(ElementName = "RootElement")]
public class ReplacedField
```

La serialización dará el siguiente resultado:

```
<?xml version="1.0"?>
<RootElement xmlns:xsi="http://www.w3.org/2001/XMLSchema-instance"
xmlns:xsd="http://www.w3.org/2001/XMLSchema">
  ...
</RootElement>
```

Es posible indicar otras propiedades como, por ejemplo, `Namespace` para afinar la secuencia que se genera:

```
[XmlRoot(ElementName = "RootElement", Namespace = "myNamespace")]
public class ReplacedField
```

La serialización dará el siguiente resultado:

```
<?xml version="1.0"?>
<RootElement xmlns:xsi="http://www.w3.org/2001/XMLSchema-instance"
xmlns:xsd="http://www.w3.org/2001/XMLSchema"
xmlns="myNamespace">
  ...
</RootElement>
```

El atributo `XmlElement` tiene el mismo efecto sobre los miembros de la clase:

```
[XmlElement(ElementName = "PatternElement")]
public string Pattern;
```

La serialización dará el siguiente resultado:

```
<?xml version="1.0"?>
<RootElement ...>
  <PatternElement>myPattern</PatternElement>
  ...
</RootElement>
```

El atributo `XmlIgnore` permite no serializar el miembro marcado. Por lo tanto, no aparecerá en la secuencia que se genera y no se tendrá en cuenta durante la deserialización.

- Añada el atributo `XmlIgnore` a las propiedades `HasChanged` de las clases del directorio **Library**, así como a las propiedades `Filename` y `Path` de la clase `Project`.

Entre los atributos más comunes, `XmlAttribute` especifica que el miembro se debe serializar como un atributo XML:

```
[XmlAttribute(AttributeName = "PatternElement")]
public string Pattern;
```

La serialización dará el siguiente resultado:

```
<?xml version="1.0"?>
<RootElement ... PatternElement="myPattern">
  ...
</RootElement>
```

3.3 La serialización XML SOAP

SOAP (*Simple Object Access Protocol*) es un formato específico de archivo XML que se utiliza para facilitar la descripción de objetos complejos entre sistemas de información. Este protocolo se usa principalmente en los servicios web.

El funcionamiento de la serialización SOAP es idéntico a la binaria, usando el tipo `SoapFormatter` del espacio de nombres `System.Runtime.Serialization.Formatters.Soap`.

Esta librería no se incluye por defecto en un proyecto de aplicación Windows, por lo que hay que añadir una referencia en el proyecto hacia la librería .NET llamada **System.Runtime.Serialization.Formatters.Soap**.

```
// Instanciación e inicialización del objeto
Version O = new Version(1,0);
// Creación del constructor SOAP
SoapFormatter formatter = new SoapFormatter();
// Creación del flujo
Stream stream = new FileStream(@"C:\Soap.xml", FileMode.Create);
// Serialización del objeto en el flujo
formatter.Serialize(stream, O);
stream.Close();
```

El ejemplo de serialización anterior genera el siguiente archivo XML:

```
<SOAP-ENV:Envelope xmlns:xsi="http://www.w3.org/2001/XMLSchema-
instance" xmlns:xsd="http://www.w3.org/2001/XMLSchema"
xmlns:SOAP-ENC="http://schemas.xmlsoap.org/soap/encoding/"
xmlns:SOAP-ENV="http://schemas.xmlsoap.org/soap/envelope/"
xmlns:clr="http://schemas.microsoft.com/soap/encoding/clr/1.0"
SOAP-ENV:encodingStyle="http://schemas.xmlsoap.org/soap/encoding/">
  <SOAP-ENV:Body>
    <a1:Version id="ref-1"
xmlns:a1="http://schemas.microsoft.com/clr/ns/System">
      <_Major>1</_Major>
      <_Minor>0</_Minor>
      <_Build>-1</_Build>
      <_Revision>-1</_Revision>
    </a1:Version>
  </SOAP-ENV:Body>
</SOAP-ENV:Envelope>
```

Igual que para la serialización XML, los atributos permiten modificar el comportamiento del proceso, usando fundamentalmente `SoapAttribute`, `SoapElement` o `SoapIgnore`, que tienen el mismo efecto que los atributos de serialización XML.

Capítulo 25
Expresiones regulares

1. Introducción

El objetivo de las expresiones regulares es buscar una cadena de caracteres en otra cadena, utilizando para ello modelos determinados. Estos modelos se definen como objetos de tipo `string` con una sintaxis precisa y un lenguaje específico. El espacio de nombres `System.Text.RegularExpressions` expone las clases que se utilizan para trabajar con las expresiones regulares como `Regex`, `Match` o `Group`.

Las expresiones regulares permiten realizar diferentes operaciones sobre los objetos de tipo `string`. Por ejemplo, permite identificar palabras repetidas, cambiar de mayúsculas a minúsculas y a la inversa, separar los diferentes elementos de una URL o comprobar si el formato se corresponde con un modelo determinado.

El uso de las expresiones regulares se realiza principalmente mediante la clase `Regex`, que contiene métodos estáticos y también se puede instanciar. Una expresión regular se parece a un objeto `string`. La diferencia es que contiene las secuencias de escape y las series de caracteres con un objetivo específico.

Observación

El código fuente de los ejemplos de este capítulo está disponible en el proyecto RegularExpressions de la solución. La constante de tipo `string` *que se usa en los ejemplos es la siguiente:*

```
const string Original =
"Lorem ipsum dolor sit amet, consectetur adipiscing elit. Vni
enim sapien, dignissim in eleifend ahu, molestie met amet sapien
Proin in ligula 022-999, eget eleifend urna. Nunc sollicitudin
elementum mab, aja matis arcu auctor jhu? Mauris vulputate
condimentum venenatis. Curabitur semper faucibus arcu tgi
sagittis.";
```

2. Una primera expresión regular

La cadena `Original` se considera como cadena de entrada. Sobre ella se prueban las expresiones regulares. Para comprobar la existencia de una subcadena determinada dentro de ella, habrá que ejecutar las siguientes instrucciones:

```
string pattern = "vni";
MatchCollection matches = Regex.Matches(Original,
                                        pattern,
                                        RegexOptions.IgnoreCase);
foreach (Match match in matches)
{
    Console.WriteLine(match.Index);
}
```

Este ejemplo define un modelo, la cadena de caracteres `vni`. A continuación, se invoca al método estático `Matches` de la clase `Regex` pasando como argumentos la cadena original y el esquema que se quiere buscar, especificando la opción `RegexOptions.IgnoreCase` que permite obviar la diferencia entre mayúsculas y minúsculas durante la búsqueda. El método `Matches` devuelve un objeto de tipo `MatchCollection`, es decir una colección de objetos `Match` que representa cada resultado. El ejemplo termina con una iteración de la colección de resultados para mostrar el índice correspondiente a la posición del primer carácter del modelo en la cadena original. Ejecutando la aplicación ([F5]), el resultado que se muestra es `57`, lo que significa que tenemos un resultado en la cadena original y se encuentra en la posición `57`.

El método estático `Match` de la clase `Regex` permite devolver el primer resultado válido correspondiente al modelo.

3. Las opciones de búsqueda

La enumeración `RegexOptions` se marca con el atributo `Flags`. Esto significa que sus valores se pueden combinar con los operadores de bits:

```
RegexOptions searchOptions = RegexOptions.IgnoreCase |
                             RegexOptions.Multiline;
```

La siguiente lista presenta los diferentes valores de la enumeración `RegexOptions`:

- `None`: especifica que no se define ninguna opción. Si este valor se combina con otro, este segundo será ignorado.
- `IgnoreCase`: especifica que la diferencia entre mayúsculas y minúsculas se ignora durante la búsqueda.
- `Multiline`: modifica el significado de los caracteres `^` y `$` de manera que se apliquen a cada línea de la cadena original y no al inicio y al fin de la cadena completa.
- `ExplicitCapture`: modifica la forma en que se recogen los resultados, asegurándose de que las capturas válidas son las que se han llamado explícitamente.
- `Compiled`: especifica que la expresión regular se compila en un ensamblado. La ejecución es más rápida, pero el tiempo inicial aumenta.
- `Singleline`: modifica el significado del carácter . para que haga referencia a cualquier caracter.
- `IgnorePatternWhiteSpace`: elimina los espacios que no sean de escape del modelo y habilita los comentarios marcados con el carácter #.
- `RightToLeft`: modifica el significado de la búsqueda. Ésta se hará de derecha a izquierda, en lugar de izquierda a derecha, como se hace por defecto.

- `ECMAScript`: esta opción habilita un comportamiento conforme a ECMAScript para la expresión. Hay que combinar esta opción con los valores `IgnoreCase`, `Multiline` y `Compiled` para que no se produzca una excepción.
- `CultureInvariant`: especifica que se ignora la cultura de la cadena.

4. Los caracteres de escape

Las expresiones regulares contienen caracteres que permiten especificar partes del modelo. Deben estar precedidas por una barra invertida \ para que se consideren como un carácter real. Por ejemplo, el carácter ? significa que el carácter anterior puede aparecer cero o un vez. Para buscar el punto de interrogación como carácter, hay que utilizar como prefijo una barra invertida:

```
Console.WriteLine(Regex.Match(Original, @"jhu?"));
Console.WriteLine(Regex.Match(Original, @"jhu\?"));
```

El resultado que se muestra es el siguiente:

```
jhu_
jhu?
```

El resultado no es idéntico dependiendo de si el carácter `?` se escapa o no. En la primera instrucción, la expresión regular busca una secuencia de caracteres que puede ser `jh` o `jhu`, mientras que la segunda busca la secuencia exacta `jhu?`.

Los métodos estáticos `Escape` y `Unescape` de la clase `Regex` permiten transformar los caracteres en su equivalente escapado:

```
Console.WriteLine(Regex.Escape(@"?"));        // \?
Console.WriteLine(Regex.Unescape(@"\?"));     //?
```

5. Los conjuntos

Los conjuntos de caracteres permiten especificar una serie de caracteres que pueden darse en el modelo. Para tener una correspondencia exacta con un conjunto de caracteres, hay que indicarlos entre corchetes:

```
Console.WriteLine(Regex.Match(Original, @"[Aa]hu"));     // ahu
```

El carácter ^ ubicado inmediatamente después del corchete de apertura, permite especificar lo contrario:

```
Console.WriteLine(Regex.Match(Original, @"[^Aa]hu"));     // jhu
```

Es posible especificar una secuencia de caracteres separando el primero del último por un guión. Esto evita tener que especificar todos los caracteres uno a uno:

```
Console.WriteLine(Regex.Match(Original, @"ah[n-z]"));     // ahu
```

`\d` representa una cifra. Su contrario es `\D`, que significa cualquier carácter excepto una cifra:

```
Console.WriteLine(Regex.Match(Original, @"\d\D\d"));     // 2-9
```

`\w` es el diminutivo de la expresión `[a-zA-Z0-9_]`. Permite buscar cualquier carácter compuesto de una palabra:

```
Console.WriteLine(Regex.Match(Original, @"\w"));              // L
Console.WriteLine(Regex.Match(Original, @"[a-zA-Z0-9_]"));  // L
```

`\s` permite especificar un espacio en el modelo:

```
Console.WriteLine(Regex.Match(Original, @"Lorem\sipsum"));
// Lorem ipsum
```

El carácter . corresponde a cualquier carácter excepto `\n`:

```
Console.WriteLine(Regex.Match(Original, @"t.i"));          // tgi
```

`\p` seguido de una categoría entre llaves, permite especificar una categoría. Las categorías son las siguientes:

- `L` para las letras.
- `Ll` para las letras minúsculas.
- `Lu` para las letras mayúsculas.

- `N` para los números.
- `P` para las reglas de puntuación.
- `S` para los símbolos.
- `Z` para los separadores.

```
Console.WriteLine(Regex.Match(Original, @"a\p{L}a"));    // aja
```

6. Los grupos

En ocasiones es útil poder separar una expresión regular en una serie de sub expresiones, llamadas grupos. Para formar un grupo, la expresión se debe escribir entre paréntesis:

```
Match result = Regex.Match(Original, @"(\d\d\d)-(\d\d\d)");
Console.WriteLine(result);                              // 022-999
Console.WriteLine(result.Groups[0]);                    // 022-999
Console.WriteLine(result.Groups[1]);                    // 022
Console.WriteLine(result.Groups[2]);                    // 999
```

En este ejemplo puede observar que el resultado se corresponde con el resultado completo de la expresión regular, como el primer elemento de la colección de grupos que tiene el índice 0. Los grupos siguientes se van formando por los grupos determinados por los paréntesis, en su orden de aparición, en la expresión regular.

Además de poder separar los resultados, los grupos también se pueden utilizar dentro de la expresión regular. Los grupos se indexan secuencialmente empezando por 1. De esta manera, se puede hacer referencia a un grupo en la expresión regular con el índice del grupo escapado:

```
foreach (Match match in Regex.Matches(Original, @"(\w)\1"))
{
    Console.WriteLine(match.Value);
}
```

Este ejemplo realiza una búsqueda en las cadenas de dos caracteres, donde el segundo es igual al primero.

Los resultados son los siguientes:

```
ss
22
99
ll
```

Los grupos capturados se pueden llamar. La sintaxis es la siguiente para la declaración:

```
(?'NombreDelGrupo'Expresión) o (?<NombreDelGrupo>Expresión)
```

Para utilizar un grupo a partir de su nombre, use la siguiente sintaxis:

```
\k'NombreDelGrupo' o \k<NombreDelGrupo>
```

A continuación, se muestra un ejemplo idéntico al anterior usando un grupo con nombre:

```
foreach (Match match in Regex.Matches(Original,
                                     @"(?'letra'\w)\k<letra>"))
{
    Console.WriteLine(match.Value);
}
```

7. Las anclas (anchors)

Las caracteres ^ y $ permiten especificar una posición particular. De manera predeterminada ^ se corresponde con el inicio de la cadena y $ se corresponde con el final. De esta manera, para realizar una búsqueda desde el inicio de la cadena, se usa una expresión regular parecida a la siguiente:

```
Console.WriteLine(Regex.Match(Original, @"^\w"));         // L
```

Según el contexto de uso de estos caracteres, pueden tener un significado diferente. ^ puede ser un anchor de inicio de cadena o un carácter de negación, mientras que $ puede indicar el final de la cadena o preceder a un identificador de grupo en caso se sustitución.

Se especifica la opción `RegexOptions.Multiline`, ^ se corresponde con el inicio de la cadena o de la línea, mientras que $ se corresponde con el final de la cadena o de la línea.

8. Los cuantificadores

Los cuantificadores permiten especificar el número de ocurrencias de una correspondencia. La siguiente tabla enumera los cuantificadores disponibles:

Cuantificador	Descripción
`*`	Cero o varias correspondencias.
`+`	Una o varias correspondencias.
`?`	Cero o una correspondencia.
`{x}`	Exactamente x correspondencias.
`{x,}`	Al menos x correspondencias.
`{x,y}`	Entre x e y correspondencias.

Un cuantificador se aplica al carácter o grupo anterior. Por ejemplo, tomemos la expresión regular anterior: `(\d\d\d)-(\d\d\d)`. Busca dos series de tres cifras separadas por un guión. Se puede convertir en `(\d{3})-(\d{3})`:

```
Console.WriteLine(Regex.Match(Original, @"(\d{3})-(\d{3})"));
// 022-999
```

Capítulo 26
Multi-threading

1. Introducción

La programación multi-thread implica el reparto de tareas (thread) de una misma aplicación, de forma que se realicen de manera independiente unas de otras. De este modo se consigue un uso óptimo del tiempo del procesador. Las tareas no se realizan en realidad de forma paralela. El procesador asigna un tiempo de procesamiento a cada tarea en función de su importancia. Este cambio de contexto implica que el procesador memoriza la pila de la tarea actual antes de restaurar la de la tarea a la que le da paso. C# 5 introduce de nuevo palabras clave (`await` y `async`) para facilitar el desarrollo asíncrono. El desarrollo síncrono implica que una función que se invoca bloquea la ejecución del programa hasta que aquélla termina. Cuando una función se invoca de forma asíncrona, la ejecución del programa principal continúa. Por tanto, existe una noción de ejecución en paralelo y de concurrencia, como ocurre con la programación multi-thread.

Observación

Los ejemplos de este capítulo están disponibles en el código fuente del proyecto MultiThreading de la solución.

2. La clase Thread

El espacio de nombres `System.Threading` alberga clases que permiten crear y controlar las tareas, principalmente mediante la clase `Thread`. Los threads se deben usar cuando una aplicación debe gestionar varias tareas independientes, como gestionar una interfaz de usuario o realizar un tratamiento de datos. La aplicación tendrá mejor rendimiento si estas dos tareas se desarrollan en threads específicos.

2.1 Crear un thread

El delegado `ThreadStart` se emplea para crear un nuevo thread. Su constructor toma como argumento la declaración del método que se ejecutará en este nuevo thread:

```
ThreadStart newThread = new ThreadStart(OtherThread);
```

El delegado se pasa a continuación como argumento del constructor del objeto `Thread`:

```
Thread thread = new Thread(newThread);
```

A continuación, se llama al método `Start` del objeto `Thread` para iniciar la llamada al método del delegado `ThreadStart`:

```
thread.Start();
```

El ejemplo completo en forma de aplicación de consola es el siguiente:

```
static void Main(string[] args)
{
    Console.WriteLine("Inicio del thread principal");
    ThreadStart newThread = new ThreadStart(OtherThread);
    Thread thread = new Thread(newThread);
    thread.Start();
    Console.WriteLine("Thread principal terminado");
}
public static void OtherThread()
{
    Console.WriteLine("Inicio del thread secundario");

    Console.WriteLine("Thread secundario terminado");
}
```

Cuando inicie esta aplicación ([F5]), la consola mostrará el resultado siguiente:

```
Inicio del thread principal
Thread principal terminado
Inicio del thread secundario
Thread secundario terminado
```

Puede observar que el método `Main` se ejecuta completamente antes de que se haya iniciado el método `OtherThread`. Esto provoca que los dos métodos se ejecuten de manera asíncrona y, por tanto, en threads diferentes.

La propiedad estática `CurrentThread` de la clase `Thread` le permite acceder al thread actual en el contexto de ejecución. En el ejemplo anterior, esto significa que la propiedad `CurrentThread` no tendrá el mismo valor según el método (`Main` u `OtherThread`) en el que se llame.

2.2 Suspender un thread

El control de los threads es lo suficientemente ligero como para poder suspenderlos durante un lapso determinado. Es suficiente con invocar al método estático `Sleep` de la clase `Thread`:

```
Thread.Sleep(5000);
```

Este método solo funciona con el thread actual. Si llama al método `Sleep` pasándole el valor cero como argumento, no tendrá ningún efecto.

2.3 Intercambiar datos con un thread

Existen dos maneras de pasar datos a un thread. La primera consiste en utilizar un delegado del tipo `ParameterizedThreadStart` durante la instanciación del nuevo thread. Este delegado acepta métodos cuya declaración acepta como argumento uno de tipo `object`. El valor de este objeto se transmite al thread durante la llamada del método `Start`:

```
static void Main(string[] args)
{
    Thread thread = new Thread(
             new ParameterizedThreadStart(ParameterizedThread));
    thread.Start(10);
}
public static void ParameterizedThread(object o)
{
    Console.WriteLine("Valor pasado al thread: {0}", o);
}
```

El resultado de este ejemplo es el siguiente:

```
Valor pasado al thread: 10
```

Esta manera es fácil de implementar, pero tiene un inconveniente. El tipo del argumento no se garantiza, pues el método `Start` acepta cualquier tipo de objeto.

La segunda manera de pasar los datos a un thread consiste en encapsular el método del thread y los datos en una clase. El objeto instanciado se inicializa con los valores deseados y el nuevo thread se ejecuta a partir del método de este objeto. De esta manera, el nuevo thread tiene acceso a los datos asignados por otro thread:

```
class Program
{
    static void Main(string[] args)
    {
        CustomThread cThread = new CustomThread()
        {
            intValue = 10,
            stringValue = "Mi valor"
        };
        Thread thread = new Thread(
                      new ThreadStart(cThread.ThreadMethod));
```

```
            thread.Start();
        }
}
public class CustomThread
{
    public int intValue { get; set; }
    public string stringValue { get; set; }

    public void ThreadMethod()
    {
        Console.WriteLine("Valores pasados al thread:");
        Console.WriteLine("intValue = {0}", intValue);
        Console.WriteLine("stringValue = {0}", stringValue);
    }
}
```

De la misma manera que resulta interesante poder pasar valores a un thread, lo es poder recuperar los datos de retorno de ejecución de un thread. La técnica consiste en recuperar la encapsulación del método del thread en una clase a la que se añade un delegado personalizado. Cuando termine la ejecución del método, el método de retorno se invocará a través del delegado:

```
public delegate void CustomCallback(string returnValue);

class Program
{
    static void Main(string[] args)
    {
        CustomThread cThread = new CustomThread()
        {
            intValue = 10,
            stringValue = "Mi valor"
            Callback = new CustomCallback(DisplayCallback)
        };
        Thread thread = new Thread(
                       new ThreadStart(cThread.ThreadMethod));
        thread.Start();
    }
    public static void DisplayCallback(string s)
    {
         Console.WriteLine("Valor devuelto: {0}", s);
    }
}
public class CustomThread
{
```

```
    public int intValue { get; set; }
    public string stringValue { get; set; }
    public CustomCallback Callback { get; set; }

    public void ThreadMethod()
    {
        if (Callback != null)
            Callback(string.Format("{0}: {1}",
                                   stringValue,
                                   intValue));
    }
}
```

Durante la instanciación del objeto `CustomThread`, el delegado `Callback` se inicializa con el método `DisplayCallback`. Cuando termina el método `ThreadMethod`, se invoca al método asociado al delegado del objeto. El resultado generado es el siguiente:

```
Valor devuelto: Mi valor: 10
```

2.4 Bloquear un thread

Un thread se puede bloquear para que pueda terminar sin que una nueva instancia del método se ejecute. La palabra clave `lock` delimita la sección de código que se debe bloquear. Si una nueva instancia del método se debe ejecutar en un nuevo thread y la ejecución de la primera llamada no está bloqueada, la segunda llamada se situará en la fila de espera y se ejecutará automáticamente tan pronto como se produzca el desbloqueo:

```
static void Main(string[] args)
{
    CustomThread cThread = new CustomThread();
    Thread thread1 = new Thread(
                         new ThreadStart(cThread.LockedThread));
    thread1.Start();
    Thread thread2 = new Thread(
                         new ThreadStart(cThread.LockedThread));
    thread2.Start();
}
public class CustomThread
{
    public void LockedThread()
    {
```

```
            lock (this)
            {
                Console.WriteLine("El thread está bloqueado");
                Thread.Sleep(2000);
                Console.WriteLine("El thread está desbloqueado");
            }
        }
    }
```

2.5 Prioridad de los threads

Durante el cambio de contexto, el procesador elige el siguiente thread a ejecutar en función de su prioridad. De manera predeterminada, la prioridad de un thread es `Normal`. La propiedad `Priority` de la clase `Thread` permite modificar esta prioridad relativa, con uno de los valores de la enumeración `ThreadPriority`: `Highest`, `AboveNormal`, `Normal`, `BelowNormal` y `Lowest`:

```
static void Main(string[] args)
{
    Console.WriteLine("Inicio de threads sin prioridad");
    Thread thread1 = new Thread(new ThreadStart(Counter1));
    Thread thread2 = new Thread(new ThreadStart(Counter2));
    thread1.Start();
    thread2.Start();

    Console.ReadLine();

    Console.WriteLine("Inicio de threads con prioridad");
    thread1 = new Thread(new ThreadStart(Counter1));
    thread2 = new Thread(new ThreadStart(Counter2));
    thread1.Priority = ThreadPriority.Lowest;
    thread2.Priority = ThreadPriority.Highest;
    thread1.Start();
    thread2.Start();
}
public static void Counter1()
{
    for (int i = 1; i <= 10; i++)
    {
        Console.Write("{0} ", i);
    }
}
public static void Counter2()
{
```

```
        for (int i = 11; i <= 20; i++)
        {
            Console.Write("{0} ", i);
        }
    }
```

La salida generada por este ejemplo es la siguiente:

```
Inicio de threads sin prioridad
1 2 3 4 5 6 7 8 9 10 11 12 13 14 15 16 17 18 19 20
Inicio de threads con prioridad
11 12 13 14 15 16 17 18 19 20 1 2 3 4 5 6 7 8 9 10
```

Sin asignar prioridad a los threads, estos se ejecutan compartiendo también el tiempo de procesamiento. Para ver la alternancia entre los dos threads, es necesario que los métodos sean mucho más largos. Modificando la prioridad de los threads, uno con prioridad baja y el segundo con prioridad alta, se observa que el thread de prioridad alta se ejecuta con la prioridad del thread de prioridad baja.

3. Funciones asíncronas

La versión 5 del lenguaje C# introdujo las nuevas palabras clave `async` y `await` que sirven para facilitar la implementación de funciones asíncronas de manera que se parezca a la implementación de un método síncrono.

A continuación, se muestra el ejemplo de una función que necesita una cantidad de tiempo importante para ejecutarse:

```
public static double TimeConsumingFunction()
{
        double x = 1;
        for (int i = 1; i < 100000000; i++)
        {
                x += Math.Tan(x) / i;
        }
        return x;
}
```

Esta función bloquea la ejecución del programa hasta que termina y devuelve su resultado a la llamada:

```
Console.WriteLine("Ejecución de una función larga");

DateTime inicio = DateTime.Now;
double resultado = TimeConsumingFunction();
DateTime fin = DateTime.Now;

Console.Write("Resultado: ");
Console.WriteLine(resultado);

Console.Write("Tiempo de ejecución: ");
Console.WriteLine(TimeSpan.FromTicks(fin.Ticks - inicio.Ticks).
TotalSeconds);
```

```
Ejecución de una función larga
Resultado: -24,4605663988507
Tiempo de ejecución: 5,3490973
```

3.1 Task y Task<TResult>

El espacio de nombres `System.Threading.Tasks` define una clase `Task` y una clase `Task<TResult>` que representan un método que se completará más adelante. Puede obtener un objeto de tipo `Task<TResult>` como retorno de la ejecución del método estático `Run` de la clase `Task`:

```
public static Task<double> TimeConsumingFunctionAsync()
{
        return Task.Run(() => TimeConsumingFunction());
}
```

Este método es asíncrono, ya que vuelve al método que lo invoca inmediatamente mientras se ejecuta. La clase `TaskAwaiter` del espacio de nombres `System.Runtime.CompilerServices` permite especificar las acciones que hay que realizar cuando la tarea se termina. La clase `Task<TResult>` expone el método `GetAwaiter` que devuelve una instancia de objeto de tipo `TaskAwaiter`.

Es preciso relacionar un delegado con el método `OnCompleted` para indicar las acciones que hay que realizar:

```
Console.WriteLine("Ejecución de una función larga asíncrona");

int i = 0;

Task<double> task = TimeConsumingFunctionAsync();

TaskAwaiter<double> awaiter = task.GetAwaiter();
awaiter.OnCompleted(() =>
        {
            i = 20;
            double resultado2 = awaiter.GetResult();
            Console.Write("Resultado: ");
            Console.WriteLine(resultado2);
        });

for (i = 1; i < 15; i++)
{
        Console.WriteLine(i);
        Thread.Sleep(1000);
}
```

Durante la ejecución del cálculo más largo, el programa continúa su ejecución de manera normal, entrando en el bucle `for`. Cuando el método asíncrono se termina, el delegado del método `OnCompleted` se ejecuta. Dentro de este delegado, es posible recuperar el resultado de la función mediante el método `GetResult` del objeto de tipo `TaskAwaiter`. Observe que también es posible modificar la variable `i` en el delegado, sin generar una excepción. Esto tiene como efecto que el programa salga del bucle `for`:

```
Ejecución de una función larga asíncrona
1
2
3
4
5
6
7
Resultado: -24,4605663988507
```

La clase `Task` representa la versión no genérica de la clase `Task<TResult>`. Tiene las mismas funcionalidades, excepto que no proporciona ningún resultado a través del método `GetResult`.

3.2 async y await

Las palabras clave `await` y `async` aportan una mayor simplicidad en la creación de funciones asíncronas. La palabra clave `async` es un modificador de método que indica al compilador que debe tratar `await` como una palabra clave, en lugar de como un identificador. De esta manera se evita cualquier ambigüedad que se podría producir al migrar una aplicación que contuviera `await` como identificador. La palabra clave `async` solo se puede usar en métodos, expresiones lambda y funciones que devuelven un objeto `Task` o `Task<TResult>`. La palabra clave `async` no tiene ningún efecto sobre la declaración de un método. Solo afecta a los elementos ubicados dentro del método.

De esta manera es posible invocar al método `TimeConsumingFunctionAsync` de la siguiente manera:

```
double resultado = await TimeConsumingFunctionAsync();
```

Para que el compilador no devuelva ninguna excepción, hay que encapsular esta instrucción en un método marcado con la palabra clave `async`:

```
public static async void TimeConsumingFunctionAsync2()
{
        double resultado  = await TimeConsumingFunctionAsync();
        Console.Write("Resultado: ");
        Console.WriteLine(resultado);
}
```

Cuando el proceso de ejecución de la aplicación encuentra la palabra clave `await`, la ejecución devuelve la llamada de la misma manera que con la palabra clave `yield return` en una iteración. Antes de devolver el control al método que invoca, se adjunta un anchor al método cuya llamada está marcada con la palabra clave `await` para que, cuando termine, la ejecución del método marcado con la palabra clave `async` pueda recomenzar y terminar.

Las expresiones `await` se pueden insertar en el código en cualquier lugar, excepto en un bloque `catch` o `finally`, en una expresión con la palabra clave `lock`, en un contexto `unsafe` o en un punto de entrada de la aplicación como un método `Main`. Por ejemplo, puede utilizar métodos asíncronos dentro de una iteración de la siguiente manera:

```
public static async void Iteration()
{
        for (int i = 0; i < 2; i++)
        {
            double resultado  = await TimeConsumingFunctionAsync();
            Console.Write("Resultado " + (i + 1) + ": ");
            Console.WriteLine(resultado);
        }
}
```

Llamando de esta manera:

```
Console.WriteLine("Ejecución asíncrona en una iteración");
Iteration();

for (int j = 1; j < 20; j++)
{
        Console.WriteLine(j);
        Thread.Sleep(1000);
}
```

```
Ejecución asíncrona en una iteración
1
2
3
Resultado 1: -24,4605663988507
4
5
6
Resultado 2: -24,4605663988507
7
8
9
```

Tan pronto como se produce la primera llamada al método asíncrono, la ejecución vuelve al método que invoca. Cuando el método asíncrono termina, la ejecución se retoma donde se detuvo, dentro de la iteración. Las variables locales de la iteración y, en particular, el contador conserva sus valores.

4. El componente BackgroundWorker

Observación

El componente `BackgroundWorker` *se utiliza en el formulario Send de la solución de ejemplo.*

La caja de herramientas de Visual Studio proporciona el componente `BackgroundWorker`. Resulta muy útil para las aplicaciones de Windows que deben gestionar una interfaz de usuario y, al mismo tiempo, se tienen que refrescar para poder realizar de esta manera, las operaciones complicadas.

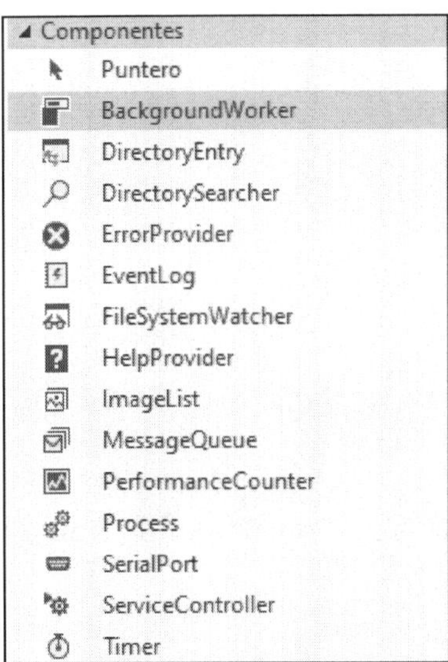

Como indica la interfaz, el componente `BackgroundWorker` permite ejecutar una operación en un thread separado. Basta con instanciar un nuevo objeto `BackgroundWorker` desde el diseñador de pantallas o mediante código e indicarle el método a ejecutar en un thread separado:

```
BackgroundWorker bw = new BackgroundWorker();
bw.DoWork += new DoWorkEventHandler(bw_DoWork);
```

Cuando desee iniciar la ejecución de las tareas en segundo plano, llame al método `RunWorkerAsync` del objeto `BackgroundWorker`:

```
bw.RunWorkerAsync();
```

El componente se ha simplificado al máximo para facilitar su uso. Contiene dos propiedades, `WorkerReportsProgress` y `WorkerSupportsCancellation`, que permiten respectivamente especificar si el componente indica su progresión a los objetos suscritos a su evento `ProgressChanged` y si la ejecución de la tarea desatendida se puede anular mediante el método `CancelAsync`:

```
bw.WorkerReportsProgress = true;
bw.WorkerSupportsCancellation = true;
```

El componente también tiene tres eventos:

- `DoWork`: este evento se desencadena mediante el método `RunWorkerAsync` del objeto. Lanza la ejecución del método asociado a su delegado en un thread separado:

```
bw.DoWork += new DoWorkEventHandler(bw_DoWork);
bw.RunWorkerAsync();

void bw_DoWork(object sender, DoWorkEventArgs e)
{
    Library.MailerTools.Send();
}
```

  El controlador del evento recibe como argumento un objeto del tipo `DoWorkEventArgs` con una propiedad `Argument` que permite transferir datos para la ejecución de la tarea desatendida gracias a una sobrecarga del método `RunWorkerAsync`.

- `ProgressChanged`: este evento se desencadena durante la llamada al método `ReportProgress` del objeto. Recibe como argumentos un valor entero, que permite indicar el porcentaje de avance de la tarea, y un objeto que permite transferir cualquier tipo de datos a los controladores del evento:

```
bw.ProgressChanged +=
          new ProgressChangedEventHandler(bw_ProgressChanged);

void bw_DoWork(object sender, DoWorkEventArgs e)
{
    bw.ReportProgress(0, "Envío en curso ");
    Library.MailerTools.Send();
}
void bw_ProgressChanged(object sender,
```

```
                    ProgressChangedEventArgs e)
{
    this.lblStatus.Text = e.UserState.ToString();
}
```

El controlador del evento recibe como argumento un objeto del tipo `ProgressChanged EventArgs`, que expone los valores asignados durante la llamada al método `ReportProgress`, es decir, `ProgressPercentage` y `UserState`.

- `RunWorkerCompleted`: este evento se desencadena automáticamente cuando termina la ejecución de la tarea desatendida y los controladores de este evento pueden realizar las operaciones deseadas, como la actualización de la interfaz de usuario:

```
bw.RunWorkerCompleted +=
     new RunWorkerCompletedEventHandler(bw_RunWorkerCompleted);

void bw_RunWorkerCompleted(object sender,
                           RunWorkerCompletedEventArgs e)
{
    this.lblStatus.Text = "Envío terminado ";
}
```

El controlador del evento recibe como argumento un objeto del tipo `RunWorkerCompletedEventArgs`, que expone las propiedades `Result`, de tipo `object`, que permiten transferir los resultados de la tarea desatendida, y `UserState`, que permite transferir los datos originales.

El componente `BackgroundWorker` expone también dos propiedades en modo de solo lectura: `CancellationPending` e `IsBusy`.

- `CancellationPending` indica que se ha invocado al método `CancelAsync`. La tarea desatendida debe implementar una manera de anular su ejecución comprobando el valor de esta propiedad, ya que el thread no se eliminará y la ejecución continuará.
- `IsBusy` permite saber si la tarea en segundo plano se está ejecutando o no. Su valor es igual a `true` cuando se invoca al método `RunWorkerAsync` y `false` cuando el trabajo termina y se desencadena el evento `RunWorker-Completed`.

Capítulo 27
Globalización y localización

1. Introducción

Aunque se puedan considerar como objetivos próximos entre sí, la globalización y la localización de una aplicación son dos cosas distintas. La globalización es el proceso que permite formatear los datos en función del país o la cultura, como ocurre con la moneda o las fechas, mientras que la localización es el proceso que permite mostrar estos datos de forma diferente dependiendo de la cultura de la aplicación, como por ejemplo el texto de los elementos de la interfaz de usuario.

La globalización y la localización se basan en el concepto de cultura. La cultura hace referencia a los rasgos específicos de un país o idioma. Las clases que permiten gestionar la cultura se encuentran en el espacio de nombres `System.Globalization`.

2. La cultura

Las diferentes culturas disponibles se identifican mediante un código de cultura que está compuesto por dos caracteres que indican el idioma y, opcionalmente, pueden estar seguidos por otros dos caracteres adicionales para especificar la región. Estos dos elementos están separados por un guión:

- `es` es el código del idioma español sin especificar la región.
- `es-ES` es el código del idioma español en España.
- `es-MX` es el código del idioma español en México.
- `en` es el código del idioma inglés sin especificar la región.

Existen muchos códigos de cultura para cada idioma y cada especificación de región. La lista completa de esos códigos está disponible en el MSDN, bajo el título **Clase CultureInfo**. Los códigos de cultura sin especificación de lenguaje se llaman culturas neutras, mientras que los códigos de cultura con indicación de la región se llaman culturas específicas.

De manera predeterminada, cuando una aplicación se ejecuta, los argumentos culturales son idénticos a los del sistema. Es posible programar la aplicación para modificar este valor.

▶ Cree un nuevo formulario en el proyecto **SelfMailer** y llámelo **ElegirCultura**. Agregue un control `ComboBox` y un control `Label` de la siguiente manera:

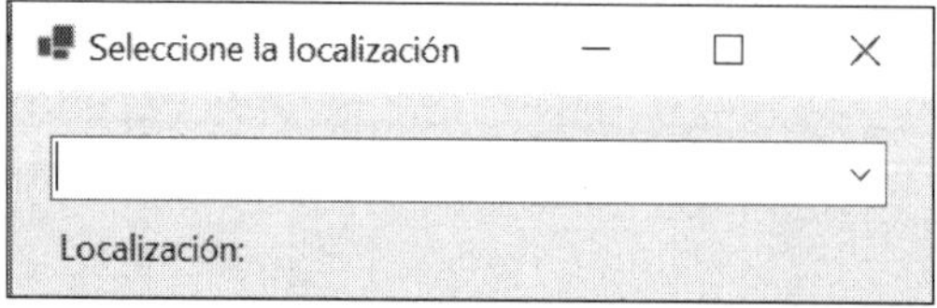

- Es posible acceder a la cultura actual mediante la propiedad estática `CurrentCulture` de la clase `CultureInfo`. Haga doble clic sobre el formulario en el diseñador de pantallas para añadir el controlador del evento `Load` del formulario y rellene el siguiente código:

```
private void ElegirCultura_Load(object sender, EventArgs e)
{
    this.lblCulture.Text = string.Format("Cultura: {0}",
                                CultureInfo.CurrentCulture.Name);
    this.CultureList.Items.Add(CultureInfo.CurrentCulture.Name);
    this.CultureList.Items.Add("es");
    this.CultureList.Items.Add("es-ES");
    this.CultureList.Items.Add("es-MX");
    this.CultureList.Items.Add("en");
    this.CultureList.Items.Add("en-US");
}
```

- Para modificar la cultura actual, basta con instanciar un objeto `CultureInfo` pasándole el código de cultura deseado como argumento de su constructor y asignarlo a la propiedad `CurrentCulture` del thread actual. Agregue un controlador al evento `SelectedIndexChanged` del control `ComboBox`:

```
private void CultureList_SelectedIndexChanged(object sender,
EventArgs e)
{
    CultureInfo culture = new CultureInfo(
                    this.CultureList.SelectedItem.ToString());
    Thread.CurrentThread.CurrentCulture = culture;
    this.lblCulture.Text = string.Format("Cultura: {0}",
                                CultureInfo.CurrentCulture.Name);
}
```

- Modifique el método `Main` en el archivo **Program.cs** de la siguiente manera para mostrar, en primer lugar, el formulario que permite seleccionar la cultura:

```
    Application.Run(new ElegirCultura());
    Application.Run(new Forms.Main());
```

▶ Ejecute la aplicación ([F5]) y seleccione diferentes valores de la lista para cambiar la cultura de la aplicación:

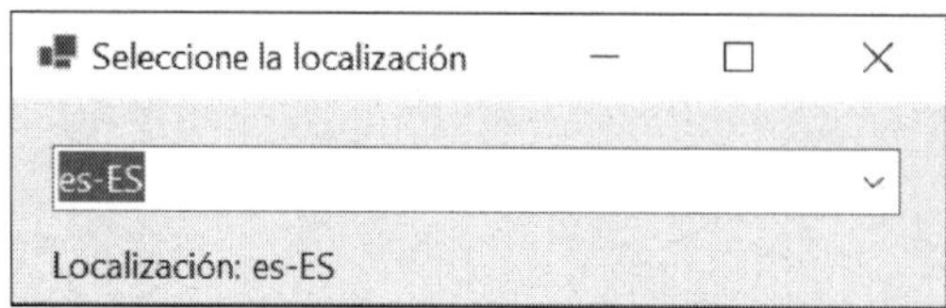

3. La globalización

Según el país, se debe formatear la moneda de diferentes maneras: algunos países utilizan la coma como separador decimal, mientras que otros usan el punto. Lógicamente, los datos a mostrar son idénticos de un país a otro.

▶ Cuando se modifica la cultura, cualquier dato formateado por la aplicación se deberá cambiar automáticamente al nuevo formato. Añada dos controles `Label` en el formulario **ElegirCultura** como se muestra a continuación:

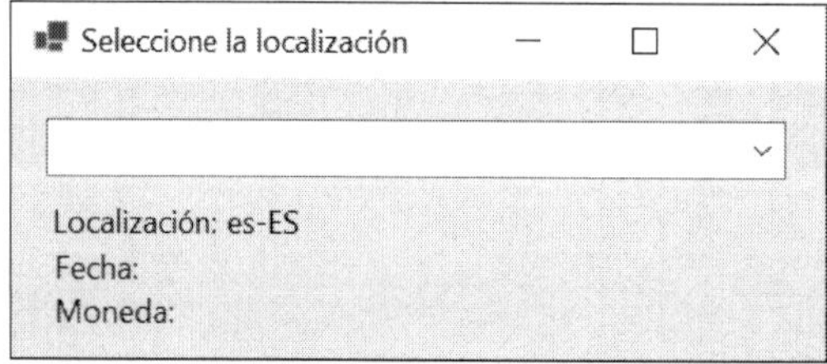

Para mostrarse correctamente en función de la cultura, un valor debe utilizar el formato suministrado por el Framework .NET. Por ejemplo, si usa la siguiente instrucción para mostrar la fecha:

```
this.lblDate.Text = DateTime.Now.ToString("dd/MM/yyyy");
```

el cambio de cultura no tendrá ningún efecto, ya que el formato se especifica explícitamente. Por el contrario, si utiliza la visualización por defecto, el formato usado será el de la cultura actual.

- Modifique el controlador del evento `SelectedIndexChanged` para modificar el valor de los controles:

```
this.lblDate.Text = string.Format("Fecha: {0}",
                                  DateTime.Now.ToString());
this.lblMoney.Text = string.Format("Moneda: {0}",
                                  (5432.1).ToString("C"));
```

Para las fechas, basta con invocar al método `ToString`, que permite formatear el dato en función de la cultura actual, mientras que para los números hay que especificar el tipo de número del que se trata. El argumento "C" indica que el número es una cantidad económica y se debe formatear según la cultura actual. La lista completa de los argumentos de formato de los números está disponible en el MSDN, bajo la rúbrica **Clase NumberFormatInfo**.

- Ejecute la aplicación para observar el cambio de formato:

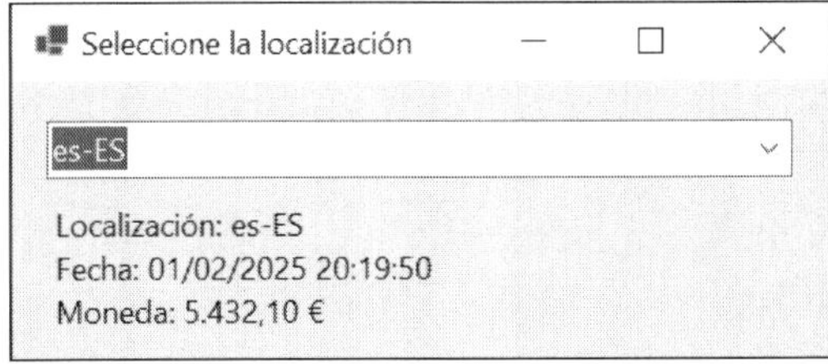

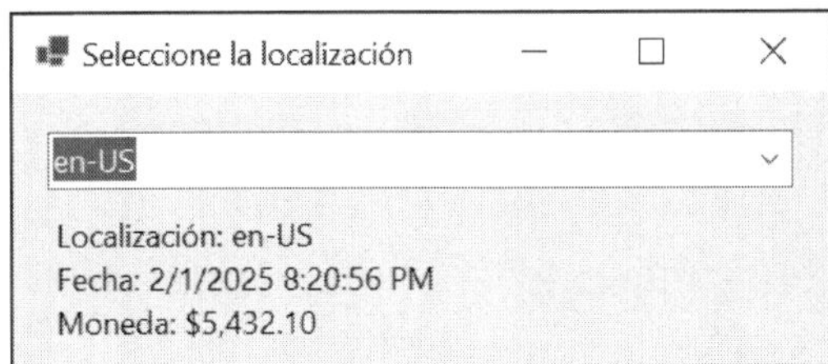

El formato específico de la cultura se puede modificar mediante código. Por ejemplo, si desea mostrar una aplicación con los argumentos culturales de España pero cuyo sistema monetario sea el dólar americano, puede modificar la cultura para cambiar el símbolo. La clase `CultureInfo` contiene las propiedades para cada una de las variables culturales como los calendarios (`Calendar`), los formatos de date (`DateTimeFormat`) e incluso los formatos de los números (`NumberFormat`). Cada una de estas propiedades tiene otras propiedades que permiten definir un aspecto específico del formato. Para crear una nueva cultura, instancie un nuevo objeto `CultureInfo` con la cultura más próxima a la que desea obtener, para que tenga que hacer la menor cantidad de modificaciones posibles.

▶ En segundo lugar, modifique las propiedades adecuadas para hacerlo corresponder con la cultura buscada y, para terminar, defina esta cultura como cultura del thread actual:

```
CultureInfo spec = new CultureInfo("es-ES");
spec.NumberFormat.CurrencySymbol = "$";
Thread.CurrentThread.CurrentCulture = spec;
```

Observe que el cambio de cultura y de sistema monetario no implica ninguna conversión de divisa. Solo la visualización del nombre es diferente.

4. La localización

La localización implica que todos los elementos que cambian de un idioma a otro, incluso en función del país, se deben modificar. El ejemplo más común son los textos de los formularios. El Framework .NET ofrece los archivos de recursos que van a almacenar los valores en el ensamblado de la aplicación o en otro ensamblado satélite, que será referenciado en la aplicación. Es en tiempo de la ejecución cuando se debe escoger los recursos en función de la cultura.

Los archivos de recursos se eligen en tiempo de ejecución en función de la propiedad `CurrentUICulture` del thread actual. Esta propiedad de tipo `CultureInfo` puede ser diferente de la propiedad `CurrentCulture`. Son distintas y no se incluyen la una en la otra.

La modificación de la cultura de localización mediante programación se realiza de la misma manera que para la cultura de globalización.

- Agregue la actualización de la propiedad `CurrentUICulture` al thread actual en el controlador del evento del formulario **ElegirCultura**:

```
Thread.CurrentThread.CurrentUICulture = culture;
```

- Para que esta propiedad se tenga en cuenta es necesario localizar los formularios. Cada uno de ellos tiene una propiedad `Localizable` con el valor por defecto `False`. Abra el formulario **Main** y sustituya este valor por `True` desde la ventana **Propiedades**. En la ventana **Explorador de soluciones**, se ha creado un archivo **Main.resx**:

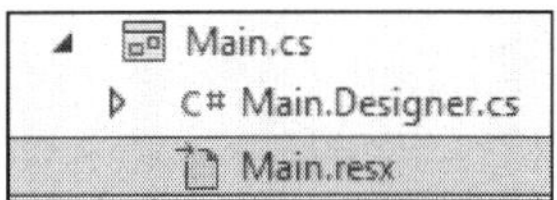

Abriendo este archivo puede observar que se referencian todas las propiedades del formulario y de sus controles, que son diferentes de los valores por defecto. Este archivo corresponde a la cultura por defecto. Puede crear nuevos archivos de recursos seleccionando en la ventana **Propiedades** del formulario la cultura que desee, en la propiedad `Language`:

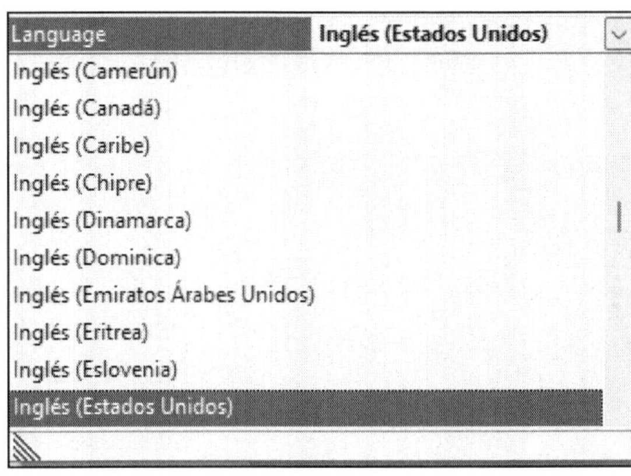

- Seleccione el valor **Inglés (Estados Unidos)**. No se añade ninguna modificación interna a este estado, ya que no existe ningún contenido localizado que se haya especificado. Modifique la propiedad `Text` del control `archivoToolStripMenuItem` por `&File`. Visual Studio detecta que este contenido corresponde a la cultura en-US, que no es la cultura por defecto. Por ello, crea un nuevo archivo de recursos para almacenar en él los valores de las propiedades del formulario.

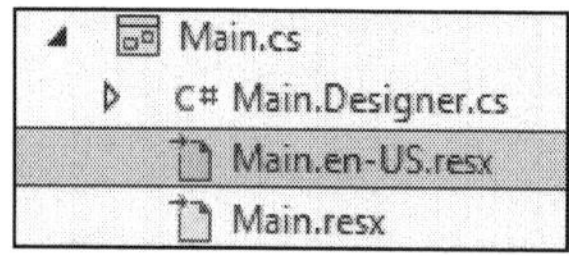

Los archivos de recursos se llaman de la siguiente manera:

```
[NombreFormulario].[Cultura].resx
```

Si abre el archivo **Main.en-US.resx** podrá observar que solo se referencia a la propiedad modificada anteriormente. Esto es debido al modo de funcionamiento de la localización. Cuando se carga un formulario, los recursos en función de la cultura actual también se cargan. Si una propiedad no se referencia en el archivo de recursos, la aplicación va automáticamente a buscarla en el archivo de recursos superior, es decir, el archivo de recursos de la cultura neutra y, por último, en los recursos por defecto. Por tanto, no es necesario inicializar todas las propiedades de todos los controles de un formulario para que esté localizado.

Por tanto, para localizar un formulario es necesario proceder como sigue:

- Defina la propiedad `Localizable` del formulario a `True`.
- Elija el idioma a editar mediante la propiedad `Language` del formulario.
- Modifique todas las propiedades que se deben localizar.
- Repita las etapas 2 y 3 para cada cultura.

- Ejecute la aplicación ([F5]), elija la cultura **en-US** en el formulario **ElegirCultura** y, a continuación, ciérrelo. El formulario **Main** aparece con el menú localizado:

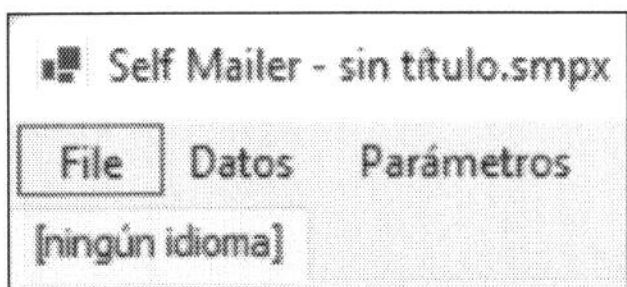

- Siga el mismo procedimiento seleccionando otra cultura. El menú se muestra con los argumentos culturales predeterminados:

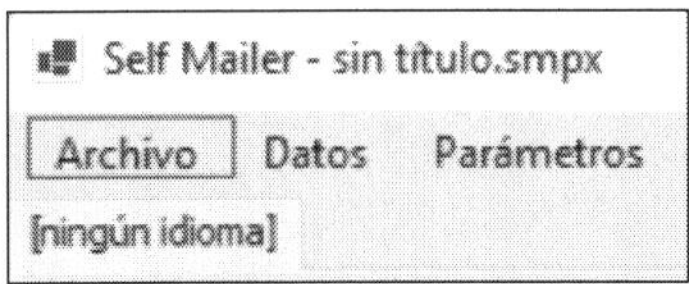

Capítulo 28
Seguridad

1. Introducción

En una empresa, el administrador de sistemas define la política de seguridad global del sistema y, en ningún caso, se puede quebrantar esta seguridad mediante código. El administrador fija las funciones de cada uno de los usuarios y grupos, usando para ello Active Directory. De esta seguridad basada en roles resultan las autorizaciones. Estas autorizaciones pueden ser obligatorias, es decir, se pide el permiso en tiempo de ejecución, o declarativas, es decir, el ensamblado va a especificar los permisos necesarios para su ejecución. En caso de conflicto, el ensamblado y por tanto la aplicación no se podrán ejecutar.

2. Los elementos básicos

2.1 La interfaz IPermission

Las clases que definen los permisos se encuentran en el espacio de nombres `System.Security.Permissions` y son el núcleo del proceso de seguridad. Existen diferentes clases para diferentes tipos de permisos. Por ejemplo, el acceso al sistema de archivos se gestiona mediante la clase `FileIOPermission`, el acceso a las variables del registro mediante la clase `RegistryPermission` y el acceso a las variables de entorno mediante la clase `EnvironmentPermission`.

Todas estas clases implementan la interfaz `IPermission`, que implementa los métodos comunes a los permisos:

- `Copy`: devuelve una copia de la autorización actual.
- `Demand`: realiza una comprobación de los permisos y devuelve una excepción del tipo `SecurityException` si las condiciones no se cumplen.
- `Intersect`: devuelve una nueva autorización que representa la intersección de la autorización actual con la que se pasa como argumento.
- `IsSubsetOf`: devuelve un valor booleano que indica si la autorización actual es un sub-conjunto de la que se pasa como argumento.
- `Union`: devuelve una nueva autorización que representa la unión de la autorización actual y de la que se pasa como argumento.

2.2 La clase CodeAccessPermission

Todos los permisos de acceso heredan de la clase abstracta `CodeAccessPermission`, que implementa la interfaz `IPermission`. Como consecuencia, exponen un conjunto de miembros comunes que permiten comprobar y aplicar al mismo tiempo una política de seguridad:

- `Assert`: declara si el código que realiza la llamada puede acceder al recurso, incluso aunque las llamadas con más prioridad en la pila no tengan permiso.
- `PermitOnly`: declara si el código que realiza la llamada no tiene permiso para acceder al recurso, excepto el subconjunto especificado por el permiso.

- RevertAll: implica la eliminación de todas las políticas definidas anteriormente con los métodos Assert, PermitOnly.
- RevertAssert: implica la eliminación de todas las políticas definidas anteriormente con el método Assert.
- RevertPermitOnly: implica la eliminación de todas las políticas definidas anteriormente con el método PermitOnly.

2.3 La interfaz IPrincipal

Las clases que definen a los usuarios se encuentran en el espacio de nombres System.Security.Principal. Implementan la interfaz IPrincipal, que sirve como base para definir un usuario mediante el método IsInRole, que devuelve un valor booleano que determina si el usuario pertenece al rol especificado, e incluye la propiedad Identity que implementa la interfaz IIdentity.

La interfaz IIdentity expone en modo de solo lectura las propiedades base que debe implementar un objeto de identidad:

- AuthenticationType: devuelve el tipo de autentificación utilizada. Por ejemplo NTLM.
- IsAuthenticated: devuelve un valor booleano que indica si el usuario está autentificado.
- Name: devuelve el nombre del usuario actual.

Durante el desarrollo de una aplicación Windows, puede utilizar el sistema de seguridad integrado de Windows en su aplicación. La ventaja es incluso más importante si se trata de una aplicación de empresa que se integra con Active Directory y, por tanto, dispone de un sistema central de gestión de las autorizaciones. Para utilizarlo, basta con definir la política principal para el dominio de la aplicación actual con el valor WindowsPrincipal de la enumeración PrincipalPolicy:

```
AppDomain.CurrentDomain.SetPrincipalPolicy(
                              PrincipalPolicy.WindowsPrincipal);
```

A continuación, puede recuperar una instancia de objeto `WindowsPrincipal` que define al usuario actual:

```
WindowsPrincipal currentUser = Thread.CurrentPrincipal
                                as WindowsPrincipal;
MessageBox.Show("Hola " + currentUser.Identity.Name);
```

Observación

El nombre de usuario de Windows siempre está precedido del nombre de la máquina o del domino Active Directory. En estos ejemplos, los usuarios son cuentas locales de la máquina.

3. Implementación de la seguridad

3.1 La seguridad basada en roles

La seguridad basada en roles permite permitir o rechazar el acceso a una parte de la aplicación o de los recursos en función de la identidad del usuario. El principio básico es disponer, por un lado, de un usuario y, por otro, de un permiso. El acceso se realiza únicamente si el usuario cumple las condiciones del permiso.

La seguridad permite gestionar con facilidad el acceso a las diferentes partes de una aplicación. Tomemos como ejemplo la aplicación **SelfMailer**. Es posible definir, por ejemplo, que solo un administrador pueda utilizar el menú **Enviar**. Para realizar esta tarea, debe empezar creando un nuevo objeto `PrincipalPermission` especificando una identidad y/o un rol en el constructor del formulario **Main**:

```
PrincipalPermission permiso = new PrincipalPermission(
                                   @"LAPTOP-WIN-7352\Pedro",
                                   null);
```

A continuación, puede iniciar la comprobación del permiso llamando al método `Demand`. Este método genera una excepción del tipo `SecurityException` si el usuario no tiene las autorizaciones exigidas por el permiso:

```
try
{
    permiso.Demand();
}
catch (SecurityException ex)
{
    this.enviarToolStripMenuItem.Visible = false;
}
```

En caso de que varios usuarios deban tener la autorización para acceder a una parte de la aplicación, es posible utilizar el método `Union` para crear un nuevo permiso combinando otros dos:

```
PrincipalPermission permiso1 = new PrincipalPermission(
                                   @"LAPTOP-WIN-7352 \Pedro",
                                   null);
PrincipalPermission permiso2 = new PrincipalPermission(
                                   @"LAPTOP-WIN-7352 \GuestUser",
                                   null);
PrincipalPermission permiso = permiso1.Union(permiso2)
                              as PrincipalPermission;
```

El hecho de especificar un valor `null` para el nombre o el rol permite crear un permiso validando solo el nombre o el rol del usuario:

```
PrincipalPermission permiso = new PrincipalPermission(
                                  null,
                                  "Administradores");
```

El ejemplo anterior crea un permiso autorizando a todos los usuarios del grupo Administradores.

El método Intersect va a crear un nuevo permiso que representa la intersección de otros dos:

```
PrincipalPermission permiso1 = new PrincipalPermission(
                                          null,
                                          "Administradores");
PrincipalPermission permiso2 = new PrincipalPermission(
                                          @"LAPTOP-WIN-7352 \GuestUser",
                                          null);
PrincipalPermission perm = permiso1.Intersect(permiso2)
                                as PrincipalPermission;
```

Para satisfacer el permiso del ejemplo anterior, el usuario deberá llamarse GuestUser y formar parte del grupo Administradores.

3.2 La seguridad basada en permisos de acceso

La seguridad basada en permisos de acceso se centra en los permisos, pero, a diferencia de la seguridad basada en roles donde un permiso representa a un usuario, en este caso un permiso va a representar a un recurso del sistema. Los recursos pueden ser el sistema de archivos, el registro, una impresora e incluso una base de datos.

3.2.1 Seguridad obligatoria

En el marco de la seguridad obligatoria, los permisos se definen y aplican en tiempo de ejecución. El permiso que permite acceder a un recurso lo da el CLR (*Common Language Runtime*). Comprueba la política de acceso definida por el administrador del sistema para el ensamblado y recorre la pila de llamadas para comprobar que cada una de ellas tiene permiso para acceder al recurso.

Si la aplicación debe poder escribir en el sistema de archivos, para asegurarse de que la política de seguridad autoriza el acceso a este recurso debe instanciar un objeto `FileIOPermission` y solicitar su comprobación:

```
FileIOPermission permiso = new FileIOPermission(
                          PermissionState.Unrestricted);
permiso.Demand();
```

La enumeración `PermissionState` tiene dos valores: `Unrestricted`, que permite crear un permiso con un acceso no restringido al recurso, y `None`, que permite crear un permiso sin acceso al recurso.

Cuando se invoca al método `Demand`, se recorre la pila de llamadas para comprobar que todas tienen permiso para acceder al recurso.

Las clases de permisos le permiten indicar de manera precisa el grado de permiso. Por ejemplo, en la clase `FileIOPermission` es posible indicar qué tipo de acceso se debe autorizar y sobre qué archivo:

```
FileIOPermission permiso = new FileIOPermission(
                          FileIOPermissionAccess.Write,
                          @"C:\file.txt");
```

El método `PermitOnly` permite prohibir el acceso a un recurso, excepto para el permiso definido. El ejemplo anterior define un permiso de escritura en un archivo. Ejecutando el método `PermitOnly` de este permiso, cualquier intento de escritura fallará, excepto para el archivo especificado:

```
permiso.PermitOnly();
```

El método `Assert` declara un método que tiene permiso para acceder a un recurso. Este método puede ser peligroso ya que, a diferencia del método `Demand`, la pila de llamadas no se recorre. De esta manera, la solicitud de acceso puede incluir código que podría no estar autorizado para un método que lo invoque. El método `Assert` no podrá en ningún caso saltarse la política de seguridad del sistema:

```
permiso.Assert();
```

Los métodos estáticos RevertAll, RevertAssert y RevertPermitOnly anulan todos los permisos asignados anteriormente al recurso:

```
FileIOPermission.RevertAll();
FileIOPermission.RevertAssert();
FileIOPermission.RevertPermitOnly();
```

3.2.2 Seguridad declarativa

Como con la seguridad basada en roles, es posible llamar a la seguridad declarativa para los permisos de acceso. Cada permiso de acceso tiene un atributo que se puede usar para marcar una clase o un método para definir las acciones de seguridad.

Para asociar un atributo de permiso, la metodología es idéntica a la de la seguridad basada en roles, especificando un valor de la enumeración SecurityAction que se corresponda con uno de los métodos del permiso implicado, o con una de las dos acciones de seguridad adicionales LinkDemand y InheritanceDemand. LinkDemand exige que el método inmediato que invoca haya recibido el permiso especificado, mientras que InheritanceDemand exige que la clase derivada o el método que sustituye al original haya recibido las autorizaciones especificadas. El siguiente ejemplo ilustra cómo definir una clase para obligar a que todas las clases que derivan de ella se beneficien del permiso FileIOPermission:

```
[FileIOPermission(SecurityAction.InheritanceDemand)]
public class miClase
{ ... }
```

4. Introducción a la criptografía

Los datos sensibles se deben dotar de seguridad para que solo los usuarios con permiso puedan consultarlos. El cifrado es una manera de dotar de seguridad a la información. Existen algoritmos de cifrado simétricos y otros asimétricos. Un algoritmo de cifrado simétrico utiliza la misma clave para el cifrado y el descifrado, mientras que un algoritmo de cifrado asimétrico utilizara claves diferentes para el cifrado y el descifrado: una clave pública y una privada. De esta manera, los datos se pueden cifrar con la clave privada y descifrar con la clave pública o a la inversa, nunca con la misma clave. El Framework .NET contiene muchas clases que permiten gestionar la criptografía. Están en el espacio de nombres `System.Security.Cryptography`. El Hash es otra técnica de criptografía, aunque su objetivo no es dotar de seguridad a los datos, sino garantizar su integridad. El objetivo de los algoritmos Hash es crear un valor de longitud fija a partir de una fuente de longitud variable. Estos algoritmos se utilizan para las declaraciones numéricas y para comprobar la integridad de los datos. Un dato que se pase a un algoritmo Hash siempre dará el mismo resultado.

El proyecto de la aplicación **SelfMailer** se guarda en formato XML. La contraseña de la cuenta de correo electrónico es un dato legible. Vamos a ver cómo implementar el cifrado y descifrado de esta propiedad.

▶ Cree una nueva clase estática `Cryptor` en la carpeta **Library** del proyecto:

```
public static class Cryptor
{
}
```

Se usará la clase DESCryptoServiceProvider. Este método de cifrado se considera como no seguro, ya que la clave se puede averiguar en menos de 24 horas, pero será suficiente para exponer el principio de la criptografía. Para realizar las operaciones de cifrado y descifrado mediante un objeto DESCryptoServiceProvider debe suministrar dos arrays de tipo byte de 8 elementos cada una. Una se asignará a la propiedad Key y la otra a la propiedad IV correspondiente al vector. Agregue dos miembros a la clase Cryptor definiendo un array de 8 bytes llamada Key y otra llamada Vector:

```
private static byte[] Key = new byte[]
{ 140, 58, 74, 45, 196, 24, 19, 220 };

private static byte[] Vector = new byte[]
{ 211, 26, 16, 198, 172, 15, 1, 3 };
```

Los valores de la clave y del vector deben ser idénticos durante la operación de descifrado a los que se usaron durante la operación de cifrado.

A continuación, puede crear un objeto DESCryptoServiceProvider e inicializar su clave y su vector para obtener una instancia de objeto ICryptoTransform. Se trata del objeto que va a realizar el cifrado de los datos mediante su método TransformFinalBlock:

```
public static byte[] SwitchCrypt(byte[] data)
{
    DESCryptoServiceProvider o = new DESCryptoServiceProvider();
    o.Key = Key;
    o.IV = Vector;
    ICryptoTransform cryptor = o.CreateEncryptor();
    return cryptor.TransformFinalBlock(data, 0, data.Length);
}
```

El cifrado realizado mediante el objeto DESCryptoServiceProvider es simétrico y por ello los métodos para el cifrado y el descifrado son idénticos.

- Cree una sobrecarga del método SwitchCrypt que soporte los objetos de tipo string:

```
public static string SwitchCrypt(string s)
{
    byte[] original = Encoding.UTF8.GetBytes(s);
    byte[] switched = Cryptor.SwitchCrypt(original);
    return Encoding.UTF8.GetString(switched);
}
```

Para terminar de dotar de seguridad a la contraseña, añada el atributo XmlIgnore a la propiedad Password de la clase MailServerSettings y agregue una nueva propiedad pública:

```
public string CryptedPassword
        {
            get { return Cryptor.SwitchCrypt(this.password); }
            set { this.password = Cryptor.SwitchCrypt(value); }
        }
```

La propiedad Password ya no se serializará más. Se serializará la propiedad CryptedPassword, que actúa como una capa intermedia que permite cifrar y descifrar el valor de la variable Password:

```
<?xml version="1.0"?>
<Project xmlns:xsi="http://www.w3.org/2001/XMLSchema-instance"
xmlns:xsd="http://www.w3.org/2001/XMLSchema">
  <ProjectSettings>
    ...
  </ProjectSettings>
  <MailServerSettings>
    <FromName />
    <FromEmail />
    <Host />
    <Username />
    <CryptedPassword>??Ã*???M'|o?@</CryptedPassword>
  </MailServerSettings>
  <MailProperties>
    ...
  </MailProperties>
  <Data>
    ...
  </Data>
</Project>
```

Capítulo 29
Para llegar más lejos

1. El diseño con GDI+

Durante el desarrollo de una aplicación, la capa de abstracción de Windows permite no tener que escribir código para un componente particular. Es el caso, por ejemplo, de las tarjetas gráficas: hay muchas, todas diferentes. Por este motivo la capa GDI (*Graphics Device Interface*) está a disposición de los desarrolladores. Se comunica con esta API y se encarga de la relación con Windows, a continuación, la información pasará por el driver de la tarjeta gráfica y, por último, a la pantalla. En el Framework .NET, esta API se conoce con el nombre de GDI+. Está repartida en seis espacios de nombres:

- `System.Drawing`: este espacio de nombres contiene la mayor parte de las clases, estructuras y otras definiciones básicas para la programación gráfica.
- `System.Drawing.Design`: este espacio de nombres contiene las clases útiles para el desarrollo de la interfaz gráfica durante la fase de diseño en Visual Studio.
- `System.Drawing.Drawing2D`: este espacio de nombres proporciona la mayor parte de las clases para el diseño en dos dimensiones, principalmente el diseño vectorial, las transformaciones geométricas y los efectos visuales como el anti-aliasing.
- `System.Drawing.Imaging`: este espacio de nombres proporciona las clases que permiten gestionar la manipulación de las imágenes.

- System.Drawing.Printing: este espacio de nombres proporciona las clases que permiten simplificar la impresión de contenido en formato texto e imagen.
- System.Drawing.Text: este espacio de nombres contiene las clases que simplifican la manipulación de las fuentes de caracteres.

1.1 La clase Graphics

La clase Graphics se utiliza principalmente en la visualización. Un objeto Graphics representa una superficie de diseño para un elemento. Éste puede ser un formulario, un botón o una etiqueta. Esta clase realiza la operación de visualización de los elementos visuales.

Un objeto Graphics no se puede instanciar directamente mediante su constructor. Se debe crear directamente a partir del elemento visual. Las clases que derivan de la clase Control exponen el método CreateGraphics, que devuelve una referencia al objeto Graphics asociado:

```
Forms.Main main = new Forms.Main();
System.Drawing.Graphics graphics = main.CreateGraphics();
```

Para modificar la representación del control o del formulario basta con modificar el objeto Graphics que se ha obtenido de esta manera.

Si trabaja con imágenes, la clase Graphics expone el método estático FromImage que permite recuperar la instancia del objeto Graphics asociado a una imagen:

```
Bitmap bitmap = new Bitmap(@"C:\imagen.bmp");
Graphics graphics = Graphics.FromImage(bitmap);
```

1.1.1 Las coordenadas

La visualización de los elementos gráficos se realiza siempre en una superficie rectangular, por lo que el origen es, por defecto, la esquina superior izquierda, cuyas coordenadas en píxeles son (0, 0).

Las estructuras siguientes permiten especificar la ubicación o área en el sistema de coordenadas:

- `Point`: esta estructura representa un punto único con las coordenadas `X` e `Y` de tipo `int`.

```
System.Drawing.Point punto = new System.Drawing.Point(10, 20);
```

- `Size`: esta estructura representa el tamaño con un valor `Height` y otro `Width`, de tipo `int`.

```
System.Drawing.Size size = new System.Drawing.Size(50, 50);
```

- `Rectangle`: esta estructura representa una región rectangular con una posición que se representa mediante una estructura `Point` y un tamaño que se representa mediante una estructura `Size`.

```
System.Drawing.Rectangle rectangle = new Rectangle(point, size);
```

Cada una de estas tres estructuras tienen su equivalente utilizando tipos `float`: `puntoF`, `SizeF` y `RectangleF`. La conversión de una estructura de tipo `int` en una estructura equivalente de tipo `float` se realiza implícitamente. La conversión inversa debe realizarse explícitamente.

1.1.2 Las formas

El objeto `Graphics` expone muchos métodos que permiten realizar formas sencillas y complejas en la superficie de diseño. Usan el prefijo `Draw` y se destinan al diseño de estructuras lineales como por ejemplo líneas, arcos o contornos de formas rectangulares o circulares. Los métodos que usan el prefijo `Fill` están destinados al diseño de las formas planas.

El diseño de una forma sencilla que se ha usado durante la creación del control personalizado `CustomControl`:

```
protected override void
OnPaint(System.Windows.Forms.PaintEventArgs e)
{
    Rectangle R = new Rectangle(0,
                                0,
                                this.Size.Width,
                                this.Size.Height);
    e.Graphics.FillRectangle(Brushes.Green, R);
}
```

A continuación, se muestran algunos métodos de la clase `Graphics` para la creación de formas:

- `DrawArc`: dibuja un arco que representa la porción de una elipse en un rectángulo.
- `DrawBezier`: dibuja una curva de Bézier.
- `DrawBeziers`: dibuja una serie de curvas de Bézier.
- `DrawClosedCurve/FillClosedCurve`: dibuja una curva cerrada basada en una serie de puntos.
- `DrawCurve`: dibuja una curva abierta basada en una serie de puntos.
- `DrawElipse/FillEllipse`: dibuja una elipse inscrita en el rectángulo en el que se define.
- `DrawLine`: dibuja una línea entre dos puntos.
- `DrawLines`: dibuja una serie de líneas que unen los puntos de una tabla.
- `DrawPath/FillPath`: dibuja un objeto `GraphicsPath` que representa una forma compleja.
- `DrawPie/FillPie`: dibuja un sector definido por una elipse.
- `DrawPolygon/FillPolygon`: dibuja un polígono a partir de una serie de puntos.
- `DrawRectangle/FillRectangle`: dibuja un rectángulo.
- `DrawRectangles/FillRectangles`: dibuja una serie de rectángulos.
- `DrawString`: dibuja una cadena de caracteres en un rectángulo definido, con el tipo de letra especificada.

Cada uno de los métodos recibe como argumentos uno o varios juegos de coordenadas que especifican la ubicación de las figuras, tanto para un objeto `Pen` para las figuras lineales, como para un objeto `Brush` para figuras planas.

1.2 La estructura Color y las clases Brush y Pen

Las clases `Brush` y `Pen` determinan la manera en que se diseñan los elementos gráficos. La gran diferencia entre estas dos clases es que la clase `Brush` sirve para mostrar figuras planas, mientras que la clase `Pen` se utiliza para la visualización de formas lineales. La estructura `Color` permite especificar el color de la figura.

1.2.1 La estructura Color

La estructura `Color` se compone de cuatro valores principales: `A` para el componente alfa, es decir la transparencia del color, `R` para el componente rojo, `G` para el componente verte y `B` para el componente azul. Cada una de estas propiedades es de tipo `byte`, lo que permite definir un valor entre 0 y 255. El método `FromArgb` permite crear un color personalizado. El siguiente ejemplo muestra la creación de un color verde con el 50 % de transparencia:

```
Color color = Color.FromArgb(128, 0, 255, 0);
```

Una sobrecarga del método `FromArgb` permite no tener que especificar el componente alfa del color cuando no sea necesario:

```
Color color = Color.FromArgb(0, 255, 0);
```

La estructura `Color` contiene muchas propiedades en modo de solo lectura para devolver colores con nombre propio:

```
Color color;
color = Color.Black;
color = Color.Brown;
color = Color.Orchid;
color = Color.Salmon;
color = Color.White;
```

1.2.2 La clase Brush

La clase abstracta `Brush` permite definir el relleno de las figuras completas. Las clases que provienen de ella permiten modificar el estilo de la visualización. La siguiente lista describe las clases derivadas de `Brush` más habituales:

- `SolidBrush`: dibuja la figura rellenándola con un único color.
- `TextureBrush`: dibuja la figura rellenándola con una imagen.
- `HatchBrush`: dibuja la figura rellenándola con un patrón de sombreado.
- `LinearGradientBrush`: dibuja la figura rellenándola con un degradado lineal de dos colores.
- `PathGradientBrush`: dibuja la figura rellenándola con un degradado complejo de varios colores.

A continuación, se muestra un ejemplo de creación de un objeto `SolidBrush` a partir de un color conocido:

```
SolidBrush solidBrush = new SolidBrush(Color.Black);
```

Según el tipo de objeto `Brush` que se desea crear, el constructor recibe diferentes argumentos.

1.2.3 La clase Pen

La clase `Pen` permite definir el color de las figuras lineales, esta clase no puede derivarse. La creación de un nuevo objeto `Pen` recibe como argumento un color:

```
Pen pen = new Pen(Color.Black);
```

Puede modificar el ancho del trazo especificando uno nuevo en el constructor o asignando el nuevo valor a la propiedad `Width`:

```
Pen pen = new Pen(Color.Black, 2);
pen.Width = 5;
```

El constructor también acepta un objeto `Brush` en lugar de una estructura `Color`. El objeto `Pen` creado tendrá el mismo color que el objeto `Brush`:

```
SolidBrush solidBrush = new SolidBrush(Color.Black);
Pen pen = new Pen(solidBrush);
```

La clase `Pen` ofrece muchas propiedades que permiten afinar la visualización de las líneas, como por ejemplo el estilo de las líneas punteadas mediante la propiedad `DashStyle`, exponiendo un valor de la enumeración `DashStyle` (`Custom, Dash, DashDot, DashDotDot, Dot, Solid`) o la propiedad `DashPattern`, que permite definir líneas punteadas personalizadas.

1.2.4 Los argumentos de sistema

Durante el diseño de la interfaz de usuario, puede querer que su aplicación cumpla con la paleta de colores que define el usuario de la máquina sobre la que se ejecuta. Para facilitar la tarea, el Framework .NET ofrece, en el espacio de nombres `System.Drawing`, diferentes clases que permiten definir los colores de los elementos gráficos en función de los del sistema: `SystemColors`, `SystemBrushes`, `SystemPens`, `SystemFonts` y `SystemIcons`.

El siguiente ejemplo muestra cómo utilizar el color por defecto de los botones definidos en Windows:

```
Color color = SystemColors.ButtonFace;
```

1.3 Los ejemplos

1.3.1 La visualización de texto

*El siguiente ejemplo utiliza el control personalizado `CustomControl` creado anteriormente en el directorio **Controls** del proyecto **SelfMailer**.*

La visualización de texto se realiza mediante el método `DrawString` de un objeto `Graphics`. El siguiente ejemplo muestra la visualización de una cadena de caracteres en el espacio útil del control de manera que el texto se visualice por completo y no exceda sus límites.

```
protected override void
OnPaint(System.Windows.Forms.PaintEventArgs e)
{
  string s = "¡Hola!";
  Font font = new Font("Arial", 50, FontStyle.Italic);
  while ((e.Graphics.MeasureString(s, font).Height >
e.ClipRectangle.Height
         || e.Graphics.MeasureString(s, font).Width >
e.ClipRectangle.Width
         ) && font.Size >= 1)
  {
    font = new Font("Arial", font.Size - 1, FontStyle.Italic);
  }
  e.Graphics.DrawString(s, font, Brushes.Black, 0, 0);
}
```

La parte importante del código es el uso del método `MeasureString` del objeto `Graphics`, que permite determinar la longitud y el alto del rectángulo en el que se inscribe la cadena de caracteres en función del tipo de letra seleccionado. Se realiza un bucle hasta que el tamaño del texto sea el correcto para que se pueda ver en el espacio del control determinado por la propiedad `ClipRectangle`.

Para probar el control, sitúelo en un nuevo formulario **GDISamples**. Ejecutando la aplicación, puede redimensionar la ventana para ver cómo el texto se adapta al espacio disponible:

1.3.2 Redimensionar una imagen

El API GDI+ permite trabajar con imágenes. El siguiente ejemplo presenta un método estático que permite redimensionar una imagen:

```
public static void Resize(string ImagePath, Size NewSize)
{
  FileInfo original = new FileInfo(ImagePath);
  if (original.Exists)
  {
    using (Bitmap bitmap = new Bitmap(NewSize.Width,
                                     NewSize.Height))
    {
      using (Graphics graphics = Graphics.FromImage(bitmap))
      {
        using (Image image = Image.FromFile(original.FullName))
        {
          Rectangle rectangle = new Rectangle(0,
                                              0,
                                              NewSize.Width,
                                              NewSize.Height);
          graphics.DrawImage(image, rectangle);
        }
        bitmap.Save(ImagePath);
      }
    }
  }
}
```

Este método recibe dos argumentos: el primero corresponde a la ruta de acceso a la imagen y el segundo al nuevo tamaño que se desea asignar a la imagen.

En primer lugar, se crea un objeto `Bitmap` con el nuevo tamaño de la imagen. La segunda etapa consiste en crear un objeto `Graphics` a partir del objeto `Bitmap` creado anteriormente. Se crea un último objeto `Image` con el método estático `FromFile`, que permite instanciar un objeto `Image` a partir de un archivo. La imagen se diseña en el objeto `Graphics` mediante el método `DrawImage` y una plantilla con la forma de un objeto `Rectangle` de las dimensiones deseadas. Para terminar, la imagen se guarda en disco llamando al método `Save` del objeto `Bitmap`.

Observe cómo se utilizan las cláusulas `using` para liberar automáticamente los recursos de los objetos `Bitmap`, `Graphics` e `Image`. Dando por hecho que la imagen se guarda en su ubicación original, el objeto `Image` se debe liberar para que el archivo físico se libere en modo escritura. Esta es la razón por la que el método `Save` del objeto `Bitmap` se llama después del cierre de la cláusula `using` del objeto `Image`, para que los recursos se puedan liberar.

2. El remoting

El remoting le permite utilizar el acceso remoto en sus aplicaciones para que se puedan comunicar entre ellas. Se puede tratar de aplicaciones residentes en la misma máquina o en máquinas diferentes que pertenezcan a la misma red o a redes diferentes.

2.1 Introducción

El remoting consiste en mover los objetos por la red. Este principio se basa en el packaging de los objetos (marshalling y unmarshalling). El marshalling es el principio de transformación de un objeto para que pueda circular entre aplicaciones. El unmarshalling es el proceso inverso.

El Framework .NET proporciona tres protocolos de formato en el espacio de nombres `System.Runtime.Remoting.Channels`:

- TCP (`System.Runtime.Remoting.Channels.Tcp`) con un empaquetado binario.
- HTTP (`System.Runtime.Remoting.Channels.Http`) con un empaquetado SOAP.
- IPC (`System.Runtime.Remoting.Channels.Ipc`), este protocolo de comunicación es más rápido que los protocolos TCP y HTTP, pero solo se puede utilizar para comunicaciones entre aplicaciones en una misma máquina.

El siguiente esquema ilustra como se comunican las aplicaciones remotas:

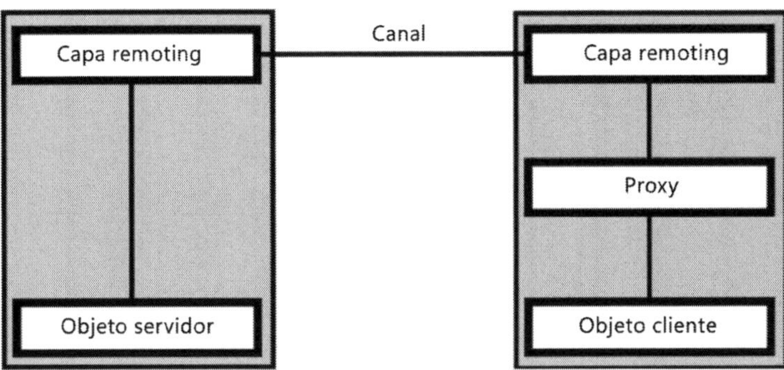

El proxy es una capa intermedia creada y gestionada por el Framework .NET. Se encarga de dirigir las peticiones del cliente hacia el servidor y, a la inversa, para recuperar las respuestas. Las comunicaciones no se realizan por tanto de manera directa con el servidor o el cliente, sino con el proxy.

2.2 La implementación

Vamos a construir una aplicación de chat sencilla, en la que el funcionamiento cliente/servidor encaje con los principios del remoting. El primer paso durante la creación de una aplicación cliente/servidor es proporcionar una interfaz que permita exponer los miembros tanto al cliente como al servidor. A continuación, se crean el servidor y el cliente en dos aplicaciones distintas.

2.2.1 La capa común

Para que el cliente se pueda comunicar con el servidor, debe conocer los métodos disponibles. Las clases comunes se deberán distribuir en la aplicación cliente y servidor.

Para simplificar la distribución de la capa común, vamos a crear una librería.

- Cree un nuevo proyecto **Librería de clases** llamada **RemotingLibrary** en la solución, declare la clase `Chat` de la siguiente manera:

```
using System;

namespace RemotingLibrary
{
    public class Chat: MarshalByRefObject
    {
        public override object InitializeLifetimeService()
        {
            return null;
        }
        public bool TransferMessage(string message)
        {
            Console.WriteLine(String.Format("Mensaje recibido: {0}",
message));
            return true;
        }
    }
}
```

La clase `Chat` es muy sencilla. Contiene un miembro que se usará para la transferencia de los mensajes, `TransferMessage`. Este método muestra el mensaje recibido en la consola y devuelve el valor `true`.

La clase `Chat` deriva de la clase abstracta `MarshalByRefObject` que permite definir que el cliente solo tenga una referencia al objeto. Esto se puede asimilar a un puntero remoto.

La clase `Chat` implementa de esta manera una sobrecarga del método `InitializeLifetimeService`, devolviendo el valor `null`. Esto permite especificar que el tiempo de vida del objeto es infinito. Definir el tiempo de vida de un objeto servidor resulta especialmente interesante si se usan recursos que se deben liberar.

2.2.2 La aplicación servidor

- Cree un nuevo proyecto **Aplicación de consola** llamada **RemotingServer** en la solución y añada una referencia al proyecto **RemotingLibrary**. Para acceder a las clases de creación de canales debe agregar una referencia al ensamblado **System.Runtime.Remoting**.
- Modifique la clase `Program` de la siguiente manera:

```
using System;
using System.Runtime.Remoting;
using System.Runtime.Remoting.Channels;
using System.Runtime.Remoting.Channels.Tcp;
using RemotingLibrary

namespace RemotingServer
{
  class Program
  {
    static void Main(string[] args)
    {
      try
      {
        TcpChannel channel = new TcpChannel(10001);
        ChannelServices.RegisterChannel(channel, false);
        RemotingConfiguration.RegisterWellKnownServiceType(
typeof(Chat), "Chat",  WellKnownObjectMode.Singleton);

        Console.WriteLine("El servidor ha arrancado con éxito y
escucha por el puerto 10001.");
        Console.ReadLine();
      }
     catch
      {
        Console.WriteLine("Error durante el inicio del servidor.");
        Console.ReadLine();
      }
    }
  }
}
```

Esta sección de código crea un nuevo canal de tipo `TcpChannel` en el puerto 10001 y, a continuación, se guarda en el servidor con el método estático `RegisterChannel` de la clase `ChannelServices`. Para terminar, la escucha se lanza con el objeto `Chat` en modo `Singleton`, es decir, existe una única instancia del objeto que será compartida entre todos los clientes. Un nuevo objeto se instancia solo cuando el tiempo de vida del anterior ha terminado. El otro modo de exposición definido en la enumeración `WellKnownObjectMode` es `SingleCall`. Esto significa que cada llamada implica la instanciación de un nuevo objeto que se destruirá después de su uso.

También es posible pasar por una activación en el lado cliente del objeto servidor y, de esta manera, obtener una instancia del objeto por cada cliente.

Para configurar el servidor, también puede utilizar el método estático `Configure` de la clase `RemotingConfiguration`, que recibe como argumento el nombre del archivo de configuración:

```
RemotingConfiguration.Configure("server.config", false);
```

El archivo de configuración **server.config** está en formato XML e incluye toda la información que permite crear los canales e instanciar los objetos de servidor:

```
<?xml version="1.0" encoding="utf-8"?>
<configuration>
  <system.runtime.remoting>
    <application>
      <service>
        <wellknown mode="Singleton"
                   tipo="Chat, RemotingLibrary"
                   objectUri="Chat" />
      </service>
      <channels>
        <channel ref="tcp"
                 port="10001" />
      </channels>
    </application>
  </system.runtime.remoting>
</configuration>
```

2.2.3 La aplicación cliente

La aplicación cliente debe, en primer lugar, conectarse al servidor remoto con el mismo protocolo y puerto definidos en la aplicación servidor. A continuación, obtendrá una referencia del objeto remoto para ejecutar los métodos sobre él.

- Cree un nuevo proyecto **Aplicación de consola** llamado **RemotingClient** en la solución y agregue una referencia al proyecto **RemotingLibrary**. Para acceder a las clases de creación de canales debe añadir una referencia al ensamblado `System.Runtime.Remoting`.

La conexión al servidor se lleva a cabo instanciando un nuevo canal y, a continuación, conectándose a la dirección del servidor:

```
TcpChannel channel = new TcpChannel();
ChannelServices.RegisterChannel(channel, false);
Chat chat = (Chat)Activator.GetObject(typeof(Chat),
                              "tcp://localhost:10001/Chat");
```

De esta manera recuperamos una instancia de un objeto remoto pero que se va a poder manipular de la misma manera que un objeto local:

```
bool result = chat.TransferMessage(message);
```

Como sucede con el servidor remoto, la configuración se puede realizar usando el método estático `Configure` de la clase `RemotingConfiguration`, que recibe como argumento el nombre del archivo de configuración:

```
RemotingConfiguration.Configure("client.config", false);
```

El archivo de configuración **client.config** está en formato XML e incluye toda la información que permite conectarse al servidor:

```
<?xml version="1.0" encoding="utf-8"?>
<configuration>
  <system.runtime.remoting>
    <application>
      <client>
        <wellknown
           tipo="Chat, RemotingLibrary"
           url="tcp://localhost:10001/Chat"
           />
      </client>
    </application>
  </system.runtime.remoting>
</configuration>
```

El siguiente listado detalla la clase `Program` del proyecto `RemotingClient`:

```
using System;
using System.Runtime.Remoting.Channels;
using System.Runtime.Remoting.Channels.Tcp;
using RemotingLibrary;

namespace RemotingClient
{
    class Program
    {
        static void Main(string[] args)
        {
            try
            {
                TcpChannel channel = new TcpChannel();
                ChannelServices.RegisterChannel(channel, false);
                Chat chat =
(Chat)Activator.GetObject(typeof(Chat),
"tcp://localhost:10001/Chat");

                Console.WriteLine("Conexión al servidor con éxito.
Introduzca su mensaje: [Enter = Exit]");
                bool exit = false;
                while (!exit)
                {
                    string message = Console.ReadLine();
                    if (message != string.Empty)
                    {
                        try
                        {
                            if (chat != null)
                            {
                                bool result =
chat.TransferMessage(message);
                                if (result)
                                {
                                    Console.WriteLine("El mensaje
se ha enviado al servidor");
                                }
                                else
                                {
                                    throw new Exception();
                                }
                            }
                        }
```

```
                            catch
                            {
                                Console.WriteLine("Error de
comunicación con el servidor");
                            }
                        }
                        else
                        {
                            exit = true;
                        }
                    }
                }
                catch
                {
                    Console.WriteLine("Error de conexión con el
servidor");
                }
            }
        }
}
```

▶ Para probar el funcionamiento de estas aplicaciones, en primer lugar ejecute la aplicación servidor y después la aplicación cliente. Introduzca un mensaje en la aplicación cliente y compruebe que la aplicación servidor lo recibe:

Observación

Tenga cuidado con el firewall Windows porque podría bloquear las comunicaciones en el puerto 10001.

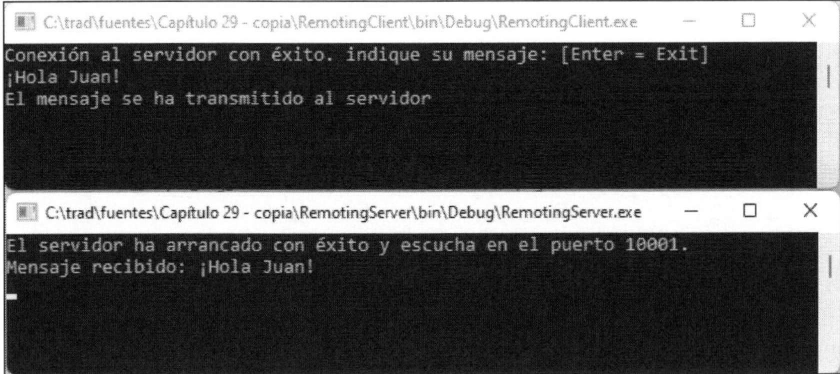

3. La reflexión

■Observación

*Los ejemplos de esta sección están disponibles en el proyecto **Reflection**.*

El Framework .NET expone en el espacio de nombres `System.Reflection` las clases que permiten acceder a los metadatos de un ensamblado, enumerar los tipos y sus miembros. Este espacio de nombres incluye muchas clases, entre ellas las más comunes son las clases `Assembly`, `Module`, `MethodInfo`, `FieldInfo`, `PropertyInfo` o `EventInfo`.

3.1 La clase System.Type

La clase `Type` del espacio de nombres `System` está en el núcleo del proceso de reflexión. Esta clase modeliza los tipos y permite conocer detalles como su nombre, su espacio de nombres o si son de tipo por valor o por referencia.

Puede obtener un objeto `Type` a partir de una instancia del objeto llamando al método `GetType`, que hereda de la clase `Object`:

```
int i = 1;
Type tipoInt = i.GetType();

Console.WriteLine(tipoInt.FullName);
Console.WriteLine(tipoInt.Namespace);
Console.WriteLine(tipoInt.Name);
```

La salida del ejemplo anterior es la siguiente:

```
System.Int32
System
Int32
```

La palabra clave `typeof` también permite recuperar un objeto `Type` relacionado con el tipo que se pasa como argumento de la palabra clave:

```
Type tipoString = typeof(string);

Console.WriteLine(tipoString.FullName);
Console.WriteLine(tipoString.Namespace);
Console.WriteLine(tipoString.Name);
```

La salida del ejemplo anterior es la siguiente:

```
System.String
System
String
```

La clase `Type` contiene muchísimas propiedades para describir un tipo. Examine la ventana de las **Variables locales** para descubrirlas:

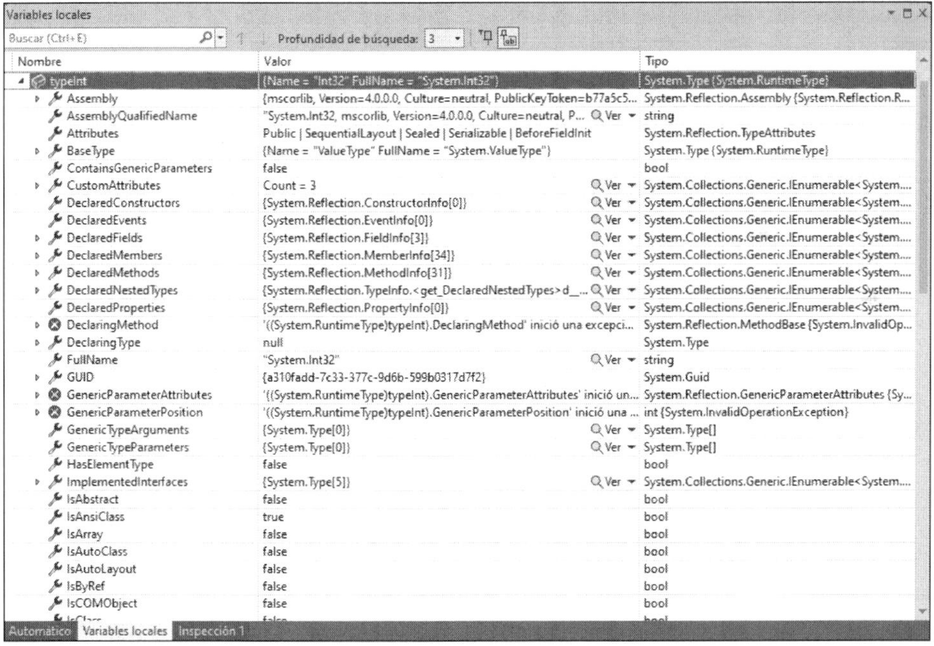

3.2 Cargar un ensamblado de manera dinámica

La clase abstracta `Assembly` permite cargar un ensamblado a partir de un archivo compilado, ya sea un ejecutable o una librería, gracias a su método estático `LoadFrom`. Para el siguiente ejemplo cargaremos el ensamblado en ejecución (la clase `Vector.cs` del proyecto **OperatorOverloading** creada anteriormente, que ha sido copiada al proyecto **Reflection**):

```
Assembly ensamblado = Assembly.GetExecutingAssembly();
```

3.2.1 La enumeración de los tipos

A partir de un objeto de tipo `Assembly` y de su método `GetTypes` puede encontrar todos los tipos definidos en un ensamblado y enumerarlos:

```
Type[] tipos = ensamblado.GetTypes();
foreach (Type tipo in tipos)
{
    Console.WriteLine(tipo.FullName);
}
```

La salida del ejemplo anterior es la siguiente:

```
OperatorOverloading.Vector
Reflection.Program
```

Cuando se recupera el tipo deseado, los métodos del tipo `Type` permiten devolver todos los campos con el método `GetFields`, todas las propiedades con el método `GetProperties`, todos los métodos con el método `GetMethods` e incluso todos los eventos, constructores, interfaces o tipos relacionados. El método `GetMembers` permite, en lo que a él respecta, recuperar todos los miembros del tipo. El siguiente ejemplo muestra cómo enumerar los campos y métodos del tipo `Vector`:

```
Type tipoVector = ensamblado.GetType("OperatorOverloading.Vector");

FieldInfo[] fields = tipoVector.GetFields();
foreach (FieldInfo field in fields)
{
    Console.WriteLine(field.Name);
}

MethodInfo[] methods = tipoVector.GetMethods();
```

```
foreach (MethodInfo method in methods)
{
    Console.WriteLine(method.Name);
}
```

La salida del ejemplo anterior es la siguiente:

```
X
Y

ToString
Adición
op_Addition
op_Addition
op_Equality
op_Inequality
Equals
GetHashCode
GetType
```

Un campo se describe mediante un objeto `FieldInfo`, mientras que un método se describe mediante un objeto `MethodInfo`. Su punto común es que provienen de la clase base `MemberInfo`, lo que les permite localizarse con el método `GetMembers` del objeto `Type` después de una conversión explícita.

3.2.2 La instanciación de objetos

Existen dos técnicas para instanciar un objeto cuyo tipo se cargará en tiempo de ejecución. La primera consiste en instanciar un objeto mediante el método `CreateInstance` de la clase `Activator` pasando como argumento el tipo deseado:

```
object o = Activator.CreateInstance(tipoVector);
// X=0 Y=0
```

La clase `Activator` permite crear objetos localmente, remotos u obtener una referencia de objeto remoto (como se ha visto en la sección El remoting de este capítulo).

El método `CreateInstance` crea una instancia del tipo que se pasa como argumento y devuelve un tipo `object`. La razón es que el tipo no se conoce obligatoriamente en tiempo de compilación ya que, como sucede en nuestro ejemplo, el ensamblado que contiene el tipo se carga en tiempo de ejecución.

Si el constructor tiene argumentos, los puede pasar al método `CreateInstance`. Se elegirá el constructor adecuado en función de los argumentos y su tipo:

```
object o = Activator.CreateInstance(tipoVector, 8, 9);
// X=8 Y=9
```

La segunda técnica consiste en utilizar el método `GetConstructor` del objeto `Type` para recuperar el constructor deseado. El método `GetConstructor` recibe como argumento una tabla de `Type`, que describe los tipos de la declaración del constructor buscado:

```
ConstructorInfo construct = tipoVector.GetConstructor(new Type[]
                                { typeof(int), typeof(int) });
```

Si no responde ningún constructor a la declaración que se indica, se devuelve el valor `null`. En caso contrario, se devuelve un objeto `ConstructorInfo` y se invoca a su método `Invoke` pasando como argumento una tabla de objetos que contiene los argumentos del constructor, que permite recuperar una instancia de objeto:

```
object o = construct.Invoke(new object[] { 5, 20 });
// X=5 Y=20
```

3.2.3 El uso de los miembros

Cuando se instancia el objeto, seguramente querrá utilizar sus miembros, asignarles valores o ejecutar métodos. Para asignar un valor a un campo, hay que empezar recuperando una instancia de objeto `FieldInfo` del campo deseado mediante el método `GetField` del objeto `Type`:

```
FieldInfo fieldX = tipoVector.GetField("X");
```

- A continuación, invoque al método `SetValue` del objeto `FieldInfo` pasando como argumentos el objeto cuya propiedad se desea asignar, así como el valor:

```
fieldX.SetValue(o1, 1);
```

Si el objeto no contiene la propiedad que describe el objeto `FieldInfo` se producirá una excepción del tipo `ArgumentException`.

El siguiente ejemplo instancia dos objetos de tipo `Vector` y les asigna valores a las propiedades `X` e `Y`:

```
object o1 = Activator.CreateInstance(tipoVector);
object o2 = Activator.CreateInstance(tipoVector);

FieldInfo fieldX = tipoVector.GetField("X");
fieldX.SetValue(o1, 1);
fieldX.SetValue(o2, 2);

FieldInfo fieldY = tipoVector.GetField("Y");
fieldY.SetValue(o1, 3);
fieldY.SetValue(o2, 10);

Console.WriteLine("o1: {0}", o1);
Console.WriteLine("o2: {0}", o2);
```

La salida del ejemplo anterior es la siguiente:

```
o1: X=1 Y=3
o2: X=2 Y=10
```

- Para ejecutar un método recupere, en primer lugar, una instancia de objeto `MethodInfo` mediante el método `GetMethod` del objeto `Type`:

```
MethodInfo methodAdd = tipoVector.GetMethod("Adición");
```

El método `GetMethod` recibe como argumento el nombre del método a encontrar.

- Llame al método `Invoke` del objeto `MethodInfo` pasando como argumentos el objeto sobre el que ejecutar el método y una tabla de objetos correspondiente a los argumentos del método invocado:

```
object o = methodAdd.Invoke(o1, new object[] { o2 });
Console.WriteLine("o (o1 + o2): {0}", o);
```

La salida del ejemplo anterior es la siguiente:

```
o (o1 + o2): X=3 Y=13
```

Capítulo 30
Ensamblados y configuraciones

1. Introducción

Un ensamblado representa la base de una aplicación. Contiene la descripción de los tipos y facilita la reutilización del código, formando una unidad que se puede referenciar con facilidad en otro ensamblado. Los ensamblados son autodescriptivos. Contienen toda la información útil para su interpretación y configuración.

2. Los ensamblados privados

Todos los ensamblados que se han creado durante los ejemplos del libro son ensamblados privados. Este es el tipo de ensamblado creado por defecto en Visual Studio. Un ensamblado privado es un ensamblado que solo se puede usar en una única aplicación. Puede o no formar parte de la aplicación. Para esquematizar, un ensamblado es un proyecto que se compila en un archivo con la extensión **.exe** o **.dll**. Si un proyecto contiene una referencia a otro ensamblado, durante la compilación se hará una copia del ensamblado. De esta manera, durante la modificación del ensamblado referenciado habrá que compilar de nuevo el proyecto para que se tenga en cuenta la nueva versión de este. Por tanto, no se comparte un mismo ensamblado.

Un ensamblado se divide en cuatro partes:

- El manifiesto: contiene información sobre el ensamblado como su identificador, los tipos, los recursos, los archivos o los permisos de seguridad.
- Los metadatos de tipo: contienen la descripción de los tipos incluidos en el ensamblado.
- El código IL: las instrucciones del ensamblado en lenguaje intermedio.
- Los recursos: contienen todo el contenido correspondiente a una cultura específica; puede que no haya.

La mayoría de la información del manifiesto la carga Visual Studio durante la compilación. Sin embargo, es preciso que el desarrollador defina el identificador del ensamblado. El identificador de un ensamblado se compone de un nombre, un número de versión, una descripción, un copyright, entre otros. Por defecto, toda esta información se incluye en el archivo de propiedades del proyecto:

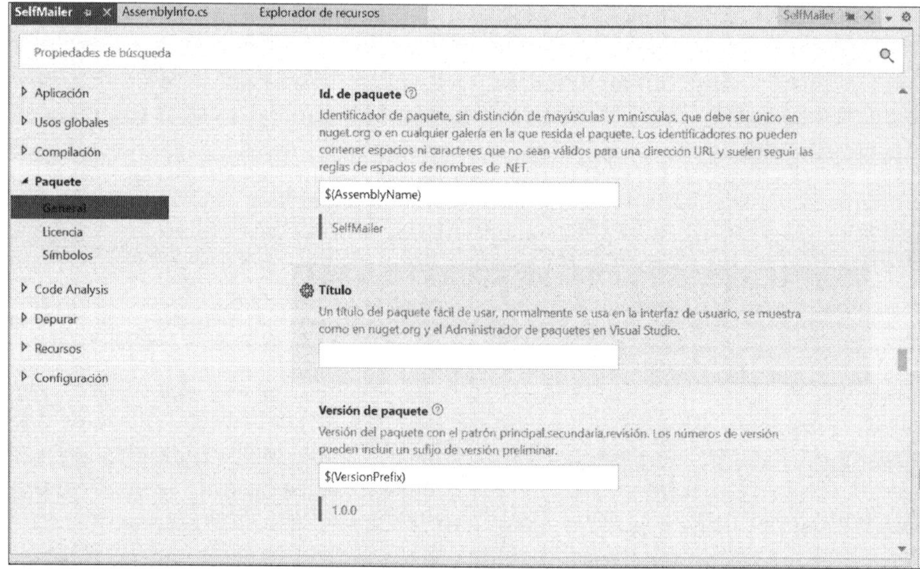

Puede encontrar la información en las propiedades del archivo **SelfMailer.dll** generado por el compilador:

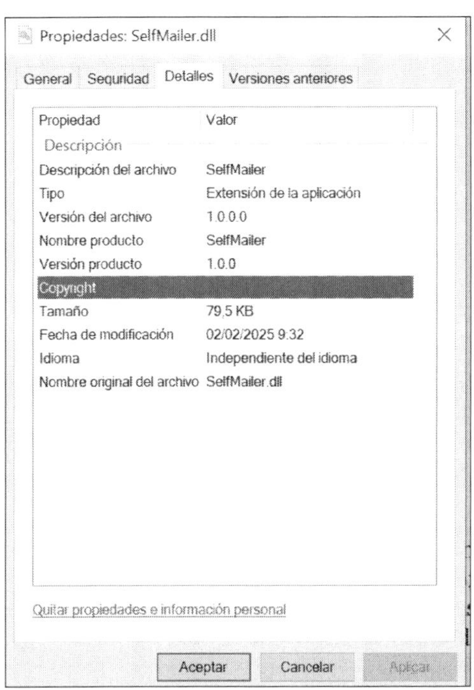

La mayor parte de las aplicaciones de Windows utilizan recursos principalmente para las imágenes, los iconos y los elementos culturales. No todos estos datos son ejecutables. Se recogen para poder utilizarlos con más facilidad por parte de la aplicación. Para localizar una aplicación, incluya diferentes archivos de recursos en función de las culturas que debe soportar la aplicación, como se ha visto en el capítulo Globalización y localización. Si observa la generación del proyecto **SelfMailer**, podrá ver que el directorio **bin\Debug** contiene un directorio adicional **en-US** con una librería llamada **SelfMailer.resources.dll**.

Este ensamblado es un ensamblado satélite de la aplicación **SelfMailer**:

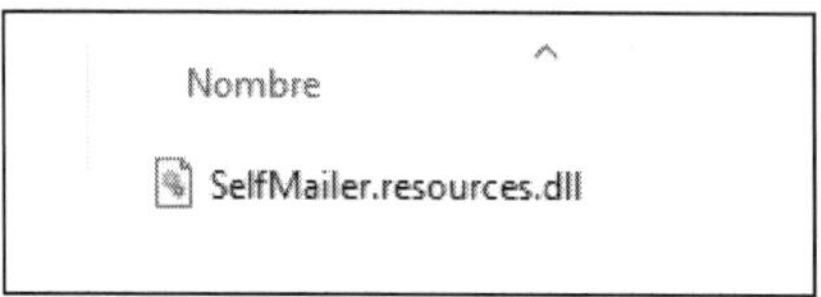

Los ensamblados satélites se cargan automáticamente en tiempo de ejecución de la aplicación en función de los argumentos culturales de la máquina.

3. Los ensamblados compartidos

Los ensamblados pueden ser privados o compartidos. Mientras que un ensamblado privado solo lo utiliza una única aplicación, un ensamblado compartido podrán usarlo varias aplicaciones, ya que solo existe una única copia en la máquina. Para poder compartirse, un ensamblado se debe instalar en el GAC (*Global Assembly Cache*). Es el caso, por ejemplo, de las librerías que componen el Framework .NET, razón por la que ninguna de estas librerías se copia durante la compilación del proyecto.

Compartir un ensamblado es ventajoso si varias aplicaciones necesitan acceder a la misma copia de un ensamblado, pero también porque el GAC se encuentra en un directorio de Windows que se beneficia del nivel de seguridad más elevado. Otra ventaja de los ensamblados compartidos es poder instalar varias versiones del mismo ensamblado en el GAC. Las aplicaciones podrán referenciar y utilizar la versión apropiada.

Para instalar un ensamblado en el GAC se debe firmar con un nombre seguro. Este nombre garantiza la identidad del ensamblado. Está compuesto por su nombre, su versión y su información de cultura si es necesario. Esta información se cifra mediante un algoritmo asimétrico con una clave privada y se puede descifrar con una clave pública. Como el desarrollador es el único que tiene la clave privada, el nombre seguro solo se podrá replicar si certifica la identidad del ensamblado.

Lo primero que hay que realizar para firmar un ensamblado es obtener un par de claves privada/pública. Puede administrar uno mediante la herramienta sn.exe que suministra Visual Studio:

- Abra un **Símbolo del sistema para desarrolladores** desde **Herramientas - PowerShell**.
- Escriba `sn` en la línea de comandos para obtener la ayuda y la descripción de la herramienta.
- Para administrar un par de claves, escriba `sn -k strong.snk`. El par se genera en el archivo especificado, normalmente con extensión .snk.

Visual Studio ofrece una interfaz más elegante para asociar esta llave a su proyecto desde la sección **Compilar - Eventos - Asignación de nombre seguro**:

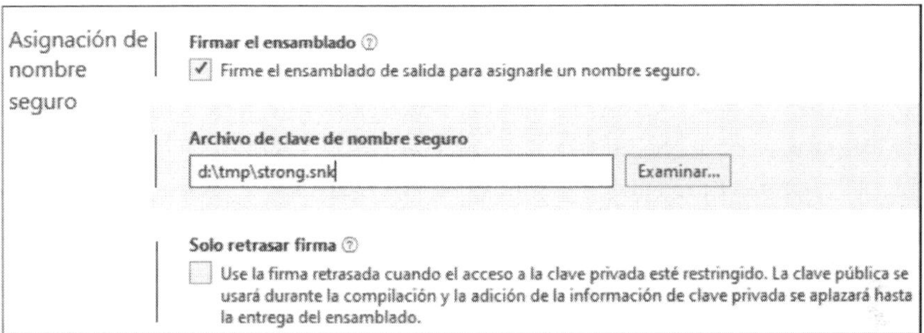

- Abra la ventana de propiedades de un proyecto y vaya a la pestaña **Firma**.
- Marque la casilla de selección **Firmar el ensamblado**.
- Seleccione la llave previamente generada.

Cuando la clave se asocia al proyecto en el que se ha marcado la opción **Firmar el ensamblado**, es suficiente con generar el proyecto para que el nombre seguro se genere y firme el ensamblado.

- Para instalar el ensamblado en el GAC, utilice la herramienta **gacutil.exe** con la opción `/i` y la ruta de acceso al ensamblado para especificar que se debe instalar:

```
gacutil /i SelfMailer.dll
```

4. Los archivos de configuración

Cuando se compila y se despliega un ensamblado, ya no es posible realizar ninguna modificación sin hacer actualizaciones. Los archivos de configuración permiten configurar una aplicación usando un archivo con formato XML, sin tener que recompilarla. En general, este tipo de archivos se llama **App.config** en un proyecto y, tras la compilación, toma el nombre del ensamblado con la extensión **.config**. Por ejemplo, el proyecto **SelfMailer** que contiene un archivo **App.config** se convierte en el archivo **SelfMailer.dll.config** después de la compilación.

La estructura del archivo de configuración debe responder a un esquema específico. Su estructura principal mínima es la siguiente:

```
<?xml version="1.0" encoding="utf-8"?>
<configuration>
</configuration>
```

Visual Studio añade automáticamente un archivo de configuración si se debe almacenar información, como las cadenas de conexión SQL, y el proyecto no tiene. Para añadir un archivo de configuración manualmente abra la ventana **Añadir un nuevo elemento** y seleccione **Archivo de configuración de aplicaciones**.

En este libro no se abordan todas las secciones del archivo de configuración. Nos vamos a concentrar en la definición de argumentos personalizados y en la manera de utilizarlos.

▶ IntelliSense de Visual Studio permite editar con mayor facilidad el archivo de configuración. Agregue una etiqueta `appSettings` bajo la etiqueta raíz y defina el argumento `AppTitle` siguiente:

```
<?xml version="1.0" encoding="utf-8"?>
<configuration>
    <appSettings>
           <add key="AppTitle" value="Título configurado"/>
    </appSettings>
    ...
</configuration>
```

La sección appSettings del archivo de configuración permite especificar parejas de argumentos clave/valor, que se cargarán en tiempo de ejecución. A continuación, es posible recuperar el valor en cualquier punto de la aplicación mediante la clase ConfigurationManager del espacio de nombres System.Configuration. Para utilizar esta clase, debe añadir una referencia al ensamblado **System.Configuration** en su proyecto. Ahora puede acceder a los argumentos definidos en el archivo de configuración de la siguiente manera:

```
string AppTitle = ConfigurationManager.AppSettings["AppTitle"];
```

La clase ConfigurationManager expone la colección de argumentos del archivo de configuración en una propiedad AppSettings. Puede acceder al valor de un argumento mediante su clave o por su índice.

El archivo de configuración se lee una única vez en el ciclo de vida de una aplicación, durante su ejecución. Cualquier modificación del archivo de configuración se tiene en cuenta solo si la aplicación vuelve a reiniciarse.

Capítulo 31
Despliegue

1. Introducción

Un proyecto de despliegue es la última fase en el diseño de una aplicación. Se trata de suministrar todos los elementos de una aplicación de manera que se pueda distribuir con facilidad. Desde la versión 2012 de Visual Studio, Microsoft ya no proporciona directamente plantillas de proyecto de instalación, como hacía antes. Debe descargar e instalar las plantillas de proyecto desde editores de terceros o desde la galería de Visual Studio que contiene las plantillas que proporciona Microsoft.

▶ Descargue e instale la extensión que provee Microsoft para Visual Studio para seguir los ejemplos de este capítulo: *Microsoft Visual Studio 2022 InstallerProjects* (https://marketplace.visualstudio.com/items?itemName=VisualStudioClient.MicrosoftVisualStudio2022InstallerProjects). Tenga en cuenta que esta extensión no está totalmente traducida al español en el momento en el que se escribe este libro.

En lo sucesivo, existen nuevos proyectos disponibles:

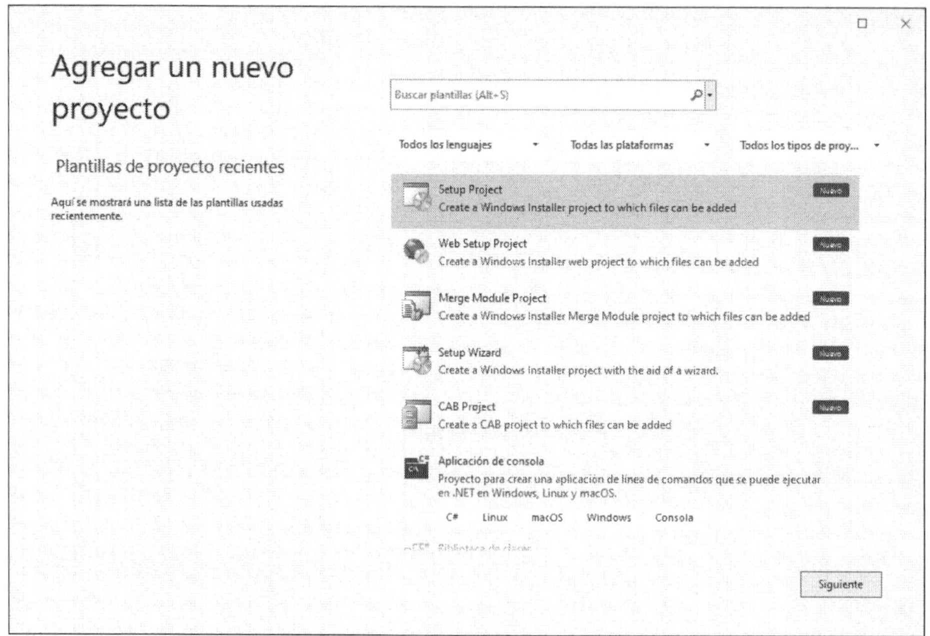

2. Los proyectos de despliegue

2.1 XCOPY

El despliegue XCOPY no es una plantilla de proyecto disponible en Visual Studio. Este tipo de despliegue tiene el nombre del comando DOS utilizado para el despliegue. De hecho, este tipo de despliegue utiliza el comando XCOPY para copiar el contenido de una carpeta hacia otra carpeta de destino. Se trata del sistema más rápido y sencillo, pero al mismo tiempo limitado, para desplegar una aplicación.

Para hacer el despliegue usando este sistema, la carpeta de la aplicación debe contener todos los archivos necesarios para su correcto funcionamiento. Además, el Framework .NET se debe instalar en la máquina de destino.

- Para realizar un despliegue XCOPY, abra una línea de comandos y ejecute el siguiente comando:

```
XCOPY C:\CarpetaOrigen C:\CarpetaDestino /s
```

La opción /s especifica que también se deben copiar las subcarpetas.

2.2 Proyecto CAB

Un proyecto CAB (*CAB Project*) tiene como objetivo crear archivos .cab para realizar una distribución a partir de tecnologías de despliegue antiguas. Puede agregar la salida de proyectos o de archivos en el proyecto CAB mediante la configuración del proyecto (consulte la sección Configuración del proyecto de este capítulo). Todos estos archivos se empaquetarán en el archivo especificado en las opciones del proyecto bien con una optimización de su tamaño, bien una optimización de la velocidad, o incluso sin optimización:

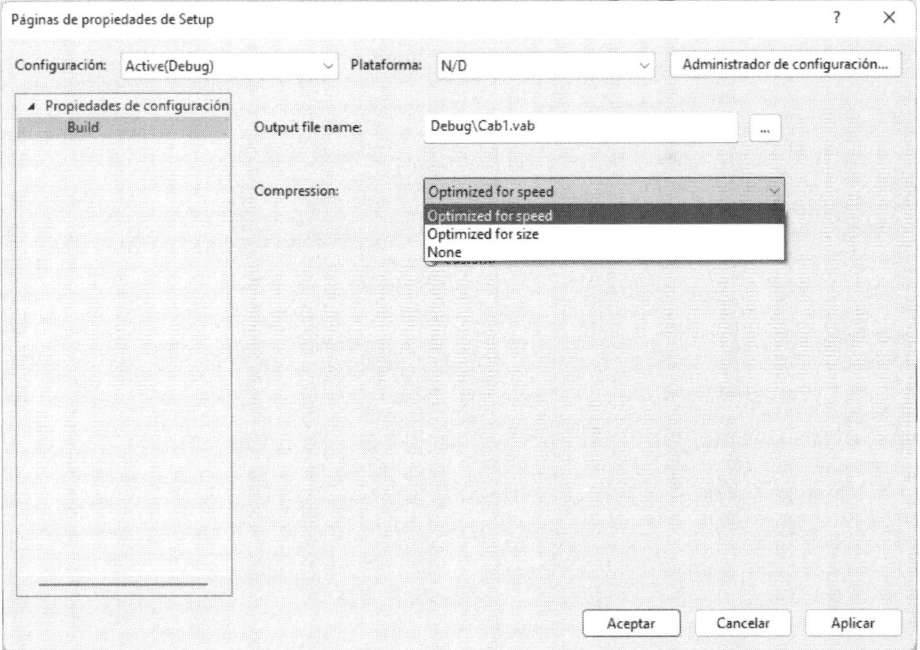

2.3 Proyecto de módulo de combinación

Los proyectos de módulo de combinación (*Merge Module Project*) se utilizan principalmente para configurar el despliegue de componentes y librerías que se utilizan en varios proyectos. El proyecto de módulo de combinación contiene toda la configuración de la instalación del componente y genera un archivo con la extensión **.msm**.

Cuando una aplicación utiliza el componente, en lugar de agregarlo al proyecto de despliegue de la aplicación y rehacer la configuración de su despliegue, puede agregar directamente el proyecto de módulo de combinación.

2.4 Proyecto de instalación

Los proyectos de instalación crean programas de instalación en un archivo Windows Installer con la extensión **.msi**. El uso de Windows Installer presenta muchas ventajas para el despliegue de aplicaciones:

- Rollback de las operaciones realizadas en caso de error durante la instalación.
- Configuración de los requisitos previos a la instalación.
- La aplicación aparece en la ventana **Agregar o quitar programas** de Windows y se puede desinstalar o reparar desde este lugar.

Existen dos tipos de proyectos de instalación: los proyectos de instalación Web (*Web Setup Project*) que se utilizan para el despliegue de aplicaciones Web (los archivos se despliegan en un servidor web IIS), y los proyectos de instalación Windows (*Setup Project*) que se utilizan para el despliegue de aplicaciones Windows (los archivos se despliegan en el equipo correspondiente).

No puede modificar el tipo de proyecto una vez creado: un proyecto de instalación Windows no puede convertirse en un proyecto de instalación Web.

3. El asistente de instalación

Visual Studio proporciona el asistente de instalación que permite crear rápidamente las bases de un proyecto de instalación a partir de un asistente.

- Agregue un nuevo proyecto a la solución **SelfMailer** llamado **Setup** seleccionando el asistente de instalación (*Setup Wizard*). El asistente se compone de cinco etapas. La primera etapa es, simplemente, un mensaje de bienvenida. Haga clic en el botón **Siguiente** para mostrar la segunda etapa:

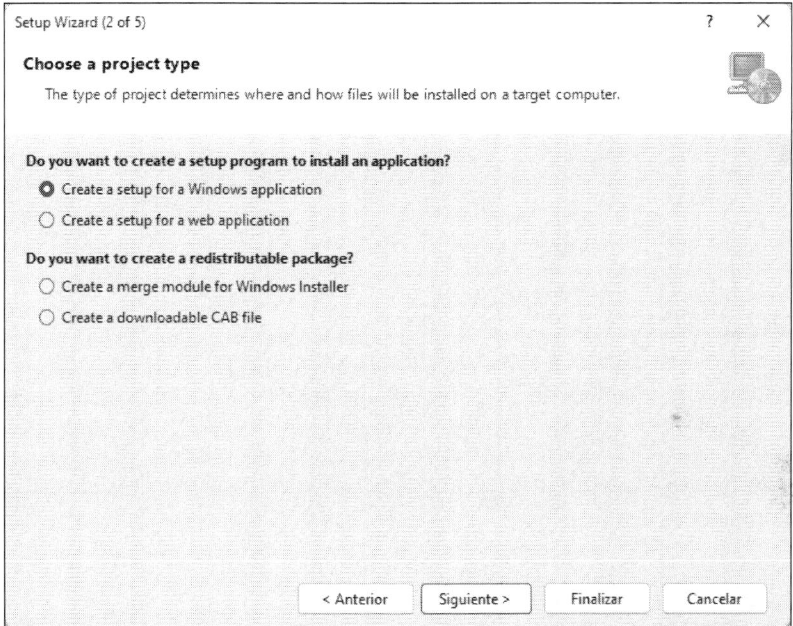

- La etapa 2 le permite seleccionar el tipo de proyecto de despliegue que desea crear. Seleccione **Crear un programa de instalación de una aplicación para Windows** (**Create a setup for a Windows application**) y haga clic en el botón **Siguiente** para pasar a la etapa 3.

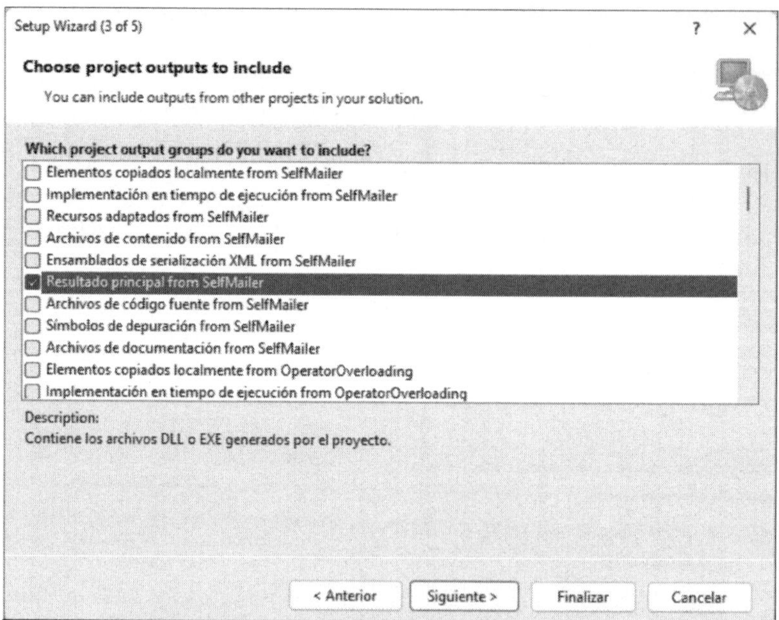

La etapa 3 tiene como objetivo seleccionar las salidas del proyecto que se desea incluir. Todos los proyectos de la solución en curso están disponibles. Para cada uno de ellos, se proponen ocho tipos de salidas:

- La implementación del runtime permite incluir los ensamblados del runtime para la infraestructura destino.
- Los recursos adaptados contienen los ensamblados satélites. Seleccione este grupo para una aplicación localizada.
- Los ensamblados de serialización XML, que contienen los ensamblados útiles para la serialización XML que permiten no pasar por un proceso de reflexión para la lectura y escritura de los elementos XML.
- Los archivos de contenido, incluyendo todos los archivos del proyecto que no se compilan.
- El resultado principal, correspondiente a los archivos ejecutables (**.exe** o **.dll**) generados por la compilación del proyecto.

- Los archivos de código fuente, que permiten incluir en el despliegue todos los archivos de código del proyecto.
- Los símbolos de depuración, que pueden ser útiles en el proyecto de instalación si se trata de una fase de pruebas. Por el contrario, para un despliegue definitivo, no tiene interés alguno incluirlos.
- Los archivos de documentación, que representan la documentación XML generada a lo largo del desarrollo. La inclusión de estos archivos resulta útil en caso de despliegue de una librería.

▶ Marque las casillas de selección **Recursos adaptados** de **SelfMailer** y **Resultado principal** de **SelfMailer**. A continuación, pulse en el botón **Siguiente** para pasar a la etapa 4.

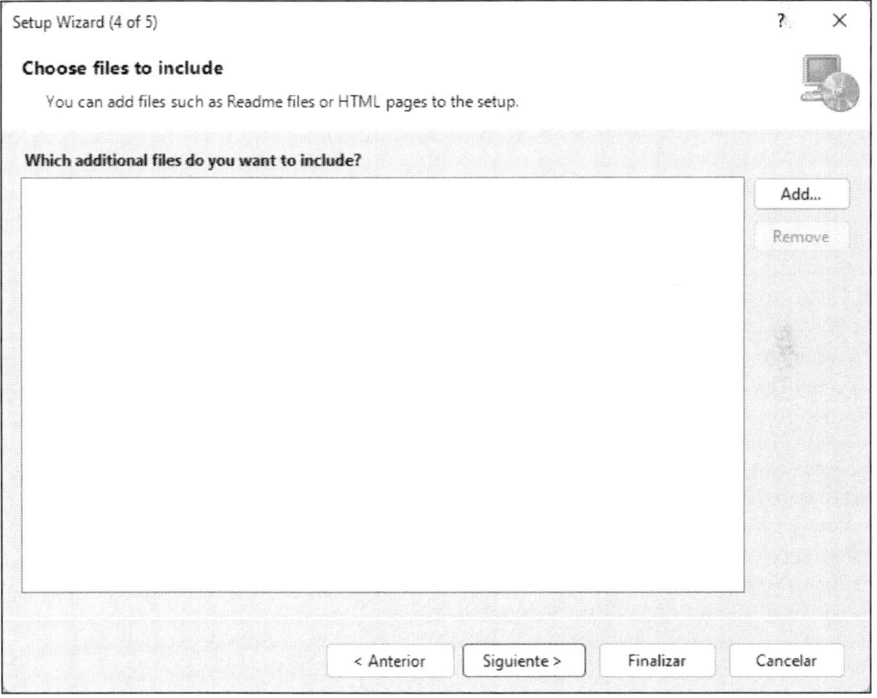

▶La etapa 4 permite seleccionar archivos suplementarios que deben incluirse en el proyecto de despliegue. Pueden ser, por ejemplo, archivos de ayuda, un manual de usuario o archivos de ejemplo. Una vez agregados los archivos suplementarios, haga clic en el botón **Siguiente** para pasar a la etapa 5:

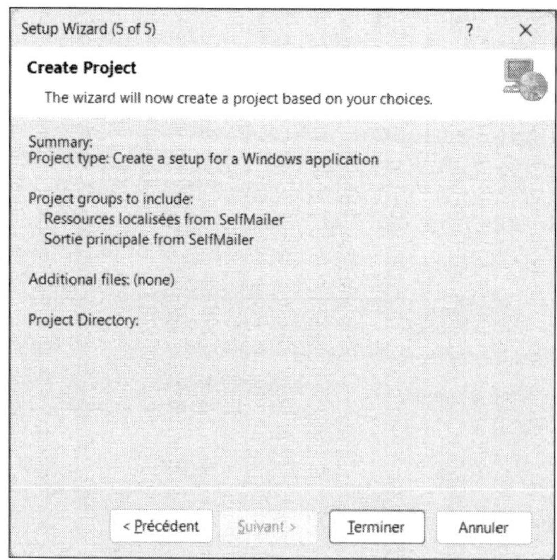

▶La etapa 5 presenta un resumen de las opciones seleccionadas a lo largo de las etapas del asistente. Haga clic en el botón **Finalizar** para terminar con la creación del proyecto. Visual Studio crea el nuevo proyecto con las salidas especificadas y los eventuales archivos suplementarios. Además, Visual Studio detecta las dependencias vinculadas al proyecto y las incluye en la carpeta **Detected Dependencies** (**Dependencias detectadas**) en la ventana **Explorador de soluciones**:

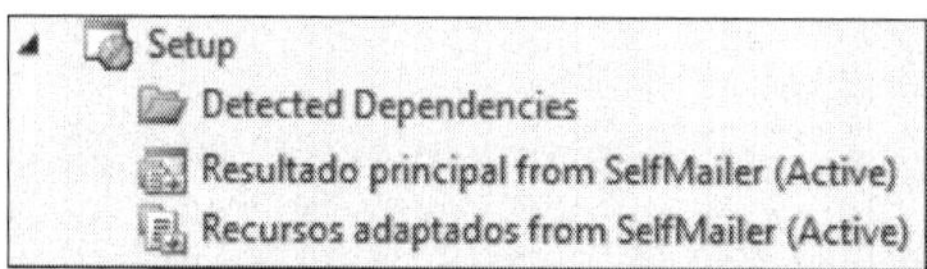

4. Configuración del proyecto

4.1 Las propiedades del proyecto

La definición de las propiedades de un proyecto de instalación se lleva a cabo en dos lugares. El primero es la ventana de propiedades del proyecto, accesible mediante el menú **Proyecto** - **Propiedades**:

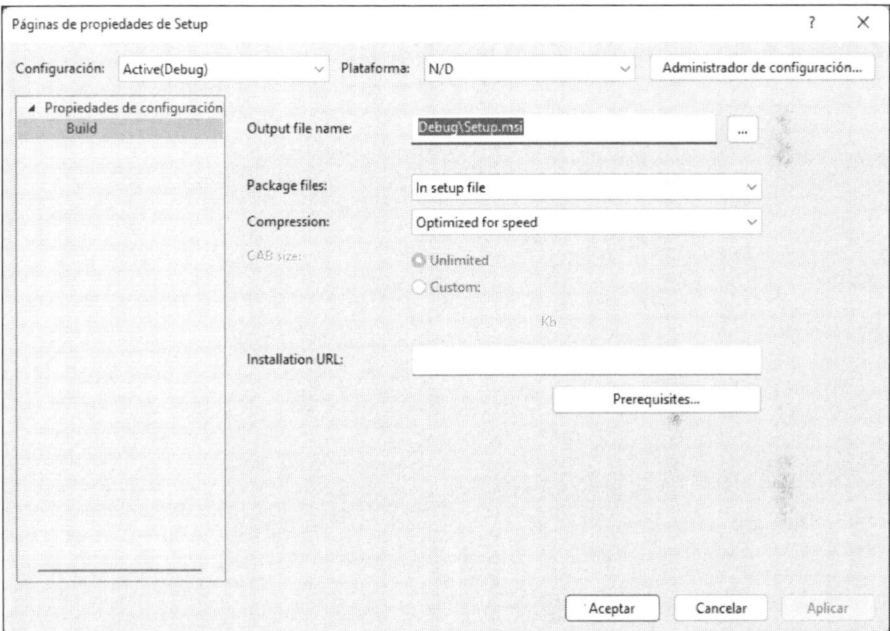

Desde esta ventana, puede definir los siguientes elementos:

- Nombre del archivo de salida (**Output file name**): este campo permite definir dónde se generará el archivo de instalación y cuál será su nombre.
- Archivos del paquete (**Package files**): esta lista permite definir si los archivos se incluirán en un archivo de configuración (.msi) o en un archivo CAB (.cab).

- Compresión (**Compression**): esta opción permite especificar el modo de optimización del paquete (bien para la velocidad, bien para el tamaño o sin optimización).
- Tamaño de los archivos CAB (**CAB size**): este grupo de campos permite definir el tamaño del o de los archivos CAB que se producirán. Los archivos producidos podrán tener un tamaño ilimitado o un tamaño personalizado según lo definido.
- Componentes requeridos (**Prerequisites**): este botón abre el cuadro de diálogo **Requisitos previos** que permite seleccionar los componentes que necesita la aplicación y el modo de instalación de estos:

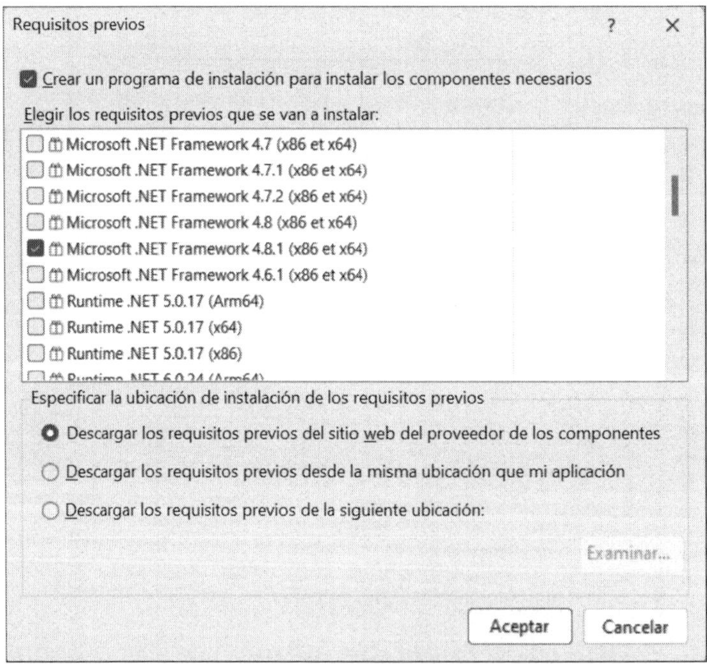

Observe que el componente **Microsoft .NET Framework**, en la versión usada para la compilación de la solución, está ya marcado. Su modo de instalación es descargando el componente desde el sitio web del fabricante. Las demás opciones de instalación para un componente requerido son la descarga desde el mismo repositorio que la aplicación o la posibilidad de especificar un archivo local, en red, una URL local o una URL remota.

La segunda parte de las propiedades está accesible mediante la ventana **Propiedades de Visual Studio**. Puede configurar las siguientes propiedades:

- `AddRemoveProgramsIcon`: especifica el icono que se mostrará en la ventana **Agregar o quitar programas**.
- `Author`: especifica el nombre del autor de la aplicación.
- `Description`: especifica una descripción de la aplicación.
- `DetectNewerInstalledVersion`: este valor booleano permite comprobar si existe una versión más reciente de la aplicación instalada en la máquina correspondiente. Si este fuera el caso, la instalación se detendrá y un mensaje indicará que ya existe una versión más reciente instalada en la máquina.
- `InstallAllUsers`: esta propiedad permite especificar si la instalación se realizará para todos los usuarios o solo para el usuario en curso.
- `Keywords`: especifica las palabras clave que permiten realizar una búsqueda en los programas de instalación.
- `Localization`: esta propiedad especifica la cultura para la interfaz de usuario.
- `Manufacturer`: especifica el nombre del fabricante de la aplicación.
- `ManufacturerUrl`: especifica la URL del sitio web del fabricante de la aplicación.
- `PostBuildEvent`: esta propiedad permite definir los comandos que se ejecutarán tras la generación del proyecto.
- `PreBuildEvent`: esta propiedad permite definir los comandos que se ejecutarán antes de generar el proyecto.
- `ProductCode`: este GUID identifica de manera única la aplicación.
- `ProductName`: especifica el nombre de la aplicación.
- `RemovePreviousVersions`: este valor booleano permite especificar que un programa de instalación debe eliminar las versiones antiguas de una aplicación antes de instalar la nueva.
- `RunPostBuildEvent`: esta propiedad determina la condición que permite ejecutar los comandos definidos en la propiedad `PostBuildEvent`.

- `SearchPath`: especifica la ruta para buscar los ensamblados, archivos o módulos de fusión en el equipo de desarrollo.
- `Subject`: especifica una información suplementaria de descripción de la aplicación.
- `SupportPhone`:especifica el número de teléfono del soporte técnico de la aplicación.
- `SupportUrl`: especifica la URL del soporte técnico de la aplicación.
- `TargetPlatform`: esta propiedad especifica cuál es el tipo de la plataforma de destino (x86, x64 o Itanium).
- `Title`: esta propiedad especifica el título del programa de instalación.
- `UpgradeCode`: este GUID es un identificador que representa la versión de una aplicación.
- `Version`: esta propiedad especifica la versión del programa de instalación.

4.2 Los editores de configuración

Visual Studio pone a nuestra disposición seis editores para la personalización de todos los aspectos relativos al despliegue de nuestra aplicación. Estos editores están accesibles desde el menú **Ver** - **Editor** o mediante los botones situados en la parte superior de la ventana **Explorador de soluciones** cuando el foco se sitúa sobre un proyecto de despliegue:

En orden, de izquierda a derecha, encontramos el editor del sistema de archivos, el editor de registro, el editor de tipos de archivo, el editor de la interfaz de usuario, el editor de acciones personalizadas y el editor de condiciones de inicio.

4.2.1 Editor del sistema de archivos

El editor del sistema de archivos permite configurar la instalación de los archivos de la aplicación en el equipo correspondiente:

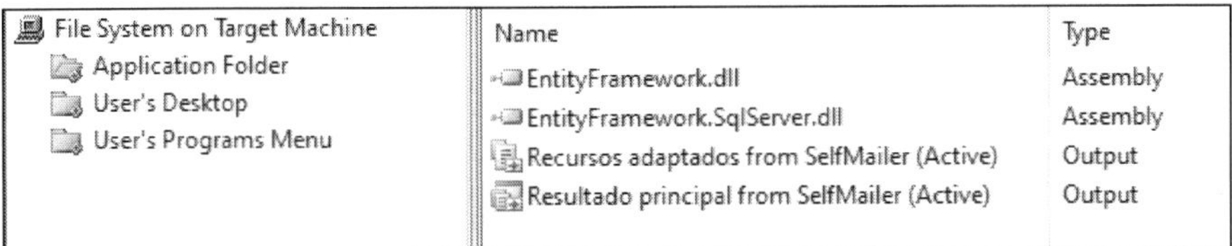

El editor está compuesto por dos secciones: en la parte izquierda figura el árbol de carpetas de la máquina de destino y en la parte derecha los archivos que se crearán. Por defecto, el editor incluye tres carpetas de destino: **User's Desktop** (Escritorio del usuario), **Application Folder** (Carpeta de la aplicación) y **User's Programs Menu** (Menú Programas del usuario). Los nombres de estas carpetas son autodescriptivos y representan, cada uno, una parte de la máquina de destino. Existen otras carpetas disponibles. Puede agregar las suyas utilizando el menú contextual:

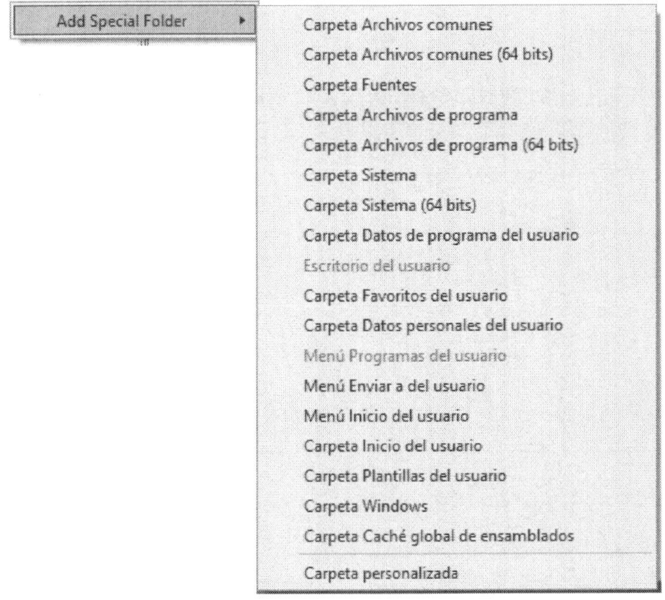

- Para crear un acceso directo a la aplicación en el escritorio del equipo de destino, abra el menú contextual del resultado principal y seleccione el menú **Create Shortcut to Resultado principal from SelfMailer (Active)** (Crear acceso directo Resultado principal de SelfMailer (Active)):

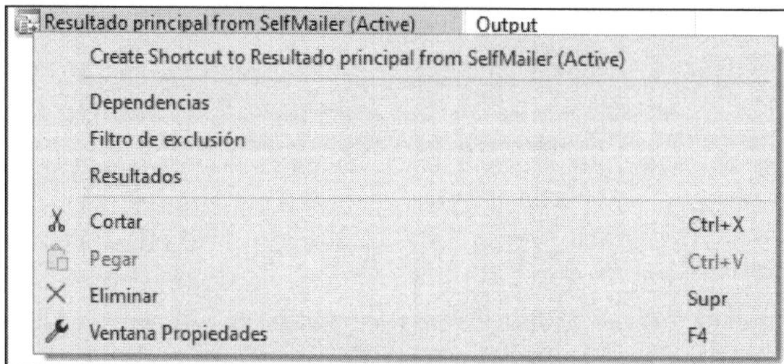

- Renombre el acceso directo **SelfMailer** y desplácelo deslizándolo hasta la carpeta **User's Desktop** (Escritorio del usuario). El acceso directo está, ahora, configurado. Durante la instalación, se creará un acceso directo a la aplicación en el escritorio de la máquina de destino.

4.2.2 Editor del registro

El editor del registro permite agregar entradas en el registro de la máquina de destino durante la fase de instalación de la aplicación:

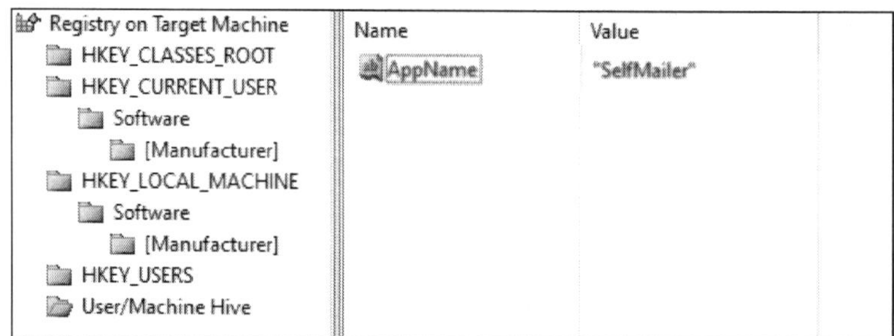

El editor se divide en dos secciones: en la parte izquierda se encuentra una representación del registro de la máquina de destino y en la parte derecha los valores que se crearán.

- Para agregar una nueva clave, abra el menú contextual en la clave madre y seleccione el menú **New** (Nuevo) - **Clave**. Para agregar un valor a una clave, realice la misma operación seleccionando el tipo de valor que desea crear: un **Valor de cadena**, un **Valor de cadena de entorno**, un **Valor binario** o un **Valor DWORD**:

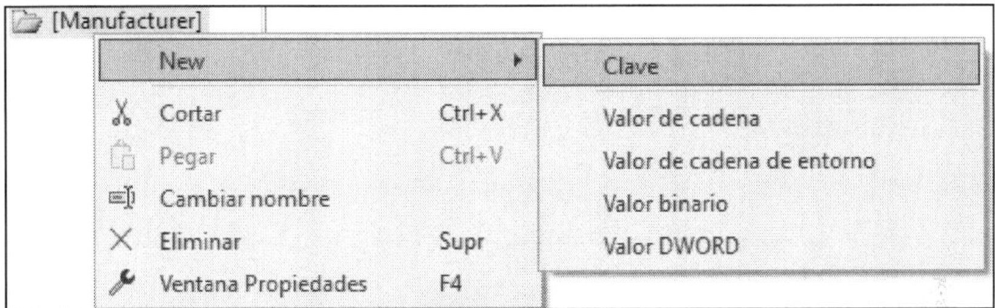

El programa de instalación se encargará de crear las claves de registro durante la fase de instalación, y también de eliminarlas durante la fase de desinstalación.

4.2.3 Editor de tipos de archivo

El editor de tipos de archivo le permite realizar asociaciones entre los archivos y la aplicación.

- Cree una nueva asociación abriendo el menú contextual del elemento **Tipos de archivo en el equipo de destino** y seleccionando la opción **Agregar tipo de archivo**. Escriba **SelfMailerProject** y, en la ventana de propiedades, especifique la extensión **.smpx** en la propiedad **Extensions**. Para asociar varios tipos de archivo, es necesario separar las extensiones con puntos y comas. El punto situado antes de la extensión es opcional.

La propiedad `Command` permite especificar cuál es el archivo que se ejecutará cuando se inicie una acción.

▶ Las acciones están asociadas al tipo de archivo. Por defecto, existe una: `&Open`. Abra las propiedades de la acción. Hay tres:

- La propiedad `(Name)` define el nombre de la acción; es también lo que se mostrará en el menú contextual del tipo de archivo.
- La propiedad `verb` define la acción que se realizará para este tipo de archivo; en el ejemplo, el archivo se abrirá con la aplicación.
- La propiedad `Arguments` permite especificar los argumentos que se pasarán a la aplicación.

El hecho de haber añadido una acción de apertura sobre un tipo de archivo implica el inicio de la aplicación asociada, pero el desarrollador debe realizar la lógica de carga del archivo en la aplicación. La ruta de acceso del archivo siempre es el primer argumento que se pasa a la aplicación. Abra el archivo **Program.cs** del proyecto **SelfMailer** y agregue el código siguiente al método `Main`:

```
[STAThread]
static void Main(string[] args)
{
    // ...

    if (args.Length == 1 &&
        File.Exists(args[0]) &&
        Path.GetExtension(args[0]) == ".smpx")
    {
        Project = Library.Project.Load(args[0]);
    }

    // ...
}
```

Debe modificar la declaración del método `Main` para aceptar una tabla de tipo `string` como argumento.

Esta sección de código detecta si la aplicación se ha ejecutado con un argumento y, si este argumento representa un archivo de proyecto, este se carga automáticamente en la interfaz.

4.2.4 Editor de la interfaz de usuario

El editor de la interfaz de usuario permite modificar los cuadros de diálogo que conforman el asistente de instalación de la aplicación: existen dos tipos de interfaz de usuario por defecto, a saber: **Install** (**Instalar**) e **Administrative Install** (**Instalación administrativa**).

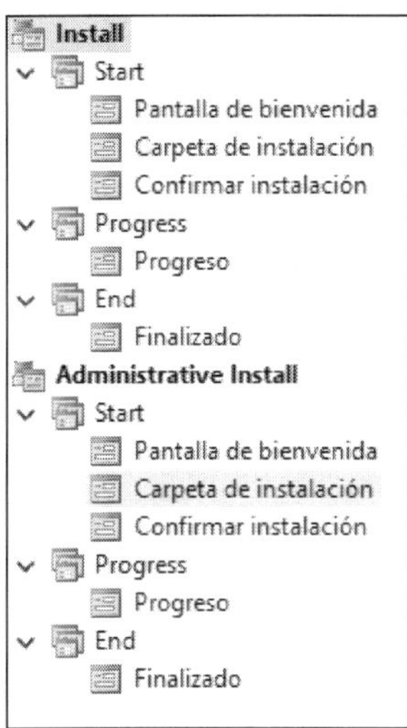

La instalación administrativa de una aplicación permite desplegarla desde un recurso compartido de red. Los usuarios tienen a su disposición una imagen de la aplicación y del archivo de instalación. El administrador habrá seleccionado previamente opciones de instalación como la carpeta de instalación por defecto, y para que no las modifique un usuario, el cuadro de diálogo **Carpeta de instalación** se eliminará del procedimiento de instalación normal.

Cada instalación se desarrolla en tres fases que contienen uno o varios cuadros de diálogo: **Inicio**, **Progreso** y **Fin**. La fase de **Inicio** permite recoger información del usuario, la carpeta de instalación o incluso presentar el contrato de licencia. Al final de esta primera fase, Windows Installer realiza las verificaciones correspondientes, en particular, al espacio en disco y a los requisitos previos antes de iniciar la fase de **Progreso**. Esta segunda fase contiene un único cuadro de diálogo puesto que no necesita interaccionar con el usuario. El objetivo de este cuadro de diálogo es presentar el progreso y ofrecer al usuario la posibilidad de anular la instalación.

La última fase, **Fin**, se inicia cuando termina la segunda fase. Permite presentar la información relativa a la instalación o proponer opciones suplementarias al usuario como, por ejemplo, la creación de accesos directos.

Cada cuadro de diálogo posee una serie de propiedades propias. Por ejemplo, el cuadro de **Bienvenida** posee tres propiedades: `BannerBitmap` para especificar una imagen que se mostrará en la banda del cuadro del diálogo, `CopyrightWarning` que se corresponde con un texto de advertencia que se mostrará en la parte inferior del cuadro de diálogo y `WelcomeText` que permite definir el texto de bienvenida en la parte superior del cuadro de diálogo. Todos los cuadros de diálogo tienen en común la propiedad `BannerBitmap`. El orden de los cuadros de diálogo puede modificarse arrastrando y soltando los elementos.

Puede agregar un nuevo cuadro de diálogo abriendo el menú contextual de fase en la que desee agregar el elemento y seleccionando la opción **Add Dialog** (**Agregar cuadro de diálogo**). Se abre la ventana **Add Dialog** (**Agregar cuadro de diálogo**), que le presenta varias opciones:

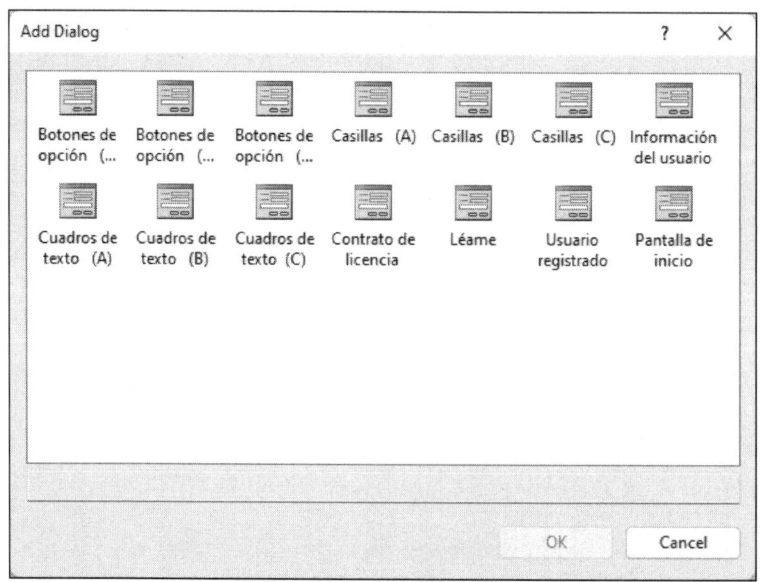

▶ Seleccione el tipo de cuadro de diálogo que desee y haga clic en el botón **OK** para agregarlo al proyecto de despliegue.

4.2.5 Editor de acciones personalizadas

El editor de acciones personalizadas permite definir secciones de código que se ejecutarán durante la fase de instalación o de desinstalación. La ejecución está vinculada a uno de los cuatro eventos siguientes: **Install** (**Instalar**), que se produce tras la instalación de los archivos pero antes de la etapa de validación, **Commit** (**Validar**), que se produce tras una vez se ha validado la instalación, **Rollback** (**Restaurar**), que se produce cuando la instalación ha fallado, y **Uninstall** (**Desinstalar**), que se produce cuando se desinstala la aplicación.

- Para agregar una acción personalizada, abra el menú contextual de un evento y seleccione el menú **Agregar una acción personalizada...**. En la ventana que se abre, seleccione el elemento que tendrá que ejecutarse. Puede tratarse de cualquier código ejecutable. La acción se muestra, a continuación, en el árbol del editor:

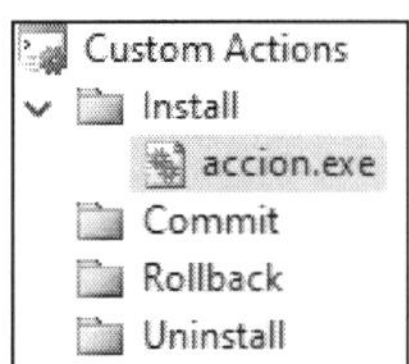

- Abra la ventana de propiedades para configurar la acción personalizada.

Las propiedades disponibles son las siguientes:

- `Arguments`: especifica los argumentos de línea de comandos que se pasarán a la acción personalizada.
- `Condition`: especifica una condición que debe cumplirse para que la acción personalizada se ejecute. La condición puede evaluar los campos de los cuadros de diálogo para determinar si debe llevarse a cabo o no.
- `CustomActionData`: esta propiedad permite pasar datos personalizados a la acción.
- `InstallerClass`: este valor booleano determina si la acción personalizada está implementada en una clase `Installer`.

4.2.6 Editor de condiciones de inicio

El editor de condiciones de inicio permite especificar condiciones que deben cumplir las máquinas de destino para que la instalación pueda llevarse a cabo. El editor está compuesto por dos elementos: la búsqueda en el equipo de destino y las condiciones de ejecución.

Una condición de ejecución, **.NET Framework**, está especificada por defecto con la versión del Framework correspondiente a la versión utilizada por la aplicación.

Puede agregar búsquedas en archivos, búsquedas en claves de registro o búsquedas Windows Installer. Las condiciones podrán estar basadas en el resultado de estas búsquedas.

▶ Para crear una nueva búsqueda, abra el menú contextual de la carpeta **Search Target Machine** (**Buscar equipo de destino**) y seleccione en el menú el tipo de búsqueda a realizar:

La búsqueda de archivos permite especificar un archivo que tendrá que buscarse en el equipo de destino. Las propiedades de este tipo de búsqueda permiten precisar el nombre del archivo y la profundidad de las subcarpetas en las que buscar a partir de la carpeta de base, esta también parametrizable. Puede afinar la búsqueda de archivos entre un intervalo de fechas, de tamaños o de versiones.

La búsqueda en el registro permite especificar una clave de registro que se buscará en el equipo de destino.

La búsqueda Windows Installer permite buscar si un componente está instalado en el equipo de destino precisando el identificador del mismo.

Cada una de las búsquedas posee una propiedad `Property` que permite definir el nombre de la propiedad en la que se almacenará el valor booleano correspondiente al resultado de la búsqueda. Estas propiedades pueden, a continuación, utilizarse en las condiciones de inicio, en su propiedad `Condition`. Si se cumple la condición, la instalación continuará, en caso contrario se detendrá.

!

B

C

D

E

F

I

L

N

P

R

S

T

U

W